Oskar Niedermayer · Richard Stöss (Hrsg.)

Parteien und Wähler im Umbruch

D1729492

Oskar Niedermayer · Richard Stöss (Hrsg.)

Parteien und Wähler im Umbruch

Parteiensystem und Wählerverhalten in der ehemaligen DDR und den neuen Bundesländern

Westdeutscher Verlag

Die Deutsche Bibliothek – CIP-Einheitsaufnahme

Parteien und Wähler im Umbruch: Parteiensystem und
Wählerverhalten in der ehemaligen DDR und den neuen
Bundesländern / Oskar Niedermayer; Richard Stöss (Hrsg.). –
Opladen: Westdt. Verl., 1994
    ISBN 3-531-12648-2

NE: Niedermayer, Oskar [Hrsg.]

Umschlaggestaltung: Horst Dieter Bürkle, Darmstadt
Druck und buchbinderische Verarbeitung: Langelüddecke, Braunschweig
Gedruckt auf säurefreiem Papier
Printed in Germany

ISBN 3-531-12648-2

Vorwort

Dieser Band vereinigt die Referate der zweiten Tagung des "Arbeitskreises Parteienforschung" der Deutschen Vereinigung für Politische Wissenschaft, die vom 19. bis 21. Juni 1991 in Mannheim zum Thema "DDR-Parteien im Umbruch" stattfand. Inhaltlich schließt er sich an das von uns 1993 herausgegebene Buch "Stand und Perspektiven der Parteienforschung in Deutschland" an, das primär die Parteienforschung der 'alten' Bundesrepublik behandelt. Hier geht es nun um die Ausformung und Entwicklung des pluralistischen Parteiensystems in der ehemaligen DDR nach der Wende und um das Zusammenwachsen der ost- und westdeutschen Parteien bis etwa März 1993.

Mit der periodischen Veröffentlichung von Tagungsbeiträgen, die sich mit bedeutsamen Schwerpunktthemen der Parteienforschung befassen, beabsichtigen wir, die Tätigkeit des Arbeitskreises einer breiteren wissenschaftlichen Öffentlichkeit bekannt zu machen und die Ergebnisse unseres Forschungszweigs auch für die politische Bildungsarbeit aufzubereiten.

Wir hoffen, damit den Grundstein für eine Tradition gelegt zu haben, die ihre Fortsetzung in dem Sammelband "Die Entwicklung der Parteiensysteme Osteuropas" finden wird, der noch in diesem Jahr erscheinen soll.

Berlin, im Februar 1994   Oskar Niedermayer
                                                   Richard Stöss

Inhalt

III. Innerparteiliche Aspekte

IV. Wahlen und politische Einstellungen

V. Rechtsextremismus

I.

Zur Einführung

Oskar Niedermayer und Richard Stöss

DDR-Regimewandel, Bürgerorientierungen und die Entwicklung des gesamtdeutschen Parteiensystems

1. Vorbemerkung

Im wesentlichen schon zur Bundestagswahl Ende 1990, spätestens jedoch seit Anfang 1993 präsentiert sich das gesamtdeutsche Parteiensystem dem flüchtigen Betrachter wieder in einer Form, die ihm von der alten Bundesrepublik her wohlvertraut ist: Neben den beiden großen Parteien CDU und SPD behaupten sich die liberale F.D.P. und, als bayerische Regionalpartei mit bundesweitem Bedeutungsanspruch, die CSU[1]. Das alternative Spektrum wird von einer, nun mit einem etwas umständlichen Namen versehenen, grünen Partei abgedeckt, und den rechten Rand des Parteienspektrums besetzen nach wie vor die schon des öfteren totgesagten Republikaner. Lediglich am linken Rand ist mit der PDS eine zwar mit bundesweitem Anspruch auftretende, aber organisatorisch wie vom Wählerpotential her eindeutig auf die neuen Bundesländer beschränkte Partei hinzugekommen. Die andere noch existierende ostdeutsche Regionalpartei, die DSU, verfügt noch nicht einmal mehr dort über einen nennenswerten Wählerrückhalt.

Ob nun oktroyiert oder adoptiert: Nach einer kurzen Phase der eigenständigen Entwicklung erfolgte in der ehemaligen DDR eine Angleichung an die organisatorische Grundstruktur des westdeutschen Parteiensystems, so daß das gesamtdeutsche Parteiensystem sich in seiner organisationsstrukturellen Dimension nicht wesentlich von seinem bundesrepublikanischen Vorläufer unterscheidet. Wie die folgende Analyse der Transformation des DDR-Parteiensystems und der Herausbildung des gesamtdeutschen Parteiensystems zeigen wird, bedeutet dies jedoch nicht, daß die einzelnen Parteien und ihre Beziehungen zueinander von den dramatischen Entwicklungen 1989/90 unberührt geblieben sind.

Die Transformation des Parteiensystems der ehemaligen DDR von einem nichtkompetitiven Hegemonialsystem zu einem demokratisch-pluralistischen System hat im Laufe eines Jahres, vom Herbst 1989 bis zum Herbst 1990, zu einer Fülle von Neugründungen, Umbenennungen, Zusammenschlüssen, Abspaltungen, Wahlbündnissen und Listenvereinigungen von Parteien und anderen politischen Vereinigungen geführt (vgl. die beiden folgenden Schaubilder[2]). Die scheinbar unstrukturierte Entwicklungsvielfalt erhält jedoch klare Konturen, wenn man sich verdeutlicht, daß den zentralen Akteuren - d.h. vor allem den alten und neuen Parteieliten sowie den Wortführern der Oppositionsbewegung - durch die von ihnen selbst nur partiell steuerbaren politisch-strukturellen wie politisch-kulturellen Rahmenbedingungen sich rasch verändernde Handlungsanreize bzw. -restriktionen gesetzt wurden, die zu einer Transformation des Parteiensystems in vier Phasen geführt haben: Bipolarisierung (bis November 1989), Ausdifferenzierung (Dezember 1989 - Januar 1990), Angleichung (Februar 1990 - Juli 1990) und Vereinigung (ab August 1990).

Die politisch-strukturellen Rahmenbedingungen wurden durch den Zerfall des diktatorischen Herrschaftssystems mit seinem Machtapparat und die Etablierung demokratischer Regierungsinstitutionen sowie Verfahrensregeln zur Steuerung des Machtwettbewerbs (Parteien- und Wahlgesetze) gebildet. Zu den politisch-kulturellen Faktoren gehörten insbesondere die Bürgerorientierungen gegenüber einer Vereinigung mit der Bundesrepublik. Hinzu kam als externer Faktor der mit dem Näherrücken der staatlichen Vereinigung und der gesamtdeutschen Wahlen stetig wachsende Einfluß der westdeutschen Parteieliten. Der Wandel des Parteiensystems der ehemaligen DDR kann daher nur dann adäquat analysiert werden, wenn die Wechselwirkungen mit der staatlichen und der plebiszitären Handlungsebene sowie die zunehmende Außensteuerung durch die kompetitive Handlungslogik des westdeutschen Parteienwettbewerbs einbezogen werden.

2. Die Transformation des Parteiensystems der ehemaligen DDR

2.1 Bipolarisierung

Obwohl die Dynamik der Ereignisse im Herbst 1989, die zu einem rasanten Verfall des scheinbar festgefügten DDR-Regimes führte, alle überraschte, waren die inneren und äußeren Grundlagen für diese Entwicklung schon seit einiger Zeit gelegt. Die friedliche Revolution der DDR-Bevölkerung machte die latente politische, ökonomische und kulturelle Systemkrise manifest, deren Wurzeln in die Mitte der siebziger Jahre zurückreichten und die sich ständig verschärfte. Zu den internen Krisenfaktoren, den allgemeinen Modernisierungsdefiziten und der sich seit Beginn der achtziger Jahre verschlechternden Wirtschaftslage mit einem Absinken des Lebensstandards, trat die sich mit den Entwicklungen in Polen und, im Gefolge der sowjetischen Perestroika, den anderen osteuropäischen Ländern rapide verändernde außenpolitische Konstellation. Verschärft wurden die Erosionsprozesse durch die Problemblindheit bzw. Selbsttäuschung der Staats- und Parteiführung und ihre repressive Konfliktregulierungsstrategie mit einer Abkoppelung von den osteuropäischen Reformprozessen, wie sie noch im Dezember 1988 in Honeckers Formel vom "Sozialismus in den Farben der DDR" zum Ausdruck kam. Die innenpolitische Krisenzuspitzung erfolgte dann durch die Manipulation der Kommunalwahlen Anfang Mai 1989, die zum Auslöser für öffentlich artikulierten Unmut wurde, und die demonstrative Akklamation der blutigen Niederschlagung der Demokratiebewegung in China. Der offene Ausbruch der Systemkrise wurde durch die Fluchtwelle der DDR-Bürger zunächst im August in die bundesrepublikanischen Vertretungen und, nach der

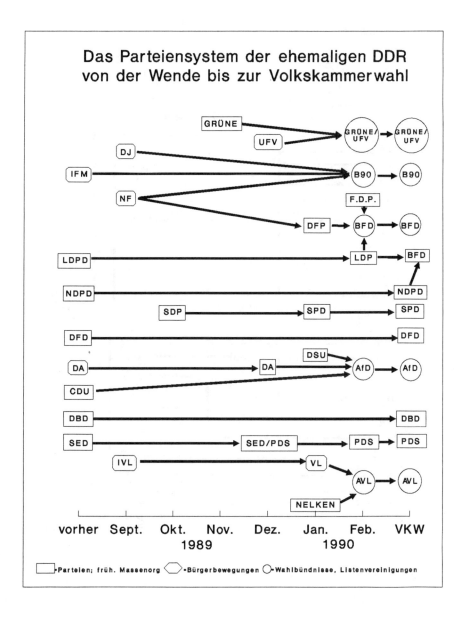

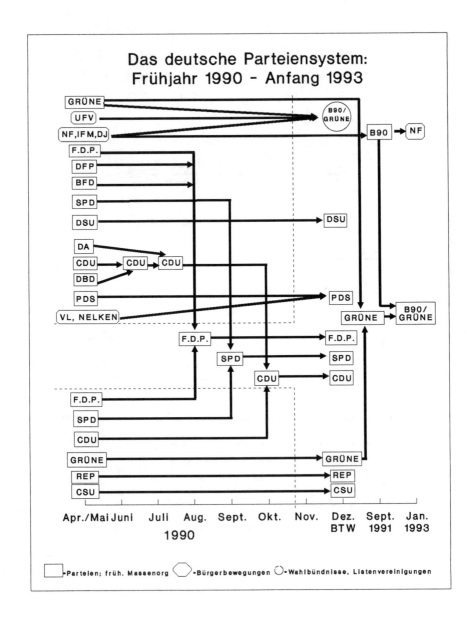

ungarischen Grenzöffnung, im September über Ungarn und Österreich in die Bundesrepublik markiert.

Während somit Teile der Bevölkerung ihre Systemopposition durch Flucht dokumentierten, begannen andere, für Reformen des Herrschaftssystems auf die Straße zu gehen. Vorreiter der ab Ende September immer stärker anschwellenden Demonstrationswelle waren zahlenmäßig zunächst kleine Oppositionsgruppen, die nun verstärkt an die Öffentlichkeit traten und zum politischen Gegenpol des SED-Regimes wurden.

Die Anfänge der Oppositionsbewegung reichten bis Ende der 70er Jahre zurück. Im Umfeld der evangelischen Kirche, die sowohl einen gewissen Schutz vor Übergriffen der Staatsorgane als auch die notwendige Infrastruktur bot, formierte sich eine wachsende Zahl sozialethischer Gruppen, die allerdings auf schmaler personeller Basis existierten und gesellschaftlich weitgehend isoliert waren. Anfang der achtziger Jahre bildete sich eine themenspezifische Differenzierung des Milieus in Friedens-, Umwelt-, Dritte Welt- und Frauengruppen heraus. Die Abkoppelung der DDR von den osteuropäischen Reformprozessen förderte Mitte der achtziger Jahre die Politisierung dieser Gruppen, zudem bildeten sich vermehrt Gruppen heraus, die sich durch die Thematisierung von Menschenrechtsfragen explizit als politische Opposition verstanden, wie z.B. die 1985 als Dachorganisation verschiedener Bürgerrechtsgruppen gegründete Initiative Frieden und Menschenrechte (IFM). Gleichzeitig erfolgte ein organisationsstruktureller Wandel in Form von überregionalen Vernetzungen und Ansätzen zum Aufbau von Bewegungsinstitutionen.

Mitte 1989 gelang es der Oppositionsbewegung, mit dem Protest gegen die Wahlfälschung anläßlich der Kommunalwahlen erstmals eine politische Gegenöffentlichkeit herzustellen. Die politische Elite des Gruppenmilieus formierte sich nun neu zu Initiativen für die Gründung oppositioneller Vereinigungen bzw. Plattformen als identifizierbare Alternative zum SED-Herrschaftssystem: Mitglieder des Arbeitskreises für Absage an Praxis und Prinzip der Abgrenzung riefen am 13. August dazu auf, eine oppositionelle Sammlungsbewegung zur demokratischen Erneuerung der DDR zu gründen. Aus Treffen von Mitgliedern von Friedens- und Menschenrechtsgruppen im Juli/August ging der am 30. Oktober offiziell gegründete Demokratische Aufbruch (DA) hervor, und am 26. August veröffentlichte eine Initiativgruppe den Gründungsaufruf für eine sozialdemokratische Partei, die am 7. Oktober in Schwante unter dem Namen Sozialdemokratische Partei in der DDR (SDP) gegründet wurde. Im September konstituierten Christen und kritische Marxisten das Bündnis Demokratie Jetzt (DJ) mit Ende 1989 3000-5000 Mitgliedern und es bildete sich aus verschiedenen linken Gruppen eine Initiative Vereinigte Linke als sozialistische Systemopposition, der Ende Januar 1990 die Gründung der Vereinigten Linken (VL) als Aktionsbündnis ohne Preisgabe der jeweiligen ideologischen Position und Organisationsloyalität der einzelnen Gruppen und der marxistischen Partei Die Nelken folgte. Aus den ökologisch orientierten Gruppen entstanden die Grüne Liga als parteiübergreifendes Netzwerk von Umweltschutzinitiativen und, Ende November in Ost-Berlin, die Grüne Partei (Grüne). Im Dezember schlossen sich zudem autonome Frauenprojekte und -gruppen zu der überparteilichen Organisation Unabhängiger Frauenverband (UFV) zusammen, nicht zu verwechseln mit dem maßgeblich von der SED beeinflußten Demokratischen Frauenbund Deutschlands (DFD), der sich nach der Wende bis zur Volkskammerwahl als eigenständige Organisation behauptete und dort, mit 0,33% der Stimmen, ein Mandat erhielt. Die größte Außenwirkung ging jedoch am 9. September vom Gründungsaufruf "Aufbruch 89" des Neuen Forums (NF) aus, das sich als breite Sammlungsbewegung und Plattform für Reformdiskussionen verstand und bis Ende November 200 000 Bürgerunterschriften mobilisieren konnte.

Schon der Entfaltungsprozeß der Oppositionsbewegung ging daher mit einer programmatischen und organisatorischen Pluralisierung einher. In der Anfangsphase bestand jedoch ein breiter Konsens in dem gemeinsamen Ziel der Überwindung des Machtmonopols der SED, d.h. der Aufbrechung der verkrusteten Machtstrukturen, der Beseitigung des Überwachungsapparats, der Herstellung rechtsstaatlicher Verhältnisse und der Demokratisierung im Sinne eines alternativen Sozialismus, wie die - einzige - gemeinsame programmatische Erklärung der Oppositionsbewegung vom 4. Oktober verdeutlichte. Eine eher diffuse Heterogenität zeigte sich jedoch in der Frage der Konturen der zukünftigen Gesellschaftsentwicklung.

Mit dem offenen Ausbruch der latenten Regimekrise konfrontiert, zeigte sich die SED-Partei- und Staatsführung zu systemerhaltendem Krisenmanagement nicht in der Lage. Die Unfähigkeit, die Realität zur Kenntnis zu nehmen, kumulierte in der Rede Honeckers zum 40. Jahrestag der DDR, in der ein wahrhaft idyllisches Situationsbild gemalt wurde, während gleichzeitig die Polizeikräfte brutal gegen Großdemonstrationen für Reformen vorgingen. Der massive Widerspruch zwischen der bombastischen und ignoranten Selbstdarstellung der SED-Führung und der Massenflucht bzw. den Massenprotesten beschleunigte den rasanten Machtverfall des Regimes.

Im Oktober und November überschlugen sich die Ereignisse: In einer Erklärung des Politbüros vom 11. Oktober ließen sich erstmals Zeichen der Einsicht in die tatsächliche Lage erkennen, kurz darauf erfolgte der Putsch von Teilen des Parteiestablishments gegen Honecker, der am 18. Oktober abgesetzt wurde. Was als Befreiungsschlag gedacht war, hinterließ in der Bevölkerung und an der SED-Basis durch die Wahl von Egon Krenz zum Nachfolger jedoch den Eindruck einer rein kosmetischen Operation. Auch die Schadensbegrenzungsstrategie durch den Rücktritt des Ministerrats unter Willi Stoph am 7. November und tags darauf des SED-Politbüros sowie die Verabschiedung eines Aktionsprogramms mit Reformvorschlägen und Zugeständnissen an die Opposition vermochte das Mißtrauen nicht zu zerstreuen. Während der am 6. November veröffentlichte Entwurf eines Reisegesetzes mit der Möglichkeit des Versagens eines Visums unter bestimmten Bedingungen den angestauten Unmut der Bevölkerung explodieren ließ, was zum

unmittelbaren Auslöser der Maueröffnung am 9. November und damit zum Anfang vom Ende der DDR wurde, folgte der SED-Palastrevolution der Aufstand
der Parteibasis, deren Geschlossenheit schon längere Zeit Erosionserscheinungen
gezeigt hatte. Bezirks- und Kreisleitungen der Partei wurden gestürzt, Betriebsparteiorganisationen aufgelöst, und bis Mitte Dezember verließ fast ein
Drittel der 2,3 Millionen Mitglieder die Partei. Das Politbüro und ZK traten Anfang Dezember geschlossen zurück, und die Basis erzwang einen Sonderparteitag.
Anfang Dezember waren somit die Organisations- und Führungsstrukturen der
SED in großem Maße zerfallen oder handlungsunfähig, und die Partei hatte ihren
Zugriff auf den Staats- und Sicherheitsapparat so weitgehend verloren, daß die
Streichung ihres Führungsanspruchs aus der DDR-Verfassung am 1. Dezember
nur das formelle Nachvollziehen der realen Entwicklung bedeutete.

2.2 Ausdifferenzierung

Die zweite Phase in der Entwicklung des pluralistischen Parteiensystems der
ehemaligen DDR, der Zeitraum von Dezember 1989 bis Januar 1990, war durch
drei unterschiedliche Ausdifferenzierungsprozesse gekennzeichnet: (1) die interne
Ausdifferenzierung der Oppositionsbewegung, (2) die Gründung von neuen Parteien ohne direkte Verankerung im Vorherbst und (3) die Emanzipation der
Blockparteien von der SED. Wesentlich geprägt wurde diese Entwicklung einerseits vom durch den Zerfall der alten Machtstrukturen entstandenen Machtvakuum auf der staatlichen Handlungsebene und andererseits durch den Wandel der
Bürgerorientierungen, der sich am treffendsten durch den Übergang der Demonstrationslosung "Wir sind das Volk" zur Losung "Wir sind ein Volk" charakterisieren läßt.

Die Oppositionsgruppen, die den sozialen und politischen Umbruch maßgeblich befördert und Katalysatoren der Wende dargestellt hatten, wurden durch die
in den Massendemonstrationen kulminierende Protestwelle der DDR-Bevölkerung von ihrer gesellschaftlichen Randlage an die Spitze der friedlichen Revolution gespült, wurden zu Kristallisationszentren des Bürgerprotests. Das durch den
rasanten Autoritätsverlust des SED-Regimes bedingte Machtvakuum konnte von
der Opposition jedoch nicht ausgefüllt werden. Die Dynamik der Entwicklung
wies ihr eine politische Führungsrolle zu, auf die sie weder organisatorisch noch
programmatisch vorbereitet war und die sie zum Teil auch gar nicht wirklich ausfüllen wollte. Für den raschen Übergang von der Herrschaftskritik zur Herrschaftsausübung war sie schlecht gerüstet: Die Gruppen, deren Strategie ursprünglich auf die Einleitung eines öffentlichen Diskurses über die Entwicklungsperspektiven der DDR durch Mobilisierung gesellschaftlichen Bewußtseins
gerichtet war, wodurch das als stabil angesehe Regime zum Dialog gezwungen
werden sollte, sahen sich jetzt mit der Machtfrage konfrontiert. Dies erforderte
ein Überdenken von Strategie, Organisation und Programmatik. Hinzu kam, daß

das verbindende Moment, die Erfahrung des gemeinsamen Kampfes gegen das SED-Regime, mit dessen Erosion zu schwinden begann und sich neue Organisationsloyalitäten verfestigten.

Ein wesentlicher weiterer Bestimmungsfaktor der Entwicklung der Oppositionsbewegung war die Veränderung der Rahmenbedingungen in bezug auf die Orientierungen der breiten Masse der DDR-Bürger. Mit der Maueröffnung am 9. November und der damit bestehenden realen Erfahrbarkeit der politischen und ökonomischen Verhältnisse der Bundesrepublik wurde ein Umschwung in den Orientierungen der Bevölkerung eingeleitet, der sich rasch zur Gegenbewegung gegen die Konzepte der Opposition für einen eigenstaatlichen "anderen Sozialismus" auswuchs. Schon Anfang Dezember wurde auf den Demonstrationen der Ruf nach einer raschen Vereinigung der beiden deutschen Staaten laut, und im Januar 1990 bildete die deutsche Einheit die zentrale, mit der skeptischen Haltung weiter Teile der Oppositionsbewegung zunehmend kollidierende Zielperspektive.

All diese Veränderungen der Rahmenbedingungen führten zu einem Ausdifferenzierungsprozeß der ohnehin nie homogenen, durch unterschiedliche organisationspolitische und programmatische Vorstellungen sowie durchaus auch persönliche Animositäten und Rivalitäten geprägten Oppositionsbewegung. Auch wenn noch am 3. Januar ein gemeinsames "Wahlbündnis 90" angekündigt wurde, zeigten sich jetzt deutlich zwei differierende Entwicklungstendenzen: DJ, IFM, NF und VL blieben eher kultur- als machtorientiert, perpetuierten das Konzept der offenen, basisdemokratischen Sammlungsbewegung, überwandten damit ihre Organisationsschwäche und schwerfälligen Entscheidungsstrukturen nicht und taten sich, wie auch die Grünen und der UFV, vor allem mit der deutschen Vereinigung schwer bzw. lehnten sie gänzlich ab, eine Position, die in der Bevölkerung zunehmend nicht mehr mehrheitsfähig war und die wesentlich zum deutlichen Resonanzverlust unter den Bürgern beitrug.

Der andere Teil der Oppositionsbewegung, der DA, die SDP, die Ende Januar aus NF-Mitgliedern gebildete Deutsche Forumpartei (DFP) und auch die Grünen, wählte den Weg der Konstituierung als Partei und war früher bereit, eine feste Organisationsstruktur aufzubauen und sich auf den Machtwettbewerb einzulassen. Die Grüne Partei hatte schon in der Gründungsphase ein Parteiorganisationsmodell gewählt und trieb mit ihrer Anfang des Jahres am Runden Tisch erhobenen Forderung, nur Parteien sollten sich bei der bevorstehenden Volkskammerwahl um Parlamentssitze bewerben dürfen, einen tiefen Keil in die Opposition. Der Demokratische Aufbruch konstituierte sich nach heftigen internen Auseinandersetzungen um das adäquate Organisationsmodell und die programmatische Orientierung, die mit dem Austritt des linken Flügels endeten, auf einer Delegiertenkonferenz Mitte Dezember als Partei und vollzog einen Kurswechsel von christlich-sozialistischen und ökologischen zu christlich-demokratischen Orientierungen. Auch die SDP, anläßlich ihrer Delegiertenkonferenz am 13. Januar auf Druck der Parteibasis in SPD umbenannt, vertrat, trotz ihrer eindeutigen Verwurzelung in der kirchlichen Oppositionsbewegung der ersten Stunde, einen pragmatischeren Politikansatz und verstand sich als Partei mit verbindlichen Organisationsformen. Mitte Januar begann sie sich daher vom Oppositionsbündnis abzulösen und sich als eigenständige Kraft im politischen Kräftefeld zu konstituieren. DA, SPD und auch die den Liberalen zuneigende DFP zeigten sich, nicht nur wegen ihrer beginnenden Kooperation mit westdeutschen Parteien, in dieser Phase auch eher bereit, die "Wende in der Wende" in bezug auf die deutsche Einheit mitzumachen und in ihre Programmatik und politische Praxis zu integrieren.

Die Wiedervereinigungsdynamik war, zusammen mit der Anfang Dezember erfolgten Ankündigung freier Volkskammerwahlen, auch bestimmend für die zweite Form des Ausdifferenzierungsprozesses: die Gründung von neuen, nicht direkt in der Herbstopposition verankerten Parteien. Ende Januar sollen etwa 150 solcher neugegründeten Parteien und Gruppierungen existiert haben. Neben den Vorbehalten gegen die SED-PDS bzw. die belasteten Blockparteien einerseits und die alternativen Politikkonzeptionen der Oppositionsbewegung andererseits spielten bei der Gründung der wichtigeren neuen Parteien vor allem die direkte Bezugnahme auf die jeweiligen westdeutschen Vorbilder bzw. die Rückenstärkung durch westdeutsche Parteien eine wesentliche Rolle. Erwähnt werden müssen in diesem Zusammenhang vor allem die am 20. Januar mit kräftiger Hilfe der CSU als Vereinigung einer Reihe von konservativen Gruppen gegründete Deutsche Soziale Union (DSU) und die Anfang Februar gegründete Freie Demokratische Partei (F.D.P.).

Die dritte Form der Ausdifferenzierung betraf diejenigen Parteien, denen im "sozialistischen Mehrparteiensystem" des SED-Regimes die zentrale Funktion des Transmissionsriemens der SED-Ideologie zur Integration bestimmter Zielgruppen in die sozialistische Staats- und Gesellschaftsordnung zugewiesen war. Eingebunden in den Demokratischen Block und die Nationale Front, hatten die Christlich-Demokratische Union Deutschlands (CDU), die Demokratische Bauernpartei Deutschlands (DBD), die Liberal-Demokratische Partei Deutschlands (LDPD) und die National-Demokratische Partei Deutschlands (NDPD) kein wirklich eigenständiges Profil und unterstützten bedingungslos die führende Rolle der SED.

Aufgrund der engen Bindung dieser Blockparteien an die SED und die Verflechtung ihrer Funktionärsgremien mit Staatsfunktionen verwundert es nicht, daß von dieser Seite keine nennenswerten Anstöße zur Wende kamen und auf den Machtverfall der SED zunächst eher zurückhaltend reagiert wurde.

Auch hier begann jedoch im Oktober/November ein zunächst vorsichtiger Absetzungsprozeß, der Anfang Dezember mit dem Austritt aller vier Parteien aus dem Demokratischen Block und der Nationalen Front deutlich sichtbar wurde. Die mit dem Emanzipationsprozeß von der SED verbundene programmatische und personelle Erneuerung erfolgte jedoch unterschiedlich schnell. Die Führung der LDPD äußerte zwar schon sehr früh vorsichtige Kritik, verspielte durch ihre zögerliche Haltung dann aber doch die Chance, eine führende Rolle im Prozeß der Wende zu spielen. Die Beharrungskräfte der alten Führung verzögerten den personellen Erneuerungsprozeß bis zum Sonderparteitag Anfang Februar, auf dem auch programmatisch der endgültige Bruch mit dem Sozialismus vollzogen wurde. In der CDU hingegen erfolgte der Beginn der personellen Erneuerung mit dem Wechsel im Parteivorsitz von Götting zu de Maizière auf Druck der Basis schon Anfang November. Auf dem Sonderparteitag Mitte Dezember wurde dann die programmatische und politische Erneuerung eingeleitet.

Die DBD und NDPD schließlich, ihrem Ursprung nach nicht wie CDU und LDPD originäre Parteigründungen mit historischen Wurzeln in der deutschen Geschichte, sondern 1948 auf Initiative der SMAD und mit Hilfe der SED zur Einbindung der Bauern bzw. der ehemaligen NSDAP-Mitglieder und Offiziere ins Leben gerufen und damit von Anfang an völlig von der SED abhängig, taten sich mit der Anpassung an die Systemtransformation deutlich schwer und verspielten mit ihrer zögerlichen und halbherzigen Haltung ihre ohnehin sehr geringen Chancen, sich als eigenständige Kraft längerfristig zu behaupten.

In der SED selbst konnte der Zerfallsprozeß Mitte Dezember durch die Reformgruppe um Gregor Gysi vorübergehend gestoppt werden. Die Diskussionen um den Bestand der Partei wurden mit dem einheitswahrenden Formelkompromiß des Fortbestehens als SED-PDS befriedet, und ein neues Statut sollte die Demokratisierung der Partei einleiten. Der Mitte November gewählte neue Ministerpräsident Hans Modrow sollte die SED-Wende auf der staatlichen Handlungsebene absichern. Trotz der Reformeuphorie im November/Dezember waren die Beharrungskräfte des alten Regimes jedoch nicht zu unterschätzen. Dies zeigte sich auch im widersprüchlichen Verhalten der Regierung Modrow. Die zunehmend anomischen Zustände in Staat und Gesellschaft führten Anfang Dezember zur Zusammenführung der alten und neuen Eliten in einer neuartigen Institution, den Runden Tischen auf den verschiedenen Ebenen des Herrschaftssystems. Trotz des Versprechens eines grundsätzlichen Wandels der Politik verdeutlichten die Verhandlungen in der Anfangsphase des zentralen Runden Tisches die geringe Flexibilität der Regierung und ihren Versuch, sich dieser Quasi-Nebenregierung zu entziehen. Doch immer neue Informationen über Korruption und Machtmißbrauch, die sich verschärfende Wirtschaftslage, die Absetzbewegung der Blockparteien und insbesondere der Versuch der Modrow-Regierung, große Teile des Ministeriums für Staatssicherheit wegen des angeblich zunehmenden Rechtsradikalismus unter neuem Namen am Leben zu erhalten, führten im Januar zu einem erneuten Krisenhöhepunkt. Erst jetzt war die Regierung zu einer Änderung ihrer Haltung bereit und setzte die Opposition durch das Angebot ihrer Einbindung in eine Regierung der "nationalen Verantwortung" geschickt unter Zugzwang.

Auf der Parteiebene, die zusätzlich durch Skandale wegen undurchsichtiger Finanzmanöver belastet war, manifestierte sich der Krisenhöhepunkt im Januar in erneuten deutlichen Forderungen nach Auflösung der SED-PDS, in einer weiteren massiven Austrittswelle (von Mitte Dezember bis Anfang Januar verließen 300 000, bis Mitte Februar nochmals 700 000 Mitglieder die Partei), im Austritt

von vielen prominenten Reformmitgliedern und der Auflösung ganzer Parteieinheiten. Dennoch wurde, nicht zuletzt zur Verhinderung des Verlusts des Partei-
vermögens, die Fortführung der Partei beschlossen.

2.3 Angleichung

Die Parteieliten in der alten Bundesrepublik, die das DDR-System bis zum
Sommer 1989 als weitgehend stabil angesehen hatten, wurden von der Dynamik
der Entwicklung überrascht und perzipierten zunächst auch keinen Anreiz zur
massiven Einflußnahme, da die deutsche Einheit in den ersten Monaten nach der
Wende als nur sehr langfristig zu erreichendes Ziel erschien, wie Bundeskanzler
Kohls von vielen sogar noch als realitätsfern kritisiertes 10-Punkte-Programm
von Ende November 1989 verdeutlichte. Die weitgehende, auch durch parteispe-
zifische Kooperationshemmnisse mit der jeweiligen Schwesterpartei begründete
Zurückhaltung der westdeutschen Parteien bis zum Jahresende 1989 machte einer
immer intensiveren Intervention Platz, als sich die inneren wie äußeren Rahmen-
bedingungen in bezug auf die deutsche Einheit im Januar/Februar 1990 drama-
tisch veränderten und die ersten freien DDR-Wahlen anstanden. Die in den DDR-
Bevölkerungsdemonstrationen zur zentralen Forderung erhobene Wiedervereini-
gung rückte durch die Anerkennung der Legitimität der deutschen Frage und des
Selbstbestimmungsrechts des deutschen Volkes durch Gorbatschow sowie die
Übereinstimmung über die Einberufung der Zwei-plus-Vier-Konferenz und die
Bildung einer deutsch-deutschen Expertenkommission zur Vorbereitung einer
Wirtschafts- und Währungsunion in greifbare Nähe, und die Vorbereitung und
Durchführung des Wahlkampfs zur zunächst für den Mai geplanten, Ende Januar
jedoch auf den 18. März vorverlegten Volkskammerwahl wurde, als
"Stellvertreterkrieg", zunehmend der Handlungslogik des westdeutschen Partei-
enwettbewerbs untergeordnet.

In der Frühphase der Wende waren die Beziehungen der westdeutschen Parteien zu ihren möglichen Schwesterparteien in der DDR jedoch alles andere als
harmonisch gewesen. Die West-CDU hatte jahrelang mit der Ost-CDU keine
Kontakte unterhalten und zögerte lange, das frostige Klima aufzutauen. Sie setzte
anfangs mehr auf den DA und begann erst nach dem Führungswechsel und dem
Beginn des programmatischen Wandels der Ost-CDU, ihre Haltung zu ändern.
Die West-F.D.P. hatte zwar schon vor der Wende Verbindungen zur LDPD unterhalten, die schon Ende November von der LDPD gewünschte intensive Zusammenarbeit stieß jedoch bei der West-F.D.P. auf deutliche Reserven. Im Gegensatz zu den Blockparteien CDU und LDPD waren die Sozialdemokraten nicht
durch jahrzehntelange Unterstützung des SED-Regimes diskreditiert. Dennoch
gestalteten sich auch hier die Beziehungen zur West-SPD anfangs schwierig. Einerseits wurde in der Gründungsphase insbesondere von der Führung der sich als
Teil der Bürgerbewegung verstehenden Partei großer Wert auf eigenständige po-

litische Positionen und Organisationsformen gelegt, andererseits reagierte auch die westdeutsche Parteiführung, noch ganz dem etatistisch orientierten Dialogkonzept mit der SED verhaftet und auf einen Wandel von oben setzend, anfangs ablehnend, begann erst Ende Oktober, ihre Reserviertheit abzulegen und entschied dann während des Berliner Parteitages Mitte Dezember, die Schwesterpartei anzuerkennen und zukünftig zu unterstützen. Die wenigsten Probleme mit der Partnerwahl hatte die CSU. Sie war unter bündnis- und aktionspolitischen Gesichtspunkten an einer unbelasteten, zumindest regional verankerten Schwesterpartei interessiert, die im gesamtdeutschen Kräftespiel für die CSU-Ziele instrumentalisiert werden konnte, und unterstützte daher tatkräftig den Zusammenschluß verschiedener konservativer Gruppen zur DSU.

Mit den sich Anfang 1990 wandelnden Rahmenbedingungen wurden die West-Ost-Kooperationsanreize deutlich verstärkt, und bei den Liberalen und Christdemokraten sprach einiges für ein Zusammengehen mit den ehemaligen Blockparteien: ihre Anpassung an die neue Stimmungslage, ihre Bereitschaft, die Forderungen nach personeller wie programmatischer Erneuerung zu erfüllen, ihre flächendeckende organisatorische Präsenz und die verfügbaren Ressourcen. Hinzu kam die schnelle Annäherung zwischen West- und Ost-Sozialdemokraten und der für die Ost-SPD pronostizierte Wahlsieg bei den Volkskammerwahlen. Gleichzeitig hatten sich jedoch im liberalen wie christdemokratisch-konservativen Spektrum auch von der Vergangenheit unbelastete Gruppierungen formiert. Es galt daher seitens der westdeutschen Parteieliten, einerseits den Erneuerungsprozeß der bei den Bürgern diskreditierten Blockparteien zu forcieren und andererseits eine Zersplitterung der beiden Lager im Hinblick auf die bevorstehenden Wahlen zu verhindern. Von den Westparteien wurde daher großer Wert darauf gelegt, Wahlbündnisse zwischen den Ostparteien zu erreichen. Auf Druck der West-CDU kam so, trotz interner Konflikte und unterschiedlicher Auffassungen, Anfang Februar die Allianz für Deutschland (AfD) zustande, die ein gemeinsames Auftreten der durch ihre Vergangenheit belasteten Ost-CDU mit der neugegründeten DSU und dem aus der Oppositionsbewegung hervorgegangenen DA ermöglichte. Wenige Tage später bildeten auf Druck der West-F.D.P. die DFP und die Ost-F.D.P. trotz großer Bedenken mit der LDPD - die sich auf ihrem Erneuerungsparteitag kurz zuvor wieder das alte Kürzel LDP gegeben hatte - das Wahlbündnis Bund Freier Demokraten (BFD).

Der Konzentrationsprozeß im Vorfeld der Volkskammerwahlen wurde durch drei weitere Wahlbündnisse verstärkt: Die VL schloß sich mit den Nelken zum Aktionsbündnis Vereinigte Linke (AVL) zusammen, nach dem Scheitern des breiten Wahlbündnisses der Oppositionsbewegung bildeten die Vereinigungen DJ, IFM und NF aus wahltaktischen Gründen das Bündnis 90 (B90), und die Grüne Partei ging mit dem UFV eine Listenverbindung ein. Ohne Bündnispartner blieb die SED-PDS, die sich auf ihrem Wahlparteitag Ende Februar in PDS umbenannte.

Die rechtlichen Voraussetzungen für eine Kandidatur dieser Wahlbündnisse wurden durch das Wahlgesetz vom 21. Februar geschaffen, das die Kandidatur von politischen Vereinigungen und Listenverbindungen erlaubte und ein reines Verhältniswahlrecht ohne Sperrklausel etablierte. Der Wahlkampf war geprägt von einer massiven materiellen, organisatorischen und personellen Unterstützung ihrer jeweiligen Schwesterparteien durch die Westparteien und dominiert von der Auseinandersetzung über das Tempo der angestrebten staatlichen Vereinigung. Für eine schnelle Vereinigung traten die AfD, der BFD und, nach anfänglichem Zögern, die SPD ein, für einen schrittweisen, längerfristig im Rahmen der europäischen Integration erfolgenden Einigungsprozeß das B90, die Grünen und die PDS, für ein Weiterbestehen der DDR vor allem das AVL.

Das Wahlergebnis, der durch den hohen Stimmenanteil der CDU bedingte Sieg der Allianz, kam für viele überraschend, da eher mit einem SPD-Sieg gerechnet worden war. Das Wählervotum ließ sich durchaus als Plebiszit für eine schnelle Vereinigung deuten, und unter dieser Perspektive trug die Ambivalenz vor allem der westdeutschen - aber auch anfangs der ostdeutschen - SPD-Führung in dieser Frage sicherlich deutlich zum schlechten Abschneiden der Ost-SPD bei. Wesentlich war andererseits jedoch auch, daß die ehemaligen Blockparteien CDU und LDP, die noch zur Jahreswende als Repräsentanten des alten Regimes wenig Überlebenschancen zu haben schienen, die Wende mit erneuerter Führung und mit Demokratie, Marktwirtschaft und Wiedervereinigung als neuen programmatischen Grundpfeilern dank ihrer Adoption durch die westdeutschen Schwesterparteien überstanden und ihre arbeitsfähigen Organisationsstrukturen und vorhandenen Ressourcen in den Wahlkampf einbringen konnten, während der vorgezogene Wahltermin den Aufbau einer leistungsfähigen SPD-Organisation verhinderte. Daß es dennoch schon sehr früh zu der Fehlprognose eines SPD-Sieges kam, läßt sich auf die weitverbreitete Fehleinschätzung der historischen Vorprägung der DDR-Parteienlandschaft, unzuverlässige - durch SED-lastige Interviewerstäbe verzerrte - Umfrageergebnisse und einen ab Anfang Februar einsetzenden und sich Anfang März deutlich verstärkenden Meinungsumschwung zugunsten der Allianz zurückführen.

Das Volkskammerwahlergebnis, das durch die nachfolgenden Kommunalwahlen Anfang Mai und die Landtagswahlen Mitte Oktober im wesentlichen bestätigt wurde, strukturierte die Weiterentwicklung der Parteienlandschaft in mehrfacher Hinsicht: Im christdemokratisch-konservativen Lager wurden die Machtverhältnisse und Überlebenschancen zugunsten der Ost-CDU geklärt. Der DA, dessen Vorsitzender Schnur unmittelbar vor der Volkskammerwahl wegen Stasi-Mitarbeit zurücktreten mußte, was sicherlich wesentlich zu dem schlechten Wahlergebnis von weniger als 1% der Stimmen beitrug, beschloß Anfang August auf einem Sonderparteitag den Beitritt zur Ost-CDU. Die DSU scherte noch im April aus der Allianz aus, führende Mitglieder verließen im Umfeld des zweiten Parteitages Ende Juni die Partei und schlossen sich der CDU an, die in die Krise geratene Partei gewann rechtspopulistische Züge, die West-CDU brach die Kontakte weitgehend ab und konzentrierte sich auf die Unterstützung der Ost-CDU, was zum Streit im westlichen Unionslager führte. Die DBD-Führung glaubte anfangs noch, unter der ländlichen Bevölkerung ausreichend Unterstützung zu finden, sah jedoch zunehmend ein, daß die Möglichkeiten einer eigenständigen Rolle erschöpft waren und beschloß Ende Juni den Beitritt zur Ost-CDU, den jedoch nur ein Teil der Mitglieder vollzog.

Im liberalen Lager wurde direkt nach der Volkskammerwahl eine Vereinigung der drei BFD-Parteien LDP, DFP und Ost-F.D.P. angestrebt, die aber aufgrund der anhaltenden personellen und inhaltlichen Differenzen nicht zustande kam. Daraufhin lud die LDP eine Verhandlungsdelegation der NDPD, die ihr schon im Februar ein Bündnisangebot gemacht hatte, zu ihrem Parteitag nach Berlin ein, wo sie sich in Bund Freier Demokraten (BFD) umbenannte und der zerfallenden NDPD den Beitritt ermöglichte, den diese Ende März auch vollzog. Das relativ gute Abschneiden der PDS, die im Wahlkampf soziale Ängste wegen der schnellen Herstellung der deutschen Einheit geschürt hatte, sicherte ihr trotz großer interner Probleme die Weiterexistenz.

Die SPD geriet aufgrund des Wahldebakels zunächst in eine schwere Krise. Sie hatte Schwierigkeiten mit der Profilentwicklung in der Koalitionsregierung unter de Maizière, besaß keinen funktionsfähigen Parteiapparat, ihr Vorsitzender kam unter Verdacht der Stasimitarbeit und trat zurück, und es kam zum offenen Konflikt zwischen Führung und Basis. Erst auf dem Parteitag im Juni, auf dem eine neue Führungsspitze gewählt wurde, konnten die zentrifugalen Strömungen eingegrenzt werden.

Das Bündnis zwischen der Grünen Partei und dem UFV zerbrach nach den Wahlen, da die Grünen nicht bereit waren, eines ihrer 8 Volkskammermandate an den UFV abzutreten. Für den im Bündnis 90 zusammengeschlossenen Teil der Oppositionsbewegung bedeutete das Wahlergebnis von 2.9% die elektorale Marginalisierung, die weitgehend der Nichtüberwindung der Organisationsschwäche, dem problematischen Verhältnis zur Machtfrage und vor allem der anfänglichen Ablehnung und später nur zögernden, mit dem Attribut "so langsam wie nötig" versehenen Haltung zur deutschen Einheit zugeschrieben werden muß.

2.4 Vereinigung

Die Perspektive einer schnellen Herstellung der deutschen Einheit wurde dagegen von der nach den Volkskammerwahlen gebildeten Großen Koalition verkörpert, die sich in ihrer Koalitionsvereinbarung vom 12. April auf einen Beitritt zur Bundesrepublik nach Artikel 23 des Grundgesetzes festgelegt hatte. Die desolate ökonomische und soziale Lage der DDR setzte die Akteure unter starken Entscheidungsdruck. Schon Mitte Mai wurde daher der Staatsvertrag über die Schaffung einer Währungs-, Wirtschafts- und Sozialunion unterzeichnet, der am 1. Juli in Kraft trat. Dies bedeutete de facto die Aufhebung der DDR-Souveränität, obwohl sie als völkerrechtliches Subjekt bis zum Inkrafttreten der Vereinigung am 3. Oktober weiterbestand.

Im Parteiensystem wurde der Vereinigungsprozeß vorweggenommen. Nachdem überall schon im Mai/Juni die Vorbereitungen für die Parteienvereinigung intensiviert wurden, gelang es den Liberalen bereits Anfang August, die in der Oppositionsbewegung des Herbstes verwurzelte DFP, die Anfang 1990 neugegründete Ost-F.D.P. und die ehemalige Blockpartei BFD mit der West-F.D.P. zusammenzuführen und damit als erste Partei die Vereinigung zu vollziehen. Die SPD folgte mit ihrem Vereinigungsparteitag Ende September, die CDU kurz vor der staatlichen Vereinigung Anfang Oktober. Die Parteivereinigungen vollzogen sich, entsprechend den Bestimmungen des bundesdeutschen Parteiengesetzes, analog zur staatlichen Vereinigung, d.h. als Beitritt der DDR-Parteien bzw. ihrer Landesverbände zu ihren bundesdeutschen Schwesterparteien, nicht als von Urabstimmungen begleitete Organisationsfusion. Da der 2. Dezember 1990 als Termin für die erste gesamtdeutsche Bundestagswahl seit Anfang August faktisch feststand, bildeten die Vereinigungsparteitage zugleich den Wahlkampfauftakt.

Aufgrund der Perspektive gesamtdeutscher Wahlen noch Ende 1990, begann die PDS Mitte des Jahres ihre Ausdehnung auf das Gebiet der Bundesrepublik vorzubereiten und gründete hierzu die Wahlpartei Linke Liste/PDS, die sich durch Landesverbände bis Dezember in allen alten Bundesländern formal etablieren konnte, obwohl die Personaldecke extrem dünn war. Die zweite Tagung des PDS-Parteitags Mitte Oktober sollte den Zusammenschluß der Ost-PDS mit der LL/PDS im Hinblick auf die Bundestagwahl bringen. Der Beschluß zur Konstituierung der LL/PDS-Landesverbände zu PDS-Landesverbänden wurde jedoch erst nach langwierigen Diskussionen und gegen den heftigen Widerstand der Westdeutschen gefaßt und nur insoweit realisiert, wie dies für die Wahlteilnahme unbedingt notwendig war.

Schon vor der staatlichen Vereinigung war damit der Vereinigungsprozeß auf der Parteienebene abgeschlossen, mit einer Ausnahme: dem grün-alternativen Spektrum. Die West-Grünen begegneten dem staatlichen Wiedervereinigungsprozeß mit demonstrativer Abneigung und übten lange Zeit Abstinenz in bezug auf eine Bündnispolitik mit DDR-Parteien. Kontakte zwischen West-Grünen und der DDR-Oppositionsbewegung bestanden zwar schon vorher, erst im Mai wurden jedoch erste offizielle Gespräche aufgenommen, aus denen später ein Koordinierungsrat hervorging. Die VL wurde aufgrund starker Vorbehalte insbesondere des NF als Organisation nicht aufgenommen. Ein zentraler Streitpunkt bestand zudem in der Haltung zur PDS. Die Konkretisierung des rechtlichen Rahmens für die Bundestagswahl durch die erste Fassung des Wahlgesetzes vom August, in dem ein einheitliches Wahlgebiet mit Fünf-Prozent-Klausel festgelegt und die Möglichkeit von Listenverbindungen zwischen regional nicht miteinander konkurrierenden Parteien eingeräumt wurde, trug zunächst zur Beschleunigung der Bündnisverhandlungen bei. Allerdings dominierten die widersprüchlichen Interessenlagen der beteiligten Organisationen die Verhandlungen, so daß man sich weitgehend auf das Tauziehen um den Bündnisnamen, das Aushandeln der Listenplatzverteilung und die Formulierung programmatischer Kompromißformeln beschränkte.

Das aufgrund einer Klage der West-Grünen, der PDS und der Republikaner zustandegekommene Urteil des Bundesverfassungsgerichts vom September führte zu einer Neufassung des Wahlgesetzes, in dem nun das Wahlgebiet für die Stimmenauszählung und Sperrklauselberechnung zweigeteilt wurde und Listenverbindungen zwischen Parteien und anderen politischen Vereinigungen im östlichen Teil erlaubt, Listenverbindungen nicht miteinander konkurrierender Parteien nun aber untersagt wurden. Dies befreite vom unmittelbaren Zwang zum gemeinsamen Wahlkampf. Gegen eine Vereinigung mit den Ost-Grünen sprach bei den West-Grünen zudem, daß ein vor der staatlichen Vereinigung durchgeführter Parteizusammenschluß die politische Forderung der West-Grünen nach einem gleichberechtigten verfassungsgebenden Prozeß mit Volksabstimmung unglaubwürdig gemacht hätte und die West-Grünen aufgrund von Umfrageergebnissen der festen Überzeugung waren, auch allein in den Bundestag einzuziehen. Zudem hätte eine schnelle Fusion das Wahlbündnis der Ost-Grünen mit dem Bündnis 90 erschwert. So kandidierte das Bewegungsspektrum im ostdeutschen Wahlgebiet erstmals gemeinsam in der Listenvereinigung Bündnis 90/Grüne - BürgerInnenbewegungen, jedoch getrennt von den West-Grünen, die den Zusammenschluß mit den Ost-Grünen erst am Tag nach der Bundestagswahl realisierten.

Das getrennte Auftreten erwies sich im nachhinein als schwerer taktischer Fehler: Während im Wahlgebiet Ost das Bündnis der Oppositionsbewegung die Fünf-Prozent-Hürde überwinden konnte, scheiterten die West-Grünen knapp und konnten so keine Abgeordneten in den neuen Bundestag entsenden. Die Wahlniederlage der West-Grünen - zurückführbar auf die distanzierte Haltung zur deutschen Einheit, die internen Richtungskämpfe und die Abwanderung eines Teils der Wählerschaft zur Lafontaine-SPD - und die Aufwertung des B90 durch den Einzug in den Bundestag führten zu einer veränderten Konstellation. Hinzu kamen veränderte Rahmenbedingungen durch die Tatsache, daß für zukünftige Wahlen wieder ein Wahlgebiet und die Unmöglichkeit von Listenverbindungen konkurrierender Parteien zu erwarten war und die Übergangsbestimmungen zum Parteiengesetz vorsahen, daß die in der DDR registrierten anderen politischen Vereinigungen nur für eine Übergangszeit in bezug auf die Teilnahme an Wahlen den Parteien gleichgestellt wurden. Es gab somit für das B90 deutliche Anreize, sich als Partei zu konstituieren und für die West-Grünen, eine Vereinigung mit dem B90 anzustreben. Nach langen Auseinandersetzungen innerhalb und zwischen DJ, NF und IFM konstituierte sich das Bündnis 90 dann auch im September 1991 als eigenständige Partei, allerdings beteiligte sich eine starke Strömung innerhalb des NF nicht an der Gründung und reorganisierte diesen Teil des NF als eigenständige politische Vereinigung. Den West-Grünen erwuchs ein potentieller Konkurrent, und die Perzeption einer Gefährdung des Wiedereinzugs in den Bundestag durch Stimmenkonkurrenz mit dem B90 führte zu einer Intensivierung der Bemühungen um eine Vereinigung. Auch das B90, bei dem die gemeinsame Perspektive mit den Grünen nun in den Mittelpunkt der Diskussion rückte, versprach sich Vorteile in bezug auf eine verstärkte bundespolitische Relevanz seiner politischen Vorstellungen, so daß letztendlich im Januar 1993 getrennte Bundesdelegiertenversammlungen den Abschluß eines Assoziationsvertrages beschlossen.

3. Das gesamtdeutsche Parteiensystem

Die ersten gesamtdeutschen Bundestagswahlen Ende 1990 brachten insgesamt gegenüber den Wahlen von 1987 in der alten Bundesrepublik keine dramatischen Verschiebungen der Kräfteverhältnisse zwischen den Parteien. Auf den ersten Blick schien damit die staatliche Vereinigung letztendlich keine nennenswerten Konsequenzen für das deutsche Parteiensystem zu haben. Das einzige unerwartete Ergebnis, das knappe Scheitern der West-Grünen an der Fünf-Prozent-Hürde, ließ sich als Betriebsunfall ansehen, und der durch die Trennung der Wahlgebiete in den Bundestag eingezogenen PDS wurden mittelfristig wenig Überlebenschancen eingeräumt. Die weitere Entwicklung, auf die hier nur sehr kurz eingegangen werden kann, zeigte jedoch, daß solche Konsequenzen sowohl auf der innerparteilichen als auch auf der zwischenparteilichen Ebene durchaus auszumachen sind.

Auf der innerparteilichen Ebene ergaben sich nach dem Abflauen der Vereinigungseuphorie organisatorische, politische und psychologische Probleme. Schon die Vereinigungsparteitage hatten, wegen des Delegiertenschlüssels, der Repräsentation der ostdeutschen Landesverbände in den Parteigremien oder politisch-inhaltlichen Unterschieden, verschiedentlich zu Mißstimmungen geführt. In der F.D.P. führte die (im Vergleich zu den Mitgliederzahlen) deutliche Disproportionalität zwischen West und Ost im Delegiertenschlüssel und den Führungsgremien zu Irritationen und Verärgerungen an der ostdeutschen Basis, beim Zusammenschluß zwischen dem Bündnis 90 und den Grünen kam bei den Ost-Grünen, die nicht einmal einen Vorstandssitz zugebilligt bekamen, Bestürzung über die deutliche Überrepräsentation des B90 in den Gremien auf, und bei der SPD war die emotionale Spaltung zwischen denjenigen Delegierten, denen die staatliche Vereinigung ein inneres Anliegen bedeutete und denjenigen, die eine Renaissance großdeutschen Denkens befürchteten, nicht zu übersehen.

Bei CDU und F.D.P. zeigte sich bald, daß die anfangs aus wahltaktischen Gründen begrüßte Übernahme der funktionsfähigen Strukturen der ehemaligen Blockparteien auch die Übernahme personeller wie organisatorischer Altlasten bedeutete. Dies führte in den ostdeutschen Landesverbänden zu innerparteilichen Konflikten zwischen Altfunktionären und Reformern, wobei die Lage vielfach noch durch Importe ehrgeiziger Funktionäre aus dem Westen verschärft wurde. Die Westimporte politischer Eliten und die permanenten Eingriffe der Bonner

Zentralen leisteten Kolonialisierungsgefühlen in den ostdeutschen Parteigliederungen Vorschub. Insbesondere in der CDU führten persönliche Aversionen und
politische Differenzen zu vehementen Konflikten zwischen der Bonner Zentrale
und Gremien der Ost-CDU, die auch nach außen deutlich sichtbar wurden, als im
September 1991 Lothar de Maizière seine Parteiämter zurückgab. Die in beiden
Parteien nicht konsequent betriebene Aufarbeitung der Blockparteienvergangen-
heit und die immer wieder aufgedeckten Stasiverbindungen von Amtsinhabern
und Mandatsträgern trugen zudem zu einem Ansehensverlust bei den Bürgern in
den neuen Bundesländern bei.

Bestand das zentrale Organisationsproblem für CDU und F.D.P. in der drastischen Reduzierung der aufgeblähten Ost-Parteibürokratie mit Tausenden von
hauptamtlichen Mitarbeitern und der Umstrukturierung der Organisationseinhei-
ten nach westlichem Muster, so stellte sich für die SPD das Problem des Organisationsaufbaus, das durch ein mehrjähriges Strukturhilfeprogramm für die neuen
Landesverbände mit einem Finanzvolumen von 40 Millionen DM angegangen
wurde. Auch mehr als zwei Jahre nach der Vereinigung kämpft die SPD in den
neuen Bundesländern jedoch noch mit ihrer lokalen Organisationsschwäche.

Politisch-inhaltlich und emotional stellten die feierlichen Fusionsakte erst den
Beginn eines schwierigen Prozesses des Zusammenwachsens dar. Der Riß in der
Gesamtgesellschaft, die neue "Mauer in den Köpfen", zieht sich, unterschiedlich
ausgeprägt, auch durch die Parteien. Die Verständnisschwierigkeiten und die
emotionale Kluft zwischen Ost- und Westdelegierten auf der Neumünsteraner
Bundesversammlung der Grünen 1991 sowie die unterschiedlichen Auffassungen
innerhalb der F.D.P. über das wirtschafts- und sozialpolitische Profil der Partei
sind hierfür Beispiele, die beliebig vermehrt werden könnten.

Auch die Parteien ohne Ost-West-Fusion blieben nach der staatlichen Vereinigung von innerparteilichen Problemen nicht verschont. Die DSU stellt Ende 1992
eine rechtskonservative Minipartei mit noch etwa 8 000 Mitgliedern dar, die
durch Intrigen, personellen Führungsverschleiß und Abwanderungen gekennzeichnet ist und nach Ansicht vieler nur durch die Unterstützung der CSU am
Leben erhalten wird. Für die CSU selbst bedeutete die staatliche Vereinigung und
die nachfolgende Bundestagswahl einen tiefen Einschnitt, da hierdurch ihre Dop-
pelrolle als bayerische Regionalpartei mit bundespolitischer Bedeutung gefährdet
wurde. Rein arithmetisch war die CDU nach der Bundestagswahl für den
Machterhalt nicht mehr auf die CSU angewiesen. Dies stärkte die Position der
F.D.P., führte zu einem erneuten Aufflackern der Diskussion um eine bundesweite CSU-Ausweitung und produzierte Verstimmungen im Unionslager.

In der PDS schließlich manifestiert sich das innerparteiliche Strukturproblem
im Neben- bzw. Gegeneinander von alten, treuen Genossen bzw. ehemaligen
hauptamtlichen Funktionären und einem eher jugendlichen, links-alternativen
Flügel. Die Flügelkämpfe zwischen Traditionalisten und Reformisten brachten
die Partei 1991 an den Rand der Spaltung, verhinderten lange die Formulierung
einer verbindlichen Programmatik und führten zusammen mit den Affairen um

die Stasi-Tätigkeit von Funktionären bis hin zum stellvertretenden Vorsitzenden, Ende 1992 zu dem Entschluß des Vorsitzenden Gysi, für eine erneute Kandidatur nicht mehr zur Verfügung zu stehen.

Konsequenzen für die zwischenparteiliche Ebene, für das Kräfteverhältnis zwischen den Parteien und ihre zukünftige Entwicklung, ergeben sich aus der Tatsache, daß das Wahlverhalten der Bürger in den neuen Bundesländern im Vergleich zur alten Bundesrepublik stärker an kurzfristigen Einflußfaktoren, an Kandidaten und politischen Sachfragen, orientiert ist, da langfristige Einflußfaktoren, wie sozialstrukturell verfestigte Bindungen an bzw. sozialpsychologisch verankerte Identifikationen mit den gesamtdeutschen politischen Parteien noch relativ gering ausgeprägt sind, wenn auch ein Teil der ostdeutschen Wählerschaft schon zu DDR-Zeiten eine 'Quasiparteibindung' an westdeutsche Parteien entwickelt haben dürfte. Somit sollte das ostdeutsche Wahlverhalten zu stärkeren Ausschlägen neigen. Wenn auch in den ersten beiden Jahren nach der Vereinigung in den neuen Bundesländern noch keine Wahlen stattfanden, die diese These hätten bestätigen können, zeigte sich ihre Berechtigung doch in der mittels der 'Sonntagsfrage' nach der Bundestagswahlabsicht gemessenen politischen Stimmungslage: So verflüchtigte sich z.B. die Hochstimmung für die Unionsparteien im Osten noch wesentlich schneller und deutlicher als im Westen.

Die Tatsache, daß die staatliche Vereinigung eine Erweiterung der Wählerschaft der alten Bundesrepublik um ein Elektorat bedeutet, in dem sich langfristig stabile Bindungen an die gesamtdeutschen Parteien in zumindest weitaus geringerem Maße herausbilden konnten, hat jedoch noch eine andere, für die Entwicklung des deutschen Parteiensystems ebenso wichtige Konsequenz. Die Nichtexistenz bzw. Lockerung von affektiven Parteibindungen ist eine wesentliche Vorbedingung für Parteiverdrossenheit. Die deutsche Einheit hat somit den Nährboden für eine Entwicklung noch verstärkt, die in der alten Bundesrepublik schon seit einiger Zeit im Gange war: die zunehmende Parteiverdrossenheit, also die sich verstärkende Unzufriedenheit mit und das zurückgehende Vertrauen in die etablierten Parteien.

In der alten Bundesrepublik erodierten durch den sozialen Wandel die traditionellen Sozialmilieus, die die Bindungen an eine der großen Parteien prägten. Zum quantitativen Rückgang der klassischen Klientel, der gewerkschaftlich gebundenen Industriearbeiterschaft bei der SPD und der Personen mit starker Kirchenbindung bei der CDU, kam die Lockerung der interessenorientierten Anbindung, da die Parteien programmatisch auch um die Interessenvertretung der angewachsenen neuen Mittelschicht konkurrieren mußten. Hinzu kommt nun die Ost-West-Problematik, d.h. die Tatsache, daß die gleichen Wählergruppen in den alten und neuen Bundesländern unterschiedliche Interessenlagen aufweisen. Besonders deutlich wird diese Problematik bei der SPD, die im Interessenvertretungsspagat zwischen der alten, gewerkschaftsorientierten und der neuen, postmaterialistischen Linken zunehmend ihre Stammwähler einbüßt, sich daher in neuester Zeit wieder stärker als "Schutzmacht der kleinen Leute" profilieren will, dabei aber gleichzeitig den sich verschärfenden Verteilungskampf internalisiert. Die sich auf diesem Nährboden entwickelnde Parteiverdrossenheit wurde durch die dramatischen Ereignisse 1989/90 überdeckt, nach der Vereinigung jedoch durch verschiedene Faktoren wieder deutlich verstärkt. Sie manifestiert sich in zwei Formen: Abstinenz und Protest. Die zunehmende Abstinenz zeigt sich am deutlichen Abwärtstrend der Wahlbeteiligung, die bei Bundestagswahlen seit 1980 rückläufig ist, 1990 mit 78,4% noch unter dem Wert der ersten Wahl von 1949 lag und bei den Landtags- bzw. Kommunalwahlen 1992 und Anfang 1993 so niedrig war, daß die "Partei der Nichtwähler" die größte Wählergruppe stellte. Hinzu kommt ein Mitgliederrückgang der Parteien, der sich auch in den Jahren 1990-1992 fortsetzte, wenn auch bei den einzelnen Parteien bzw. ihren ost- und westdeutschen Landesverbänden in unterschiedlicher Intensität, wobei hinzuge-

Tabelle: Mitgliederentwicklung der gesamtdeutschen Parteien
       1990 - 1992

	31.12. 1990	31.12. 1991	31.12. 1992
CDU:			
Alte Bundesländer*	658411	641454	619579
Neue Bundesländer	134409	109709	94267
Insgesamt	792820	751163	713846
SPD:			
Alte Bundesländer*	919129	892657	860214
Neue Bundesländer	30421	27214	25744
Insgesamt	949550	919871	885958
F.D.P.:			
Alte Bundesländer*	71368	68641	66283
Neue Bundesländer	106966	68916	36904
Insgesamt	178334	137557	103187
Die Grünen:			
Alte Bundesländer*	40049	37533	36399
Neue Bundesländer	1267	1340	1149
Insgesamt	41316	38873	37548

* Einschl. Berlin; SPD 1990: nur West-Berlin.
Quelle: Bundesgeschäftsstellen der Parteien, März 1993.

fügt werden muß, daß die Mitgliederzahlen der neuenBundesländer, vor allem bei CDU und F.D.P., anfangs eine hohe Anzahl von "Karteileichen" enthielten.

Die zweite Äußerungsform der Parteiverdrossenheit, der Protest, manifestiert sich durch den Zulauf zu den kleinen, an den Rändern des politischen Systems angesiedelten Parteien. Dies gilt möglicherweise für die PDS, deren Ausdehnung auf die alten Bundesländer zwar parteiorganisatorisch - mit Anfang 1993 weniger als 400 Westmitgliedern - wie elektoral - mit einem West-Bundestagswahlergebnis von 0.3% - wohl als gescheitert angesehen werden kann, die aber die Chance einer Etablierung als regionale Protestpartei in den neuen Bundesländern hat, nachdem die PDS-übergreifenden "Komitees für Gerechtigkeit" schnell wieder aus den Schlagzeilen verschwunden sind. Vor allem aber gilt dies für die Republikaner, deren Erfolgsserie 1989 (Berliner und Europawahlen) durch den Einigungsprozeß und interne Querelen nur vorübergehend gebremst wurde, wie die Landtags- und Kommunalwahlergebnisse vor allem im Frühjahr 1992 bzw. 1993 zeigen. In bezug auf den Rechtsextremismus muß allerdings zwischen Ost- und Westdeutschland differenziert werden. Nach wie vor gilt, daß in den neuen Bundesländern ein eher spontaner, schwach organisierter, ideologisch wenig fundierter, aber enorm gewalttätiger Protest vorherrscht, während in den alten Bundesländern eher Parteien und sonstige Organisationen dominieren, der Rechtsextremismus im Osten also kaum institutionalisiert und stark bewegungsorientiert, im Westen eher organisationsfixiert ist, was sich auch im Wahlverhalten und der in Umfragen geäußerten Wahlabsicht für eine rechtsextreme Partei niederschlägt.

An Ursachen für eine zunehmende Parteienverdrossenheit herrschte in neuerer Zeit, insbesondere auch in den zwei Jahren nach der deutschen Vereinigung, kein Mangel. Die nicht abreißende Kette von Affairen und Skandalen, von Vetternwirtschaft, Begünstigung, Selbstbedienungsmentalität und Doppelmoral verschonte in den letzten Jahren keine der etablierten Parteien. Vor allem aber kollidiert der Omnipotenz- und Allzuständigkeitsanspruch der Parteien mit ihrem zunehmenden Versagen vor der Bewältigung der dringenden gesellschaftlichen Aufgaben, ihrem Defizit an Problemlösungskompetenz, ihrer Führungsschwäche und Konzeptionslosigkeit, und dies in einer Zeit, die objektiv durch eine immer schwerer zu bewältigende Gemengelage von massiven ökonomischen und sozialen Problemen gekennzeichnet ist.

Noch richtet sich die Unzufriedenheit der Bevölkerung primär auf die Träger der politischen Ordnung, die Parteien und Politiker, weniger auf die politische Ordnung selbst. Wie lange dies bei einer andauernden krisenhaften Entwicklung noch so bleibt, ist schwer zu prognostizieren.

Literatur

Aus Politik und Zeitgeschichte (Beilage zur Wochenzeitschrift Das Parlament), B5/1992.
Barrios, H. (1991). Von der Revolution zum Beitritt: die Entwicklung eines gesamtdeutschen Wahl- und Parteiensystems. In U. Liebert & W. Merkel (Hrsg.), Die Politik zur deutschen Einheit: Probleme - Strategien - Kontroversen, (S. 139-159). Opladen.
Beyme, K. v. (1991). Das politische System der Bundesrepublik Deutschland nach der Vereinigung. München.
Beyme, K. v. (1991). Electoral Unification: The First German Elections in December 1990. Government and Opposition, 26, S. 167-184.
Boll, B. & Poguntke, T. (1992). Germany: The 1990 All-German Election Campaign. In S. Bowler & D. M. Farrell (Hrsg.), Electoral Strategies and Political Marketing (S. 121-143). London.
Eisenmann, P. & Hirscher, G. (Hrsg.) (1992). Die Entwicklung der Volksparteien im vereinten Deutschland. München.
Falter, J. W. (1992). Wahlen 1990. Die demokratische Legitimation für die deutsche Einheit mit großen Überraschungen. In E. Jesse & A. Mitter (Hrsg.), Die Gestaltung der deutschen Einheit. Geschichte - Politik - Gesellschaft (S. 163-188). Bonn.
Glaeßner, G. J. (1992). Der schwierige Weg zur Demokratie (2. durchges. Aufl.). Opladen.
Löbler, F., Schmid, J. & Tiemann, H. (Hrsg.) (1991). Wiedervereinigung als Organisationsproblem: Gesamtdeutsche Zusammenschlüsse von Parteien und Verbänden. Bochum.
Mintzel, A. & Oberreuter, H. (Hrsg.) (1992). Parteien in der Bundesrepublik Deutschland (2. aktual. u. erw. Aufl.). Bonn.
Möller, B. (1991). Soziologisch-politologische Analyse der Parteienentwicklung in der DDR (Zeitraum Oktober 1989 bis Oktober 1990). In D. T. Tsatsos (Hrsg.), Auf dem Weg zu einem gesamtdeutschen Parteienrecht (S. 29-54). Baden-Baden.
Müller-Enbergs, H., Schulz, M. & Wielgohs, J. (Hrsg.) (1992). Von der Illegalität ins Parlament. Werdegang und Konzepte der neuen Bürgerbewegungen (2. erw. Aufl.). Berlin.
Niedermayer, O. & Stöss, R. (Hrsg.) (1993). Stand und Perspektiven der Parteienforschung in Deutschland. Opladen.
Rattinger, H. (1993). Abkehr von den Parteien? Dimensionen der Parteiverdrossenheit. Aus Politik und Zeitgeschichte (Beilage zur Wochenzeitschrift Das Parlament), B11, S. 24-35.
Schmidt, U. (1991). Die Parteienlandschaft in Deutschland nach der Vereinigung. Gegenwartskunde, 40, S. 515-544.
Tessmer, C. (1991). Innerdeutsche Parteienbeziehungen vor und nach dem Umbruch in der DDR. Erlangen.
Volkens, A. & Klingemann, H.-D. (1992). Die Entwicklung der deutschen Parteien im Prozeß der Vereinigung. In E. Jesse, & A. Mitter (Hrsg.), Die Gestaltung der deutschen Einheit. Geschichte Politik - Gesellschaft (S. 189-214). Bonn.
Weilemann, P. R., Meyer zu Natrup, F. B., Bulla, M., Pfeiler, W. & Schüller, U. (1990). Parteien im Aufbruch: nichtkommunistische Parteien und politische Vereinigungen in der DDR. Melle.
Wuttke, C. & Musiolek, B. (Hrsg.) (1991). Parteien und politische Bewegungen im letzten Jahr der DDR. Berlin.

Anmerkungen

1 Für den Beitrag wurden, neben den einzelnen Kapiteln des vorliegenden Bandes, die im Literaturverzeichnis genannten Publikationen herangezogen. Eine gekürzte Version (Oskar Niedermayer: Stichwort "Parteien") ist in dem von Werner Weidenfeld und Karl-Rudolf Korte herausgegebenen Handbuch zur deutschen Einheit (Frankfurt: Campus 1993) erschienen.
2 Die Schaubilder enthalten nur Parteien bzw. Organisationen, die bei einer der beiden Wahlen (Volkskammer- und Bundestagswahlen) entweder mehr als 1% der Stimmen oder mindestens ein Mandat erhielten.

II.

Die Entwicklung einzelner Parteien

Ute Schmidt

Transformation einer Volkspartei - Die CDU im Prozeß der deutschen Vereinigung

1. Kann die CDU als Volkspartei überleben?

Zwei Jahre nach der Vereinigung befindet sich die CDU in einer schweren Organisations- und Vertrauenskrise. Die schlechten Ergebnisse bei den Meinungsumfragen Anfang 1993[1] sind nicht Momentaufnahmen einer aktuellen Schwäche, sondern - das zeigen die Analysen der Wahlen der achtziger Jahre - Signale für einen seit 1987 konstatierbaren Abwärtstrend, der durch die Vereinigung nur kurzzeitig überlagert wurde (Feldmeyer 1992: 1). Zu den Folgen langfristiger Veränderungen des Wählerverhaltens im Westen kommt nun ein massiver Ansehensverlust der Union in den neuen Bundesländern hinzu. Nach dem Super-Wahljahr 1990 schien es zunächst, als hätten die Christdemokraten - und das wohl für lange Zeit - die politische Hegemonie im neuvereinigten Deutschland gewonnen. Wider alle Prognosen hatten sich die DDR-BürgerInnen bei der Volkskammerwahl am 18. März mit überwältigender Mehrheit die in der Bundesrepublik regierenden Koalitionsparteien herübergewählt[2]. Inzwischen ist hier angesichts der sozialen Folgen des Strukturumbruchs eine deutliche Ernüchterung eingetreten.

Im Westen haben die Christdemokraten bei fast allen Landtagswahlen seit der Bundestagswahl (Ausnahmen: West-Berlin und Bremen) empfindliche Wahlniederlagen hinnehmen müssen; von den zehn Ländern der alten Bundesrepublik regiert die CDU nur noch in Baden-Württemberg, und auch das nur mit Hilfe der SPD. Auch in den neuen Bundesländern beginnt der große Vorsprung, den die CDU bei den Landtagswahlen 1990 erhielt (Ausnahme: Brandenburg), inzwischen abzuschmelzen. In Mecklenburg-Vorpommern wird der Ruf nach Neuwahlen immer lauter; die CDU-geführten Landesregierungen in Sachsen-Anhalt und Thüringen werden durch aus dem Westen importierte Ministerpräsidenten stabilisiert, während die Sympathienanteile für die CDU ständig abnehmen. Selbst in Sachsen, dem einzigen Bundesland, in dem die CDU noch eine absolute Mehrheit besitzt, ist die Akzeptanz der CDU deutlich zurückgegangen.

Beide großen Volksparteien haben im übrigen das Problem, in zwei unterschiedlichen Wählergesellschaften agieren bzw. zwischen ihnen vermitteln zu müssen (Veen 1991: 163f.). Besonders extrem zeigt sich die Kluft zwischen West und Ost für die CDU in Berlin, also gerade in der Stadt, die eine Vorreiterrolle im Prozeß der deutschen Einigung wie des Zusammenwachsens der Partei beansprucht: Während sich die Partei im Westteil der Stadt bei Wahlumfragen derzeit noch über der 40-Prozent-Marke behauptet, scheint sie im Osten (mit 14 Prozent Zustimmung) auf das Niveau einer Splitterpartei herabzusinken (NZ v. 19.9.92). Diese beiden Trends - das Schwinden der Wählergunst wie das Image einer "Wessi-Partei" - könnten, falls sie sich bis zu den Wahlen 1994 nicht umkehren, fatale Konsequenzen für die Organisationskraft und Regierungsfähigkeit, aber auch für das Selbstverständnis der Union als Volkspartei haben.

Es kann für die Union kein Trost sein, daß es der Opposition zur Zeit nicht gelingt, den Vertrauensverlust der Regierungskoalition in eigene Erfolge umzumünzen. Der Mechanismus des Wechselspiels von Regierung und Opposition scheint schon seit längerer Zeit ausgehebelt (Feist und Liepelt 1987: 280). Beide Großparteien befinden sich in einem Tief[3]. So verwundert es kaum, daß der Gedanke an eine Große Koalition - vor kurzem noch als Gespenst abgetan - inzwischen näherrückt, auch wenn es sich dabei eher um ein "Bündnis der Ratlosen" als um die Bündelung von Kräften zu handeln scheint. Radunski betrachtet die gegenwärtige Krise der Volksparteien als Chance für einen Anpassungs- und Modernisierungsprozeß (Radunski 1991: 7f.). Er nimmt Abschied von der Volkspartei als Mitglieder- und Massenorganisation mit geschlossener Weltanschauung und 50-Prozent-Zielen in Wahlkämpfen; sein strategisches Konzept läuft auf eine kampagnen-, mehrheits- und regierungsfähige Fraktionspartei hinaus. Die CDU müsse lernen, sich in ihren Organisationszielen zu konzentrieren und sich zu einer modernen "politischen Dienstleistungspartei" weiterentwickeln[4]. Auch Veen sieht in der Diversifizierung des Parteiensystems eine Folge der gesellschaftlichen Pluralisierung, die durch die Vereinigung noch einen weiteren Schub erhalten habe. Für die Volkspartei CDU bedeute das, "gegebenenfalls ihre Integrationsfähigkeit programmatisch, personell und organisatorisch neu (zu) erarbeiten" (Veen 1991: 165).

Damit steht die CDU im neuvereinigten Deutschland vor einer doppelt schwierigen Aufgabe: Im Westen versucht sie (mit Diskussionen über flexiblere Koalitionsstrategien, ein neues Grundsatzprogramm und eine Parteireform, mit der die vermachteten Parteistrukturen - gegen viele Widerstände - aufgebrochen werden sollen) gegen die Erosionserscheinungen der Volkspartei anzukämpfen. Im Osten geht es für die CDU darum, sich überhaupt erst als Volkspartei zu etablieren. Der Parteiformierungsprozeß verläuft hier geradezu umgekehrt zur historischen Herausbildung der Massen- und Apparatparteien in Deutschland. In der weitgehend entstrukturierten Gesellschaft der Ex-DDR, in der sich die Vermittlungsfunktion der klassischen intermediären Institutionen und Vorfeldorganisationen erst herausbildet, verfügt die CDU gegenwärtig weder über ein sozialstrukturell verankertes Wählerpotential noch über eine Mitgliederbasis, die ohne größere Neuzugänge auf Dauer tragfähig wäre[5]. Als längerfristige Folgen der Adoption der Block-CDU, über die - unter dem Primat des Parteienwettbewerbs und mit einem bis zur Bundestagswahl 1990 ausgelegten Zeithorizont - Anfang 1990 entschieden wurde, ergeben sich zudem Probleme der innerparteilichen Konsensbildung und Integration sowie der Elitenkonkurrenz. In dem Maße, in dem die Personalquerelen jedoch die Entwicklung und Durchsetzung von politischen Perspektiven und Konzeptionen für den Aufbau der Ostländer behindern, verstärken sie die ohnehin sichtbaren Steuerungsdefizite und mindern damit wiederum die Attraktivität der Partei für Wähler und Mitglieder.

In diesem Beitrag, in dem die Formierung der vereinigten CDU dargestellt werden soll, kann diese Problemlage nur angerissen werden. Die Untersuchung konzentriert sich im wesentlichen auf drei zentrale Aspekte: die Handlungsstrategien der West-CDU, die zur Fusion mit der Block-CDU führten und die weitere Entwicklung vorstrukturierten; die Umbrüche in der DDR-CDU bis zur Vereinigung und deren Konsequenzen (programmatisch, personell, organisatorisch); Probleme der Formation, Kooperation und Konkurrenz von Eliten im Transformationsprozeß der Ost-CDU zur Volkspartei[6].

2. Der Kampf um die strukturelle Mehrheit im neuvereinigten Deutschland

2.1 Optionen der West-CDU und der Faktor "Zeit"

Angesichts der rapiden Destabilisierung in der Noch-DDR und der zunehmenden Übersiedlerzahlen zeichnete sich seit Anfang Januar 1990 ab, daß der für die Volkskammerwahl vorgesehene Wahltermin am 6. Mai nicht zu halten war. Die Vereinbarung Modrows mit dem Runden Tisch vom 28. Januar 1990, die Volkskammerwahl schon am 18. März durchzuführen, löste in der CDU-Führung "gemischte Gefühle" aus (Teltschik 1991: 117f.). Denn dadurch geriet die CDU , die sich mit ihrer Entscheidung für einen parteipolitischen Partner noch bis Mitte Februar hatte Zeit lassen wollen, unter starken Zeitdruck[7]. Im Unterschied zur SPD, die nach kurzem Zögern in der "unverblockten" SDP ein Pendant in der DDR gefunden hatte, befand sich die CDU in dem Dilemma, daß sie (von der Block-CDU einmal abgesehen) keinen "natürlichen" Partner vorfand, auf den sie sich hätte festlegen wollen. Diese "Phase einer gewissen Orientierungslosigkeit" dauerte bis in den Januar 1990 hinein (Schäuble 1991: 24).

In der CDU-Spitze war man sich darüber im klaren, daß der Ausgang der Volkskammerwahl von entscheidendem Einfluß auf die nächste Bundestagswahl sein würde; sie war eine Vorentscheidung darüber, ob die Union die strukturelle Mehrheitsfähigkeit im vereinigten Deutschland behalten oder verlieren würde. Denn eine wesentliche sozialstrukturelle und politisch-kulturelle Voraussetzung für die politische Hegemonie der Union im Nachkriegsdeutschland war die deutsche Teilung gewesen; die früheren Hochburgen der SPD lagen in Mitteldeutschland. Die CDU wollte diese Wahl weder den alten noch den sich neuformierenden Kräften überlassen und setzte daher ihr ganzes Gewicht ein. "Kanzler der Deutschen" sollte die Wahlparole heißen; nun ging es darum, einen bzw. mehrere in das wahlstrategische Konzept der CDU passende Partner zu finden und ein Wahlbündnis zu "zimmern", das ein geeignetes Pendant für die West-

CDU abgab (Teltschik 1991: 118). Grundsätzlich standen der West-CDU drei
Möglichkeiten offen:

1. Die Kooperation mit der Ost-CDU, die - parteihistorisch gesehen - zwar ihre
    Wurzeln bis zur Nachkriegs-Union Jakob Kaisers zurückverfolgen konnte, die
    aber faktisch - durch ihre Einbindung in das Blockparteiensystem - längst Teil
    des DDR-Machtapparats geworden war.
2. Die Unterstützung neugebildeter Gruppierungen wie des DA (Demokratischer
    Aufbruch) oder der DSU (Deutsche Soziale Union), die aber zum einen in ih-
    rer Zusammensetzung noch sehr heterogen waren und zum anderen weder
    personell noch organisatorisch in der Lage waren, einen flächendeckenden
    Wahlkampf führen zu können.
3. Eine dritte Variante hätte darin bestanden, daß Mitglieder der Ost-CDU ihre
    eigene Partei aufgelöst und zusammen mit der West-CDU eine neue CDU im
    Osten aufgebaut hätten. Diese Lösung wurde von Teilen der CDU-Mit-
    gliedschaft, die sich in der Wendezeit aktiv engagierten, vor allem im Süden
    der DDR favorisiert; man wollte einen deutlichen Schnitt und einen demon-
    strativen Neubeginn. Obwohl die Vorbereitungen dafür schon weit gediehen
    waren, mußte dieser Plan in dem Moment aufgegeben werden, in dem sich
    die CDU-Führung im Westen zur Zusammenarbeit mit der Ost-CDU durchge-
    rungen hatte; seine Befürworter schwenkten nun auf den Kurs der Bun-
    desparteiführung ein.

Über die Gründe, die in der West-CDU letztendlich den Ausschlag zu dieser Entscheidung gaben, lassen sich nur Vermutungen anstellen. Allerdings können
mehrere, sich überschneidende Interessenlagen bestimmt werden, die das politische Terrain ebneten:

-   In der Zeit des Umbruchs gab es auf regionaler und lokaler Ebene bereits rege
    Kontakte zwischen Vertretern der West- und der Ost-CDU - insbesondere in
    den an die DDR angrenzenden westdeutschen CDU-Landesverbänden Nieder-
    sachsen und Hessen sowie zwischen Ost- und West-Berliner Bezirken. Der
    hessische Ministerpräsident Walter Wallmann, Arbeitsminister Norbert Blüm
    und der ehemalige Regierende Bürgermeister von Berlin, Eberhard Diepgen -
    die CDU befand sich hier damals in der Opposition - hatten schon im No-
    vember 1989 ihr Interesse an Gesprächen mit Vertretern der Ost-CDU auf al-
    len Ebenen bekundet. Dadurch entstand für die Parteispitze ein Handlungsbe-
    darf.
-   Diese Erfahrungen wurden auch in den Bundesvorstand hineingetragen und
    dort kontrovers diskutiert. Wolfgang Schäuble hielt die Ost-CDU für den
    "natürlichen Partner" der West-CDU und das aus drei Gründen: soziologisch
    betrachtet sei ihre Basis zu drei Vierteln nicht viel anders als die der West-
    CDU einzuschätzen; zweitens verstärke sich durch den Zufluß der Ost-CDU-
    Mitglieder die Bindung zur protestantischen Kirche als erwünschtem Gegen-
    gewicht zum rheinisch-katholischen Milieu; drittens sah er in der Einbindung
    der Ost-CDU in das machtpolitische Gefüge des DDR-Systems nicht unbe-

dingt einen Nachteil; sie erschien ihm gerade wegen ihrer Beteiligung am "Demokratischen Block" als "eine gesellschaftliche Kraft, die das ihrige dazu beitragen konnte, den revolutionären Prozeß in jenen Bahnen zu halten, die zum Ziel der Einheit führten"(Schäuble 1991: 23). Diepgen und Geißler plädierten für eine differenzierende Sichtweise, für die Kooperation mit der Ost-CDU und eine Wahlstrategie, die alle nicht-sozialistischen Kräfte bündeln würde.

- Mit Rücksicht auf die Empfindlichkeiten der Exil-CDU hatte die Bundes-CDU bisher jede Kooperation mit der Ost-CDU abgelehnt. Dennoch gab es unterhalb der Führungsebenen Beziehungen zwischen Exil- und Ost-CDU und, wie sich in der Wendezeit herausstellte, mehr Gemeinsamkeiten als vermutet. Inoffizielle Kontakte gab es interessanterweise auch zwischen Ost-CDU-Vertretern und CSU-Deutschlandpolitikern.

- Kaum zu unterschätzen ist wohl auch die Haltung der katholischen Kirchenführung. Nach den langen Jahren, in denen sie jede offizielle Berührung mit der DDR-CDU peinlichst vermieden hatte, beurteilte sie die Dinge jetzt anders; sie stellte sich (nach einem Gespräch des Vorsitzenden der Berliner Bischofskonferenz, Bischof Georg Sterzinsky, mit Lothar de Maizière) hinter die neue Führung der Ost-CDU und riet ihren Gemeindemitgliedern, sich nun wieder politisch zu engagieren (Richter 1990: 1594ff.). Diese Signale erreichten auch die West-CDU (in evangelischen CDU-Kreisen wurde schon die Aktualisierung eines "politischen Katholizismus" bzw. die "Rekatholisierung" der CDU befürchtet).

- Eine Zusammenkunft Helmut Kohls mit Lothar de Maizière, der bereits seit November Gespräche mit namhaften Vertretern aus Kirche, Politik und Wirtschaft führte, hatte die CDU-Spitze indessen möglichst lange hinausgeschoben. Noch im Januar 1990 fühlte sich der neue Vorsitzende der Ost-CDU bei einem Besuch im Bonner Konrad-Adenauer-Haus als "persona non grata" behandelt. Aus seiner Sicht kam es erst dann zu einem Treffen mit dem CDU-Bundesvorsitzenden, nachdem er selbst vorgeprescht war und eine Pressekonferenz der Ost-CDU zu Fragen der anstehenden Volkskammerwahl angekündigt hatte.

Vermutlich haben Helmut Kohl und Generalsekretär Volker Rühe so lange gezögert, offiziell mit der Blockpartei zu kooperieren[8], weil - nach den ersten Meinungsumfragen - noch nicht absehbar war, ob die angezielten antisozialistischen Wählerschichten in der DDR die ehemalige "Blockflöte" überhaupt für wählbar halten würden[9]. Die CDU-Führung begab sich schließlich - auch des Namens wegen - auf diese Gratwanderung, um der SPD, mit deren Wahlsieg damals noch überall gerechnet wurde, eine zugkräftige Alternative entgegenzusetzen. Am 5. Februar 1990 kam - nach einem ersten Vorgespräch zwischen Kohl, de Maizière und Ebeling am 1. Februar (Teltschik 1991: 124) - die "Allianz für Deutschland" als Wahlbündnis zwischen Ost-CDU, der DSU und dem DA zustande.

Mit dem wahlstrategisch begründeten Zweckbündnis zwischen Ost-CDU, DA und DSU waren die zwischen diesen Gruppierungen bestehenden Berührungsängste freilich keineswegs beendet. So verstanden sich auch diejenigen Kräfte aus dem DA, die nach der Abspaltung der basisdemokratisch-ökologischen Richtung um den Wittenberger Pfarrer Friedrich Schorlemmer zur Union tendierten, als eine originäre Gruppierung des Herbstes, die mit der Ost-CDU kaum etwas gemein hatte. Erhebliche Vorbehalte gegen die Block-CDU hegte man auch in der DSU, die am 20./21. Januar 1990 unter tatkräftiger Hilfe der CSU in Leipzig gegründet worden war[10]. Die gegenseitigen Abgrenzungen und Ressentiments zogen sich durch den gesamten Wahlkampf. Trotz der gemeinsamen Nutzung der von der West-CDU gestellten Ressourcen[11] wurde er noch innerhalb der Allianz als Kampf um die Verteilung der Macht fortgesetzt.

Die Allianz war ein Wahlbündnis, in dem die beteiligten Parteien mit getrennten Listen und eigenem Wahlprogramm um Wählerstimmen warben. Für den DA bedeutete dieses Verfahren, um das intern heftig gestritten worden war, auf dem im übrigen aber auch Kohl und Rühe bestanden hatten, ein Desaster. Denn nachdem sein Spitzenkandidat, Rechtsanwalt Wolfgang Schnur, eine Woche vor der Volkskammerwahl als Stasi-Agent enttarnt worden war, erreichte er ein deprimierendes Wahlergebnis von 0.9%. Ganz unerwartet fiel der ehemaligen Blockpartei der Löwenanteil von 40.8% zu - offensichtlich deshalb, weil sie "als die DDR-Statthalterin der West-CDU" erschien und mit deren Kanzler identifiziert wurde (Gibowski 1990: 6) Die DSU schnitt mit einem durchaus akzeptablen und von ihr bisher nicht wieder erreichten Stimmenanteil von 6.3% relativ gut ab (Roth 1991: 132).

2.2 Von der "Allianz" zur vereinigten CDU

Bis auf weiteres war damit das Kräfteverhältnis zwischen der Ost-CDU und dem DA abgesteckt und die weitere Entwicklung vorstrukturiert. Die Dynamik der deutschen Vereinigung stellte gesamtdeutsche Wahlen noch für das Jahr 1990 in Aussicht und beschleunigte die Parteifusion: Im Spätsommer 1990 vereinigte sich der DA trotz massiver Bedenken gegen die "Blockflöten" und nur über den Umweg der West-CDU mit der Ost-CDU (s. u. Kap. 4). Im September 1990 gliederten sich auch die Landesverbände der "Demokratischen Bauernpartei Deutschlands" (DBD) der CDU an. Von dieser Fusion erhoffte sich die CDU, deren Wählerhochburgen vor allem im Süden der Noch-DDR lagen, ihre Position bei der Landbevölkerung im Norden verbessern zu können. Denn gerade dort, wo die DBD stark war - sie erreichte bei den Kommunalwahlen im Norden in mehreren Kreisen einen Anteil von mehr als zehn Prozent der Wählerstimmen - war die CDU bisher selten über die 30-Prozent-Marke gekommen[12].

Die Fusion zwischen Ost- und West-CDU zu einer gesamtdeutschen Partei wurde im Juni 1990 beschlossen. Ab diesem Zeitpunkt nahmen die Präsidiums-

und Vorstandsmitglieder beider Parteien auch an den Sitzungen der jeweiligen Schwesterpartei teil (Schmid 1992: 54f.). Als "Vorreiter der Vereinigung" schlossen sich die CDU-Kreisverbände in Groß-Berlin bereits am 8. September zu einem gemeinsamen Berliner Landesverband zusammen; die anderen Landesverbände beschlossen die Fusion auf ihren Landesparteitagen Mitte August bis Anfang September. Der Vereinigungsparteitag fand dann am 1./2. Oktober 1990 in Hamburg statt - einen Tag vor der deutschen Vereinigung und zwei Wochen vor den Landtagswahlen in den neuen Ländern. Die "organisatorische Integration" der CDU (Herzog 1992: 3) geschah in einem demonstrativen Akt: Die gesamte Führungsspitze trat zurück, um sich von den nunmehr 1000 (750:250) Delegierten neu wählen zu lassen. Zugeschnitten auf Lothar de Maizière als dem Repräsentanten der Ost-CDU wurde das Amt eines stellvertretenden Parteivorsitzenden geschaffen. Die Partei erweiterte ihre Leitungsgremien durch Vertreter aus den neuen Landesverbänden: drei Präsidiumsmitglieder und sechs Bundesvorstandsmitglieder (davon je ein DA bzw. DBD-Vertreter) kamen nun aus dem Osten[13]. In Hamburg wurde auch die Finanz- und Beitragsordnung geändert und den neuen Landesverbänden aufgegeben, ihre Satzungen und sonstigen Rechtsvorschriften bis spätestens 1993 an die Regelungen der West-CDU anzupassen. Die Delegierten verabschiedeten ein Manifest zur Vereinigung der CDU mit dem Titel "Ja zu Deutschland - Ja zur Zukunft", in dem sich die CDU auf die Tradition der Kölner und Berliner Gründerkreise berief und die Grundwerte der CDU (Freiheit, Solidarität und Gerechtigkeit) beschrieb. Sie stellt sich dar als "Partei für historische Weichenstellungen", als "Volkspartei der Mitte", die die Zukunftsprobleme am ehesten lösen könne und mit der es Freiheit, Wohlstand und Sicherheit in ganz Deutschland geben werde. Zur Erarbeitung eines neuen Grundsatzprogramms auf der Grundlage des Ludwigshafener Programms der West-CDU von 1978 wurde eine Kommission vorgeschlagen, deren Vorsitz später de Maizière übernahm.

Das Vermächtnis der Gründungsväter schien nun erfüllt, die Spaltung der Partei aufgehoben. Auch wenn die Parteitagsregie den Eindruck zu vermeiden suchte, hier werde ein bloßer Anschluß vollzogen, so war dies doch in weiten Zügen tatsächlich der Fall. Den CDU-Vertretern aus den neuen Ländern gelang es auch nicht ansatzweise, ein eigenes politisches Profil in der Gesamtpartei deutlich zu machen; lediglich der sächsische Vertreter - der ehemalige DA-Landesvorsitzende - kündigte an, seine Partei müsse sich von der Basis her noch verändern. Nach dem Vereinigungsakt hatte die Ost-CDU in jeder Hinsicht - programmatisch, organisatorisch, personell - nur noch einen geringen Spielraum gegenüber der mächtigen westlichen Schwesterpartei; welche Konfliktstruktur sich aus dieser Abhängigkeit ergeben würde, war zum damaligen Zeitpunkt vermutlich für die meisten Beteiligten noch nicht absehbar.

3. "Umkehr in die Zukunft"? - Umbrüche in der Ost-CDU

3.1 Göttings Sturz und die Bildung einer Übergangselite

Mit der Wahl Lothar de Maizières zum Vorsitzenden der Ost-CDU durch den Hauptvorstand am 10. November 1989 (erstmals in geheimer Abstimmung) begann in der Ost-CDU eine neue Ära. Gerald Götting, der bisherige langjährige Vorsitzende[14], war nicht freiwillig abgetreten. Er wurde regelrecht entmachtet. Der Unmut, der sich seit Anfang Oktober 1989 gegen die Führung der Blockpartei aufgestaut hatte, explodierte bei einer Parteitagung der CDU mit Künstlern und Kulturschaffenden am 27. Oktober in der Zentralen Bildungsstätte der CDU in Burgscheidungen. Ausgelöst durch die Rede des Schriftstellers Uwe Grüning über die "Abschaffung der Wirklichkeit" in der DDR kam es zu heftigen Angriffen gegen die Parteiführung, woraufhin Götting fluchtartig den Raum verließ. Grüning selbst bezeichnete diese Auseinandersetzung als den Aufbruch der Partei "aus ihrer nicht selbstverschuldeten, wohl aber geduldeten Unmündigkeit. Es war eine Sternstunde der Ost-CDU, vielleicht ihre bedeutsamste." (Grüning 1991; 36f.,40) Tags zuvor war auf massiven innerparteilichen Druck hin der "Weimarer Brief", dessen Publikation Götting wochenlang verhindert hatte, in der Neuen Zeit abgedruckt worden; die Wirklichkeit hatte ihn damals freilich bereits überholt.

Bei einer für den 2. November 1989 einberufenen außerordentlichen Präsidiumssitzung - Götting selbst war nicht anwesend - gab sein Stellvertreter Wolfgang Heyl die Rücktrittserklärung des Parteichefs bekannt; dieses Verfahren wurde aber im Präsidium als stalinistisch empfunden, weshalb Göttings Büroleiter zu dessen Wohnung entsandt wurde, um eine schriftliche Bestätigung einzuholen. Auf der selben Sitzung diskutierte man auch über einen eventuellen Rücktritt des gesamten Präsidiums, entschied sich dann aber für einen anderen Weg: Für jedes einzelne Mitglied des Präsidiums und des Sekretariats sollte demnach im Hauptvorstand die Vertrauensfrage gestellt werden. In diesem Gremium, das nicht, wie vorgesehen, am 20. November, sondern bereits zehn Tage früher tagte, wurde dann auch über die Nachfolge Göttings entschieden. Damit war freilich in der Partei, in der inzwischen immer stärker eine Erneuerung von der Basis her gefordert wurde, keine klare Situation geschaffen. Das Legitimationsdefizit der Parteiführung blieb vorerst bestehen.

Durch die Ausreisewelle und die Unfähigkeit des SED-Staates, darauf zu reagieren, hatte sich die Krise der DDR-Gesellschaft im September/Oktober 1989 so zugespitzt, daß auch in der Führung der Blockpartei CDU ein Umdenken einsetzte. Angetrieben sah sich die Ost-CDU durch das Beispiel der LDPD, die schon seit dem Frühsommer 1989 auf den drastischen Stimmungsumschwung in der Noch-DDR zu reagieren begann (Angebote der LDPD zur Zusammenarbeit hatte der CDU-Vorsitzende, der die Existenz der Ost-CDU schon immer durch einen SED-konformen Kurs sichern wollte und der auch jetzt noch zur SED hielt, freilich brüsk zurückgewiesen). Auch die Unruhe an der eigenen Parteibasis konnte nun nicht länger ignoriert werden. Eine partielle Regeneration schien Teilen des Apparates unabdingbar. Zu den treibenden Kräften zählte in der Berliner CDU-Zentrale insbesondere eine Gruppierung um Göttings Stellvertreter Heyl[15]. Heyl hat sich offenbar - im Unterschied zu dem vor allem auf Repräsentation bedachten Götting - stärker um die Partei gekümmert und dort auch offenere Diskussionen zugelassen. Er war daran interessiert, daß die Ost-CDU eine aktivere Rolle in den - seiner Ansicht nach unumkehrbaren - politischen Umbruchprozessen übernahm, sah aber zugleich, daß die Parteiführung viel zu tief in das DDR-Herrschaftssystem verstrickt war, um diesen Wandel steuernd beeinflussen zu können. Auch vom Präsidium und dem weitgehend einflußlosen Hauptvorstand erwartete er keine Impulse. Auf einer der letzten Tagungen der AG für Kirchenfragen beim CDU-Hauptvorstand traf Heyl Ende Oktober mit Unterzeichnern des "Weimarer Briefs" (Dr. Gottfried Müller und Martina Huhn) sowie mit Lothar de Maizière zusammen; hier sprach man sich für eine Empfehlung an den CDU-Hauptvorstand aus, in der ein neues Programm, die Reformierung der Parteistrukturen sowie ein möglichst bald einzuberufender Parteitag gefordert wurde (NZ v. 27.10.1989).

Einige Beobachter deuten die Umstände der Ablösung Göttings als einen aus dem Parteiapparat heraus betriebenen Führungswechsel im Zusammenhang mit Bestrebungen der DDR-Staatssicherheit oder sogar des KGB, die Herbstrevolution zu kanalisieren (Reuth 1991). Jene, die de Maizière als Kandidaten für den Parteivorsitz ins Spiel brachten, sehen dies freilich anders - als erfolgreichen Vorstoß in einem Machtkampf mit der alten SED-hörigen Parteiführung bzw. denen, die eine "Krenz-Lösung"[16] anstrebten, und als Voraussetzung für einen Neubeginn in der Ost-CDU. Die Einfluß-Agenten-These[17] soll hier mangels verfügbarer verläßlicher Quellen nicht weiter diskutiert werden. Sie läßt im übrigen - was das im folgenden durchaus spannungsreiche Verhältnis de Maizières zu Heyl und zum Apparat in der Ost-Berliner CDU-Zentrale angeht - einige Fragen offen.

Der neue Vorsitzende[18] hatte in der alten Blockpartei, der er seit 1956 angehörte, keine Funktionen ausgeübt. Gerade diese Unbelastetheit war nun eines der wesentlichen Kriterien, die für die Auswahl des neuen Amtsinhabers angelegt wurden[19]. Erwünscht waren ferner gute Verbindungen zur evangelischen Kirche, Organisationstalent und Integrationsfähigkeit, die man dem Vizepräses der Synode des Bundes der Evangelischen Kirchen in der DDR und Rechtsanwalt ebenso zuschrieb wie Intelligenz und Humor. Nach seiner Wahl erklärte er es zur Aufgabe einer sich erneuernden CDU, die Buchstaben C, D und U wieder neu zu definieren. In der Partei müsse eine neue Kultur des Zuhörens entwickelt werden; die von der Basis ausgehenden Impulse der Erneuerung müßten aufgenommen und bestärkt werden. Das sozialistische Demokratieverständnis habe mit seinem Prinzip des "demokratischen Zentralismus" zu sehr auf eine "Monosubjektgesellschaft" hingewirkt. Anzustreben sei aber eine viel breitere Pluralität, die sich nur in Rechtssstaatlichkeit und Rechtssicherheit entfalten könne. Er forderte u.a. ein neues Wahlgesetz, die Novellierung der Verfassung und die Schaffung einer Verfassungsgerichtsbarkeit, neue Strukturen der Machtkontrolle durch Gewaltenteilung u.a.m. Als nächste Schritte der CDU kündigte er an: eine effektivere Arbeit der CDU-Fraktion in der Volkskammer, die Gewinnung von Parteilosen für die politische Mitarbeit (insbesondere aus dem kirchlichen Bereich und der Jugend) sowie die Intensivierung der innerparteilichen Diskussion mit dem Ziel, ein neues Programm zu formulieren.

Lothar de Maizière sah sich durch die Wahl am 10. November als Parteivorsitzender freilich noch nicht ausreichend legitimiert. Nicht zu Unrecht befürchtete er, daß Präsidium und Hauptvorstand der Partei mit der Neubesetzung der Parteispitze die Flucht nach vorn angetreten hatten und ihn als bloße Repräsentationsfigur betrachteten. Er drängte daher auf eine innere Neustrukturierung der Partei mit dem Ziel, sich von den Teilen des Apparats trennen zu können, die sich den notwendigen Veränderungen entgegenstemmten (FAZ v. 13.7.1991). Unterdessen stützte er sich auf eine informell zusammengesetzte Anhängerschaft in der Berliner Parteizentrale. Mit den anderen Funktionsträgern hatte er eine Art "modus vivendi" gefunden. Die alte Führungsriege war nach der Vertrauensabstimmung am 10. November etwa halbiert worden; zehn Präsidiums- bzw. Sekretariatsmitglieder wurden abgewählt, darunter die beiden Stellvertreter des Parteivorsitzenden Max Sefrin und Dr. Dr. Heinrich Toeplitz[20]. Wolfgang Heyl, der als stellvertretender Parteivorsitzender bestätigt worden war und der - so die Absprache - in der Übergangszeit noch bis zum Sonderparteitag amtieren sollte, stand nach einem Herzinfarkt seit Mitte November nicht mehr zur Verfügung. Im Präsidium hatte man vereinbart, bis zum nächsten Parteitag keine Nachwahlen stattfinden zu lassen und statt dessen die Abteilungsleiter stärker in die Leitungsstruktur einzubeziehen.

3.2 Die Klausurtagung in Burgscheidungen - ein erstes Resümee nach der Wende

Für den 20.-22. November berief de Maizière eine Klausurtagung in die zentrale Schulungsstätte der CDU "Otto Nuschke" nach Burgscheidungen ein, auf der er den Mitgliedern des Hauptvorstandes einen Bericht zur allgemeinen Lage und zur Situation der Partei vorlegte. Obwohl er nach seiner Wahl (mit 92 von 118 abgegebenen Stimmen) eine klare Mehrheit hinter sich wähnte, konstatierte er schon 10 Tage später, im CDU-Apparat seien nicht nur die Kräfte der Erneuerung am Werk. Die Lage in der Parteizentrale schilderte er als bedrückend: der Korruptionsverdacht gegen die alte Parteiführung, gegen die ein Ermittlungsverfahren eingeleitet wurde; Probleme mit dem CDU-Vermögen; die gestörte Kommunikation zwischen den Sektionen des Hauptvorstandes und den Bezirksverbänden; Munkeleien und Demontageversuche (so hatte man ihm wichtige Informationen über eine Sitzung des Demokratischen Blocks vorenthalten und versucht, ihn bei der Nominierung eines Kandidaten für das Amt des Volkskammerpräsidenten zu übergehen) u.a.m.. Entscheidungen mußten getroffen werden, z.B. über eine Neustrukturierung des parteieigenen Verlagswesens, Umbesetzungen bei den Parteizeitungen, neue Formen der CDU-Öffentlichkeitsarbeit. Jenseits der FDJ hatte sich an der Basis eine neue Jugendorganisation, die Christlich-Demokratische Jugend (CDJ), gebildet, die eine gewisse Eigenständigkeit gegenüber der CDU beanspruchte. Die CDU hatte sich entschieden, "aktiv der Realität unserer Krise ins Gesicht zu sehen" und beteiligte sich deshalb an der Regierung des am 13. November zum Ministerpräsidenten gewählten Hans Modrow (SED), in der sie mehrere Ressorts erhielt (de Maizière selbst wurde Stellvertreter des Vorsitzenden des Ministerrats für Kirchenfragen, nachdem der Wunschkandidat für dieses Amt, Manfred Stolpe, das Angebot abgelehnt hatte[21]).

Burgscheidungen war für die Wende in der Ost-CDU ein wichtiges Datum. Zwei Dinge standen hier im Vordergrund: zum einen die Beratung und Überarbeitung des "CDU-Positionspapiers", zum anderen die Einberufung eines Sonderparteitages. Die erste Fassung des Positionspapiers[22], das als Grundlage für die Diskussion eines neuen Parteiprogramms dienen sollte, war ein viel zu lange aufgeschobener Versuch des alten CDU-Vorstandes, die wachsende Unruhe und Kritik an der Basis aufzunehmen und einen innerparteilichen Dialog anzubieten. Als wesentliche Grundvoraussetzung für diesen Dialog erschien in jenen Tagen noch das Bekenntnis zum Sozialismus und zum Bündnis mit der Arbeiterklasse im Demokratischen Block. Bereits im Vorfeld der Burgscheidunger Tagung waren nun zahlreiche Diskussionsbeiträge und Veränderungsvorschläge eingegangen, über die hier eine breite Aussprache stattfinden sollte. Nach ausführlicher Beratung in den verschiedenen Arbeitsgruppen erarbeitete eine Redaktionskommission dann eine zweite Fassung, die der gesamten Partei erneut zur Diskussion vorzulegen war. Deutlich verändert wurde die Präambel, in der nun explizit an den Gründungsaufruf der CDU vom 26. Juni 1945 angeknüpft wurde; die CDU bezeichnet sich nicht mehr als "Partei des Sozialismus", sondern hebt Rechtsstaatlichkeit, Menschenrechte, Gewaltenteilung und Meinungsvielfalt hervor. Neu ist auch das Ziel einer "Konföderation beider deutscher Staaten in den heutigen Grenzen, in denen sich die Einheit der deutschen Nation verwirklicht" - dies alles in den politischen Strukturen eines "europäischen Hauses" und mit dem Hinweis auf die stabilisierende Brückenfunktion zwischen Ost und West (NZ v. 25.11.1989).

Die - zunächst nur von einer Minderheit vertretene - Forderung, bereits für Mitte Dezember 1989 einen Sonderparteitag einzuberufen, auf dem nicht, wie die alte Satzung es vorschrieb, alteingesessene Bezirksvorstände, sondern von der Basis her neu zu wählende Orts- und Kreisverbandsdelegierte über die weitere Zukunft der Partei entscheiden sollten, konnte de Maizière erst nach einer massiven Rücktrittsdrohung durchsetzen. Zu groß waren die Ängste vieler Amts- und Mandatsträger vor einem Verlust ihrer Posten und Existenzen. Festgelegt wurden nun der Wahlmodus für die Delegierten und die Wahlordnung für die Neuwahl der Vorstände der CDU; außerdem wurden verschiedene Kommissionen zur Vorbereitung des Parteitages (u. a. eine Programmkommission sowie eine Satzungs- und Strukturkommission) gebildet. Der Hauptvorstand verabschiedete eine Erklärung, in der er sich für freie Wahlen bis spätestens Mitte 1990, Gespräche am Runden Tisch, die "Koalition der Vernunft", eine durch Volksentscheid zu beschließende erneuerte Verfassung sowie ein neues Parteien- und Wahlgesetz aussprach; des weiteren wurden eine sozial-ökologische Wirtschaft, eine "Verantwortungs- und Vertragspartnerschaft" mit der Bundesrepublik und West-Berlin sowie Maßnahmen gegen den Ausverkauf der materiellen und ideellen Werte der DDR gefordert. Christliche Ethik und Tradition seien wieder zur Geltung zu bringen - u.a. auch in einem auf dem Elternrecht aufgebauten Bildungswesen (NZ v. 23.11.1989).

Es lag in der Konsequenz dieser Neuorientierung auf ein breiteres gesellschaftliches Spektrum hin, daß sich die CDU nun auch (offiziell Anfang Dezember, vorher schon auf lokaler Ebene) aus dem "Demokratischen Block" und der "Nationalen Front" zurückzog.

3.3 Neue Weichenstellungen: der Sonderparteitag im Dezember 1989

Der Sonderparteitag am 15./16. Dezember - er stand im Schatten des gleichzeitig stattfindenden SED/PDS-Parteitages - brachte dann die entscheidene Zäsur. In dem angestrebten Transformationsprozeß von der Blockpartei zur Volkspartei ging es vor allem um drei zentrale Punkte: (1) eine programmatische Selbstverständigung über den künftigen Kurs der Partei, (2) die Veränderung der innerparteilichen Strukturen bzw. die Verabschiedung einer neuen Satzung, (3) die Neuwahl der Leitungsgremien und die Bestätigung des neuen Parteivorsitzenden durch die Parteibasis.

Parteiaufbau und Leitungsstruktur wurden völlig verändert. Die zentralistisch aufgebaute, auf einen Vorsitzenden zugeschnittene und in das Blockgefüge eingepaßte DDR-CDU verwandelte sich nun in eine nach dem Prinzip demokratischer Willensbildung gegliederte Mitgliederpartei. Der aufgeblähte Parteiapparat wurde schlanker: Das Sekretariat des Präsidiums des Hauptvorstandes entfiel ganz; das Präsidium bestand jetzt aus dem ersten Vorsitzenden, seinen vier Stellvertretern, dem Generalsekretär, dem Schatzmeister, dem Vorsitzenden der Volkskammerfraktion, den Mitgliedern der Regierung, den Vorsitzenden der Landesverbände, weiteren vom Parteitag direkt gewählten Mitgliedern und dem Pressesprecher. Die Zahl der Vorstandsmitglieder reduzierte sich um mehr als ein Drittel auf 83. Statt der Gliederung in Bezirksverbände sollten nun wieder Landesverbände gebildet werden (was dann auch im ersten Quartal 1990 geschah). In diesem Neuformierungsprozeß sollten - so hoffte man - die alten Blockparteifunktionäre verdrängt werden. Auch eine neue Finanz- und Beitragsordnung war erforderlich in einer Partei, die ihre monetären Probleme bisher auf Kosten der Staatskasse gelöst hatte (Spiegel Nr.34/1990: 34). Eine überwältigende Mehrheit der Delegierten (714 von 759) sprach de Maizière das Vertrauen aus. Nicht alle von ihnen waren übrigens in Urwahlen demokratisch gewählt worden; problematisch war auch, daß zum Zeitpunkt der Delegiertenwahlen in den Kreisverbänden und Ortsgruppen die Vergangenheitsdiskussion dort überhaupt erst allmählich in Gang kam. In einigen Ortsgruppen hatte man sich nicht auf bestimmte Kandidaten einigen können. Auch hatte die Zeit für eine ausgiebige Diskussion des Positionspapiers nicht überall gereicht. Immerhin soll etwa die Hälfte der Delegierten "durch die Vergangenheit der Partei in keiner Weise belastet" gewesen sein (Weilemann 1990: 16). Bemerkenswert ist der hohe Anteil kirchlicher Mitarbeiter: Von den knapp 800 Delegierten waren 34 Geistliche oder Theologen sowie 125 Mitglieder von Gemeindekirchenräten, Kirchenvorständen, Pfarrgemeinderäten, Synodale oder Leiter von kirchlichen Gruppen und Werken (NZ v. 19.12.1989).

Die Wahl Martin Kirchners[23] zum Generalsekretär sollte die neue Qualität im Verhältnis der CDU zu den Kirchen verdeutlichen. Kirchner war nicht der Favorit de Maizières gewesen. Mit seinem scharfen Abgrenzungskurs gegenüber jeglicher Form des Sozialismus suchte er sich wenig später auch als Deutschlandpolitiker gegenüber de Maizière zu profilieren; er kümmerte sich hingegen weniger um den Neuaufbau der Partei. Wegen des Verbleibens der CDU in der Regierung Modrow, die übrigens auch in Bonn sehr ungern gesehen wurde, wagte er im Januar 1990 auch einen offenen Machtkampf, bei dem er jedoch im Präsidum der Ost-CDU unterlag. Es gelang Kirchner übrigens - u. a. wegen des Verdachts einer Stasi-Mitarbeit - nicht, sich bei der West-CDU als Alternative zu de Maizière ins Spiel zu bringen (Schäuble 1991: 42). Zu Stellvertretern des Vorsitzenden wurden gewählt: Horst Korbella, Dr. Rudolf Krause[24], Dr. Gottfried Müller und Prof. Dr. Karl-Hermann Steinberg.

Die Organisationsreform war eine Voraussetzung für die Abkehr der Ost-CDU von einem Irrweg, der sie an der Seite der SED zur politischen Uneigenständigkeit und Bedeutungslosigkeit verurteilt hatte. In seinem Referat bezeichnete de Maizière den "demokratischen Zentralismus" als den "genetische(n) Defekt der DDR und des in ihr betriebenen Pseudosozialismus". Damit sei der Mißerfolg dieses Systems (und mit ihm der Ost-CDU) vorprogrammiert gewesen. Grundübel der CDU sei "nicht das Fehlen persönlichen Engagements (der CDU-Mitglieder), sondern ihre Einbindung in ein politisches System ohne Bewegungsfreiheit" gewesen. Nicht die CDU, sondern die Kirchen hätten über Jahre hinweg für das Volk gesprochen. Die CDU müsse sich jetzt ihrer Geschichte stellen: "Nur wenn wir die Mitverantwortung der CDU für die Deformationen und die Krise unserer Gesellschaft bekennen, können die Erneuerungskräfte unserer Partei ihrer Aufgabe gerecht werden."(CDU-Texte 1/90: 5ff.) Eine Änderung des Parteinamens kam für ihn daher auch nicht in Frage.

Mit größtem Interesse wurden in der westdeutschen Öffentlichkeit neben dem Schuldbekenntnis der DDR-CDU vor allem zwei Aussagen in de Maizières Parteitagsrede wahrgenommen: die Distanzierung vom Sozialismus und das Bekenntnis zur Sozialen Marktwirtschaft. Wegen dieser in so kurzer Zeit vorgenommenen Positionsveränderung attestiert Wolfgang Schäuble der Ost-CDU und ihrem Vorsitzenden eine hohe Lernfähigkeit (Schäuble 1991: 33). Dennoch blieb das Mißtrauen in der West-CDU bestehen. Erst kurz zuvor hatte de Maizière den Sozialismus noch als die "schönste Vision menschlichen Denkens" bezeichnet; nicht der Sozialismus sei am Ende, "wohl aber seine administrative diktatorische Verzerrung" (Spiegel Nr.48/1990: 119). Aus dem Kontext der Parteitagsrede, in dem von unterschiedlichen Strömungen und Flügeln in der Union die Rede ist, die einander nicht ausgrenzen sollten, läßt sich freilich erschließen, wie sehr um diese Formulierung gerungen wurde: zwischen denen, die (wie de Maizière) in dem Wort "Sozialismus" nach der stalinistischen Deformation nur noch eine leere und nicht mehr verwendbare Hülse sehen wollten und jenen, die sich dagegen wandten, mit diesem Begriff die auch heute noch gültigen Ideale von 150 Jahren Arbeiterbewegung über Bord zu werfen. Verbindend für beide seien soziale Zielvorstellungen, der Aufbau von Staat und Gesellschaft nach dem Subsidiaritätsprinzip, sozialökologische Verantwortung der Wirtschaft nicht durch Zentralismus, sondern durch demokratische Kontrolle. De Maizières Position dürfte durch die katastrophale Situation in den DDR-Betrieben, die ihm im großen und ganzen wohl bewußt war, beeinflußt worden sein. Nur durch sehr hohe Investitionen aus den westlichen Ländern bzw. eine weitgehende Verflechtung mit der bundesrepublikanischen Wirtschaft hielt er eine Verbesserung für möglich. Man sei entschlossen, so sagte er nun, sich die Logik des marktwirtschaftlichen Denkens anzueignen (CDU-Texte 1/90: 14). Die marktwirtschaftliche Leistungsgesellschaft müsse jedoch ökologisch und sozial verträglich sein. Zur Frage der nationalen Einheit bleiben die Aussagen in dieser Rede noch undeutlich: Es ist von vorläufig "konföderativen Strukturen" bis zur Realisierung der Einheit der deutschen Nation, in denen "die Erfahrungen und Gestaltungen unserer DDR-Gesellschaft" bewahrt werden sollten, ebenso die Rede wie von den "berechtigten Gefühlen der nationalen Zugehörigkeit", denen Raum gegeben werden sollte (ebd.: 11 u. 17). Die polnische Westgrenze stand - dies war auf den Gastredner von der CSU, Generalsekretär Huber, gemünzt - nicht zur Disposition; eine Neuvereinigung sei nicht im Alleingang, sondern nur im Rahmen einer europäischen Friedensordnung vorstellbar.

Auf dem Sonderparteitag waren die strukturellen Fragen im wesentlichen gelöst worden. Auch die personellen Veränderungen an der Parteispitze signalisierten den Willen zur Erneuerung. Nicht überzeugend gelungen war hingegen bis dahin die inhaltlich-konzeptionelle Arbeit. Im Vorfeld des Parteitages waren sehr unterschiedliche Meinungen über das künftige Profil der Partei aufeinandergeprallt. Es war daher von vornherein nicht auszuschließen, daß es zu einer Zerreißprobe kommen würde; eine Spaltung fand jedoch nicht statt. Kontroversen gab es vor allem über das Profil der CDU als einer christlichen Volkspartei, die Definition eines erneuerten, demokratischen Sozialismus und seine Relevanz für das Selbstverständnis der CDU, das Verhältnis zur West-CDU sowie den Zeitplan und die Modalitäten einer staatlichen Neuvereinigung.

Das Verhältnis zwischen den Kirchen und der DDR-CDU war in der Vergangenheit stark getrübt; die Ost-CDU galt als Transmissionsriemen der SED-Politik in den kirchlichen Raum. Der neuen CDU-Führung lag sehr daran, die Zusammenarbeit zu verbessern. Daher war - nach dem Konzept der CDU - auch das Staatssekretariat für Kirchenfragen aufgelöst und als Ressort erstmals auf Ministerebene angesiedelt worden. De Maizière wollte keine klerikale Partei, doch sollten in der CDU die Positionen von Christen verschiedener Konfessionen politikfähig werden. In dem vom ökumenischen Geist geprägten "konziliaren Prozeß für Gerechtigkeit, Frieden und Bewahrung der Schöpfung" sah er dafür den richtigen Ansatzpunkt. Die Bergpredigt, das "C", faßte er als Angebot und Herausforderung auf; durch die Rückbesinnung auf das christliche Menschenbild, aber auch auf weltanschauliche Toleranz und Pluralität, müsse die CDU als Volkspartei mit christlichem Profil Glaubwürdigkeit, auch über den schmalen christlichen Bevölkerungsteil in der DDR hinaus, zurückgewinnen und für unterschiedliche soziale Schichten und Generationen wieder wählbar werden. Voraussetzung dafür war das "Metanoeite" - der Aufruf zur Umkehr, zur Buße - nicht nur in der Rückschau auf die DDR-Vergangenheit, sondern auch angesichts der Dringlichkeit globaler Herausforderungen für die Politik (die ungleiche Verteilung von Armut und Reichtum in der Welt, die Schonung der natürlichen Ressourcen, das Überleben der Menschheit u.a.m).

Gegen diese Position wurde eingewandt, daß die CDU in einer weitgehend säkularisierten Gesellschaft politisch aktiv werden wolle (nur etwa ein Drittel der DDR-Bevölkerung ist kirchlich gebunden; 5,1 Millionen Protestanten, knapp eine Million Katholiken), und daß sich in der Partei selbst kaum die Hälfte der Mitglieder als praktizierende Christen bezeichnen lasse. Insofern stelle sich die Frage, ob das Bestehen auf dem christlichen Sittengesetz als Bezugspunkt für gesellschaftsgestaltendes politisches Handeln der Mehrheitsfähigkeit einer konservativ-liberalen Partei in der DDR nicht eher abträglich sei. Mehrere Vorschläge, wie die Partei umzubenennen sei, hat de Maizière entschieden zurückgewiesen.

Die Abkehr vom Sozialismus wurde von einem Teil der CDU-Mitglieder nicht akzeptiert; viele kündigten deshalb ihren Austritt an. De Maizière versuchte auch nach dem Parteitag noch zu vermitteln, indem er auf den Kern der Sozialismus-Idee hinwies, vermutlich, um die Partei zusammenzuhalten. Für einen Teil der Übergangseliten im Umbruchprozeß von der Blockpartei zur Volkspartei war die Vorstellung von einer inneren Verbindung zwischen der Idee der sozialen Gerechtigkeit bzw. eines demokratischen Sozialismus und dem Christentum konstitutiv - und dies trotz der Deformation des Begriffs des "Christlichen Sozialismus" in der Götting-CDU. Denn dies war zum einen die raison d'être ihres bisherigen Engagements in dieser Partei, zum anderen ermöglichte sie ihnen den Rekurs auf die Tradition der CDU Jakob Kaisers und der Christlichen Sozialisten der Nachkriegsperiode - eine Konzeption, die mit ihrer starken sozialen Komponente und mit ihrem Deutschland-Konzept (Brücke zwischen Ost und West) bereits in der Adenauer-Ära im wesentlichen nur noch für die Klientel der katholischen Arbeiterbewegung eine Rolle spielte. Die abgerissene Verbindung wieder aufzunehmen, implizierte daher auch eine gewisse kritische Distanz zur West-CDU, ihrem pragmatischen und machtpolitischen Denken.

3.4 Das Programm der DDR-CDU - ein "Begräbnis erster Klasse"?

Diese schwierigen Ablösungs- und Neuorientierungsprozesse schlugen sich auch in den Diskussionen über das Positionspapier bzw. über ein neues Programm nieder. Ganz bewußt schloß man nicht einfach an das Grundsatzprogramm der West-CDU an, obwohl es für viele darin eine ganze Reihe von Identifikationspunkten gab, sondern unterzog sich der Aufgabe, bis März/April 1990 ein eigenes Programm zu diskutieren und zu formulieren.

Auf dem Sonderparteitag war nur die veränderte Präambel des Positionspapiers verabschiedet worden; eine hier eingesetzte Redaktionskommission sollte unter der Leitung des Grundsatzreferenten de Maizières, Peter Schmidt, die weitere Programmarbeit koordinieren. Auf diesen Überlegungen basierte auch das Wahlprogramm, das in der zweiten Januarhälfte vorgelegt wurde. Der für 1990 geplante Programmparteitag kam dann freilich doch nicht mehr zustande. Dennoch versuchte die Programmkommission, ihre Arbeit zu einem Abschluß zu bringen. Ein Wirtschaftsprogramm - hier distanzierte man sich (wohl mit Blick auf die Volkskammerwahl) explizit auch vom demokratischen Sozialismus - und ein Grundsatzprogramm wurden fertiggestellt, jedoch nicht mehr öffentlich diskutiert. Ursache dafür war die Dynamik des Einigungsprozesses, der sich zusehends beschleunigte und auch diejenigen überrollte, die im "Jakob-Kaiser-Haus" auf eine Neuformulierung der programmatischen Grundlagen und Perspektiven der Ost-CDU hingearbeitet und sich davon einen innerparteilichen Selbstverständigungs- und Integrationsprozeß versprochen hatten. Dafür blieb aber nach dem Schulterschluß mit der West-CDU im Jahr der vier Wahlen und des rapiden Niedergangs der DDR nicht mehr genügend Zeit. Nachdem der alte äußere Rahmen nicht nur der Partei, sondern auch der DDR zerbrochen war, setzte in der Ost-CDU zudem ein Dissoziationsprozeß ein, der diesen Integrationsbemühungen zuwiderlief: Zahlreiche Mitglieder traten aus verschiedenen Motiven aus, ganze Gruppen kündigten notfalls eigene Wege an, falls die Berliner zu einem radikalen Bruch mit dem alten System nicht fähig wären. Die Interessenlage der in der Götting-CDU vorwiegend in lokalen Bezügen arbeitenden CDU-Mitglieder war keineswegs einheitlich. Aus diesen Gründen gelang der - kleinen - Übergangselite in der Berliner CDU-Zentrale nicht, was sie eigentlich angestrebt hatte: Sie wollte - nach der "Umkehr in die Zukunft", womit die Rückkehr zum

Geist der Gründer der Ost-CDU im Jahr 1945 gemeint war - die DDR-CDU mit einem eigenen Profil in die Fusion mit der West-CDU führen und dort - als eigenständiger Faktor - auch deutliche inhaltlich-programmatische Akzente setzen. Auf dem Hamburger Vereinigungsparteitag am 1./2. Oktober 1990 vereinigten sich jedoch nicht die beiden Verbände der Ost- und der West-CDU; vielmehr traten die Landesverbände der gerade eben erst wiedergegründeten Länder der West-CDU einzeln bei. Wenn de Maizière in seiner Rede auf dem Vereinigungsparteitag sagte, die CDU werde durch den Zusammenschluß nicht anders, sondern nur stärker, so mochte das diejenigen im Westen beruhigen, die befürchtet hatten, sie könne tatsächlich nördlicher, protestantischer, sozialer - eben linker - werden; seine Prognose läßt sich freilich auch als ein resignatives Eingeständnis interpretieren, daß das von der Führung der Ost-CDU angestrebte Ziel einer echten Vereinigung, nicht eines bloßen Anschlusses, nicht erreicht worden war.

So verwundert es auch nicht, daß das neue Programm der Ost-CDU[25] zum Vereinigungsparteitag zwar vorlag, in der Diskussion aber so gut wie keine Rolle spielte. Es ist ein interessantes Dokument für die Konzeption der CDU (bzw. ihrer Transformationseliten im "Jakob-Kaiser-Haus") für den Übergang von einer dirigistischen Zentralverwaltungswirtschaft zu einer vielfältigen, offenen, demokratischen und sozialen Gesellschaft. Viele der darin aufgeführten Punkte wären in dieser Akzentuierung in einem Programm der West-CDU wohl kaum denkbar: pazifistische Traditionsbezüge in der Präambel sowie die Auffassung, der "Geist der Bergpredigt (gewinne) in der heutigen Weltsituation eine immer größere Bedeutung für das Überleben der Menschheit" (S.5); die Interpretation des Grundwerte mit ihrer starken sozialen Komponente (Recht auf Arbeit als Staatszielbestimmung, § 28, 126) oder der Verpflichtung zur Bewahrung der Schöpfung und des Friedens (§ 31-37; "Umweltschutz ist Menschenrecht", § 160; "Vorsorge statt Nachsorge", § 162); die Emanzipation der Frau (Chancengleichheit von Frauen, Partnerschaft, Schwangerschaftsabbruch als "in erster Linie Sache der Frauen", Lebensbedingungen der Frau und des Kindes, ein gesetzlicher Schutz nichtehelicher Lebensgemeinschaften, § 41, 42, 44-46 u.a.m.); die Ausländerpolitik (Herausforderung, "im Zuge der europäischen Einigung... die nationale Kultur im Rahmen einer multikulturellen Gesellschaft zu entfalten." § 104); die Wohnungspolitik ("der eigentliche Sinn des Wohnungsbaus ist nicht Kapitalverwertung..." , § 102; sozial verträgliche Mieten, § 135); eine soziale und ökologische Marktwirtschaft (§ 109-129) als Alternative zum dirigistischen Zwangssystem - ebenso wie eine "der Humanität verpflichtet(e) Sozialpolitik" (§ 114). Allerdings sind die Probleme der Umstellung nur ansatzweise thematisiert (§ 119); staatliche Strukturpolitik soll den Wandel fördern, qualitatives Wachstum müsse an die Stelle von quantitativem treten, wenn es der Schutz der Umwelt erfordert; zwar ist das private Eigentum Grundpfeiler der Sozialen Marktwirtschaft, doch sollen verschiedene Eigentumsformen nebeneinander bestehen (in der Landwirtschaft vgl. § 152, 153). Das letzte Kapitel stellt Grundsätze für eine basisorientierte Parteiarbeit auf; hier wird eine lebendige Streitkultur anvisiert, "die keine Tabus kennt", die Einstimmigkeit nicht zum obersten Ziel macht, sondern Widersprüche austrägt und Minderheitenvoten zuläßt (§ 208-211).

Die programmatischen Anstrengungen der Ost-CDU werden im neuen Grundsatzprogramm, das bis 1994 fertiggestellt sein soll, wohl kaum einen Niederschlag finden. Generalsekretär Rühe hat das Programm der DDR-CDU in seinem Bericht auf dem Vereinigungsparteitag im Hamburg nicht einmal erwähnt. De Maizière, der als Vorsitzender der in Hamburg neugebildeten Programmkommission für Kontinuität hätte sorgen können, hatte das Programm jedoch schon zuvor nicht mehr offensiv vertreten und stand nach seinem Rücktritt von allen Parteiämtern ohnehin nicht mehr zur Verfügung. In der West-CDU gab es starke Widerstände vor allem gegen den wirtschaftspolitischen Teil, aber auch gegen einige Aussagen zur Gesellschafts- und Familienpolitik. Andere Kritiker stießen sich an dem Bezug auf die Bergpredigt als Ausgangspunkt für ein Parteiprogramm (Laurien 1991: 21f.). Daß solche Differenzen nicht völlig ausgeräumt sind, zeigte sich im Abstimmungsverhalten einiger MdBs aus dem Osten bei der Neuregelung des § 218 im Bundestag im Sommer 1992. Möglicherweise könnte der subversive Kern einiger Passagen dieses Programms doch noch einmal wirksam werden, wenn die Junge Union oder die Sozialausschüsse sich daran erinnern.

4. Gruppierungen in der Ost-CDU - Führungskämpfe und Elitenbildung

4.1 Organisationstraditionen - Milieus - Neue Formationen

Durch die Fusion mit dem DA und der DBD entstand in der vereinigten CDU, zu der im Februar 1990 auch Anhänger des Neuen Forums bzw. der Dresdener "Gruppe der Zwanzig" stießen, eine heterogene und brisante Gemengelage verschiedener politischer Kräfte. Im folgenden werden die Ost-CDU, der Demokratische Aufbruch, die Bauernpartei und die "Gruppe der Zwanzig" kurz charakterisiert, um Konfliktlinien und Strukturen der innerparteilichen Auseinandersetzungen deutlich zu machen. In der öffentlichen Diskussion werden diese viel zu stark auf den medienwirksamen Gegensatz Alt/Neu verkürzt. In der Tat ist die Auseinandersetzung mit der Blockvergangenheit ein zentrales Thema für die sich neuformierende CDU in Ostdeutschland. Dieses Interesse vermischt sich aber inzwischen mit anderen Motiven und einem moralischen Rigorismus und verkrümmt die Fragestellung in sich selbst. Entscheidend ist, daß nun nach dem überwältigenden und so wohl kaum wiederholbaren Wahlsieg der CDU Prozesse der Elitenformation und -selektion sowie des Elitentransfers stattfinden, in deren Folge voraussichtlich viele politische Funktionsträger werden ausscheiden müssen - und zwar alte wie neue. Neben den zu erwartenden schlechteren Wahlergebnissen wird auch die Kreis- und Gebietsreform dazu führen, daß nach den

Wahlen weniger Mandate zu vergeben und politische Besitzstände gefährdet sind. Nur wenigen CDU-Politikern in den neuen Bundesländern ist es aber bisher gelungen, sich so zu profilieren bzw. zu professionalisieren, daß ihre Wiederwahl bei den nächsten Wahlen gesichert ist. In dieser Situation schwinden in einer so zerrissenen Partei wie der Ost-CDU die Spuren eines Vertrauensklimas, in dem eine Aufarbeitung der politischen Verstrickungen und Kompromisse mit dem alten System erst möglich wäre.

4.1.1 Die DDR-CDU: "Gesunde" Basis -"Korrupte" Führung?

Bei einer von der Enquete-Kommission "Aufarbeitung von Geschichte und Folgen der SED-Diktatur in Deutschland" veranstalteten öffentlichen Anhörung am 11. Dezember 1992 in Bonn wurden von zwei Kennern der Geschichte der DDR-CDU (Siegfried Suckut und Peter Joachim Lapp) zwei gegensätzliche Thesen über die Rolle dieser Partei im SED-Herrschaftssystem in den Raum gestellt: Der Position Suckuts, die Blockparteien (einschließlich der DDR-CDU) seien willige "Transmissionriemen" der SED-Politik und wesentliche Stützpfeiler des SED-Systems gewesen, hielt Lapp entgegen, die CDU sei eine Art "Volkspartei" gewesen, deren Mitglieder an der Basis "ihre politischen Überzeugungen seit Jahren und Jahrzehnten gewissermaßen geparkt und stillgelegt hatten, hoffend auf eine andere Zeit" (Die Brücke v. 15.1.1993: 7). Dieser Ansicht vermochte die Mehrzahl der in Bonn versammelten DDR-Experten und Zeitzeugen jedoch nicht zu folgen, weil sie eine höchst durchsichtige, nachträgliche Rechtfertigung und Reinwaschung dieser Blockpartei sei. Damit werde an die legitimatorische Rede de Maizières auf dem Vereinigungsparteitag angeknüpft[26] und versucht, die Schuld am Versagen der Ost-CDU auf eine Führungsclique abzuschieben und die einfachen CDU-Mitglieder zu exkulpieren.

Für die These von der Kluft zwischen Führung und Basis gibt es zahlreiche Belege. Viele der heute Aktiven erklären ihre CDU-Mitgliedschaft als individuell-notwendige und lediglich partielle Anpassung an das damals herrschende System, die ihnen eine begrenzte berufliche Karriere ermöglichte; außerdem bot sich dadurch ein Rahmen für eine weitgehend selbstgestaltete, gesellschaftlich nützliche Arbeit im kommunalen und gemeindekirchlichen Bereich. Die CDU sei eine "Nischenpartei" gewesen. In Teilregionen der Ex-DDR (wie etwa im Eichsfeld) hatte sich ein eigenständiges, konfessionell-katholisch geprägtes Milieu erhalten, in dem kirchliches und gemeindliches Leben einander durchdrangen. Hier war die CDU eine Art "christlicher Gesellschaftsverein", der mit einer lange tradierten Volkskultur in dieser Region identifiziert wurde und auch ein spezifisches Gepräge hatte, das ihn von der Parteikultur unterschied. In der Wendezeit reaktivierten sich - allerdings mit einer deutlichen Verzögerung gegenüber den Bürgerrechtsgruppen - viele (vorher passive) CDU-Mitglieder und verlangten einen Wechsel. Schon seit etwa 1985, im Zusammenhang mit der Perestroika in der

Sowjetunion, entwickelten sich Ansätze zu einer aktiveren Parteiarbeit und einem lebendigeren Diskussionsklima. Die CDU war demnach unterhalb der Führungsebene keine monolithische Partei, sondern ließ auch Abweichungen zu. Ein Beispiel dafür ist die Ortsgruppe Neuenhagen im Bezirk Frankfurt/Oder (13.000 Einwohner, 60 CDU-Mitglieder). Ihre streitbare Vorsitzende Dr. Else Ackermann legte sich sowohl mit den SED-Vertretern als auch mit dem CDU-Apparat an. Von hier ging bereits am 10. Oktober 1989 der Aufruf zu einem Sonderparteitag aus (Ackermann 1991: 111 f.).

Die Geistlosigkeit der offiziellen Politik und die "Nicht-Politik" der Parteiführung waren auch die Auslöser für den "Weimarer Brief": Adressiert an die Mitglieder und Vorstände der Partei wurde er innerhalb weniger Wochen zu einem Schlüsseldokument der innerparteilichen Opposition. Gerade weil Götting die Veröffentlichung wochenlang unterdrückte, löste dieser Brief eine breite Diskussion in der CDU-Mitgliederschaft aus[27]. Da das Verhalten zum "Weimarer Brief" später im Streit um die Erneuerung der CDU zu einer wichtigen Scheidelinie wurde, sei hier darauf hingewiesen, daß darin das bestehende System nicht grundsätzlich in Frage gestellt worden war; auch die nationale Frage wurde nicht angesprochen. Den UnterzeichnerInnen - Dr. Gottfried Müller, OKR Martin Kirchner, Martina Huhn, Christine Lieberknecht - ging es vor allem um zwei Dinge: die Unruhe an der CDU-Basis, die sich seit den Kommunalwahlen im Mai 1989 bemerkbar machte, zu artikulieren und die CDU dazu aufzurufen, darüber nachzudenken, welchen Beitrag sie zur Lösung der akuten gesellschaftlichen und politischen Probleme leisten könne. Verlangt wird eine neue Qualität der politischen Mitverantwortung, Mitarbeit und Mitsprache der CDU auf drei Hauptfeldern: innerparteilich, im "Demokratischen Block" und gesamtgesellschaftlich. Der "Brief" enthält eine Absage an das Prinzip des "Demokratischen Zentralismus" in der CDU und fordert offene Diskussionen sowie demokratischere Entscheidungsprozesse. Im Demokratischen Block fordert er mehr Transparenz, eine größere Eigenständigkeit der CDU gegenüber der SED und eine stärkere Repräsentation der CDU auf allen Leitungsebenen. Es geht um mehr Rechtsstaatlichkeit, den Abbau bürokratischer Bevormundung, ein "zeitgemäßes" Wahlverfahren bereits für die nächsten Volkskammerwahlen, eine Liberalisierung der restriktiven Medienpolitik, die Verbesserung der Reisemöglichkeiten, Wirtschaftsreformen, Realismus statt Beschönigung.

Fraglich ist, ob sich in diesen, von Teilen der Basis ausgehenden Erneuerungsbestrebungen die ganze Parteirealität widerspiegelt, denn Opportunismus und vorauseilender Gehorsam waren sicher nicht nur in der Führung, sondern auch an der Basis vorzufinden. Andererseits wird auch von Mandatsträgern der CDU und Parteifunktionären der mittleren Führungsebene berichtet, es habe Versuche gegeben, sich der Kontrolle durch die SED so weit wie möglich zu entziehen und die SED-Politik im Interesse ihrer eigenen Klientel zu beeinflussen. Weil sich die Frage der Zivilcourage und des Eintretens für die eigene Überzeugung auf jeder Parteiebene stellte, läßt sich die Mitschuld nicht ausschließlich den

Funktionsträgern anlasten, sondern müßte individuell und vor Ort geklärt werden. Die Schwierigkeiten, dies praktisch umzusetzen, zeigten sich in den innerparteilichen Auseinandersetzungen, die sich durch das ganze Jahr 1991 hindurchzogen. Die Basis als "gesund" zu bezeichnen, war übrigens für die West-CDU im Fusionsprozeß eine durchaus funktionale Argumentation; sie ermöglichte es, die große Zahl der Ost-CDU-Mitglieder (1990 noch ca. 140.000) nahtlos in die vereinte CDU überzuführen.

4.1.2 Demokratischer Aufbruch (DA)

Der DA war in seiner Entstehungsphase im Spätsommer 1989 ein Teil der Bürgerrechts- und kirchlichen Friedensbewegung. Die Kritik am real existierenden Sozialismus bedeutete damals noch keine Absage an die Vision einer sozialistischen Gesellschaftsordnung. Es war noch die Rede von einer öffentlichen und betrieblichen Kontrolle der Großindustrie und von einem ökologischen Umbau der Industriegesellschaft. Man ging übrigens von der Zweistaatlichkeit aus, unterstützte aber ein aktives Aufeinanderzugehen der beiden deutschen Staaten im Rahmen einer europäischen Friedensordnung (Knabe 1989: 157). Ende 1989 rechnete der DA mit 10-20.000 Mitgliedern.

Nach der Entscheidung zur Parteigründung hofften die DA-Anhänger anfangs noch, die Buntheit und Vielschichtigkeit, die sich mit ihrem inhaltlichen Konzept verband, weiterhin durchhalten zu können, gaben diese Vorstellung aber nach dem Leipziger Gründungsparteitag am 16./17. Dezember 1989 auf. Wurde dort noch von einer Skala gesprochen, die von liberal bis grün reiche, so bot sich der DA schon bald im brachliegenden Mitte-Rechts Spektrum des entstehenden DDR-Parteiensystems als neue politische Kraft an und orientierte sich unter dem Einfluß seines Vorsitzenden, Wolfgang Schnur, der diese Kontakte stark forcierte, auf die West-CDU hin. Schnelle Einheit und Abgrenzung vom Sozialismus waren nun die beherrschenden politischen Ziele. Nach der Volkskammerwahl, nach der der DA in eine Fraktionsgemeinschaft mit der CDU ging, entschied sich eine überwältigende Mehrheit bei einer Delegiertenversammlung in Berlin im Frühjahr 1990 für einen Zusammenschluß mit der CDU; die DA-Vertreter aus Sachsen und Thüringen waren die Vorreiter für diese Option. Obwohl der DA es vorgezogen hätte, erst nach dem 3. Oktober 1990 mit Ost- und West-CDU zu fusionieren, wurde der Zusammenschluß mit der Ost-CDU bereits am 7. September vollzogen; die Kröte müsse geschluckt werden, so hieß es, andernfalls hätten DA-Vertreter nicht mehr auf die Kandidatenlisten für die Landtags- und Bundestagswahlen aufgenommen werden können.

4.1.3 Demokratische Bauernpartei Deutschlands (DBD)

Die Angliederung der Bauernpartei führte der CDU weitere Kräfte aus dem Unterbau des Blockparteiensystems zu. 1990 gab es deswegen massive Vorbehalte gegen den Anschluß der DBD, weil sich die reformorientierten Kräfte nicht mit einer weiteren früheren Blockpartei belasten wollten. Die DBD (die "SED auf dem Lande") verabschiedete sich auf ihrem vorgezogenen XIII. Parteitag Ende Januar 1990 von "überholten Auffassungen"; sie bekannte sich zur Mitverantwortung für die falsche SED-Politik, beklagte aber auch, daß ihr nach dem Übergang zur genossenschaftlichen Produktion keine echte Mitwirkungsmöglichkeit gegeben war und daß sie 1963 sogar gezwungen wurde, das SED-Programm zu übernehmen. Sie strebte nun eine antifaschistische, demokratische und humanistische Gesellschaft an, sprach von einer "ökologiegerechten sozialen Marktwirtschaft", die Leistungsstreben und Unternehmergeist fördere. Sie nahm sich der Interessen der Mehrheit der Genossenschaftsbauern und der Landbevölkerung an, plädierte dafür, daß alle Eigentumsformen eine Chance erhalten sollten und verteidigte die "Errungenschaften der Bodenreform" (DBD 1990, Bd.I: 2ff.).

Der Zuwachs macht sich für die CDU heute eher als Problem auf der Führungsebene, weniger im Mitgliederbestand bemerkbar, denn der Angliederungsbeschluß des DBD-Parteivorstandes wurde von der Mehrheit der damals noch ca. 117.000 Mitglieder nicht mitgetragen. Eine relevante Größe (mehr als die Hälfte!) stellen ehemalige DBD-Leute etwa in der brandenburgischen CDU-Landtagsfraktion dar.

4.1.4 Neues Forum/Gruppe der Zwanzig

Sechs führende Dresdener Oppositionelle traten kurz vor dem ersten Landesparteitag der sächsischen CDU in die Partei ein, mit dem erklärten Ziel, aus der alten eine neue CDU zu machen. Sie wollten "den an der Basis begonnenen Selbstreinigungsprozeß der Partei mit der moralischen Autorität derer, die den Reformprozeß in Dresden maßgeblich mitbeeinflußt haben", weiter voranbringen und ein deutliches Zeichen für eine personelle Erneuerung in den Leitungsgremien geben. Die CDU sollte nach ihrem Willen die produktive Unruhe und die moralischen Werte der Umgestaltung integrieren und bewahren (Union v. 24./25.2.1990). Damit bauten sie eine Fronde gegen diejenigen auf, die in der Wende - z.T. auch mit Hilfe der West-CDU - in entscheidende Positionen einrückten, die aber schon in der Blockpartei eine führende Rolle gespielt hatten (Tagesspiegel v. 9.12.1991). Arnold Vaatz, der bekannteste Vertreter dieser Gruppe, konnte allerdings bei der Wahl zum sächsischen Landesvorsitzenden den ehemaligen CDU-Bezirksvorsitzenden von Karl-Marx-Stadt, Klaus Reichenbach, nicht verhindern. Im Machtkampf um das Amt des Ministerpräsidenten setzten sich hingegen die Erneuerer gegen die "Blockis" durch, indem sie Kurt H. Biedenkopf gewannen, der auch Teilen der Alt-CDU als Hoffnungsträger erschien. Mitte September 1991 mußte Reichenbach - als Minister im Amt des Ministerpräsidenten für die West-CDU-Führung noch ein geschätzter Verhandlungspartner (Schäuble 1991: 43, 107, 147) und unterdessen CDU-Präsidiumsmitglied - unter dem Druck der Reformgruppe den Vorsitz abgeben. Ihrem Drängen ist es zuzuschreiben, daß die Erneuerungsdiskussion hier früher begann und härter ausgefochten wurde als anderswo[28], Biedenkopfs Integrationsfähigkeit hingegen, daß sie inzwischen weitgehend befriedet ist. Solange die Regeneration der Parteibasis durch ein signifikantes Mitgliederwachstum ausbleibt, wird es bei diesem prekären Kräfteverhältnis bleiben, auch wenn die "Reformer" unterdessen einige Schaltstellen besetzt haben. In keinem anderen Landesverband war der Konflikt zwischen Alt-CDU und Erneuerern so deutlich als kultureller Bruch zwischen zwei politischen Generationen in der Ex-DDR erkennbar. Daß ein politischer Generationswechsel auch in der West-CDU bevorstand, war im übrigen für den strategisch denkenden Vaatz keine Frage; gerade dieser Aussicht wegen lohne es sich für die junge Generation, in dieser Partei für Veränderungen zu kämpfen.

4.2 "Reformer" contra "Blockis"

Die Berührungsängste und Ressentiments, die sich nicht nur auf politische Differenzen, sondern auch auf unterschiedliche generationsspezifische Erfahrungen zurückführen lassen, brechen immer dann wieder auf, wenn es um die innerparteiliche Machtverteilung geht. Die Konflikte sind daher vorprogrammiert und werden vermutlich im Vorfeld der Wahlen 1994, wenn es um die Vergabe von Listenplätzen und Mandaten geht, noch ganz erheblich zunehmen.

Für die DA-Leute etwa ist ihre Repräsentation auf den verschiedenen Ebenen der Partei angesichts des erdrückenden Übergewichts der Block-CDU eine Existenzfrage. Anfänglichen Absprachen zufolge sollte dafür Sorge getragen werden, daß die DA-Vertreter, um in der gemeinsamen Partei überhaupt wirksam sein zu können, auf allen Ebenen der Partei, in allen Leitungsgremien präsent wären. Dies bedeutete allerdings, vor dem Hintergrund der Wahlergebnisse wie der vom DA in die Parteiehe eingebrachten Mitglieder betrachtet, eine vergleichsweise starke Stellung des DA, die von vielen Block-CDUlern als ungerecht bzw. als Realitätsverzerrung empfunden wurde. Die DA-Leute andererseits betrachten ihre Position als extrem gefährdet: Schon bei den folgenden Wahlen könnte der Minderheitenschutz in Frage gestellt sein, wenn in einer Partei, die sich kaum verändert habe, wieder die Mehrheit bestimme. Demgegenüber klagen viele ehemalige Block-Partei-Mitglieder, die in den Orts- und Kreisverbänden 85-95 Prozent der Mitglieder stellen, über die viel zu geringe Aktivität der DA-Leute an der Basis und ihre demgegenüber viel zu hochgespannten Erwartungen.

DA-Vertreter haben Verfahrensvorschläge entwickelt, um auch personell mit der Abkehr von der Blockvergangenheit ernstzumachen. Der vom Leiter der Reformkommission der Thüringer CDU, Dr. Klaus Zeh, zunächst auf dem kleinen Parteitag der Thüringer Christdemokraten in Gotha, dann auf dem Dresdener Bundesparteitag 1991 vorgelegte Kriterienkatalog fordert die Bewerber um Ämter und Mandate zu einer Gewissensprüfung anhand von acht Fragen auf, die das persönliche Verhalten in der Umbruchphase betreffen. Sein Papier "In der Wahrheit leben" war vom Wunsch getragen, die Blockvergangenheit nicht zu verdrängen, aber zugleich einen menschlich vertretbaren Weg zu finden, um diese Belastung abzutragen. Dieses eher "therapeutische Modell" war der Versuch, den Regenerationsprozeß der Ost-CDU reflektierend zu begleiten; zugleich sollte sich die CDU als Programmpartei und reformfähige Organisation erweisen. Das "Dresdener Manifest" nahm diesen Impetus auf, formulierte ihn aber so allgemein, daß sich nicht alle Reformer darin wiederfanden (CDU Prot.1991: 256 ff.). Rainer Eppelmanns Vorschlag etwa war radikaler und provozierte daher sofort Abwehr bei den Betroffenen: All jene, die in der Zeit seit dem Mauerbau, also von 1961 bis zum Herbst 1989, Leitungsfunktionen in der DDR-CDU ausgeübt hätten, sollten in den nächsten Jahren nicht wieder in die erste Reihe treten. Bei den Vorstandswahlen der brandenburgischen CDU in Kyritz 1991 erhielt Eppelmann daraufhin prompt die Quittung; er wurde von den Delegierten, die größtenteils noch aus der Blockpartei stammten, nicht in das Leitungsgremium gewählt.

Die Konflikte zwischen "Blockis" und "Reformern" bzw. "Erneuerern" haben das Parteileben der CDU in den neuen Bundesländern nach der Bundestagswahl bestimmt und vielerorts fast zum Erliegen gebracht. Verschärft wurden die innerparteilichen Auseinandersetzungen durch das Eingreifen von CDU-Generalsekretär Volker Rühe, der aus seiner Sympathie für die "Erneuerer" und seiner Verachtung für die "Blockis" kein Hehl machte, während sich der Parteivorsitzende Helmut Kohl, zumindest nach außen hin, zurückhielt. DA-Leute wie Neu-Mitglieder haben Rühes Vorstöße als ausdrückliche Ermutigung betrachtet; für sie steht fest, daß Kohl und Rühe das Arrangement mit der Ost-CDU nicht glücklich fanden. Wenn sich die Partei verändern solle, dann müsse spätestens jetzt gehandelt werden. Alt-Mitglieder hingegen, die in der Wendezeit den Transformationsprozeß in der DDR-CDU beförderten und sich bei den Wahlkämpfen engagiert hatten, sahen sich nun als "Altlasten" auf den Haufen der Geschichte geworfen.

Die kontraproduktiven innerparteilichen Wirkungen dieser Konfrontationsstrategie dürften wohl kaum im Interesse der Bonner Parteiführung gelegen haben. Sie befand sich jedoch in dem Dilemma, ungeachtet der internen Negativeffekte nach außen hin den Ruch der Blockpartei möglichst schnell abzustreifen zu müssen, um die Partei bis zum Dresdener Parteitag im Dezember 1991 aus ihrer Selbstblockade herauszureißen und den ständigen Peinlichkeiten und der scheibchenweisen Desavouierung des Führungspersonals der CDU in den neuen Ländern ein möglichst kurzes, wenn auch schmerzhaftes Ende zu bereiten. Als Folge der Adoption der Ost-CDU zeigten sich nun die Probleme der parteiinternen Konsensbildung und Integration. Der Aufbau einer politisch effektiven und unbelasteten neuen Elite in Ostdeutschland gestaltete sich nicht zuletzt deshalb komplizierter als erwartet. Wochenlange Personaldebatten und Auseinandersetzungen um das Erscheinungsbild der Partei im Jahr 1991 und der Sturz de Maizières waren dafür ebenso Symptome wie der Politikertransfer in die neuen Bundesländer nach dem Fall der Ministerpräsidenten von Sachsen-Anhalt, Mecklenburg-Vorpommern und Thüringen. Drei Länderchefs, Kurt H. Biedenkopf (Dezember 1991), Werner Münch (November 1991) und Bernhard Vogel (Januar 1993), übernahmen inzwischen nolens volens auch den Parteivorsitz, um die innerparteilichen Querelen zu beenden und den Parteiaufbau voranzubringen.

4.3 Politische Strömungen und Parteiflügel

In der Diskussion über die Vergangenheitsbewältigung der Ost-CDU sind die "Blockis" häufig als "Strukturkonservative", die "Reformer" bzw. "Erneuerer" hingegen als "Fortschrittliche", "Liberale" oder "Linke" in der CDU angesehen worden. Dieses Mißverständnis rührt daher, daß für diese Bezeichnungen vorwiegend formale (Eintrittsdatum) und weniger inhaltlich-politische Kriterien verwendet wurden. Den "Erneuerern" geht es vor allem um die Glaubwürdigkeit des Führungspersonals, um ein Aufbrechen zentralistischer Strukturen und totalitärer Denkweisen; weniger einig sind sie sich, wenn es um politische Sachthemen, Perspektiven, Konzepte geht. Häufig sind sie Individualisten, die man als Wertkonservative bezeichnen könnte. Fragt man nach den politischen Orientierungen, so kann man aber bei manchen "Erneuerern" etwa in Thüringen oder Sachsen, in Sachsen-Anhalt oder Berlin auch deutliche Anlehnungen an national- bzw. rechtskonservative Positionen finden, wie sie gemeinhin von der bayerischen CSU oder konservativen Kräften in der CDU vertreten werden. Die Bezeichnung "wertkonservativ" wird übrigens gegenwärtig in der Ost-CDU geradezu inflationär verwendet und läßt eine differenzierte Zuordnung zu einer besonderen Ausprägung konservativen Denkens nicht mehr zu. Wertkonservative Positionen im originären Wortsinn vertreten etwa sächsische Reformer wie Arnold Vaatz, Heinz Eggert und Steffen Heitmann. Neben den ökologisch-schöpfungsbewahrenden Positionen findet sich bei ihnen auch ein ausgeprägtes Ordnungsdenken, das in die Forderung nach einem Staat einmündet, der stark genug sein müsse, um die Folgen der SED-Herrschaft zu beseitigen, den Aufbau im Osten voranzubringen und effektivere Maßnahmen zur Gewährleistung der inneren Sicherheit zu ergreifen.

Andererseits stehen prominente DA-Protagonisten wie der Berliner Pfarrer Eppelmann für eine christlich-sozial orientierte Politik, die man in der West-CDU dem Arbeitnehmer-Flügel zurechnen würde. Frauenministerin Angela Merkel verwahrt sich indessen gegen eine Vereinnahmung des DA in einen linken Flügel: es sei ein Irrtum, den DA, dessen Ziele die schnelle Einheit und die soziale Marktwirtschaft gewesen seien, mit dem Reformflügel der West-CDU

gleichzusetzen. Mit ihrem Bekenntnis zur Priorität einer "klaren Wirtschaftspolitik" vor der Sozialpolitik und zur Mittelstandsförderung steht sie für die von
Kohl repräsentierte bürgerliche Mitte (Tagesspiegel v. 23.11.91). Aus dem DA
ist inzwischen ein regelmäßig tagender Arbeitskreis mit mehreren hundert Teilnehmern hervorgegangen; sein Anliegen ist es, die Interessen dieser Gruppierung
aus dem Herbst 1989, insbesondere die personelle Erneuerung der Ost-CDU sowie die ökologische Komponente, festzuhalten.

Die Alt-CDUler verteilen sich inzwischen ebenfalls über ein breiteres Spektrum. Vereinzelt findet man hier noch Reste der - schon vor der Wende - kleinen
Gruppe der "christlichen Sozialisten", die für sich in Anspruch nimmt, aus
christlich-humanistischem Engagement heraus für einen Sozialismus mit men-
schlichem Antlitz eingetreten zu sein. Sehr viel mächtiger ist der "Block der
strukturellen Opportunisten", d.h. jene, die sich nach einem problemlosen Austausch der "Oberflächen-Ideologie" auf die neuen Machtverhältnisse umorientiert
haben und mit ihrer strikten Absage an jede Form des Sozialismus glauben, sich
ihrer Vergangenheit entledigt zu haben. Neuerdings gibt es Anzeichen dafür, daß
sich Alt-CDUler als Vertreter autoritärer Staatsvorstellungen nun zu Protagonisten eines sich neuformierenden rechten Flügels wandeln und versuchen, die
"Erneuerer" mit populistischen Parolen zurückzudrängen (DNN v. 4.2.93).

Eine weitere Gruppe bilden die aus dem Westen zugereisten Kommunal- und
Landespolitiker sowie zahlreiche westdeutsche Spezialisten in den Landtagsfraktionen und Landesregierungen. Ohne eigene Hausmacht, verbünden sie sich oft
mit unterschiedlichen Interessengruppen und Strömungen. Solange diese
"Wessis" politisch nicht voll integriert sind, stellen sie zwar ein professionelles
Element dar; sie beeinträchtigen aber auch die Herausbildung authentischer politischer Strukturen in der Ex-DDR.

In der vielfältig zerklüfteten Ost-CDU lassen sich aus diesem Grunde Flügel
oder Richtungen bisher nur schwer ausmachen. Die Spaltungslinien verlaufen
nicht parallel zu den politischen Fraktionen und Flügeln der West-CDU, sondern
liegen teilweise quer zu ihnen. Dies hat auch damit zu tun, daß die westlichen
Zuordnungen und Abgrenzungen hier noch nicht recht geläufig sind. Hinzu
kommt, daß angesichts der verfahrenen wirtschaftlichen Situation im Osten vielfältige Lösungsansätze, die inner- wie überparteiliche Kompromisse erfordern,
angedacht werden müssen. Erst allmählich kommt es zu Fraktionsbildungen, insbesondere am rechten Rand. In Sachsen formierte sich der erste Landesverband
des insgesamt ca. 200 Mitglieder zählenden "Christlich-Konservativen Deutsch-
land-Forums der CDU" (FAZ v. 8.2.1993). Der Profilverlust der CDU wird in
diesen Kreisen darauf zurückgeführt, daß linksliberal orientierte Kräfte in der
CDU dabei seien, die Oberhand zu gewinnen; man wolle das konservative Segment der Wählerschaft wieder stärker an die CDU binden und damit die Abwanderung zu rechten und linken Protestparteien stoppen. Andererseits sind die
"Republikaner" für die CKDF koalitionsfähige Partner. Das sächsische Landes-
forum strebt nicht den Status einer offiziellen Parteigliederung an. Es hat 40 Mit-

glieder, davon 18 aus der CDU; besonders engagieren sich Mitglieder der Jungen Union.

Eine auf christlich-soziale Traditionen gestützte, arbeitnehmerorientierte Richtung hat in der Ex-DDR zur Zeit einen schweren Stand. In einer Phase des massiven Abbaus von Industriepotential und Arbeitsplätzen wird ihre Position zudem durch die von der Bundesregierung mit dem "Sozialpakt" angekündigten Einschnitte ins soziale Netz erschwert. Die christlich-demokratische Arbeitnehmerschaft hat bisher in Brandenburg, im Raum Magdeburg und in Teilen Thüringens Fuß gefaßt. Mit ihren Protesten gegen Betriebsstillegungen und die Verödung ganzer Regionen, die auch von Kirchenvertretern und Kommunalpolitikern unterstützt wurden, hat sie hier einzelne Stützpunkte schaffen können.

Eine Gliederung der Partei scheint sich derzeit eher durch landsmannschaftliche Bindungen und regionale Identitätbezüge herzustellen. Dies wird auch von den Parteiführungen zu Integrationszwecken genutzt.

5. Von der Blockpartei zur Volkspartei

5.1 Der Zusammenschluß - ein Kolonisierungsversuch?

Erst nach der Parteivereinigung ging das Konrad-Adenauer-Haus daran, den - aufgeblähten, im Super-Wahljahr 1990 für die CDU aber noch unverzichtbaren - Apparat der Ost-CDU nach westlichem Muster und Effizienzdenken umzustrukturieren. Das engmaschige Gebilde war einerseits nicht mehr finanzierbar, andererseits schuf der Schrumpfungsprozeß eine günstige Voraussetzung für den Aufbau neuer Parteistrukturen und personeller Konstellationen. Ende März 1991 wurde die Ost-Berliner CDU-Geschäftsstelle im "Jakob-Kaiser-Haus" mit ihren ca. 120 hauptamtlichen Mitarbeitern "abgewickelt". Mit finanztechnischen Argumenten ging die Bonner Parteizentrale über den Einwand hinweg, daß der Um- und Neuaufbau der Partei im Osten nicht von Bonn aus zu leisten sei. Viele Kreisgeschäftsstellen wurden aufgelöst und zu Wahlkreisgeschäftsstellen zusammengefaßt. Die Zahl der Kreisgeschäftsstellen verringerte sich von 210 auf 87. Von den ca. 1700 hauptamtlichen Parteimitarbeitern blieb gerade noch ein Zehntel übrig; man wünschte nun eine Stärkung der ehrenamtlichen Mitarbeit (Bericht 1992: 5, 8 f.). Diese Umstellung wurde jedoch in weiten Teilen der Parteibasis als Überstülpen des westlichen Parteimodells empfunden, das den Anforderungen an die Partei in diesem schwierigen Umbruch nicht angemessen sei und zudem ohne Rücksicht auf die soziale Situation und das Engagement der Mitarbeiter durchgesetzt werde.

Durch diese unpopulären Reorganisationsmaßnahmen, bei denen die West-CDU die Prioritäten bestimmte, staute sich an der CDU-Basis im Osten viel Unmut auf. Er verstärkte sich im Laufe des Jahres zusehends, weil sich die Ost-CDU immer wieder von der Zentrale übergangen fühlte und sich allmählich ihrer vollständigen Abhängigkeit von der West-CDU bewußt wurde. Die Paralyse der Parteiarbeit im Osten stand aber im Widerspruch zu der Tatsache, daß die CDU in den vier Ost-Ländern - nach den für die CDU enttäuschenden Landtagswahlergebnissen in der alten Bundesrepublik - eine wichtige Machtbasis für die Bundes-CDU darstellte.

Die Auseinandersetzungen darüber, wie der Umstrukturierungsprozeß der Ost-CDU organisiert werden sollte, verknüpften sich mit dem Streit um die personelle Erneuerung der Blockpartei. Im Vorfeld des Dresdener Parteitages kam es zu einem heftigen Zwist zwischen den Vorsitzenden der ostdeutschen Landesverbände und der Bonner Parteizentrale. Um den weiteren Abstieg der Ost-Landesverbände aufzuhalten, kündigte Generalsekretär Rühe weitgehende Eingriffe der Bonner Parteizentrale in die Struktur- und Personalentscheidungen der ostdeutschen Landesverbände an. Er wollte z.B. die Führung der desolaten Landesverbände durch aus dem Westen entsandte, politisch legitimierte Generalsekretäre verstärken; ohne sein Placet sollte kein Landesgeschäftsführer mehr eingestellt werden dürfen. Zum offenen Eklat kam es, als der stellvertretende Parteivorsitzende de Maizière in seiner Funktion als Vorsitzender des darniederliegenden brandenburgischen Landesverbandes die Zahlungsunfähigkeit seines Verbandes darlegte; er forderte die Bundes-CDU auf, die Arbeitsfähigkeit der CDU im Osten, die nach dem Verzicht auf das Blockparteienvermögen über keine eigenen Mittel mehr verfügte[29], zu erhalten und die besonderen Organisationsprobleme beim Umbau der Parteistrukturen zu berücksichtigen. Es entwickelte sich ein Streit über die den östlichen Landesverbänden zustehenden Finanzmittel (u.a. die Bundeszuschüsse an die CDU-Fraktion in der Volkskammer). De Maizières Position war jedoch inzwischen durch die "Czerni-Affaire" so angeschlagen, daß er nach dieser Kontroverse aufgab. Sein Rücktritt ist nach de Maizières eigenem Eindruck durch gezielt-lancierte Presseinformationen aus dem Konrad-Adenauer-Haus mitbefördert worden; man habe sich damit eines unbequemen Kritikers entledigt. Die sächsischen Reformer stellten sich gegen de Maizière, weil er versucht habe, die Differenz zwischen ihren Biographien und denen der "Blockflöten" zu verwischen, indem sie alle zu "gebrauchten DDR-Bürgern" erklärt würden.

5.2 Die Fusion - ein Modernisierungsprojekt?

Vergleicht man die Strukturdaten der DDR-CDU mit denen der West-CDU, so zeigen sich bemerkenswerte Unterschiede: Der Frauenanteil lag im Osten erheblich höher als im Westen (40% bzw. 23%), die Altersgruppe der unter Vierzigjährigen war stärker repräsentiert und mit einem Drittel stellten die Arbeiter die stärkste Berufsgruppe.

Von daher lag die Hoffnung der CDU-Führung nahe, durch den Zusammenschluß von West- und Ost-CDU würden sich die Strukturdefizite der CDU im

Westen verbessern. Tatsächlich hat sich der Frauenanteil in der Gesamt-CDU durch den Beitritt der neuen Landesverbände leicht erhöht und die Altersstruktur etwas verbessert; immer noch liegt das Durchschnittsalter aller Mitglieder der CDU Deutschlands derzeit freilich bei 52,2 Jahren (CDU-Bericht 1992: 87). Der "Modernisierungstrend" hat im übrigen nicht die Tendenz, sich zu verstetigen, was sich an der Struktur der Neuaufnahmen zeigt, in der sich bereits wieder die alten Muster durchsetzen. Die unterschiedliche Verteilung der Berufsgruppen in den alten und den neuen Bundesländern ist außerdem keineswegs unproblematisch, solange sie das soziale Gefälle zwischen West und Ost widerspiegelt: So ist der Anteil der Arbeiter, Arbeitslosen und Rentner in den neuen Ländern jeweils mehr als dreimal so hoch wie in der alten Bundesrepublik; hingegen ist in den alten Ländern der Anteil der Selbständigen mehr als dreimal so hoch, der der Beamten sogar sechsmal so hoch wie in den neuen Bundesländern (CDU-Bericht 1992: 88).

Ein innovatorisches Moment könnte man darin sehen, daß Teile der neuen CDU-Elite, insbesondere die Bürgermeister und Landräte sowie die Abgeordneten in den Landesparlamenten und im Bundestag, zwar keine Polit-Profis sind, dafür aber mehr Berufs- und Lebenserfahrung mitbringen. Anders als im Westen, wo sich die politische Klasse überwiegend aus Juristen und Angehörigen des öffentlichen Dienstes rekrutiert (Müller 1992: 24ff.), kommen im Osten viele Neu-Politiker aus den Reihen der technisch-naturwissenschaftlichen Intelligenz und dem handwerklich-industriellen Bereich (Iltgen 1992: 161). Fraglich ist freilich, ob die 1990 geltenden Zugangschancen nicht schon bald den in der alten Bundesrepublik ausgeprägten Karrierewegen und Rekrutierungsmustern weichen werden (Herzog 1992: 7).

5.3 Probleme der Parteistruktur und Integration

Durch die Übernahme der Blockpartei und den schwierigen Neuaufbau der Partei von der Basis her zeichnen sich im inneren Gefüge der CDU politische Zerklüftungen und sozialstrukturelle Diskrepanzen ab, die (zumindest für eine Übergangszeit) erhebliche Integrationsprobleme aufwerfen dürften. Derzeit stellen die Alt-Mitglieder (Ende 1992) gut drei Viertel der insgesamt noch etwa 100.000 Mitglieder in der Ost-CDU; knapp ein Viertel (22.754) ist nach dem 1. Januar 1990 eingetreten (CDU-Bericht 1992: 19). Die Zahl der Mitglieder ging in allen fünf neuen Landesverbänden seit 1990 deutlich zurück: 1991 verlor die CDU im Osten nach Angaben ihres stellvertretenden Vorsitzenden Heinz Eggert rund 15.000 Mitglieder (Tagesspiegel v. 5.3.1993).

Zwar hat die CDU im Osten noch immer vergleichsweise viele Mitglieder (allein in Thüringen oder Sachsen mehr als die SPD in allen neuen Ländern zusammen); jedoch sind ihre Personalressourcen für Ämter und Mandate unterdessen weitgehend ausgeschöpft, während die Arbeit in den Parteiverbänden vieler-

Tabelle 1:   Regionale Mitgliederentwicklung der CDU in den neuen
                  Bundesländern

Landesverband	Mitglieder		
	31.12.1990	31.12.1991	30.9.1992
Brandenburg	17.068	13.713	11.813
Mecklenburg-Vorpommern	18.321	14.707	13.194
Sachsen	37.231	32.082	29.139
Sachsen-Anhalt	26.120	22.224	19.798
Thüringen	30.816	26.983	24.607

(Quelle: CDU-Bericht 1992: 86)

orts stagniert. Mit dem Aufbau der Suborganisationen nach westlichem Muster
wurde flächendeckend begonnen, obwohl dadurch zusätzliche Kräfte gebunden
werden. Ein Problem für die CDU in Ostdeutschland ist, daß sich die sozialen
Schichten und Berufsgruppen, aus denen sich traditionell große Teile der CDU-
Anhängerschaft im Westen rekrutieren (z.B. Selbständige, Beamte), in der Ex-
DDR erst allmählich herausbilden. Hinzu kommt, daß große Teile des genuinen
Potentials für eine konservative Partei, wie z.B. Staatsbeamte, Ordnungskräfte,
Polizisten usw., sich vor der Wende mit dem SED-Staat identifiziert haben.
Ehemalige SED-Mitglieder können aber derzeit noch nicht in die CDU aufge-
nommen werden, da sich die Ost-CDU heute scharf gegenüber der SED (bzw.
der PDS) abgrenzt, mit der zumindest Teile ihrer eigenen Mitgliedschaft vor der
Wende im "Demokratischen Block" kooperierten. Eine versöhnlichere
Diskussion über die Aufnahme von SED-Mitgliedern, die sich in der
Vergangenheit nichts zuschulden kommen ließen, ist vermutlich nur noch eine
Frage der Zeit; zum gegenwärtigen Zeitpunkt würde sie die CDU jedoch spalten.
Andererseits wäre es für die CDU nicht ungefährlich, wenn sich diese Kräfte in
einer konservativen Konkurrenzpartei oder einer Art "Ostpartei" zusammenfinden
würden. Diesen wunden Punkt hat Peter-Michael Diestel in seinen strategischen
Überlegungen zur Bildung einer ostdeutschen Partei oder Bewegung aufgegriffen
(Diestel 1992: 3). Den bisher - neben der DSU - entstandenen konservativen
kleineren Gruppierungen wie z.B. der "Konservativen Union" oder der
"Thüringer Volkspartei" werden zur Zeit allerdings kaum Chancen beigemessen.
In Thüringen bemüht sich die CDU verstärkt um die Klientel der DSU, die hier

noch ca. 2.000 Mitglieder zählt, um die Konkurrenz im konservativen Lager zu beenden.

6. Zusammenfassung

Die Zuspitzung der gesellschaftlichen Krise in der DDR erfaßte 1989 die ganze Gesellschaft. Der Unmut über die Fälschung der Kommunalwahlen im Mai 1989, die offiziellen Reaktionen auf die Niederschlagung der chinesischen Demokratiebewegung, die "Nicht-Politik" der Staatsführung, der wirtschaftliche Niedergang, die Ausreisewelle - all das kulminierte im Herbst 1989, in dem auch der 40. Jahrestag des Bestehens der DDR zu feiern war. In diesem Prozeß der Zuspitzung markierte der "Brief aus Weimar", datiert vom 10. September, für die DDR-CDU eine "Schnittstelle" und gab einen wichtigen Anstoß zur Parteireform. Angesichts des rapiden Legitimationsverlustes des politischen Systems der DDR und des Immobilismus der CDU-Führung bildete sich zugleich unterhalb der CDU-Spitze im Apparat ein Handlungszentrum heraus, das die Weichen neu stellte. Auf diese Weise bildete sich aus der Partei in Berlin, der Hauptstadt der DDR, im Ansatz eine Übergangselite heraus, die eine Reform in Partei und Staat versprach. Währenddessen hatten sich vor allem im Süden der DDR dezentrale Aktionszentren entwickelt, deren Protagonisten z.T. mit den Berlinern kooperierten, z.T. auch andere Szenarien durchspielten.

Im Vorfeld des Sonderparteitags Mitte Dezember 1989 und danach vollzogen sich in der Ost-CDU Neuorientierungs- und Differenzierungsprozesse, in deren Folge viele Mitglieder austraten. In der Übergangselite, so wie sie sich bis dahin herausgebildet hatte, kristallisierten sich - vereinfacht gesagt - zwei divergente Auffassungen oder Mentalitäten heraus. Die eine setzte uneingeschränkt auf das Gesellschaftsmodell der Bundesrepublik, weil nur so der Bruch mit dem alten System und ein Neuanfang möglich sei, die andere plädierte für eine vorsichtigere Steuerung des Transformationsprozesses unter Beteiligung aller sich verantwortlich fühlender gesellschaftlicher Kräfte, um ein Chaos zu vermeiden und ein Stück DDR-eigene Identität zu bewahren (diese Richtung wurde repräsentiert durch Lothar de Maizière - Vorsitzender der DDR-CDU und nach der Volkskammerwahl erster und letzter frei gewählter Ministerpräsident der DDR).

Das Verhältnis der West-CDU zur DDR-CDU ist in dieser ersten Phase gekennzeichnet durch nicht-kongruente Handlungsstrategien; erst unter dem Entscheidungsdruck der nahenden Volkskammerwahlen verwandelte sich die Distanz der Bonner Parteizentrale in eine primär wahltaktisch begründete Kooperationsbereitschaft. Diese instrumentelle Haltung der Parteiführung lief einem spontanen und weitgehend unkoordinierten Aktionismus auf den unteren und mittleren Organisationsebenen zuwider. Letztendlich bestimmten die Mechanismen des Parteienwettbewerbs - d.h. die Konkurrenz zur SPD - die strategischen Selektionskriterien.

In der zweiten Phase - nach der Volkskammerwahl im März bis zur Bundestagswahl im Dezember 1990 - übernahm die West-CDU eine Art Leitfunktion sowohl im staatlichen Vereinigungsprozeß wie gegenüber der Ost-CDU. Die Wahlerfolge der CDU beförderten die parteiförmige Verfestigung des Wahlbündnisses zwischen der DDR-CDU und dem DA (einschließlich der DBD) unter der Ägide der West-CDU. Der rapide Zerfall der DDR - die Beschleunigung des Einigungsprozesses kam einer zweiten Stufe der DDR-Revolution gleich - und die Prädominanz der West-CDU bewirkten nun einen Synergieeffekt, der jenem Teil der Transformationselite den Boden entzog, dem es darauf ankam, die Fusion "in Würde", d.h., ohne "geliehene Identität" zu vollziehen. Die abgebrochene Programmdiskussion in der Ost-CDU ist hierfür ein Symptom.

In der dritten Phase brachen die unter dem enormen Druck des Wahljahres stillgestellten Widersprüche und Konfliktfronten auf. Mit Unterstützung des Generalsekretärs verstärkten die "Erneuerer" ihre Vorstöße, um die strukturelle Kontinuität der Ost-CDU aufzubrechen. Jetzt wurde um die "structures of opportunity" (Herzog 1982: 91) gekämpft. Nach den großen Wahlsiegen - die freilich vor allem auf die Ausstrahlung der West-CDU und die deutschlandpolitische Verweigerung des SPD-Spitzenkandidaten zurückzuführen waren - hatte man, um die neugewonnenen Ämter und Mandate besetzen zu können, mangels ausreichend qualifizierter wie unbelasteter Kräfte die Personalressourcen der Blockpartei ausschöpfen müssen. Noch im Nachhinein war diese Tatsache geeignet, die Adoption der Ost-CDU durch die West-CDU zu rechtfertigen: Nur auf die neuen Gruppierungen gestützt, wäre die Mehrheitsfraktion wohl kaum funktionsfähig gewesen. Sich jetzt der "Blockflöten" entledigen zu wollen, mußte aber bei den Betroffenen den Vergleich mit dem Mohren, der seine Schuldigkeit getan habe, auslösen und die innerparteilichen Konflikte weiter verschärfen. Außerdem wurde dadurch nicht nur die "Geschäftsgrundlage" der "Allianz", sondern faktisch auch die Regierungsfähigkeit der Ost-CDU infrage gestellt (Müller 1991: 5). Andererseits blieb, solange die alten Kräfte dominierten, die Attraktivität der CDU für neue Mitglieder gering und ein verändertes Partei-Image in ferner Sicht. Das Dilemma, diese konträren innerparteilichen Gruppierungen in der Führung ausbalancieren zu müssen, ist für die CDU bisher ungelöst - zumal die Anhänger dieser Gruppen in der Mitgliedschaft extrem ungleichgewichtig verteilt sind. Damit zusammen hängt aber auch die Fähigkeit der Partei zur Mobilisierung von differenzierten Wählerschichten als Voraussetzung für die Mehrheitsfähigkeit der CDU in Ostdeutschland. So steht die CDU in Ostdeutschland vor dem Problem, die strukturelle Konkurrenz einer Gegen- und einer Übergangselite in kooperative Handlungsstrategien übersetzen zu müssen.

Auch in dieser dritten Phase waren die Handlungsstrategien der Bundesparteiführung durch die Mechanismen der Parteienkonkurrenz vermittelt: Opposition und Presse sollten möglichst wenige Angriffsflächen wegen der Übernahme belasteter "Blockflöten" geboten werden; andererseits zwangen Mitgliederschwund

und schlechtere Umfrageergebnisse dazu, deutliche Signale zugunsten der Erneuerer auszusenden, um der CDU eine bessere Ausgangsbasis für das Super-Wahljahr 1994 zu schaffen. Daß der Parteitag 1991, dessen zentrales Thema der Umgang mit der Vergangenheit war, in Dresden, dem Handlungszentrum der sächsischen Reformgruppe, stattfand, war insofern selbst als Signal zu verstehen - ebenso wie die hier stattfindende faktische Kooptation der aus dem DA kommenden Angela Merkel zur stellvertretenden Parteivorsitzenden und Christine Lieberknechts ins Präsidium.

Im Vorfeld des Dresdener Parteitags wurde deutlich, daß die im Einigungsjahr noch unverzichtbare Transformationselite ihre Bedeutung weitgehend eingebüßt hatte. Ihr Repräsentant de Maizière verkörperte nun aus der Sicht der West-CDU die ganze Misere der Ost-CDU (Spiegel Nr. 36/1991: 31). Zudem geschwächt durch die Vorwürfe, unter dem Decknamen Czerni ein IM der Stasi gewesen zu sein, konnte er dem dreifachen Druck von seiten der West-Presse, der Bonner Parteiführung wie dem der "Reformer" nicht mehr standhalten. Nachdem er im August/September 1991 in den innerparteilichen Auseinandersetzungen, in denen er u.a. eine stärkere Unterstützung der Parteiorganisationen in Ostdeutschland eingefordert hatte, unterlegen war, legte er sämtliche Parteiämter nieder.

Die Transformation der Ost-CDU läßt sich - zusammenfassend - als ein mehrstufiger Prozeß der Elitenformation mit im Zeitverlauf variablen Elitenfigurationen und verschiedenen Handlungszentren charakterisieren. Für die Akteure im Herbst 1989 ging es im ersten Schritt darum, den Sturz Göttings und des Sekretariats des Hauptvorstandes herbeizuführen und in der DDR-CDU eine reformfähige Gruppierung zustandezubringen, die den Transformationsprozeß mitbeeinflussen konnte; insofern stand die "Altlasten"-Frage damals nicht auf der Tagesordnung. Nach dem Sonderparteitag im Dezember 1989 und durch die Reorganisation der Landesverbände hatte in der Ost-CDU ein Umschichtungsprozeß stattgefunden, in dem zahlreiche hauptamtliche Funktionäre bis auf die Kreisebene hinab ihre Ämter verloren. In dem sich akzelerierenden Vereinigungsprozeß wuchs dann der neuen CDU-Übergangselite schon bald mehr Verantwortung in Staat und Gesellschaft zu als im November 1989 vorauszusehen war. Allerdings verlagerten sich wegen der Leitfunktion der Bundes-CDU und durch den Druck der "Reformer" die Handlungszentren weg von Berlin nach Bonn und nach Sachsen. Die "Abwicklung" der Parteizentrale in Berlin-Mitte im Frühjahr 1991 ist durchaus als eine Entmachtung der Ost-Verbände bzw. - ähnlich wie in der SPD - als innerparteiliche Gewichtsverschiebung zu verstehen.

Wenngleich die Erneuerungsdiskussion für die Zukunft der CDU in Ostdeutschland von zentraler Bedeutung ist, so bleibt sie doch unproduktiv, solange sie sich ausschließlich auf das "Altlasten"-Problem fixiert und nicht zugleich eine Reformstrategie für die Gesamt-CDU anvisiert. Denn damit würde die Ost-CDU zum bloßen Anhängsel einer Volkspartei, die selbst Mühe hat, ihre Erosionserscheinungen zu verkraften. Immer mehr zeigt sich, daß nach dem Ende der alten Bundesrepublik statt eines konzeptionslosen Pragmatismus bzw. eines unreflektiert-ideologisierten Marktoptimismus nunmehr Gestaltungskonzepte gefragt sind und daß sich die institutionelle Anpassungsfähigkeit des politischen Systems an die Herausforderungen der Einheit erst noch erweisen muß (Lehmbruch 1991: 585ff.). Die soziale Dimension des Einigungsprozesses, die Helmut Kohl 1990 ganz bewußt aus dem politischen Diskurs auszublenden versuchte und die heute um so dringender Lösungen erfordert, ist dafür nur ein Beispiel. Der Erfolg der Volkspartei CDU als der "Partei der Einheit" wird schließlich davon abhängen, auf welchen Nenner sie die Ungleichzeitigkeiten und Widersprüche in der Partei wie in der Gesellschaft zu bringen versteht.

Literatur

Ackermann, E. (1991). Die Revolution - ein Flächenbrand? In Christliche Demokraten in der Herbstrevolution, Eichholz Brief, 2, 101-115.

Albus, M. (1991). Umbruch und kein Ende - Zur Rolle der katholischen Kirche auf dem Gebiet der ehemaligen DDR. In Christliche Demokraten in der Herbstrevolution, Eichholz Brief, 2, 20-26.

Buchstab, G. (1991). Zwischen Widerstand und Gleichschaltung - Zur Geschichte der Ost-CDU nach 1948. In Christliche Demokraten in der Herbstrevolution, Eichholz Brief, 2, 27-31.

CDU-Bundesgeschäftsstelle (Hrsg.) (1990). 38. Bundesparteitag der Christlich Demokratischen Union Deutschlands, Niederschrift, Hamburg, 1.10. Bonn.

CDU-Bundesgeschäftsstelle (Hrsg.) (1990). 1. Parteitag der Christlich Demokratischen Union Deutschlands, Protokoll, Hamburg, 1.-2.10. Bonn.

CDU-Bundesgeschäftsstelle (Hrsg.) (1991). 2. Parteitag der Christlich Demokratischen Union Deutschlands, Niederschrift, Dresden, 15.-17.12. Bonn.

CDU-Bundesgeschäftsstelle (Hrsg.) (1992). 3. Parteitag der CDU Deutschlands, Düsseldorf, 25.-28.10., Bericht der Bundesgeschäftsstelle. Bonn.

CDU, Sekretariat des Hauptvorstandes (Hrsg.) (1974). 25 Jahre CDU, 25 Jahre Mitarbeit der CDU. Berlin.

CDU-Texte 1990 (Hrsg.: Geschäftsstelle des Parteivorstandes der CDU). Programm der Christlich-Demokratischen Union Deutschlands. Berlin.

CDU-Texte 2/90 (Hrsg.: Geschäftsstelle des Parteivorstandes der CDU). Wirtschaftsprogramm der Christlich-Demokratischen Union Deutschlands - freiheitlich, leistungsfördernd, sozial, umweltorientiert. Berlin.

CDU-Texte 3/90 (Hrsg: Geschäftsstelle des Parteivorstandes der CDU). Politik für unser Volk: demokratisch, entschlossen, umsichtig. Regierungserklärung des Ministerpräsidenten L. de Maizière, abgegeben am 19.April 1990 vor der Volkskammer der Deutschen Demokratischen Republik.

CDU (1990) (Hrsg.: Wissenschaftliche Arbeitsgruppe beim Parteivorstand der CDU der DDR). "Echte Idee der Union". Protokolle des Berliner Gründerkreises der CDU 1945. Eine Gabe der DDR-CDU an den ersten gemeinsamen Parteitag der CDU in Hamburg. Berlin.

Demokratische Bauernpartei Deutschlands (DBD) (1990). Außerordentlicher Parteitag am 27./28. Januar 1990 in Berlin, Materialien, 2 Bde. (hrsg. v. Parteivorstand der DBD). Berlin.

Diestel, P.-M. (1992). Das muß man mir schon gestatten. In Freitag, 26.6., 3.

Ditfurth, Ch. v. (1991). Blockflöten. Wie die CDU ihre realsozialistische Vergangenheit verdrängt. Köln.

Engert, J. (1992). Und ewig tönen die Blockflöten - Die CDU-Ost und ihre Altlasten (12.7.1991). In: W. Bajohr, Das Erbe der Diktatur (S. 114-121). Bonn/Berlin.

Feist, U. & Liepelt, K. (1987). Modernisierung zu Lasten der Großen. Wie die deutschen Volksparteien ihre Integrationskraft verlieren. In Journal für Sozialforschung, 3/4, 277-296.
Feldmeyer, K. (1992). Politik an den Wählern vorbei. In FAZ, 14.5., 1.
Franke, J. (1990). Zur Reaktion der CDU (Ost) auf den Mauerbau am 13. August 1961. In Deutschland Archiv, 23, 1243-1251.
Geisler, H. (1991). Rückblick auf 1989: Das Jahr der Wende. In Christliche Demokraten in der Herbstrevolution, Eichholz Brief, 2, 61-66.
Gibowski, W. (1990). Demokratischer (Neu-)Beginn in der DDR. Dokumentation und Analyse der Wahl vom 18.März 1990. In ZParl., 21, 5-22.
Glaeßner, G.-J. (1991). Der schwierige Weg zur Demokratie. Vom Ende der DDR zur deutschen Einheit. Opladen.
Göhner, R. (1992). CDU: Fragen für die Zukunft. In Die politische Meinung, 37, 269, 43-48.
Grüning, U. (1991). Weltfremdheit und Wirklichkeitsnähe. In Christliche Demokraten in der Herbstrevolution, Eichholz Brief, 2, 32-41.
Hackel, N. (1990). Parteienforschung und die Metamorphose der CDU (Ost). In Projektgruppe Parteienforschung am Institut für Politikwissenschaft, Humboldt-Universität Berlin (Hrsg.), Parteien der DDR im Umbruch (S. 36-46). Berlin.
Henkys, R. (1991). Die Bedeutung und Rolle der evangelischen Kirche im demokratischen Reformprozeß. In Eichholz Brief, 2, 13-19.
Herzog, D. (1982). Politische Führungsgruppen. Probleme und Ergebnisse der modernen Elitenforschung. Darmstadt.
Herzog, D. (1993). "Politische Elite". In Handwörterbuch des politischen Systems der Bundesrepublik Deutschland, hrsg. v. U. Andersen & W. Woyke (S. 442-445). Opladen.
Iltgen, E. (1991). Neue Politik für ein altes Land: Sachsen und die Demokratisierung der ehemaligen DDR. In U. Thaysen & H.M. Kloth, Wandel durch Repräsentation - Repräsentation im Wandel: Entstehung und Ausformung der parlamentarischen Demokratie in Ungarn, Polen, der Tschechoslowakei und der ehemaligen DDR (S. 153-161). Baden-Baden.
Knabe, H. (1989). Aufbruch in eine andere DDR. Reformer und Oppositionelle zur Zukunft ihres Landes. Reinbek.
Lapp, P.J. (1991). Die ehemalige DDR-CDU - die "Abteilung Christen" der SED? In Neue Gesellschaft/Frankfurter Hefte, 38, 147-152.
Laurien, H.-.R. (1991). Standortbestimmungen. In Die politische Meinung, 36, 259, 19-26.
Lehmbruch, G. (1990). Die improvisierte Vereinigung. Die dritte deutsche Republik. In Leviathan, 18, 462-486.
Lehmbruch, G. (1991). Die deutsche Vereinigung: Strukturen und Strategien. In PVS, 32, 585-604.
Lück, H. (1989). Ein Mehr an Demokratie. Die neue CDU. In H. Knabe (Hrsg.), Aufbruch in eine andere DDR. Reformer und Oppositionelle zur Zukunft ihres Landes (S. 126-133). Reinbek.
Müller, E.-P. (1992). Strukturen des XII. Deutschen Bundestages. Köln.
Müller, G. (1991). Querpfeifer aus dem Osten. In Rheinischer Merkur, 13.12., 5.
Perger, W. A. (1992). Die CDU. In Aus Politik und Zeitgeschichte, B 5, 3-9.
Radunski, P. (1991). Fit für die Zukunft? Die Volksparteien vor dem Superwahljahr 1994. In Sonde, 24, 4, 3-8.
Reuth, R. G. (1991). Wie de Maizière an die Spitze kam. Wendungen in der Wende der einstigen Blockpartei CDU. In FAZ, 1.7.
Richter, K. (1990). Die DDR-Katholiken nach der Wende. In Deutschland Archiv, 23, 1594-1603.
Richter, M. (1991). Die Ost-CDU 1948-1952. Zwischen Widerstand und Gleichschaltung. Düsseldorf.
Roth, D. (1991). Die Volkskammerwahl in der DDR am 18. März 1990. Rationales Wählerverhalten beim ersten demokratischen Urnengang. In U. Liebert & W. Merkel

(Hrsg.), Die Politik zur deutschen Einheit. Probleme - Strategien - Kontroversen (S. 115-138). Opladen.

Schäuble, W. (1991). Der Vertrag. Wie ich über die deutsche Einheit verhandelte, hrsg. v. D. Koch & K. Wirtgen. Stuttgart.

Schmid, J. (1991). Die Vereinigung der CDU. In F. Löbler, J. Schmid & H. Tiemann (Hrsg.), Wiedervereinigung als Organisationsproblem: Gesamtdeutsche Zusammenschlüsse von Parteien und Verbänden (S. 48-59). Bochum.

Schmidt, P. (1990). Über die Mühsal der Selbstfindung - Anmerkungen zur politischen Kultur der DDR. In Die Transformation der DDR, Deutsche Studien 109, XXVIII, 58-66.

Schmidt, P. (1990). Bemerkungen zur Situation der DDR-Parteien im Umbruch. In Projektgruppe Parteienforschung am Institut für Politikwissenschaft, Humboldt-Universität Berlin (Hrsg.), Parteien der DDR im Umbruch (S. 64-70). Berlin.

Schmidt, P. (1990). Erster Parteitag der CDU Deutschlands in Hamburg. In Deutschland Archiv, 23, 1662-1664.

Schmidt, U. (1991). Die Parteienlandschaft in Deutschland nach der Vereinigung. In Gegenwartskunde, 40, 515-544.

Schroeder, W. (1992). Motor und Bremse der deutschen Einheit. Der Dresdener Parteitag der CDU. In Neue Gesellschaft/Frankfurter Hefte, 39, 2, 110-114.

Schubert, C. (1991). Chronologie einer Wende. In Christliche Demokraten in der Herbstrevolution, Eichholz Brief 1991, 2, 46-50.

Suckut, S. (1990). Vom Blocksystem zur Konkurrenz. Zum Wandel der ehemaligen Blockparteien in der DDR seit dem Herbst 1989. In Die DDR auf dem Weg zur deutschen Einheit. Probleme, Perspektiven, offene Fragen (S. 128-138). Köln.

Teltschik, H. (1991). 329 Tage. Innenansichten der Einigung. Berlin.

Veen, H.-J. (1992). Abschluß, Neubeginn und Übergang - Die erste gesamtdeutsche Wahl und die Veränderungen der Wähler- und Parteistrukturen in Deutschland. In E. Hübner & H. Oberreuter (Hrsg.), Parteien in Deutschland zwischen Kontinuität und Wandel (S. 125-168). München.

Wagner, H. (1991). Zwanzig gegen SED-Willkür in Dresden. In Christliche Demokraten in der Herbstrevolution, Eichholz Brief 1991, 2, 90-94.

Weilemann, P. R. u.a. (1990). Parteien im Aufbruch. Nichtkommunistische Parteien und politische Vereinigungen in der DDR. Deutschland-Report 8, hrsg. i.A. der Konrad-Adenauer-Stiftung. Melle.

Wiesendahl, E. (1992). Volksparteien im Abstieg. Nachruf auf eine zwiespältige Erfolgsgeschichte. In Aus Politik und Zeitgeschichte, B 34-35, 3-14.

Wirth, G. (1959). Zur Politik der Christlich Demokratischen Union 1945-1950. Burgscheidungen (Hefte aus Burgscheidungen, 24).

Wuttke, C. & Musiolek, B. (1991). Parteien und politische Bewegungen im letzten Jahr der DDR (Oktober 1989 bis April 1990). Berlin.

Anmerkungen

1 Das Politbarometer des ZDF sah die Union im Februar 1993 auf dem schlechtesten Stand seit Bestehen dieser Einrichtung.

2 Diese Konstellation blieb auch bei den folgenden Wahlen des Jahres 1990 im großen und ganzen erhalten. Zu den Wahlergebnissen der CDU bei der Kommunalwahl im Mai, den Landtagswahlen und der Bundestagswahl 1990 vgl. den Beitrag von Dieter Roth in diesem Band.

3 Wiesendahl (1992: 5) verfolgt im Unterschied zu den "Krisen"- bzw. den "Anpassungstheoretikern" einen organisationsstrukturellen Ansatz und erklärt die Krise der Volksparteien als Folge des von ihnen eingeschlagenen Modernisierungskurses, der nun als Bumerang-Effekt nachteilig auf sie zurückwirkt.

4 Dazu gehören vor allem die Professionalisierung als "Fraktionspartei", die Finanzierung der Parteiarbeit primär durch Spenden, eine Modernisierung der Personalaus-

wahlverfahren, eine bessere Darstellung in den Medien sowie zukunftsorientierte Programmaussagen.

5 Ob dies einen Modernisierungseffekt im deutschen Parteiensystem auslösen wird oder eher als Übergangsphase zu sehen ist, in der sich die bekannten Mechanismen erst einspielen, wird von Parteiensoziologen noch unterschiedlich beurteilt.- Zur sozialen Basis der CDU vgl. unten, Abschnitt 5.2 und 5.3.

6 Die Darstellung stützt sich neben der verwendeten Literatur auf Informationen aus Interviews, die die Autorin im Rahmen einer größeren Arbeit über das Zusammenwachsen von CDU-Ost und West 1991/92 durchgeführt hat.- Für diesen Aufsatz konnten die Akten der Ost-CDU noch nicht ausgewertet werden; sie waren nach ihrer Überführung ins Archiv für Christlich Demokratische Politik nicht zugänglich.

7 In der Bundesvorstandssitzung am 23.1.1990 hatte Kohl erklärt, es gebe Verhandlungen mit dem DA und dem Demokratischen Forum sowie mit der Ost-CDU; bis Mitte Februar solle eine Entscheidung fallen.

8 Rühe hatte sich entschieden gegen jegliche Kontakte mit der Ost-CDU auf Parteiebene ausgesprochen, weil sie Bündnispartner der SED gewesen sei (NZ v. 16.10.1989); er hielt sie für gänzlich "reformunwillig" (NZ v. 23.10.1989).

9 Noch am 12. März 1990 sagte Infratest der SPD eine klare Mehrheit von 44 Prozentpunkten voraus; die Ost-CDU lag bei nur 20 Prozentpunkten (Teltschik 1991: 173).

10 Aus 12 konservativ-christlichen Gruppen hervorgegangen, bezeichnete sich die DSU - übrigens bis heute - als die einzig unbelastete konservative Partei in der Ex-DDR.

11 Die Ost-CDU gliederte sich damals in 227 Kreisverbände, deren Geschäftsstellen auch als Anlaufstellen für DA und DSU im Wahlkampf fungierten. Die West-CDU unterstützte den Wahlkampf massiv mit ihrem know-how und technischen Apparat, insbesondere auch die politisch unerfahrenen und schlecht ausgerüsteten Neulinge im DA. Die Mandatsträger der Union wurden in die Pflicht genommen, sich aktiv im Wahlkampf zu engagieren.

12 Ein Teil der DBD-Basis in den landwirtschaftlichen Produktionsgenossenschaften und Agrarzentren war andererseits auch ein Wählerpotential für die Linksparteien.

13 In das Präsidium gewählt wurden: die Volkskammerpräsidentin Dr. Sabine Bergmann-Pohl, der Parlamentarische Staatssekretär beim Ministerpräsidenten der DDR, Dr. Günter Krause, und der erste Vorsitzende des CDU-Landesverbandes Sachsen, Klaus Reichenbach.

14 Gerald Götting, geb. 1923, trat 1946 der CDU und der FDJ bei; 1948 wurde er Mitglied des Hauptvorstandes. Er war von 1949 bis 1966 Generalsekretär, 1966 bis 2.11.1989 Vorsitzender der Ost-CDU, 1969-1976 Präsident der DDR-Volkskammer und seit 1960 stellv.Vorsitzender des Staatsrates der DDR. Am 9. Februar 1991 erfuhr er durch das Fernsehen von seinem Ausschluß aus der CDU. Im Juli 1991 wurde Götting wegen Veruntreuung von Parteigeldern zu einer Freiheitsstrafe von 18 Monaten auf Bewährung verurteilt. Die Ermittlungen gegen ihn wurden aufgrund von Hinweisen des CDU-Hauptvorstandes bzw. einer Anzeige des neugewählten Vorsitzenden nach seiner Amtsübernahme aufgenommen (FAZ v. 10.7.1991).

15 Als CDU-Fraktionsvorsitzender in der Volkskammer stellte Heyl Anfang November den Antrag auf Zulassung des "Neuen Forums", in dem bereits viele CDU-Mitglieder mitarbeiteten.

16 Wolf und Modrow wollten begrenzte strukturelle Veränderungen, aber nicht die deutsche Einheit. Krenz u.a. sollen nun versucht haben, sich in dem Kampf um die Macht in der DDR zu behaupten, indem sie den inneren Druck milderten - mit den bekannten, von ihnen nicht intendierten Folgen.

17 Im MfS habe man "sich einer gewissen Euphorie nicht enthalten" können, weil es gelungen sei, die Spitzen der DDR-CDU, der SDP und des DA mit Stasi-Mitarbeitern zu besetzen (FAZ v. 23.3.1991).

18 Lothar de Maizière, geb. 1940, seit 1987 stellv. Vorsitzender des Berliner Kollegiums der Rechtsanwälte und mit der "Vertretung christlicher Bürger vor Behörden und Gerichten" (z.B. Wehrdienstverweigerer) befaßt; seit 1987 Mitglied der Arbeitsgemeinschaft "Kirchenfragen" beim Hauptvorstand der CDU (NZ v. 11.10.1989, S.3).

19   Aus eben diesem Grund hatte Wolfgang Heyl, der in den vergangenen dreißig Jahren
     die Politik der DDR-CDU maßgeblich mitgetragen hatte, den Vorsitz nicht überneh-
     men wollen. Er war im Parteiapparat u.a. für die Verbindungen zum Ministerium für
     Staatssicherheit zuständig gewesen (FAZ v. 5.3.1991).
20   Des weiteren: Ulrich Fahl, Prof. Dr. Gerhard Fischer, Hermann Kalb, Dr. Harald
     Naumann und Dr. Werner Wünschmann; der Chefredakteur der Neuen Zeit, Dr.
     Eberle, trat aus gesundheitlichen Gründen zurück.
21   Weitere Posten: Minister für Bauwesen und Wohnungswirtschaft: Prof. Gerhard
     Baumgärtel; Minister für Post- und Fernmeldewesen: Dr. Klaus Wolf.
22   Abgedr. in: NZ v. 28.10.1989: Hier wurden Reformen und Erneuerung in Gesell-
     schaft und Partei gefordert, insbesondere: eine lebendige Demokratie, Rechtsstaat-
     lichkeit, realistische Medien; die Gleichberechtigung aller Bürger ungeachtet ihrer
     Weltanschauung, sozialen Herkunft und Parteizugehörigkeit; ein konstruktives Ver-
     hältnis zwischen Staat und Kirche; eine effektive Volkswirtschaft, die Einheit von
     Ökonomie und Ökologie; Eigenverantwortung und Eigeninitiative in Handwerk,
     Handel und Gewerbe; ein vorbildliches Gesundheitssystem und soziale Sicherheit für
     alle; ein christliche Auffassungen respektierendes Bildungswesen; geistige Freiheit
     und Offenheit in Kultur und Kunst sowie eine "neue Qualität innerparteilicher Demo-
     kratie".
23   Martin Kirchner, geb. 1949, Diplom-Jurist, CDU-Mitglied seit 1967, 1973-75 Mitar-
     beiter im Hauptvorstand der Ost-CDU, 1987-89 Juristischer Oberkirchenrat in Thü-
     ringen, Stellvertreter des Thüringischen Landesbischofs Leich in nichttheologischen
     Angelegenheiten, 1989 Mitunterzeichner des "Weimarer Briefs", 1990 Mitglied der
     Volkskammer. - Er schied 1991, als sich die Stasi-Vorwürfe verdichteten, aus der
     Politik aus.
24   Dr. Rudolf Krause, geb. 1939, gehört zu den Funktionären der "Alt-CDU", deren
     politische Karriere eigentlich erst in der de-Maizière-CDU begann. Seine Mit-
     gliedschaft im Zentralrat der FDJ (1967-76) gab er nicht an. De Maizière ernannte
     ihn im Juni 1990 zum Leipziger Regierungsbevollmächtigten; im September/Oktober
     1990 war er als Landesbevollmächtigter am Aufbau des Freistaats Sachsen beteiligt.
     Als sächsischer Innenminister verstand sich Krause als Garant einer weitgehenden
     Kontinuität bei der Polizei. Krause war nach Auskunft der Gauck-Behörde einer der
     21 MdL, die Informationen an die Stasi weitergegeben haben. Krause selbst gab sol-
     che Kontakte zu. Sein Amt verlor er nach den rechtsextremen Ausschreitungen in
     Hoyerswerda.
25   Programm der Christlich-Demokratischen Union Deutschlands. Freiheit, Frieden,
     Gerechtigkeit, Bewahrung der Schöpfung, Verantwortung, Berlin 1990.
26   De Maizière unterschied hier zwischen unbescholtener Basis und korrupter Führung:
     "Die CDU der DDR war gespalten. Sie war geteilt in eine korrupte SED-hörige Füh-
     rung und in eine an der Basis arbeitende, aber wenig wirksame Partei. Ich möchte
     dennoch daran erinnern, daß in dieser Zeit die Mitarbeit in der CDU immer unter der
     Gefahr stand, Repressionen, Verdächtigung oder Verfolgung ausgesetzt zu sein"
     (CDU Prot. 1990: 40).
27   In den wesentlichen Grundzügen wurde der "Weimarer Brief"von Dr. Gottfried
     Müller ausgearbeitet, der ihn mit Martin Kirchner diskutierte. Anfang September ka-
     men Martina Huhn und Christine Lieberknecht hinzu. Anläßlich der Synode in Ei-
     senach (15.-19. September 1989) wurde er in einer Teilöffentlichkeit verbreitet.
28   Ein erster Niederschlag war die "Görlitzer Erklärung", verabschiedet auf dem 4.
     Landesparteitag der sächsischen CDU am 26.10.1991 in Görlitz und mit weitreichen-
     der Ausstrahlung auf die Gesamtpartei.
29   Um zu verhindern, daß das Vermögen von DDR-Parteien auf die fusionierten ge-
     samtdeutschen Parteien übertragen würde, stand seit dem 1. Juni 1990 das Vermögen
     aller Parteien in der DDR unter treuhänderischer Verwaltung einer vom Ministerprä-
     sidenten der DDR eingesetzten unabhängigen Kommission zur Prüfung des Partei-
     vermögens. Auf Initiative der CDU hin wurde in den Einigungsvertrag eine Regelung
     über das Parteivermögen aufgenommen, derzufolge dieses Vermögen am Tag der
     deutschen Wiedervereinigung in die Verfügungsgewalt der Treuhandanstalt überging.

Gero Neugebauer

Die SDP/SPD in der DDR:
Zur Geschichte und Entwicklung einer unvollendeten Partei

1. Die Gründungsphase

Einer der Gründer der Sozialdemokratischen Partei in der DDR, Martin Gutzeit, bezeichnete die Entstehung der SDP als Resultat einer mehr als 15 Jahre währenden intellektuellen Auseinandersetzung mit der Ideologie und dem politischen System der früheren DDR[1]. Die Diskussionen über die Ideologie und die Politik der SED führten schließlich dazu, daß die späteren Gründer und deren Anhänger nicht mehr bereit waren, den Führungsanspruch der SED und ihre Anmaßung, allein im Besitz der Wahrheit zu sein, zu akzeptieren. Der Politisierungsprozeß der Diskutanten ließ sich an der Ausweitung des Themenkreises erkennen, der in den 80er Jahren auch verfassungsrechtliche und Bürgerrechtsfragen einbezog. Die Entscheidung jedoch, eine politische Partei zu gründen und selbst politisch zu handeln, fiel erst 1988.

Die Keimzellen der SDP liegen in den seit den frühen 80er Jahren innnerhalb der kirchlichen Arbeit organisierten Seminaren, Friedens- und Arbeitskreisen, in denen die Teilnehmer weltanschaulich und politisch relevante Fragen diskutierten und ihre Position definierten; ein Beispiel war der Arbeitskreis für "Philosophie und Theologie"[2], der in Berlin schon vor 1984 bestand. Der Versuch der DDR-Oppositionellen, sich schon in den 80er Jahren als politische Opposition zu formieren, scheiterte. Die Gründe dafür waren vielfältig und reichten von den Bestrebungen einzelner Personen, lediglich ihr Image zu pflegen, bis hin zu der Abneigung gegen Gruppenbildungen, weil hinter solchen Aktivitäten die Staatssicherheit befürchtet wurde. Es gab Gruppen, die glaubten, daß man mit bestimmten anderen Personen oder Gruppen nicht kooperieren könne, und daß eine größere Formation ohnehin vom MfS infiltriert sein, zumindest aber beobachtet werden würde. Damit scheiterten auch Bemühungen, ein gemeinsames politisches Programm der verschiedenen oppositionellen Kreise zu formulieren. Als nach den Ereignissen des November 1987 (Zionskirche Berlin, Umwelt-Bibliothek) und des Januar 1988 (Luxemburg-Liebknecht-Demonstration in Berlin und Ausweisungen) eine engere Zusammenarbeit nicht zustande kam, befürchtete z.B. Martin Gutzeit, daß eine organisierte Form von politischer Opposition in der DDR keine Zukunft haben würde.

Trotzdem wurden die Debatten um die eigene politische Organisation in einer künftigen Opposition fortgesetzt. Die Position, "aus der Verantwortlichkeit für eine gefährdete Welt, die zur Verantwortung führt, politische Macht zu übernehmen"[3], ging über das hinaus, was im allgemeinen von den Gruppen der sich langsam etablierenden neuen sozialen Bewegung in der DDR vertreten wurde. Die Gruppen, Initiativen oder Bewegungen wünschten zwar, politische Entscheidungen zu beeinflussen, wollten aber selbst keine institutionalisierte politische Verantwortung übernehmen. Insofern lag es in der Logik der von den späteren SDP-Gründern formulierten Position, eine politische Partei zu konstituieren, um dem an sich selbst gestellten Anspruch gerecht werden zu können. Es waren also keine politischen Aktionen, sondern intellektuelle Debatten, die den Beginn der Entwicklung markierten und die schließlich zur Gründung der Sozialdemokratie in der DDR führten.

Die SDP-Gründer diskutierten ab 1988 verstärkt die Vor- und Nachteile eines politischen Vereins oder einer Bürgerinitiative. Sie beschlossen, eine Vereinigung mit dem Namen "Verein zur Mitarbeit und zur Förderung des politischen Leben"[4] zu gründen. Es zeigte sich jedoch innerhalb dieser Diskussionen, daß lediglich politische, jedoch keine organisatorischen Probleme erörtert und daß auch kaum konkrete Aktionsziele angesprochen wurden. Daher kamen Ende 1988 Zweifel auf, ob es überhaupt zu einer Gruppenbildung bzw. Vereinsgründung kommen würde. Das Problem war vor allen Dingen deshalb brennender geworden, weil sich die Situation in der DDR verschärft hatte. Nach dem Verbot des deutschsprachigen sowjetischen Magazins "Sputnik" im November 1988, angesichts der zunehmenden Zahlen von Ausreisewilligen, des verschärften innenpolitischen Drucks und der zunehmenden Frustration über die politische Entwicklung, war es nicht mehr möglich, eine taktische Position zwischen Anpassung und politischem Widerstand zu suchen.

2. Eine Partei entsteht

Im Januar 1989 nahmen M. Gutzeit und M. Meckel Sondierungsgespräche zur Realisierung ihres Gründungsvorhabens auf. Da nicht nur über die unmittelbaren politischen Ziele, sondern auch über eine dazu passende Organisationsform intensiver nachzudenken war, wurde u.a. die Frage diskutiert, ob man sich aller Probleme im Lande annehmen solle oder nur auf bestimmte Kernfragen konzentrieren dürfe. Nicht zuletzt aus pragmatischen Gründen fiel dann die Entscheidung, eine Partei zu gründen, weil man davon ausging, daß nur eine politische Partei den Kampf gegen die die SED führen könne.

Programmatisch war vorgesehen, nur für gravierende aktuelle Probleme Lösungsvorschläge anzubieten und keinen Anspruch auf Allgemeinlösungen zu erheben. Der politische Charakter dieser Partei sollte durch die Grundwerte "Demokratie" und "soziale Gerechtigkeit" gekennzeichnet werden. Um dem Zustand der DDR-Gesellschaft Rechnung zu tragen, wurde die ideologische Basis der künftigen Partei erweitert. Die Annahme, daß die Mehrheit der DDR-Bevölkerung angepaßt und obrigkeitshörig sei (Gutzeit), führte zu der Erkenntnis, daß es nötig sein würde, einen demokratischen Rechtsstaat anzustreben, der den Bürgern nach der damit verknüpften Vorstellung die Möglichkeit gewähren würde, ihren politischen Willen zu artikulieren und durchzusetzen. Damit ging der Begriff "Rechtsstaatlichkeit" als einer der Basiswerte in die sozialdemokratische Programmatik ein.

Die Hinwendung zur Sozialdemokratie wurde auch deshalb als nützlich betrachtet, weil die zu gründende Partei ein Mitglied der "Sozialistischen Internationale" (SI) werden sollte; zumindest hoffte man, deren Schutz genießen zu können. Die Übernahme des Programms der westdeutschen Sozialdemokratie war ebensowenig geplant wie ein Selbstverständnis als deren Schwesterpartei. Trotzdem unternahmen die Gründer schon im Juni 1989 einen Versuch, Kontakt zur SPD im Westen aufzunehmen; Egon Bahr nannte seinerzeit die Gründungsabsicht "illegal"[5].

Die Diskussionen fanden in den Monaten Januar, Februar und April 1989 statt, im Juli 1989 wurde ein 2-tägiges Seminar organisiert, um sie abzuschließen. Martin Gutzeit, Markus Meckel, Arndt Noack, Ibrahim Böhme und Helmut Becker[6] unterzeichneten ein Papier mit dem Titel "Aufruf zur Bildung einer Initiativgruppe mit dem Ziel, eine sozialdemokratische Partei in der DDR ins Leben zu rufen" am 24. Juli 1989 in Niederndodeleben bei Magdeburg. Im August 1989 wurde in der Berliner Golgatha-Gemeinde ein Seminar mit dem Titel "Die Französische Revolution und die Menschenrechte" organisiert und die Gründung der Partei mit einer größeren Schar von Anhängern diskutiert. Auf dieser Veranstaltung wurde am 26. August der am 24. Juli formulierte Aufruf zum ersten Mal öffentlich vorgestellt. Das Datum des Seminars war nicht zufällig gewählt, es fiel mit dem 200. Jubiläumstag der Verkündung der Menschenrechte in der Französischen Revolution zusammen. Es wurde beschlossen, die Sozialdemokratische Partei in der DDR am 7. Oktober zu gründen und dafür ein Vorbereitungskomitee zu konstituieren. Bereits am 12. September entschieden die Komiteemitglieder jedoch, keine zentralisierte, sondern eine dezentrale Gründung einzuleiten, d.h. Sympathisanten sollten nach dem Motto: "Wer sich unseren Grundwerten anschließt, sollte sich organisieren" aufgefordert werden, entsprechende Vorbereitungen zu treffen. Allerdings war nicht beabsichtigt, vor dem 7. Oktober - dem Tag der 40. Wiederkehr der DDR-Gründung - irgendwo durch irgendwen die Parteigründung bereits vorwegnehmen zu lassen[7].

Diese Entwicklung war durch die Diskussion unter den Gründern und Sympathisanten beeinflußt worden, die sich mehrheitlich entschlossen hatten, die Parteistruktur eher basisdemokratisch als zentralistisch zu gestalten. Man stimmte zwar darin überein, daß der Kampf gegen die SED durch eine politische Partei geführt werden solle, weil diese gegenüber der Staatspartei eine günstigere Position hätte, aber es müsse nicht unbedingt und von vornherein eine zentralisierte Partei sein. Diese Position half jedoch nicht, die Anfang Oktober zwischen den "Sozialdemokraten" auf der einen Seite und dem "Neuen Forum" sowie dem "Demokratischen Aufbruch" auf der anderen Seite geführten Gespräche über eine möglicherweise gemeinsame Organisation oder eine Zusammenarbeit positiv zu beeinflussen. Neues Forum und Demokratischer Aufbruch wollten keine politische Partei sein, und es zeigte sich faktisch schon Anfang Oktober 1989, daß die spätere Zusammenarbeit der unterschiedlichen Gruppierungen aus der Bürgerbewegung mit der Sozialdemokratie auch durch diejenigen Programmpunkte in deren August-Papier belastet war, die auf die Bildung einer Partei abzielten. Daß im übrigen weitgehend Konsens bestand, bewies die Unterzeichnung einer gemeinsamen Erklärung vom 4. Oktober 1989 durch Vertreter der SDP und der anderen Gruppen (Mitter und Wolle 1990: 212f.; Tauber 1990) und die Fortsetzung der Gespräche in einem Koordinationsausschuß. So blieb die Initiativgruppe für die SDP-Gründung innerhalb der oppositionellen politischen Bewegung in der DDR allein, was sie allerdings nicht daran hinderte, die Erwartung zu formulieren, sowohl eine dezentral organisierte als auch eine breite Bevölkerungsschichten ansprechende Partei schaffen zu wollen. Eine Quotenregelung, gegen die auch Frauen in der Vorbereitungsphase argumentierten, kam nicht zustande.

Die Gründung der Sozialdemokratischen Partei in der DDR (SDP) fand am 7. Oktober 1989 in Schwante, Kreis Oranienburg (nördlich von Berlin) auf der Grundlage einer dort diskutierten und beschlossenen Geschäftsordnung statt. Die Versammlung wurde von der Staatssicherheit von innen (mindestens zwei der Beteiligten wurden später als Informelle Mitarbeiter der Stasi enttarnt) und außen observiert, blieb aber von ihr ungestört[8].

Der Gründerkreis umfaßte 43 Mitglieder, unter ihnen Pastoren, Diakoniemitarbeiter, Zahnärzte, Natur- und Technikwissenschaftler, Geisteswissenschaftler, Künstler, Studenten, Angestellte und Arbeiter mit einem anderen als ihrem erlernten Beruf. Die programmatische Rede hielt Markus Meckel. Verabschiedet bzw. unterzeichnet wurden ein Gründungsaufruf und ein Statut mit einem politischen Programm im Anhang und das Gründungsdokument der Sozialdemokratischen Partei in der DDR. Danach wurden 15 Vorstandsmitglieder gewählt und beschlossen, einen Antrag auf Aufnahme in die Sozialistische Internationale (SI) zu stellen. Man beschloß, dem Innenminister der DDR in einem Brief die Gründung mitzuteilen, aber keine offizielle Registrierung, wie es z. B. das Neue Forum getan hatte, zu beantragen[9].

3. Die SDP in der DDR - Soziale Bewegung oder politische Partei?

Die Entwicklung im Vorfeld der Parteigründung und das politische und soziale Umfeld, aus dem heraus diese geschah, gibt Anlaß zur Frage, ob die SDP von Anfang an eine politische Partei gewesen ist, oder ob sie nicht doch nur ein Zweig innerhalb der gesamten Bürgerbewegung war, d.h. eher unter den Begriff "Neue Soziale Bewegung" zu subsumieren ist, den Pappi in Anlehnung an Ottheim Rammstedt wie folgt definiert: Eine Gruppe von Leuten, " die nicht formal organisiert ist, aber zusammengehört, weil sie nämlich entweder einen Bezug zu

Zielen bzw. einer Ideologie hat, die Gemeinsamkeiten stiftet oder diese Gemeinsamkeit in kollektivem Handeln erlebt. Die gesellschaftliche Reform oder Teilreform als Ziel setzt das Erlebnis einer Krise voraus,die von der Bewegung ideologisch aufgearbeitet wird" (Pappi 1989: 18). Das Konzept der sozialen Bewegung hat nach seiner Auffassung drei Dimensionen bzw. Kriterien: eine kollektive Aktion, eine soziale Gruppe, eine Ideologie oder ein Programm. Diese abstrakte Kategorisierung erlaubt die Annahme, daß sie auch für jene Bewegungen gelten, die in den politisch weniger modernen Gesellschaften des europäischen Ostens, in denen keine demokratischen politischen Institutionen analog denen im Westen existierten, entstanden sind[10].

Legt man diese Elle an die SDP an, kommt man zu folgendem Resultat:

(1) Es hat keine politischen Aktionen gegeben, die ausschließlich von SDP-Gründungsmitgliedern getragen worden waren und die als Ausgangspunkt der Organisierung gelten könnten. Zwar hatten einige der SDP-Gründer bereits in anderen Zusammenhängen politisch gearbeitet, z.B. bei der Beobachtung der Kommunalwahlen im Mai 1989, oder sich an Aktionen der Gruppe Initiative Frieden und Menschenrechte beteiligt, aber für die meisten war das ein Moment der individuellen politischen Sozialisation und weniger eine Gruppenaktivität. Auch im Herbst 1989 zeigte es sich, daß zwischen den Forderungen und den Aktionen der Sozialdemokraten und denen der anderen Gruppen und Bewegungen keine wesentlichen Unterschiede bestanden.

(2) Die soziale Zusammensetzung der SDP-Gründungsversammlung war ähnlich der in anderen oppositionellen Aktionsgruppen und Komitees in der DDR. Es waren in der Mehrzahl Leute mit Hoch- und Fachschulbildung, d.h. Leute, die aufgrund ihrer Ausbildung und Tätigkeit in der Lage waren, sich - vor allem wenn sie in kirchlichen Einrichtungen arbeiteten - offiziellen Doktrinen und Bevormundungen entziehen zu können. Einige arbeiteten nicht in ihren erlernten Berufen, andere waren als Folge ihrer politischen Tätigkeit beruflich deklassiert worden.

(3) Das SDP-Programm war als Entwurf vor der Delegiertenkonferenz im Januar 1990 nur von einer kleinen Gruppe diskutiert, aber nicht abschließend fixiert worden; allerdings gab es eine Programmatik. Diese war u. a. in der Mekkelschen Grundsatzrede sowie in diversen Papieren zu finden. Ihr Inhalt war im wesentlichen durch idealistische Betroffenheit und nicht durch materielle Bedürfnisse bestimmt. Diese Betroffenheit hat Meckel als politisches Programm entsprechend formuliert: "Die Erfahrungen der politischen Kultur und des politischen Systems in der DDR haben zu den Zielen der Sozialdemokraten geführt: Eine gleiche und sozialgerechte Gemeinschaft, Gewaltlosigkeit, Rechtsstaatlichkeit, Gleichberechtigung der Frauen, Partizipation in Staat und Gesellschaft sowie anderes"[11].

Dieses SDP-Programm war von ähnlichen Erklärungen anderer Gruppierungen nicht weit entfernt und es läßt sich hieraus und aus anderen Dokumenten schließen, daß die Gruppen eigentlich alle gemeinsam die Überzeugung hatten, daß

eine andere Art von Sozialismus als der "realexistierende" durchaus eine Chance
hätte. Die Opposition wurde sehr viel stärker aus den Widersprüchen des existierenden politischen Systems mit seiner herrschenden Ideologie gespeist als aus einer fundamentalen Ablehnung des DDR-Systems, einschließlich seiner ökonomischen Basis. Allerdings existierten weltanschauliche Unterschiede zwischen den
Angehörigen der SDP-Gründungsversammlung, denn diese kamen aus unterschiedlichen politischen Zusammenhängen und Traditionen. Es gab dort "echte
Sozialdemokraten" nach westlichem Muster, Radikaldemokraten, Vertreter ba-
sisorientierter Auffassungen sowie Leute, die sich auf den "demokratischen Sozialismus" aus der Zeit des Prager Frühlings von 1968 beriefen. Andere
wünschten die Rekonstruktion des ursprünglichen sozialistischen Konzepts von
Marx und Engels und manche hielten es für besser, innerhalb der Friedensbewegung zu arbeiten. Etliche äußerten sich überhaupt nicht zum Programm bzw. verhielten sich in dieser Frage indifferent. Allen gemeinsam war die Absicht, den
politischen Kampf gegen die SED und ihren Führungsanspruch aufzunehmen[12].

Somit liegt die Interpretation nahe, daß von der Entstehung, der sozialen
Struktur und der Programmatik her die SDP zunächst ein Teil der politisch oppositionellen Bewegung gewesen ist, die sich später als Partei institutionalisiert hat.

Das Fehlen einer kollektiven Aktion bedeutet nach Meinung mancher Autoren,
daß der ostdeutschen Sozialdemokratie ein konstitutives Merkmal einer neuen sozialen Bewegung fehlt. Das ist auch das Resultat einer Bewertung der SDP nach
von J. Raschke (1991) entwickelten Kriterien. Sein Argument, daß soziale Bewegungen nicht die Änderung des gesamten Systems intendierten, heißt, bezogen
auf den politischen Zielkatalog der SDP, die trotz der vorhandenen Affinität zum
Begriff "Sozialismus" eine Veränderung des gesamten Systems als notwendig er-
achtete, daß sie ein Merkmal für eine politische Partei erfüllte. Die Schwierigkeit
der Differenzierung wird auch in den von R. Stöss formulierten Thesen zur Unterscheidung von sozialen Bewegungen und Parteien deutlich. Stöss untersucht
Gemeinsamkeiten und Differenzen von und zwischen politischen Parteien und sozialen Bewegungen. Da beide mit unterschiedlichen Mitteln und Vergesellschaftungsformen in den historisch-politischen Prozeß eingreifen, muß eine Unterscheidung getroffen werden; letztlich bedeuten die Unterschiede aber nach Stöss
keinen grundsätzlichen politischen Gegensatz (Stöss 1991).

Fazit: Einerseits ist es ganz offensichtlich, daß die SDP als Partei aus einer
von einer sozial relativ homogenen Struktur getragenen, politisch nicht sehr differenzierten Bewegung heraus gegründet wurde und daß sie bis Anfang 1990 spezifische Merkmale der Bürgerbewegung beibehielt. Andererseits bestimmte diese
"Herkunft" weniger den Charakter der Partei als es der Zweck der Parteigründung tat, nämlich als politische Partei politische Macht zu erringen: Man wollte
eine Parteiorganisation aufbauen, sich auf Wahlen vorbereiten und schließlich
verantwortliche politische Positionen einnehmen; damit war eindeutig eine Institutionalisierung verbunden. Für die weitere Entwicklung bedeutete das, daß während der Umbruchzeit im oppositionellen Lager der DDR zwei unterschiedliche

Organisationsformen nebeneinander existierten, nämlich einerseits eine politische Partei, die SDP, und andererseits Bürgerbewegungen (Neues Forum, Initiative Frieden und Menschenrechte, Demokratie Jetzt, Demokratischer Aufbruch, Grüne Liga u.a.), die in sich Diskussionen erlitten über die Frage ihrer Institutionalisierung und dann untereinander in einen politischen Wettbewerb eintraten.

4. Die SDP in der Aufbauphase

Nach der Gründung nahm die Mitgliedschaft der SDP zu und es bildeten sich Basisgruppen, Kreisverbände und im Januar 1990 der erste Landesverband[13], aber die Partei blieb dennoch klein, gemessen an der Zahl der Unterstützer oder Mitglieder der verschiedenen Gruppierungen aus der oppositionellen Bewegung. Das kann als Indiz dafür gewertet werden, daß diejenigen DDR-Bürger, die sich im oppositionellen politischen Spektrum betätigen wollten, andere Organisationsformen als die einer Partei bevorzugten[14]. Nicht zu übersehen war ferner, daß der Aufbau der Parteiorganisation sich schwierig gestaltete, unterstellt man, daß Parteiorganisation nicht nur den formalen Rahmen einer Struktur darstellt, sondern Rekrutierung, Motivierung und Mobilisierung von Mitgliedern einschließt, d. h. die für die Effektivität einer Organisation erforderlichen Voraussetzungen und Ressourcen über den apparativen und strukturellen Rahmen hinaus geschaffen werden. Die lokalen Parteigruppen hatten nur unter sehr erschwerten Bedingungen die Möglichkeit, zur Geschäftsführung oder gar zum Vorstand Verbindung aufzunehmen, aber ebenso ging es dem Vorstand bezüglich der Basis.

Der in Schwante gewählte Vorstand sah sich in den ersten Monaten folgendem Problem ausgesetzt: Die Entwicklung in der Partei, besonders an der Parteibasis, und die Politik des Vorstands waren gegenläufig. Die schlechte Kommunikation wie das starke Bedürfnis nach Dezentralisation verhinderten, daß die Positionen des Vorstands Allgemeingut in der Partei wurden; das galt für Fragen der Parteiarbeit, der Mitgliederwerbung, der Aufnahme ehemaliger SED-Angehöriger, aber auch bei programmatischen Punkten, z. B. bezüglich politischer und wirtschaftlicher Fragen (Mitarbeit an Runden Tischen, Bündnisprobleme, Vorstellungen zur künftigen Wirtschaftsordnung oder der deutschen Einheit[15] und des Verhältnisses "zum Westen"). Es gab kaum eine Rückkoppelung von der Basis zum Vorstand, während der Vorstand oft vergeblich darauf hoffte, daß seine politischen Initiativen in die Basis hineinwirken würden. Das war allerdings nicht nur ein Problem der formalen Organisation, sondern auch der stärker werdenden unterschiedlichen politischen Auffassungen innerhalb der Partei über die zukünftige Entwicklung der SDP und die von ihr zu verfolgende Politik. Es gab innerhalb der Partei auch die Meinung, daß der Grund für gegensätzliche Auffassungen darin gelegen hätte, daß die Mitglieder der Schwante-Gruppe in der Partei für sich einen privilegierten Status beanspruchen würden, was zu einer Art Entfremdung zwischen Mitgliederschaft und Führungsgruppe geführt hätte. Ein anderer

Grund sei gewesen, daß die Geschäftsführung ein größeres Interesse am Aufbau einer zentralisierten Parteiorganisation gehabt hätte, während das eigentliche politische Ziel, die SED zu bekämpfen, dahinter zurückgetreten wäre. Schließlich wurde auch darauf verwiesen, daß einzelne führende Personen unterschiedliche Absichten mit der Partei, d.h. hinsichtlich ihrer Karrieren oder ihrer politisch-programmatischen Festlegung verfolgt hätten[16], d.h. es gab, manchmal auch schon abseits der konkreten politischen Realität, den Aufbau der Partei erheblich beeinträchtigende Differenzen, die nach außen nur dann durchschienen, wenn auf Veranstaltungen der Demonstrationscharakter durch Diskussionen "beeinträchtigt" wurde.

Wie die meisten oppositionellen Gruppierungen waren auch die Sozialdemokraten vom schnellen Zusammenbruch des SED-Regimes und damit des gesamten politischen Systems in der DDR überrascht. Als im Oktober 1989 die großen Demonstrationen stattfanden und die SED zunehmend mit sich selbst beschäftigt und bereits unfähig zum Reagieren und zum Regieren war, glaubten die meisten in der Führungsgruppe der SDP noch, daß diese Ereignisse in einen Reformprozeß, nicht aber in eine totale politische Umwälzung einmünden würden.

Nach dem Fall der Mauer in der Nacht vom 9. zum 10. November 1989 war die SDP wie die gesamte Opposition in der DDR auf die schnellen Veränderungen, die nun eintraten, nicht vorbereitet. Sie wußte keine Antwort auf die nun auftauchende Frage, ob unter den neuen Bedingungen noch auf eine Fortexistenz der DDR gehofft werden konnte. Außerordentlich problematisch erscheint jedoch im Nachhinein, daß die gesamte Opposition zu diesem Zeitpunkt nicht realisierte, daß die Möglichkeit der Machtübernahme in der DDR buchstäblich auf der Straße lag bzw. daß sie nicht bereit war, diese zu übernehmen[17]. Es scheint, als ob die Opposition zu diesem Zeitpunkt der Auffassung war, daß man zwar andere Interessen als die SED hatte, aber auch ein gemeinsames Verständnis dafür, daß Reformen in der DDR nicht nach dem Modell der Bundesrepublik durchgeführt werden sollten.

Die politische Entwicklung zeigte, daß das Nebeneinander von Opposition und altem Blockparteiensystem fast schon die Voraussetzung für die Etablierung einer Doppelherrschaft bot, mit dem entscheidenden Manko allerdings, daß die Opposition weder über ein gemeinsames politisches Programm noch über einen administrativen Unterbau verfügte. In dieser Situation wurde die Idee des "Runden Tisches" aufgegriffen - Meckel und Gutzeit reklamieren sie für sich, andere für Ullmann aus der Bürgerbewegung "Demokratie Jetzt" - und mit einiger Verzögerung (7. Dezember 1989) umgesetzt. Der Runde Tisch sollte ein Gremium sein, in dem die politische Opposition und die alten, nun um eine neue Identität bemühten Parteien und Organisationen zusammenarbeiten wollten, um mit Vertretern der Regierung über bestimmte politische Maßnahmen und Absichten zu beraten, d.h. faktisch die Regierbarkeit der sich auflösenden DDR zu ermöglichen. Die Vertreter der SDP betrachteten die Einrichtung eines Runden Tisches nicht als einen Schritt in Richtung auf mehr Demokratie. In ihrem Selbstverständnis dominierte die Auffassung, in dieser Situation keine politische Macht übernehmen zu wollen, womit sie wesentliche Intentionen ihrer Parteigründung wieder in Frage stellten. Das änderte sich jedoch, als noch im Dezember 1989 über einen nun vorgezogenen Wahltermin im SDP-Präsidium beraten wurde.

Ursprünglich sollten neue Wahlen im Mai 1990 stattfinden und die Opposition bemühte sich um ein Wahlbündnis, das auch am 3. Januar 1990 zwischen der SDP und vier weiteren oppositionellen Gruppen (DJ, DA, NF, NFM) unterzeichnet wurde, aber in dieser Form keinen Bestand hatte. Gutzeit, der für die SDP die Verhandlungen geführt hatte, wollte nicht unterzeichnen. Böhme, der von der Partei dafür kein Mandat besaß, unterzeichnete dann doch, was ihm im Vorstand erheblichen Ärger einbrachte. Hierbei zeigte sich, daß die Mehrheit im SDP-Vorstand die Bedingungen festlegen wollte, unter denen die Sozialdemokraten den Wahlkampf - notfalls auch allein - führen würden. Es ist nicht auszuschließen, daß die nun zunehmende Unterstützung der West-SPD das Selbstverständnis einiger SDP-Mitglieder zu verändern begann, aber es ist auch ein Indiz für die latente Konfrontation zwischen der SDP auf der einen und dem Rest der oppositionellen Bewegung auf der anderen Seite, obwohl auch die Vereinigte Linke sich aus dem Wahlbündnis heraushalten wollte.

Die politische Entwicklung in der DDR zwang die SDP, sich nun deutlicher zu profilieren. Im Gefolge der Delegiertenkonferenz vom Januar 1990, auf der die Umbenennung der SDP in Sozialdemokratische Partei Deutschlands in der DDR (SPD) sowie, auf Vorschlag der West-SPD, die Zustimmung zur Vorverlegung des Wahltermins erfolgte, begann sich die Partei rascher zu entwickeln. Damit war eine schnelle Änderung der ursprünglichen SDP-Position dokumentiert und auch deutlich geworden, daß sich externe Einflüsse bemerkbar machten.

In einem von Martin Gutzeit unter dem Titel "Was machen wir?" verfaßten Papier wurde noch im November 1989 die Meinung vertreten, daß Wahlen in der DDR erst im Frühjahr 1991 durchgeführt werden sollten; eine Position, die von der West-SPD, zu der es schon Beziehungen vorläufiger Art gab, mit der Gegenfrage "Was soll das?" beantwortet wurde. Zu dieser Zeit waren die Beziehungen zwischen SDP und SPD noch sehr unterentwickelt und funktionierende Formen der Kooperation kaum vorhanden[18]. Das hatte verschiedene Ursachen, die sowohl von der Haltung der SPD bestimmt waren als auch durch Verhaltensweisen und Vorstellungen von SDP-Mitgliedern, die keineswegs alle "klassische Sozialdemokraten" waren. Noch Anfang November 1989 äußerte der Geschäftsführer der SDP, Ibrahim Böhme, daß er an einer Kooperation mit einer reformierten SED interessiert sei, weil keine Gruppe, auch die Opposition in der DDR insgesamt nicht, über ein Programm verfüge, das eine Orientierung für die Zukunft des Landes ermögliche; mit der West-SPD wolle er aber nicht viel zu tun haben. In dieser Hinsicht befand er sich - vielleicht ohne es zu wissen - durchaus in Übereinstimmung mit der West-SPD, die zu diesem Zeitpunkt auch noch nach Reformern innerhalb der SED Ausschau hielt oder aber intensive Gespräche vor allem mit dem "Neuen Forum" führte. Diese Haltung war ursprünglich von der Erwartung in die weitere Regierungsfähigkeit der SED und später dann von der Annahme bestimmt, daß, auf der Grundlage welcher Entwicklungsprogose auch immer, das Neue Forum bzw. die politische Opposition die Macht übernehmen würde. Das aber änderte sich mit dem Parteitag der SPD im Dezember 1989 in Berlin(West), auf dem ein Grußwort von Markus Meckel gesprochen wurde, der zu diesem Zeitpunkt weniger als andere in der Führungsspitze der SDP davon überzeugt schien, daß es auf längere Sicht eine DDR und damit auch eine autonome SDP in der DDR geben würde.

5. Die SDP/SPD auf dem Weg ins Parteiensystem

Zwischen Oktober 1989 und Januar 1990 war die SDP mindestens so stark mit sich selbst wie mit der rasanten politischen Entwicklung beschäftigt, was u.a. durch die entsprechenden Berichte auf der Delegiertenkonferenz im Januar 1990 in Berlin verdeutlicht wurde. Der Umwälzungsprozeß lief und die Entwicklung der Partei war ein Bestandteil dieser Veränderungen. Die Sozialdemokraten waren an den Vorgängen aktiv beteiligt, ohne allerdings die Richtung der Entwicklung wesentlich mitbestimmen zu können. Die bis Mitte November 1989 noch vorherrschende Idee vom autonomen Weg wurde nach der Öffnung der Mauer ohnehin immer fragwürdiger, d.h. mit der wachsenden Idee von der schnelleren Herstellung der deutschen Einheit mußte die SDP die Vorstellung von einer selbständigen DDR fallen lassen, was sie aber, betrachtet man die Haltung der Führungsgremien, sehr zögerlich tat und wodurch sie sich zusätzliche Probleme hinsichtlich ihrer Haltung in dieser Frage einhandelte. Sie hatte - wie andere oppositionelle Gruppen und Parteien auch - nicht genügend Zeit, um politische Strategien zu diskutieren und ein Programm vollständig auszuarbeiten, oder wollte, bestärkt durch Erinnerungen an die Vergangenheit des DDR-Regimes, nicht bestimmte politische Kooperationen organisieren. So wurde der Aufbau unabhängiger Gewerkschaften von der SDP ziemlich distanziert betrachtet, wobei der Berliner Landesverband sich anders verhielt. Die Auflösungserscheinungen des FDGB wurden begrüßt, aber kein intensiver Kontakt zur Unabhängigen Gewerkschaftsbewegung oder später zu den "neuen" (Vor-DGB) Gewerkschaften gesucht. Der Grund für die Zurückhaltung lag darin, daß befürchtet wurde, durch die Kooperation mit den Gewerkschaften könnte ein zu enges Verhältnis zwischen SDP und Gewerkschaften in Form einer Anbindung der Gewerkschaften an eine Partei analog den früheren Zuständen entstehen[19].

Der Zeitpunkt der erneuten politischen Wende, d.h. Mitte Dezember 1989, war der Moment, an dem die Mehrheit der DDR-Bürger begann, den Weg heraus aus der "friedlichen Revolution" zu suchen. Es wurde zunehmend klarer, daß in der Bevölkerung keine Bereitschaft für erneute politische Experimente vorhanden war, was bedeutete, daß die Konzeption einer "neuen Gesellschaftsordnung", die zwischen "Arbeiter-und-Bauern-Macht" und westlichem System angesiedelt sein könnte, zunehmend obsolet wurde. Das bedeutete auch, daß die Partei nun gezwungen war, in einem traditionellen Sinne politisch zu handeln und die Idee einer unabhängigen DDR (zwischen Staatssozialismus und Spätkapitalismus) beerdigen konnte.

Das geeignete Forum, um den derart gestalteten Charakter der SDP in der DDR nun öffentlichkeitswirksam vorführen zu können, war die erste Delegiertenkonferenz im Januar 1990 in der Ostberliner Kongreßhalle. Die Zusammenkunft von Sozialdemokraten aus der gesamten DDR, die Anwesenheit der westlichen SPD-Prominenz, die Diskussionen um organisatorische und programmatische Fragen (die Programmdiskussion sollte allerdings dem ersten ordentlichen Parteitag, der als nächster folgen sollte, vorbehalten bleiben) und der gegen den partiellen Widerstand von I. Böhme vorgenommene Titelwechsel von SDP in der DDR zu SPD (ohne DDR) demonstrierten den Delegierten und der Öffentlichkeit das neue Selbstgefühl und vermittelten die Gewißheit, daß die SPD in den anstehenden Wahlen stärkste Partei würde werden können, zumal auch durch eine deutschlandpolitische Erklärung der SPD der "Wille zur Einheit der deutschen Nation" bekräftigt wurde[20].

6. Die SPD im Wahlkampf

Böhme, der im November 1989 nicht nur gesagt hatte, daß er von der West-SPD kein Geld annehmen, sondern daß er auch von ihr unabhängig bleiben wollte, änderte seine Auffassung, als der Wahlkampf begann und die Ost-SPD auf die Hilfe der großen Bruderpartei angewiesen war.

Der Termin zu den Volkskammerwahlen war inzwischen von Mai 1990 auf den März 1990 vorgezogen worden, was zwar die Unterstützung der alten Blockparteien bzw. deren gewendeter Nachfolgeorganisationen fand, nicht aber die der neuen politischen Bewegungen, die glaubten, daß vor allem die SPD einen Vorteil aus dem Zusammenbruch des politischen Systems und aus der schlechten organisatorischen Situation der anderen Gruppen ziehen würde[21]. Die SPD dagegen erklärte stets, daß der politische Zustand in der DDR für diese Entscheidung maßgeblich gewesen wäre und daß sie selbstverständlich auf ihren Kandidatenlisten Mitgliedern des "Neuen Forums", der "Initiative für Frieden und Menschenrechte" und von "Demokratie Jetzt" Plätze anbieten würde[22]. Das zeigte u.a., daß die SPD bei den Wahlen nur politische Parteien und nicht die sogenannten politischen Gemeinschaften (wie die meisten oppositionellen Gruppierungen es waren) akzeptieren wollte. Seitens der SPD wurde allerdings abgestritten, daß man im Hinblick auf die guten Umfrageergebnisse, deren methodische Schwächen und fragwürdigen Resultate sich bald erweisen sollten, den Wahltermin vorgezogen habe.

Die Vorbereitung auf die Wahlen war für die organisatorische und politische Profilierung der SPD in einem System konkurrierender Parteien ein wichtiger

Schritt, worin die veränderte Strategie der Partei erkennbar wurde; ein weiterer Schritt war die Entsendung eines Ministers in das Übergangskabinett Modrow. Modrow, der erhebliche Schwierigkeiten hatte, ein Regierungsprogramm durchzusetzen bzw. überhaupt zu regieren, bemühte sich auf Vorschlag der alten Blockparteien, die politische Basis des Ministerrats zu erweitern. Deshalb wurde den am Runden Tisch versammelten oppositionellen Gruppierungen und Parteien der Vorschlag gemacht, in eine "Regierung der Nationalen Verantwortung" Minister zu entsenden[23]. Die Sozialdemokraten hatten das Projekt mit Mißtrauen betrachtet, nicht zuletzt deshalb, weil sie glaubten, es könne daraus der Verdacht einer Koalition zwischen SED/PDS und SPD abgeleitet werden, an der Modrow allerdings - im Gegensatz zum stellvertretenden PDS-Vorsitzenden, dem Dresdener Oberbürgermeister Berghofer - kein Interesse hatte. Schließlich stimmte die SPD zu, weil sie ihrer erklärten Bereitschaft zur Übernahme von politischer Verantwortung gerecht werden wollte.

Im Februar 1990, nachdem Modrow in Moskau und Bonn gewesen war und es immer klarer wurde, daß die deutsche Einigung nicht aufzuhalten sein würde, führte die SPD ihren Parteitag in Leipzig durch, um die Programmdiskussion abzuschließen und die neuen Führungsgremien zu wählen sowie die heiße Phase des Wahlkampfs einzuleiten (Leonhard 1990). In den bis dahin durchgeführten bzw. veranlaßten Wahlprognosen waren die Sozialdemokraten als die künftigen Sieger benannt worden und die SPD hatte auch - und das bis eine Woche vor der Wahl - ihre Absicht bekundet, die Regierungsverantwortung zu übernehmen und eine Koalition zu bilden. Die Hoffnungen waren zudem von der Auffassung getragen, daß die SPD als einzige größere neue Partei aus der DDR einen gewissen Heimvorteil hätte; die West-SPD versprach sich eine Rückgewinnung der früheren sozialdemokratischen Wählerhochburgen in Sachsen und Thüringen. Die Partei - so wurde schon seit Mitte Januar kolportiert - hätte mindestens 30.000 Mitglieder; da zu diesem Zeitpunkt keine zentrale Mitgliederkartei existierte, waren diese Angaben wenig verläßlich[24]. Die Siegeserwartung veranlaßte die meisten Parteitagsdelegierten, sich weniger in den politischen Debatten zu engagieren, als bereits an den Tag nach der Wahl zu denken, ohne zu bemerken, wie prekär die Situation für die Partei tatsächlich war. Organisatorisch war die Partei trotz der massiven Hilfe aus Bonn nur bedingt fähig, den Wahlkampf zu leisten, von politischen Schwächen wie beispielsweise der Vermittlung der sozialdemokratischen Position in der Frage der Einheit, der Haltung zur Aufnahme von früheren SED-Mitgliedern oder in der Auseinandersetzung um die Abgrenzung des demokratischen Sozialismus vom "Realsozialismus" ganz abgesehen.

Die SPD mußte lernen, sich an einem Wettbewerb zwischen den Parteien zu beteiligen, ein überzeugendes politisches Programm anzubieten und um Unterstützung bei den Wählern zu werben. Das war schwerer geworden, da die West-CDU, aber auch die CSU und die FDP, damit begonnen hatten, entweder durch die Übernahme der alten Blockparteien oder mit Hilfe der Gründung neuer Parteien sich ihr Terrain auf dem Gebiet der DDR zu sichern und dabei von den Organisationsstrukturen, Immobilien und zeitweilig auch Geldmitteln des alten Systems zu profitieren. Noch im Wahlkampf schien es, als ob einige Mitglieder und Funktionäre der SPD immer noch nicht begriffen hätten, was es bedeutete, in einem auf Wettbewerb orientierten Parteiensystem agieren zu müssen. Die spätere stellvertretende Parteivorsitzende Angelika Barbe argumentierte auf dem Parteitag beispielsweise sehr viel mehr entlang dem Selbstverständnis der SPD als einer Partei innerhalb der oppositionellen Bewegung, als daß sie zu verdeutlichen versuchte, welche Schritte die SPD nach den Wahlen unternehmen würde. Ibrahim Böhme, der auf dem Parteitag in Leipzig im Februar 1990 zum Parteivorsitzenden gewählt wurde, nachdem Markus Meckel seine Kandidatur zurückgezogen hatte, präsentierte den Delegierten die Grundzüge einer künftigen sozialdemokratischen Politik mit den Schlagworten "demokratisch", "ökologisch" und "sozial", natürlich noch DDR-spezifisch. Obwohl auch er aufgrund eigener täglicher Erfahrungen nicht übersehen konnte, in welchem Ausmaß sich bereits die westdeutsche Parteienkultur in der DDR ausbreitete, argumentierte er immer noch mit der Hoffnung, daß die SPD in der DDR eine neue politische Kultur schaffen könne. Lediglich der Geschäftsführer Hilsberg versuchte, die SPD auf die Realität hin zu orientieren. Oskar Lafontaine, der als Gastredner der West-SPD in Leipzig klar machte, daß die SPD in der DDR nun auf dem Weg über die Anerkennung des Programms "Fortschritt 90" ideologisch ein Bestandteil der deutschen Sozialdemokratie geworden sei, stieß damit nicht auf Widerspruch, obwohl vielen klar war, daß dieses Programm überhaupt nicht auf die industriellen Strukturen und die ökologischen und sozialen Probleme der DDR zutraf. Widerspruch erntete er vielmehr mit seiner Bemerkung, daß man nicht über die deutsche Einheit nachdenken solle, sondern vielmehr darüber, wie sie zu organisieren sei. Tatsächlich waren die verbalen Unterschiede zwischen der SPD-Programmatik im Westen und dem Programm in der DDR gering. Die SPD in der DDR proklamierte eine ökologisch orientierte soziale Demokratie, Mitbestimmung in allen öffentlichen Bereichen, die Entwicklung der parlamentarischen Demokratie als Grundlage für Freiheit, Gleichheit und politischen Pluralismus, kommunale Selbstverwaltung und soziale Marktwirtschaft. Das geschah in dem Bewußtsein, daß die deutsche Einheit kommen würde, obwohl noch mit dem Zeitraum 1991 gerechnet wurde. Es schien auch, als ob die unterschiedlichen Entwicklungsstufen in Ost- und Westdeutschland vergessen worden wären, d.h. eine kritische Prüfung, ob das Programm "Fortschritt 90" in der DDR überhaupt greifen könnte, unterblieb weitgehend.

Die Wahlkämpfe und die sie begleitenden bzw. von ihr initiierten Konstituierungsprozesse von Parteien und Bewegungen bewirkten, daß die SPD, wie auch die anderen Parteien und politischen Gruppierungen, zum integralen Bestandteil eines neuen Parteiensystems auf dem Territorium der ehemaligen DDR wurde. Dieses Parteiensystem bestand im wesentlichen aus drei Typen: erstens den alten, inzwischen mit einer "neuen Identität" versehenen Parteien wie PDS, CDU, DBD, LDPD und NDPD; zweitens den Parteien, die aus der oppositionellen Bewegung bzw. den Protestdemonstrationen entstanden waren: SDP/SPD, DSU, DA, DFP (Deutsche Forumspartei, sächsische Abspaltung des NF), F.D.P. der DDR sowie einigen kleineren linken und zwei grünen Parteien; drittens den politischen Vereinigungen, die aus der Bürgerbewegung hervorgegangen waren und die teilweise zusammen mit Parteien agierten, sich aber andererseits auch, wie im Fall "Bündnis 90" (bestehend aus NF, Demokratie Jetzt, IFM), zu Wahlbündnissen bei organisatorischer Selbständigkeit zusammenschlossen.

Die runderneuerten Altparteien (mit Ausnahme der PDS) wurden bald entweder - wie im Fall der CDU - von der westdeutschen Partei oder - wie im Fall der Liberalen - von einer in der DDR gegründeten FDP faktisch politisch-ideologisch ausgerichtet und organisatorisch zu Wahlbündnissen veranlaßt, die die späteren Vereinigungen vorwegnahmen. Diese Bündnisse sowie die SPD erhielten massive Unterstützung aus dem Westen: Geld, Autos, Personalcomputer, mobile Telefonanlagen, Kopierer und Drucker, Wahlkampfmanager, Gastredner und manches mehr. Der anfängliche organisatorische wie programmatische Vorsprung der SPD schmolz bald dahin. Die Wahlkampagne zeigte, daß sich die SPD in der DDR teilweise gleich, teilweise aber auch anders verhielt, als die bundesdeutsche SPD. Die Meinungsumfragen (einschließlich der von westdeutschen Institutionen) ließen die SPD bis zum Schluß glauben, daß sie bei der Volkskammerwahl siegen würde. Die SPD erklärte, daß sie in jedem Fall versuchen würde, eine breite Koalition zu formieren, allerdings unter Ausschluß der SED-Nachfolgerin PDS und der DSU; letztere hatte inzwischen in dem Wahlbündnis "Allianz für Deutschland" den rechten Flügel besetzt.

Das Ergebnis der Volkskammerwahl brachte für die SPD eine kaum erwartete Niederlage; sie erhielt nur 21,88 Prozent der Stimmen bzw. 88 von 400 Sitzen. Die "Allianz" hingegen gewann mehr als 48 Prozent und damit 192 Sitze. Die Analysen des Ergebnisses bzw. des Wählerverhaltens zeigten bald, daß eine entscheidende Schwäche der SPD ihre Haltung zur Frage der deutschen Einheit gewesen war. Eine starke Minderheit in der Partei hatte die Position vertreten, daß die deutsche Frage weniger wichtig sei, was in der Vorstellung gipfelte, daß die Einheit Deutschlands erst in einem vereinten Europa nach einer Periode der "Koexistenz" zwischen den beiden deutschen Staaten vollendet werden sollte. Die SPD hatte dabei versagt, den Wählern ihre spezifische Position in der nationalen Frage klar zu machen, nämlich die deutsche Einheit in einer sozial und politisch (auch für die Nachbarstaaten) verträglichen Weise zu erreichen (Feist 1990). Ein anderer gravierender Nachteil erwuchs der SPD aus dem Politikverständnis vieler DDR-Wähler. Diese glaubten häufig, daß sich ein Wähler zwischen zwei verschiedenen politischen Ordnungen entscheiden müßte, wobei die eine - wirtschaftlich erfolgreiche - durch die CDU als Partei der kapitalistischen Ordnung repräsentiert werden würde, während die andere - von der SPD repräsentierte - ihnen nicht ganz klar wurde. Sie war weder Sozialismus noch Kapitalismus. Im Zweifelsfall wollten sie auf keinen Fall für den Sozialismus votieren. Sie glaubten nicht, daß auch die SPD eine Partei der kapitalistischen Ordnung wäre, weil sie annahmen, jede Gesellschaft habe nur eine, diese Ordnung tragende und re-präsentierende Partei (Forschungsgruppe Wahlen 1990). Die Haltung der Wähler in der DDR wurde auch durch einen vor allem von der DSU, aber auch der CDU, mit der Parole der politischen Identität von SED/PDS und SPD geführten Wahlkampf bestimmt, bei dem die SPD in die Nähe des gescheiterten "realen Sozialismus" gerückt wurde. Daneben spielten Mängel in der Wahlkampforganisation eine, wahrscheinlich aber nicht entscheidende, Rolle.

Der erste Schock der Wahlniederlage veranlaßte die SPD-Führung zu der Erklärung, keiner Koalition beitreten zu wollen. Um aber mißliebige Attacken der Allianzparteien im Parlament und in der Öffentlichkeit den Eindruck zu verhindern, daß die Partei im Parlament Oppositionspartner der PDS sei, erklärte der Vorstand seine Bereitschaft, an notwendigen Veränderungen der Verfassung mitarbeiten zu wollen. Diese Position konnte aber nicht lange gehalten werden, weil sich u.a. die innerparteilichen Entscheidungsstrukturen der SPD nach den Wahlen veränderten und die innerparteilichen Zwistigkeiten zunahmen.

7. Die SPD in der großen Koalition

Bis zum Zeitpunkt der Volkskammerwahl hatte die Entscheidungsstruktur in der SPD zwei instituionelle Akteure gekannt: die Parteiführung mit dem Vorsitzenden Ibrahim Böhme - in Leipzig waren außerdem zwei Stellvertreter, A. Kamilli und G. Thimm, gewählt worden - und den Vorstand; eine nicht unwesentliche Rolle spielte auch die Geschäftsführung. Das Verhältnis zwischen Vorstand und Parteiführung, d.h. vor allem dem Vorsitzenden, war nicht immer das Beste und aus vielerlei Gründen hatte der Vorstand weiterhin Probleme, seine Beziehungen zur Basis zu pflegen. Nach der Bildung der Volkskammerfraktion übernahm Böhme auch den Fraktionsvorsitz, doch nach seinem durch die aufgedeckte Stasi-Mitarbeit veranlaßten Rücktritt im März 1990 erklärte die neue Fraktionsführung[25], nun eine wichtige Rolle in der Entscheidungsfindung spielen zu wollen, was zu "Kompetenzproblemen" zwischen Fraktion bzw. Fraktionsvorstand und Parteivorstand führte. Markus Meckel, von April bis August 1990 Außenminister, wurde amtierender Parteivorsitzender und blieb es auch bis zum Juni 1990.

Mit dem vorläufigen Rücktritt von Böhme war jemand aus der Parteiführung ausgeschieden, der vor allen Dingen gegen eine Koalition mit der DSU, prinzipiell aber auch gegen eine große Koalition agiert hatte. Während die Mehrheit in der Parlamentsfraktion der Auffassung war, daß Koalitionsverhandlungen aufgenommen werden sollten, war die Mehrheit des Vorstands und der Parteispitze immer noch unentschlossen, bis schließlich zwei Tage vor der konstituierenden Sitzung des neuen Parlaments Meckel und R. Schröder die Bereitschaft der SPD für Verhandlungen signalisierten. Damit wurde die vor der Wahl abgegebene Erklärung, eine Koalition bilden zu wollen, nun unter anderen Bedingungen wieder aufgegriffen; u.a. mußte nun über das Verhältnis zur DSU neu nachgedacht wer-den[26]. Die internen SPD-Diskussionen waren zwiespältig: Auf der einen Seite wurde einzelnen Abgeordneten vorgeworfen, aus persönlichen Karrieregründen die Koalition zu wollen, auf der anderen Seite war es aber in der SPD klar, daß sie überhaupt keine Möglichkeiten hätte, einige Aspekte sozialdemokratischer Politik zu realisieren, wenn sie nicht - unbeschadet der Tatsache, daß sie nur der Juniorpartner sein könnte - die Koalition mitbilden würde. Diese Haltung stieß auf den Widerstand einer weiteren Gruppe, die erklärte, daß es in einer CDU-ge-führten Regierung keine Chance für die Durchsetzung sozialdemokratischer Posi-tionen geben würde, weil die Koalitionsdisziplin jeden Versuch einer eigenstän-digen Politik verhindern und die Regierung ohnehin aus dem Adenauer-Haus und dem Bonner Bundeskanzleramt dirigiert werden würde.

Anfang April entschied schließlich eine Mehrheit aus Parteiführung und Frak-tion, die Koalitionsverhandlungen aufzunehmen. Dabei war es für die SPD wich-tig zu erfahren, welches Gewicht die DSU im Kabinett haben würde und wie so-zialdemokratische Politik bzw. Positionen realisiert werden könnten. Solche Po-sitionen waren beispielsweise die Forderung nach einem Geldumtausch im Ver-hältnis 1:1 sowie die soziale Absicherung der Währungs- und Wirtschaftseinheit, die Einführung eines Mitbestimmungsgesetzes und selbstverständlich auch, wel-che Ressorts die SPD erhalten würde. Nicht der Vorstand oder die Parteispitze, sondern die Volkskammerfraktion sollte schließlich über die Ergebnisse der Ver-handlungen entscheiden, woraus die starke Position der Fraktion als politisches Entscheidungsgremium deutlich wurde. Meckel erklärte, daß alles von der Frage abhängig sei, ob die SPD ihre Grundforderungen durchsetzen könne. Wenn das nicht der Fall sei, würde sie die Koalition wieder verlassen müssen, aber das sei nun mal das Dilemma, in dem man stecke[27].

Am 9. April waren die Verhandlungen abgeschlossen, am 11. April 1990 stimmte die Parlamentsfraktion dem Koalitionsabkommen zu. Der frühere Partei-vorsitzende Böhme erklärte, daß dies mehr sei, als er aushalten könne. Allerdings war bekannt, daß er diese Koalition nie favorisiert hatte, sondern lieber ein Bündnis mit der Linken eingegangen wäre. Auch die "Jungen Sozialdemokraten" kritisierten das Verhandlungsergebnis und blieben auch dabei, als der Fraktions-vorsitzende argumentierte, daß die Verhandlungen erfolgreich gewesen wären: Die Währungsumstellung würde zum Kurs 1:1 erfolgen und das Saar-Modell, d.h. die Modalitäten des Übertritts des Saargebiets zur Bundesrepublik in den 50er Jahren, würde als Vorbild für die Wirtschafts- und Sozialeinheit zwischen der DDR und der Bundesrepublik dienen; alles hielt der späteren Entwicklung nicht stand.

Die Bonner Sozialdemokratie hatte die internen Debatten über die Koalitions-bildung in der DDR aufmerksam beobachtet und es gab einige (W. Roth, I. Matthäus-Meier, H. Däubler-Gmelin), die die Koalitionsbildung unterstützten, während andere - wie Lafontaine - nicht so sehr daran interessiert waren; 48 SPD-MB schrieben nach Ostberlin und warnten die SPD in der DDR vor einer

Koalition. Diese saß in der Koalition in einer Art Zwickmühle, da sie auf der einen Seite soviel wie möglich in die Verhandlungen über die Währungs- und Wirtschaftsunion sowie zum nachfolgenden Staatsvertrag einzubringen versuchen mußte, auf der anderen Seite aber schlecht Positionen unterstützen konnte, die von der SPD der Bundesrepublik im Hinblick auf den künftigen gesamtdeutschen Wahlkampf bekämpft wurden.

Die normale organisatorische Zusammenarbeit beider sozialdemokratischer Parteien, die nach der Delegiertenkonferenz im Januar 1990 begonnen hatte, wurde in der ersten Jahreshälfte 1990 noch intensiviert. Fast die gesamte westdeutsche Führungsmannschaft war auf dem Leipziger Parteitag Ende Februar 1990 anwesend gewesen und nach dem Parteitag waren zwei gemeinsame Komitees, "Weg zur deutschen Einheit" und "Arbeit und Umwelt", gegründet worden. Damit waren allerdings noch nicht alle Differenzen zwischen beiden Parteien beseitigt. Noch zum Zeitpunkt der Koalitionsverhandlungen wurde beispielsweise in der Ost-SPD ein Papier veröffentlicht, worin es hieß, daß die politischen Parteien des Westens nicht Parteien wären wie die in der DDR und daß man im Osten bestimmte besondere Gemeinsamkeiten hätte. Es verwundert auch kaum, daß es in Detailfragen zur deutschen Einheit mitunter mehr Gemeinsamkeiten zwischen der SPD und der CDU in der DDR als zwischen den beiden sozialdemokratischen Parteien gab. Faktisch aber intensivierte sich die von Teilen der Ost-SPD schon früh argwöhnisch beobachtete Zusammenarbeit zwischen den Parteien. Die sich im Sommer 1990 bereits abzeichnende "Übernahme" der SPD in der DDR durch die Bundespartei führte auch dazu, daß innerhalb der Geschäftsführung erhebliche Probleme auftraten und Streitigkeiten entstanden, da die "Abwicklung" der Parteiorganisation nach den Maßstäben des Schatzmeisters und der Geschäftsführung in Bonn und nicht nach den Wünschen der Berliner Rungestraße, dem Sitz des Landesvorstands der SPD in der DDR, erfolgte. In der Tat wurde nur ein Bruchteil der Mitarbeiter des Landesvorstands nach dem Wiedervereinigungsparteitag im September 1990 in den Bonner Bundesvorstand bzw. in den Berliner Landesvorstand übernommen[28].

Der Übergang der SPD in das neue gesamtdeutsche Parteiensystem wurde durch die weiteren Wahlen, die im Jahre 1990 in der DDR stattfanden, mitgeprägt. Im Mai fanden erneut Kommunalwahlen statt, bei denen die SPD ihre Position leicht verbessern konnte, obwohl sie eigentlich keinen intensiven zentralen Wahlkampf geführt hatte (Jung 1990). Diese Wahlen zeigten, daß die Grundstruktur des westdeutschen Systems durch die Mehrheit der Wähler im Osten Deutschlands akzeptiert worden war, zumindest was das Wahlverhalten anbetraf. Es wurde deutlich, daß sich der Beitritt der SPD zur großen Koalition kaum gelohnt hatte.

Die Arbeit in der Koalition litt unter verschiedenen Mängeln. Die CDU - in der deren Vorsitzender de Maiziére relativ isoliert blieb - war gewillt, die Verhandlungen über die Staatsverträge fast ausschließlich zwischen den jeweiligen CDU-dominierten Bürokratien in Ost-Berlin und Bonn zu führen und sie aus dem

Parlament und auch aus der Regierung weitgehend herauszuhalten. Die Streitigkeiten im Parlament vermittelten in der Öffentlichkeit den Eindruck, als ob die
SPD die Verhandlungen eher sabotieren als fördern würde. Die Auseinandersetzungen innnerhalb der Koalition wurden nicht nach außen getragen und das, was
als sozialdemokratische Positionen eingebracht werden sollte, blieb weitgehend
unrealisiert: Es gab weder einen allgemeinen Umtauschkurs 1:1 noch wurde das
Saar-Modell als Vorbild für die Integration der DDR in die Bundesrepublik gewählt. Andere Fragen, wie beispielsweise die einer neuen Verfassung oder der
Übergangsrolle der DDR innerhalb der EG und der Nato, wurden negiert bzw.
durch die außenpolitische Dominanz der Bundesrepublik beantwortet; das galt
insbesondere für die vom Außenminister Meckel getragenen Konzeptionen. Die
CDU tat alles, um das Ungeschick und die Farblosigkeit einiger SPD-Minister
wie Schnell (Post), Frau Reider (Handel und Tourismus) oder Therpe (Forschung
und Technologie), die nicht größer waren als bei manchen Kabinettsmitgliedern
der CDU (Wirtschaftsminister Pohl oder Kulturminister Schirmer), besonders zu
betonen und die Arbeit der SPD-Minister Romberg (Finanzen), Frau Hildebrandt
(Arbeit und Sozialpolitik) und Meckel (Auswärtige Angelegenheiten) mehr oder
weniger zu diffamieren. Die Diskussionen in der SPD-Fraktion, ob man in der
Koalition bleiben solle oder nicht, wurden regelmäßig mit der Auffassung beendet, daß es günstiger sei zu verbleiben; so könne man wenigstens einen Teil der
SPD-Ziele verwirklichen. Außerhalb der Fraktion kam aber die interne Diskus-
sion immer mehr zu dem Ergebnis, daß es für die Partei besser sein würde, die
Koalition zu verlassen. In dieser Diskussion war das Argument, daß es
notwendig sei, eine öffentliche Debatte über die Verhandlungen zwischen der
DDR und der Bundesrepublik zu entfachen, und zwar möglichst noch bevor die
SPD die Koalition verlassen würde, von einiger Bedeutung. Die Frage des
Übertritts nach Art. 26 oder nach Art. 146 GG spielte ebenfalls eine Rolle,
allerdings nicht für die Mehrheit.

Diese interne Diskussion war ein Indiz für den Kampf zweier Richtungen innerhalb der SPD. Die eine wurde repräsentiert durch die Vertreter der Auffassung, daß man aus der Koalition austreten und eine Opposition gegen die aktuelle
Politik entwickeln solle. Die Vertreter der anderen Richtung wollten zwar nicht
allem zustimmen, meinten aber, in der Regierung bleiben zu müssen, um wenigstens weiter politischen Einfluß ausüben zu können.

Diese Auseinandersetzungen wurden auf dem Parteitag in Halle im Juni 1990
weitergeführt. Dort gab es bittere Kritik vom "Linken Flügel", denn mit diesem
akzeptierte auch die Parteitagsmehrheit die Position von Richard Schröder nicht,
nach dessen Auffassung die SPD nicht das Innenministerium hätte übernehmen
können, weil es unmöglich gewesen wäre, bei möglichen sozialen Unruhen
(deren Ausbruch Schröder schon für den Herbst 1990 befürchtete) die Rolle eines
"Noske" spielen zu müssen[29]. Der Parteitag wählte unter drei Bewerbern den
nicht vom Vorstand nominierten Wolfang Thierse zum Vorsitzenden[30]. Die
Partei blieb weiter von Flügelkämpfen geprägt, wobei sich aber zeigte, daß es

keine eindeutige Schwergewichtsverlagerung nach "rechts" oder nach "links" gab.

Der Austritt aus der Koalition im August 1990 - ursprünglich von "links" angeregt - erfolgte schließlich aufgrund einer relativ breiten Mehrheit gegen den Widerstand des Fraktionsvorsitzenden Schröder, dem gelegentlich vorgeworfen wurde, eine bessere CDU-Politik als diese selbst zu vertreten; Schröder trat danach vom Fraktionsvorsitz zurück.

8. Die SPD auf dem Weg in die Parteieinheit

Zwischen den Volkskammerwahlen im März und den Wahlen zu den neuen Länderparlamenten im Oktober versuchte die SPD, ihre Parteiorganisation zu stabilisieren. Das gelang ihr aber nicht, weil das magere Wahlergebnis vom März 1990, das auch in den Kommunalwahlen im Mai 1990 nicht wesentlich verbessert werden konnte, und die sich beschleunigende Entwicklung hin auf die Vereinigung der beiden Parteien dazu führte, daß manche SPD-Funktionäre in der DDR für sich nun keine (berufliche) Perspektive in der Partei mehr sahen. Der schnelle Beitritt zur Bundes-SPD wurde auch unter politischen Gesichtspunkten keineswegs einhellig befürwortet. Die SPD zeigte immer noch zwei Gesichter: das Ursprüngliche, das gekennzeichnet war durch die kurze Geschichte der Partei als einem Teil der oppositionellen Bewegung und das andere, das gekennzeichnet war durch die Merkmale einer dem westlichen Muster angepaßten, auf Wettbewerb um Wählerstimmen orientierten Partei eines pluralistischen Systems. Dieser Aspekt hatte sich in der Zeit nach den Wahlen ohnehin stärker entwickelt und mehr und mehr den Charakter der Ost-SPD bestimmt. Nachdem die SPD der Großen Koalition beigetreten war, waren manche der ursprünglichen Arbeitsformen der Partei ausgestorben. Gemeindegruppenarbeit, Zusammenkünfte in Arbeitszirkeln, das Diskutieren von Plattformen oder die Durchführung von einzelnen Aktionen oder Kampagnen fanden faktisch nicht mehr statt. Viele Funktionäre machten die Erfahrung der Entfremdung von den Mitgliedern, die in den Basisgruppen (Ortsverein) arbeiteten. Die SPD in der DDR wurde so immer mehr zu einer "normalen Partei", verfügte aber immer noch über Elemente einer integrierten Bürgerbewegung. Insofern zeigte sie noch einige bemerkenswerte Unterschiede zu den etablierten westdeutschen Parteien des parlamentarischen Systems, auf das sich die SPD hinbewegte, und das Unbehagen bei vielen Mitgliedern und vor allem bei Funktionären resultierte aus der Tatsache, daß sie nicht wußten, was sie nach der Vereinigung erwarten würde.

Das Problem der differenzierten innerparteilichen politischen Kultur war ein Teil der Mitgift, den die SPD in der DDR in die Hochzeit mit der westdeutschen Sozialdemokratie im September 1990 einbrachte. Hinzu kamen andere: Die (Ost-) SPD hatte tatsächlich weniger als 30.000 Mitglieder (gegenüber ca. 900.000 in Westdeutschland) und eine Parteiorganisation, die den Anforderungen der künftigen Wahlkämpfe des Jahres 1990 (Landtags- und Bundestagswahlen) noch immer nicht gewachsen war. Sie verfügte zwar über Landesverbände, die eine wichtige Rolle in der internen Entscheidungsstruktur spielen, aber die waren relativ schwach und konnten keine politischen Erfolge, wie beispielsweise Länderregierungschefs oder Koalitionsbeteiligungen, vorweisen. Sie war weder in den Gewerkschaften noch in wichtigen sozialen Gruppen, wie beispielsweise den Angestellten und Arbeitern des öffentlichen Dienstes oder den Facharbeitern in der noch existierenden Industrie, verankert. Sie verfügte nur über wenige in der Gesamtpartei akzeptierte Funktionäre oder Mandatsträger. Ihre politischen Funktionäre hatten andere Lebensläufe als die vergleichbaren auf der Bonner Seite, unterschieden sich in sozialer Herkunft und manchmal auch im intellektuellen Habitus, besaßen keine oder nur geringe Erfahrungen in traditionellen politisch-parlamentarischen Arbeitsformen, hatten kaum Kenntnisse von den Instrumenten des politischen Prozesses in westlichen Demokratien und häufig hohe Erwartungen an den demokratischen innerparteilichen wie parlamentarischen Prozeß. Daß dieses "Anderssein" von Vorteil sein könnte, war in der Situation des Sommers 1990, als die Annäherung an das westliche Modell die Politik bestimmte, nicht denkbar.

Durch Beschlüsse der insgesamt vier Parteitage der (West-) und der (Ost-)SPD am 27. und 28. September 1990 (Vereinigungsparteitag) wurde die Integration der (Ost-)SPD in die Gesamtpartei beschleunigt. Parteivorstand und -präsidium wurden erweitert, der ehemalige Vorsitzende der (Ost-)SPD Wolfgang Thierse wurde stellvertretender Parteivorsitzender und man beschloß, daß bis 1993 die Mitglieder aus den neuen Bundesländern stärker auf dem Parteitag repräsentiert sein sollten, als es der tatsächlichen Mitgliederzahl ihrer Landesverbände entsprach. Durch die Einrichtung eines Büros des PV in Berlin sowie durch besondere Förderungsmaßnahmen hoffte man, den Aufbau der Landesverbände zu beschleunigen und zu stabilisieren. Das bedeutete in erster Linie, Geschäftsstellen einzurichten sowie die Mitgliederwerbung zu intensivieren (Wardin 1991).

In den Landtagswahlen, die kurz nach der Vereinigung Deutschlands (3. Oktober 1990) am 14. Oktober 1990 stattfanden, konnte die SPD ihre Position im etablierten Parteiensystem halten und im Land Brandenburg sogar eine Mehrheit gewinnen; dort wurde eine Koalition mit der FDP und dem Bündnis 90 gebildet. Dieses brandenburgische Ergebnis war vor allem auf die starke Rolle des dortigen Spitzenkandidaten Stolpe zurückzuführen, der damit auch eine wichtige Position in der Gesamtpartei erwarb.

Auch bei den ersten gesamtdeutschen Wahlen zum Bundestag konnte die SPD ihre Position kaum verbessern und die Erwartung der Mobilisierung eines sozialdemokratisch geprägten Wählerstamms nicht realisieren. Wie zuvor stimmten auch diesmal die Wähler mehrheitlich für CDU und FDP. Die Konzentration auf den ökonomischen Aspekt der Wahlentscheidung schränkte die Bedeutung der politischen Unterschiede und Alternativen, wie sie von den beiden Kanzlerkandidaten präsentiert wurden, ein. Oskar Lafontaine war potentiellen SPD-Wählern und vielen SPD-Mitgliedern in der ehemaligen DDR ein Ärgernis, weil diese glaubten, daß sich die Thematisierung der wirtschaftlichen und sozialen Kosten der deutschen Einheit im Wahlkampf nachteilig auf das Ergebnis für die SPD auswirken würde. Lafontaine bzw. die SPD wurden in der wahlpolitischen Auseinandersetzung auch als die Vertreter eines politischen Konzepts eingeschätzt, das noch immer von der Idee des Sozialismus beeinflußt war, was latentes Mißtrauen bei manchen Wählern hervorrief, die wirtschaftspolitisch nicht unbedingt zu den Anhängern der freien Marktwirtschaft zählten, aber dem Kanzlerkandidat der CDU den Vorzug vor dem der SPD gaben (Pappi 1991). Im übrigen sollte es sich erweisen, daß die Genauigkeit der Meinungsumfragen dazu beitrug, daß niemand einen Sieg der SPD oder ihre eventuelle Annäherung an den Bürgerblock erwarten konnte. Das Resultat bestätigte die Voraussagen: die SPD erreichte in den fünf neuen Ländern lediglich 23,6 Prozent (Volkskammerwahl 21,9 Prozent).

Mit den Wahlen war die Etablierung des gesamtdeutschen Parteiensystems abgeschlossen[31]. In der SPD begann man nun, ein Strukturhilfeprogramm anlaufen zu lassen, um die organisatorischen Defizite zu beseitigen und die Mitgliederwerbung voranzutreiben. Der Erfolg dieser Maßnahmen zeigte sich weniger in einem raschen Aufschwung der Mitgliederzahlen, als vielmehr in einer Konsolidierung der Organisationsstrukturen der SPD in den neuen Ländern. Ende 1991 verfügte die SPD in Mecklenburg-Vorpommern über 3.287 Mitglieder in 193 Ortsvereinen, die in 31 Unterbezirken oder Kreisverbänden zusammengefaßt waren. In Sachsen-Anhalt hatte die SPD 6.897 Mitglieder (289 OV, 10 UB/KV), in Thüringen 5.459 (350 OV, 40 UB/KV), in Brandenburg 6.858 (342 OV, 42 UB/KV) und in Sachsen waren es 4.713 Mitglieder in 282 OV in 15 UB[32]. Ende 1992/Anfang 1993 waren es insgesamt weniger, nämlich in Brandenburg 6.437 (-421) Mitglieder, in Sachsen-Anhalt ca. 5.200 (-1.697), in Sachsen 4.838 (+125), in Mecklenburg-Vorpommern 3.335 (+48) und in Thüringen 5.579 (+120). Die Unterschiede zu 1991 beruhen vor allem auf der Tatsache, daß nach der Bereinigung der Mitgliederkarteien nur noch Mitglieder erfaßt sind, die zumindestens regelmäßig ihre Beiträge entrichten. Die Zahl der Austritte im Zusammenhang mit politischen Maßnahmen und Ereignissen, wie beispielsweise der Kreisreform in Brandenburg oder den rechtsextremistischen Krawallen in Rostock, war außerordentlich gering. Eher waren frühere Mitglieder nach der Vereinigung aus unterschiedlichen Gründen nicht mehr gewillt, ihre Mitgliedschaft fortzusetzen. Der augenblickliche Stand läßt es jedoch als fraglich erscheinen, ob im Falle erfolgreicher Kommunalwahlen 1993/1994 alle Mandate besetzt werden können; 1991 besetzte die SPD immerhin 10.701 Mandate in Landkreisen und kreisfreien Städten der neuen Länder[33].

Die Annahme, daß die Übertragung parlamentarisch-demokratischer Institutionen sowie die Zerstörung alter Strukturen im politischen wie im ökonomischen Bereich die Hinwendung zum "politischen Alltag" (Gibowski und Kaase 1991) und einen raschen Wertewandel befördern würde, erfüllte sich jedoch nicht (Feist

1991). Das bestätigte auch die Entwicklung in den Parteien und im Parteiensystem in den neuen Ländern. Bisher haben die ökonomischen und sozialen Resultate des Vereinheitlichungsprozesses weder etliche Transformationsprobleme gelöst, noch hat sich die Hoffnung der SPD erfüllt, die zunehmende Distanzierung der ostdeutschen Wahlbevölkerung zur Politik der CDU/CSU-geführten Bundesregierungen würde sich in eine dauerhafte Zuwendung zur SPD verwandeln. Das kann auch mit den Schwierigkeiten der Gesamtpartei zusammenhängen, spezifische Bedürfnisse der neuen Bundesbürger politisch aufzunehmen. So scheiterte eine Initiative zur DDR-Vergangenheitsarbeit. Zur Politik der Treuhandanstalt in Berlin gab es zwar kritische Bemerkungen von Wolfgang Thierse sowie die inzwischen realisierte Forderung nach einer besseren parlamentarischen Kontrolle der THA, aber lange Zeit kein Alternativkonzept, wie es beispielsweise die IG Metall mit ihren "Darmstädter Thesen" schon im Oktober 1991 vorlegte. Wurden Probleme der neuen Länder angesprochen, geschah das in der Regel durch ostdeutsche SPD-Abgeordnete, so daß der Eindruck entstehen mußte, daß es separate und keine gesamtdeutschen Probleme sein würden. So schien es fast logisch, daß der SPD-Ministerpräsident von Brandenburg die Zustimmung des Landes zur Erhöhung der Mehrwertsteuer auf 15 Prozent zum 1. Januar 1993 im Austausch gegen vage Zusagen der Bundesregierung, aber eindeutig gegen die Linie des PV der SPD, abgab. In der weiten Öffentlichkeit blieb der Beitrag der SPD in der Verfassungsdiskussion ebenso verborgen wie Versuche, (partei-)programmatische Defizite aufzuarbeiten. Spezifischere Fragen wie die Aufnahme von Mitgliedern der ehemaligen SED oder Diskussionen um soziale Demokratie bzw. demokratischen Sozialismus blieben ausgeklammert, da die SPD befürchtet, durch die öffentliche Behandlung dieser Probleme den Ruf der Partei zu schädigen; inzwischen macht die PDS Anstalten, diese "linke" Seite zu besetzen.

Insgesamt ist die Motivation der Neubürger zur Teilnahme am politischen Leben weiterhin schwach, und es kann vermutet werden, daß nicht nur die frühere Politik-Abstinenz in der DDR dafür verantwortlich ist, sondern neben einer zunehmenden Verdrossenheit über Politik und Parteien auch ein anderes Politikmodell in der Vorstellung der neuen Bundesbürger, dessen Realisierung innerhalb der gegenwärtigen Parteienpolitik nicht zweifelsfrei erwartet wird (Becker, Bekker und Ruhland 1992: 118 ff.). Auch deshalb bleibt es ungewiß, ob die Entwicklungen in den neuen Bundesländern zu einer Änderung des Wählerverhaltens zugunsten der SPD führen werden.

Es ist fraglich, ob die SPD gegebenenfalls bereit ist, zur "Partei der Opfer der deutschen Einheit" zu werden. Es ist nicht zu übersehen, daß die wachsende Unzufriedenheit und Enttäuschung über die etablierten politischen Parteien, sofern nicht rechtspopulistische und -extremistische Parteien dadurch begünstigt werden, auch dazu führen könnte, daß Bürgerbewegungen bzw. neue soziale Bewegungen entstehen und insofern auch ein Teil der Entwicklung des westdeutschen Parteiensystems sich in den fünf neuen Ländern wiederholt, indem sich aus den Parteien oder gegen sie eine neue soziale Bewegung entwickelt. Allerdings kann auch nicht ausgeschlossen werden, daß aufgrund der sozialen und ökonomischen Entwicklungen und der Dauer ihrer Andersartigkeit, d.h. des Nachhinkens der Angleichungsprozesse, eine regionale Partei entsteht, die primär aus dieser Situation ihre Stärke ableitet. Eine solche Situation wäre für die SPD, die als Gesamtpartei die Interessen ihrer "westdeutschen" Klientel berücksichtigen muß, allerdings ungünstiger als für die PDS oder eine neue bzw. im gegenwärtigen Parteienspektrum noch nicht existierende radikale Partei; Separatimus und Rechtsextremismus scheinen sich unter dem Eindruck der bisherigen Entwicklung noch auszuschließen.

9. Zusammenfassung und Thesen

(1) Die im Oktober 1989 gegründete Sozialdemokratische Partei in der DDR (SDP) ist das Resultat intellektueller Auseinandersetzungen mit dem herrschenden Regime der ehemaligen DDR, nicht aber das von politischen Aktionen oder von Abspaltungen existierender Parteien. Die Entscheidung für eine sozialdemokratische Partei beruhte auf der Aneignung bestimmter politischer Werte, nicht aber auf der Wiederaufnahme der sozialdemokratischen Parteitradition der SBZ (1945/46) und Ostberlins (1945-1961) oder der Adaption der westdeutschen SPD. Die Entscheidung für eine Partei entsprang der Auffassung, dadurch die Auseinandersetzung mit der SED als Partei effektiver führen zu können, nicht aber einer Analyse der politischen und sozialen Strukturen der DDR und daraus ableitbarer Erkenntnisse eines "Bedarfs" nach einer neuen Partei.

(2) Die SDP entstammt dem Milieu der oppositionellen politischen Bewegung der DDR, die sich als neue soziale Bewegung in einer Vielzahl unterschiedlicher Gruppen seit 1987, aber auch schon davor, entwickelte. Die Identität der Herkunft und die dadurch gegebenen sozialen, ideologischen und politischen Gemeinsamkeiten haben aber keine geschlossene politische Bewegung konstitutiert; es muß vielmehr von einer Pluralität und Konkurrenz ausgegangen werden, die sich vor allem nach der sogenannten Wende entwickelte und die durch das von der SDP favorisierte Konzept einer politischen Partei verschärft wurde.

(3) Die Frage, ob die SDP von Beginn an eine politische Partei, hervorgegangen aus der oppositionellen Vorwendezeit, oder eine soziale Bewegung war, die sich erst im Verlauf der Protestbewegung des November/Dezember 1989 zur politischen Partei entwickelte, verursachte erhebliche innerparteiliche Probleme und Zweifel im Selbstverständnis, die sich sowohl auf das Verhältnis zu anderen Gruppen und Vereinigungen als auch auf die interne Organisation der Partei auswirkten und dadurch die innerparteiliche Entwicklung der SDP sowie die Mobilisierung von Ressourcen behinderten. Der Dissens zu den anderen Wende-Gruppierungen bestand darin, daß diese eine Partei als Element der tradierten politischen Ordnungen, Ost wie West, verstanden und die in der Parteiorganisation

angelegten zentralen und hierarchischen Strukturen als den basis-demokratischen diametral entgegengesetzt begriffen.

(4) Der rapide Zusammenbruch des politischen Systems nach der Maueröffnung traf die SPD unvorbereitet. Darin unterschied sie sich nicht von den anderen Kräften der oppositionellen Bewegung. Wie diese ging sie ebenfalls davon aus, daß es nach den politischen Umwälzungen noch einen souveränen Staat DDR mit einer der westdeutschen politischen Ordnung nicht entsprechenden Verfassung geben würde; in diesem Staat sollte auch eine reformierte SED ihren Platz haben. Innerhalb einer kurzen Zeit wurden jedoch in der SDP im Dezember 1989/Januar 1990 die Weichen in Richtung auf eine politische Partei entsprechend dem Vorbild der pluralistischen Demokratien gestellt. Ausschlaggebend dafür waren die Erkenntnis, daß die ersten freien Wahlen die wettbewerbsbestimmten Aspekte des Parteiensystems entwickeln würden, die Entscheidung, daß es keine Koalition mit den anderen politischen Bewegungen geben sollte und die Tatsache, daß seit Dezember 1989 die SPD der Bundesrepublik begann, die SDP in der DDR als ihren künftigen "gesamtdeutschen" Bundesgenossen aufzubauen.

(5) Die SDP in der DDR, die bis November 1989 nicht mehr als 3.000 und Ende Dezember 1989 dann schon 12.000 Mitglieder hatte, war im wesentlich als "Kopf" präsent, d.h. in der Öffentlichkeit bestimmten einige wenige Personen das Bild der Partei, während innerparteilich das Präsidium und die Geschäftsführung dominierten. Der Vorstand, der aus 15 Mitgliedern bestand und im Januar 1990 erweitert wurde (pro Bezirk ein weiterer Delegierter), geriet relativ schnell in eine isolierte Position. Ursache dafür waren das in weiten Teilen der Partei herrschende Selbstverständnis der SDP als einer basisdemokratischen und basisorientierten Partei, die Kommunikationsschwierigkeiten innerhalb der Partei in politischer wie in technisch-organisatorischer Hinsicht, aber auch das Selbstwertgefühl des Vorstandes - und mancher Gründungsmitglieder - sowie die in ihm vorhandenen differenzierten politischen Positionen, die faktisch die Pluralität der sozialen Bewegungen der DDR wie auch die der Sozialdemokratie selbst widerspiegelten.

(6) Die SDP unternahm vom Zeitpunkt ihrer Gründung an erhebliche organisationspolitische Anstrengungen, um Strukturen aufzubauen, Basisgruppen und Kreisverbände zu gründen, internationale Beziehungen aufzunehmen und Leitlinien für den anstehenden Wahlkampf zu entwickeln, womit sie bis Januar 1990 (Delegiertenkonferenz in Berlin) relativ erfolgreich war.

(7) Die Auseinandersetzungen mit den (noch-) regierenden Parteien am Runden Tisch und die Konflikte mit den anderen politischen Bewegungen im Vorfeld der Märzwahlen, u.a. demonstriert durch Unterschiede in Fragen der Entsendung von Ministern in das Kabinett Modrow (SED/PDS), der Wahlgesetzgebung, des Parteiengesetzes, des Wahltermins, der Unterstützung durch Westparteien und manifestiert durch das von der SDP (und der Vereinigten Linken) abgelehnte Wahlbündnis, führten zur Festigung des Selbstverständnisses der - seit dem Delegiertenkongreß im Januar 1990 nun SPD heißenden - Partei. Für die SPD gün-

stige Meinungsumfragen beförderten zudem die Annahme, bei den Wahlen stärkste Partei werden zu können.

(8) Die SPD, nun angeblich auch knapp 30.000 Mitglieder stark, geriet programmatisch seit dem Leipziger Parteitag im Februar 1990 immer stärker in das Fahrwasser der SPD der Bundesrepublik, was zu Widersprüchen bezüglich der Einschätzung der Entwicklung in der DDR und des Weges zur Einheit führte. Der später wegen Stasi-Mitarbeit abgelöste Parteivorsitzende I. Böhme sprach von einem an der Konzeption des demokratischen Sozialismus orientierten Weg, während Lafontaine das Programm "Fortschritt 90" vorstellte und damit die Parteitagsdelegierten aus der DDR faktisch überforderte.

(9) Die massive Unterstützung der West-SPD im Wahlkampf half der Ost-SPD wenig. Organisationsmängel und Kampagnefehler sowie die infrastrukturellen Vorteile der Alt-Ost-Parteien (Büros, Adressenlisten etc.), die nun auch die Unterstützung ihrer westlichen Paten erhielten, erklären jedoch nicht den Wahlerfolg der Konservativen. Der Ausgang der Märzwahlen 1990 zeigte, daß das Dilemma des Verhaltens in der Einheitsfrage ausschlaggebend und daß es zudem, trotz sozialstrukturell günstiger Bedingungen (hoher Facharbeiteranteil an der Wahlbevölkerung, mehrheitlich protestantische oder nicht konfessionell gebundene Bevölkerung, hoher (formaler) gewerkschaftlicher Organisationsgrad) ein Irrglaube gewesen war, vierundvierzig Jahre nach der Vereinigung von SPD und KPD zur SED traditionelle Wählerschichten der SPD aufzufinden und mobilisieren zu können. Der Parteiführung mußte zudem klar sein, daß die SPD der DDR nicht an die Tradition der SPD, geschweige denn an deren sozialen und intellektuellen Habitus anknüpfte, von noch erkennbaren seperatistischen Tendenzen einmal abgesehen. Hier war von Anfang an eine Differenz vorgegeben, die auch in der gegenwärtigen SPD bemerkbar ist. Von der Seite des Parteiensystems her ist das Ergebnis erklärbar mit der faktischen Ausdehnung des westdeutschen Parteiensystems auf die DDR und der damit verbundenen Ent-Sozialisierung der ehemaligen Blockparteien CDU und LDP, d.h. sie verschwanden hinter den westdeutschen Paten. Allerdings wurden mit der Wahlentscheidung nicht schon erkennbar feste sozialstrukturelle Bindungen an die Parteien eingegangen. Die auf die ursprüngliche Weigerung zur Teilnahme an der Regierung dann doch folgenden Koalitionsverhandlungen (die Bonner SPD verhielt sich hier nicht eindeutig) und die Rolle der SPD in der Regierung de Maiziére (CDU) können als Versuche der Partei gewertet werden, durch die Teilnahme an der Einigungspolitik in Hinblick auf künftige Wahlen ihre Ausgangsposition zu verbessern.

(10) Die dann doch geringen Einflußmöglichkeiten auf die Politik der Regierung de Maiziére in der Einigungsfrage, faktisch wird keine relevante SPD-Position realisiert, die Verzögerung des Aufbaus der Parteiorganisation und der Verbreitung der Ost-SPD (stagnierende Mitgliederzahl, geringes Engagement in der sich neu konstituierenden Gewerkschaftsbewegung) sowie innerparteiliche Auseinandersetzungen, zum einen zwischen Fraktionsvorstand und Parteivorstand,

zum anderen in der Parteiführung, beeinträchtigten die Positionen der Ost-SPD in der künftigen Gesamtpartei. Weder gelang der Aufbau der Arbeitsgemeinschaften (ASF (Feb.1990), ASU, Juso, Studenten, Schwusoz) über eine erweiterte Gründungsphase hinaus, die AfA wird erst im September 1990 in Chemnitz gegründet, noch die dauerhafte Etablierung von Arbeitskreisen oder -gruppen beim Präsidium, die zur Bindung und Bildung von Sachverstand hätten genutzt werden können. Immerhin reichte es noch zur Gründung einer parteieigenen Immobilienträgergesellschaft, während eine eigene Zeitung nach dem zweiten Erscheinen eingestellt wurde.

(11) Das Verhältnis zur West-SPD beeinflußte auch die organisatorische Entwicklung der Partei. Die ursprüngliche Annahme eines längeren Nebeneinander von DDR und BRD hatte dazu geführt, daß Partnerschaften zwischen Landesverbänden in der DDR und Unterbezirken in der BRD vereinbart wurden, die von einer organisatorischen Selbstständigkeit der DDR-SPD ausgingen; im Rahmen dieser Betreuung wurden die materiellen und personellen Unterstützungen für die Ost-SPD organisiert. Die Zusammenarbeit der Parteivorstände sollte in einem Ausschuß und die programmatische Zusammenarbeit in Ausschüssen mit entsprechenden Themen ("Weg zur deutschen Einheit", "Natur und Umwelt") geschehen.

Die Verschmelzungsperspektive und das Entstehen doppelter Anleitungsverhältnisse führten zu zwischen- und innerparteilichen Konflikten, die u.a. auf dem Sonderparteitag in Halle im Juni 1990 deutlich wurden und auch den Rücktritt des Parteigeschäftsführers der DDR-SPD im Juli 1990 verursachten. In Halle wurde mit Wolfgang Thierse, aus dem Neuen Forum stammend und im Januar 1990 in die SPD eingetreten, ein nicht vom Vorstand nominierter Kandidat gewählt und die Vereinigung mit der West-SPD vorbereitet.

(12) Der Zusammenschluß der beiden SPDen im September 1990 beendete lediglich die organisatorische Existenz der Ost-SPD, nicht aber deren kurze Tradition als Element der politischen Oppositions- und Wendekultur, die auch noch 1992, u.a. im Verhalten gegenüber dem im Juli 1992 gegründeten "Komitee für Gerechtigkeit", aber auch demonstriert durch die Absicht der Brandenburger SPD, eine "Solidaritätskampagne Ost" zu organisieren, bemerkbar war. Die Beharrungstendenzen sind jedoch nicht wie bei Teilen der PDS von Nostalgie bestimmt, sondern von nachwirkenden Auffassungen über die Notwendigkeiten gesellschaftlicher Reformen auch im etablierten System der Bundesrepublik.

(13) Ohne die tiefgreifenden Probleme des Transformationsprozesses, der nicht eine gleitende Integration des Ostens in den Westen darstellt, sondern, den Zusammenbruch der ehemaligen DDR in allen Aspekten voraussetzend, in den neuen Ländern die Rekonstruktion des westlichen Systems politisch, ökonomisch und sozial anstrebt, hätte die alte Ost-SPD in der SPD keine Chance. Der Fortschritt des Angleichungsprozesses kann dazu führen, daß die vom jetzigen stellvertretenden Vorsitzenden Thierse repräsentierte "andere" politische Kultur in

der SPD eliminiert wird, bevor sie Bestandteil des Selbstverständnisses der Partei wird.

(14) Die SPD in der DDR blieb eine unfertige Partei, weil die Entwicklung zwischen dem Oktober 1989 und dem März 1990 selbst unbestimmt blieb und die dann offensichtliche Politik der schnellen Vereinigung keine Möglichkeiten der programmatischen oder auch organisatorischen Stabilisierung und Verselbständigung bot.

In der Wendezeit hatte die Partei Probleme mit ihrem Selbstverständnis, das zwischen Bürgerbewegung und parlamentarischer Partei westlichen Stils schwankte, wobei die Elemente der Bürgerbewegung als Traditionselemente in die Partei eingebracht und sofort reduziert wurden, als sich bemerkbar machte, daß sie die Entwicklung zu einer kompetitiven Partei störten, d. h. die Dominanz des Organisationshandelns beeinträchtigten. Das von der Einheitspolitik bestimmte politische Umfeld, die Konfliktträchtigkeit des Gegeneinanders von traditionellen Parteistrukturen und Bürgerbewegungen sowie die aus dem Westen kommenden vielfältigen Initiativen und Pressionen ließen jedoch keine Situation entstehen, in der die SPD-Ost unter DDR-Bedingungen, d.h. im Parteiensystem der Übergangszeit zwischen Dezember 1989 und Februar 1990, ihre Wettbewerbsfähigkeiten hätte unter Beweis stellen können. Externe Faktoren (Parteien der Bundesrepublik, Eindeutigkeit des Kurses auf die deutsche Einheit, Dominierung des März-Wahlkampfes durch Wirtschafts- und Währungsfragen und die Geschwindigkeit des Einigungsprozesses führten dazu, daß die SPD dem politischen Prozeß nicht folgen konnte. War es ihr damit nicht möglich geworden, ein politisches Programm vor der Wirtschafts- und Währungsunion zu realisieren, gelang es ihr erst recht nicht danach, als deutlich wurde, daß die Erwartung einer längeren Übergangsperiode bis zur deutschen Einheit unrealistisch und die Frage der programmatischen und politischen Einheit der beiden SPDen von der SPD der Bundesrepublik gestellt und von ihr auch beantwortet wurde.

Unter diesen Umständen ist es jetzt müßig zu spekulieren, wäre aber seinerzeit von Interesse gewesen, ob nicht analog des Verhältnisses zwischen CDU und CSU die Sozialdemokraten in der ehemaligen DDR eine relativ eigenständige Bündnispartei hätten bleiben sollen oder werden können.

Angesichts der gegenwärtigen Situation in den neuen Bundesländern kann nicht ausgeschlossen werden, daß es zu separatistischen Entwicklungen im Parteiensystem kommen könnte. Die gesamtdeutsche SPD hätte unter diesen Bedingungen den Vorteil, über eine integrierte Regionalpartei zu verfügen, die durch die Berücksichtigung ihrer Themen in der Gesamtpartei keine Tendenzen zur Abspaltung, weder als separate Regionalpartei noch als neue soziale Bewegung, entwickeln müßte. Die Integrationsfähigkeit der Gesamt-SPD könnte damit Demonstrationsobjekt für die gesamtdeutschen Verhältnisse werden.

Literatur

Becker, U., Becker, H. & Ruhland, W. (1992). Zwischen Angst und Aufbruch. Das Lebensgefühl der Deutschen in Ost und West nach der Wiedervereinigung, Düsseldorf.

Elmer, K. (1991). Auf den Anfang kommt es an! in: Neue Gesellschaft/Frankfurter Hefte, 2, 136-140.

Feist, U. (1990). Votum für einen konservativen Modernisierungskurs. Analyse der Volkskammerwahlen in der DDR, in: Gewerkschaftliche Monatshefte, 4, 233-241.

Feist, U. (1991). Zur politischen Akkulturation der vereinten Deutschen. Eine Analyse der ersten gesamtdeutschen Bundestagswahl, in: Aus Politik und Zeitgeschichte, B11-12, 21-32.

Fink, H. J. (1990). Die SPD in der DDR, in: Deutschland Archiv, 2, 180-184.

Forschungsgruppe Wahlen (1990a). Die Volkskammerwahlen im März 1990 in der DDR, in: Berichte der FGW, Nr. 59, FGW, Mannheim.

Forschungsgruppe Wahlen (1990b). Bundestagswahl 1990. Eine Analyse der ersten gesamtdeutschen Bundestagswahl am 2. 12. 1990, in: Berichte der FGW, Nr. 61, FGW, Mannheim.

Gibowski, W. G. & Kaase, M. (1991). Auf dem Weg zum politischen Alltag. Eine Analyse der ersten gesamtdeutschen Bundestagswahl vom 2. Dezember 1990, in: Aus Politik und Zeitgeschichte, B11-12, 3-20.

Jung, M. (1990). Parteiensystem und Wahlen in der DDR. Eine Analyse der Volkskammerwahlen vom 18. März 1990 und der Kommunalwahlen vom 6. Mai 1990, in: Aus Politik und Zeitgeschichte, B27, 3-15.

Leonhard, E. (1990). Eine junge Partei mit alter Tradition. Erster Parteitag der neuen SPD in der DDR, in: Deutschland Archiv, 4, 506-508.

Mitter, A. & Wolle, (Hrsg.) (1990). "Ich liebe Euch doch alle...". Befehle und Lageberichte des MfS Januar bis November 1989, Berlin.

Pappi, F. U. (1991). Wahrgenommenes Parteiensystem und Wahlentscheidung in Ost- und Westdeutschland. Zur Interpretation der ersten gesamtdeutschen Bundestagswahl, in: Aus Politik und Zeitgeschichte, B44, 15-26.

Pappi, F. U. (1989). Die Anhänger der neuen sozialen Bewegungen im Parteiensystem der Bundesrepublik, in: Aus Politik und Zeitgeschichte, B26, 17-27.

Raschke, J. (1991). Zum Begriff der sozialen Bewegung, in: R. Roth/D. Rucht (Hrsg.), Neue soziale Bewegungen in der Bundesrepublik (2. überarb. u. erw. Aufl.), 31-39, Bonn.

Stöss, R. (1991). Parteien und soziale Bewegungen, in: R. Roth/D. Rucht (Hrsg.), Neue soziale Bewegungen in der Bundesrepublik (2. überarb. u. erw. Aufl.), 392-414, Bonn.

Tauber, A. (1990). Heymat lost, in: German Politics and Society, 20, 57-70.

Tiemann, H., Schmid, J. & Löbler, F. (1993). Gewerkschaften und Sozialdemokratie in den neuen Bundesländern. Bestandsaufnahme und Perspektive nach zwei Jahren deutscher Einheit, in: Deutschland Archiv, 1, 40-51.

Wardin, P. (1991). Der gesamtdeutsche Zusammenschluß der SPD, in: F. Löbler, J. Schmid & H. Tiemann (Hrsg.), Gesamtdeutsche Zusammenschlüsse von Parteien und Verbänden, 60-65. Bochum.

Anmerkungen

1 So auf der Veranstaltung zum einjährigen Jubiläum der SDP-Gründung am 7.10.1990 in Berlin.
2 Die auch "Sofarunde" (W.Templin) genannte Veranstaltung fand bei dem Berliner Pastor Hilsberg, Vater des späteren Geschäftsführers St. Hilsberg, statt.
3 Zitiert nach dem Referat von Martin Gutzeit auf dem Jubiläumstreffen (vgl. Anm. 1).
4 Ebd.

5 Nach einer Aussage des SPD-MdB Weisskirchen auf dem Jubiläumstreffen. Es ist nicht klar, ob E. Bahr damit den Erbanspruch der alten SPD dokumentieren wollte oder gar von dieser Gründung eine weitere Destabilisierung des 1989 ohnehin schlecht gewordenen Verhältnisses zwischen SPD und SED mit daraus resultierenden Auswirkungen auf die Außen- und Sicherheitspolitik der SPD befürchtete.

6 Becker unterschrieb nur aus "Gefälligkeit", engagierte sich aber nicht weiter in der Parteigründung. Zur Rolle von I. Böhme vgl. M. Gutzeit, Antisozialdemokratische Legenden, in: Vorwärts, 4/92, S.12.

7 Die hier geschilderten Aktivitäten unmittelbar vor der SDP-Gründung waren vom MfS bereits am 4. und 19. September 1989 ausführlich dokumentiert worden (vgl. Mitter und Wolle 1990: 153).

8 Die Diskussion um die Frage, ob die Stasi die SDP gegründet habe, zeugt von der Unkenntnis der Bedeutung, die diese Gründung für die Stasi hatte: Die Stasi observierte die SDP, weil sie diese Gründung prinzipiell nicht verhindern konnte und weil sie diese Partei als wichtig einschätzte. Die Tatsache, daß sie beteiligt war, ist angesichts der Präsenz der Stasi in der oppositionellen Bewegung der ehemaligen DDR unerheblich.

9 Vgl. auch den sehr persönlichen Bericht von Konrad Elmer (1991).

10 Vgl. zur "östlichen Bewegungsforschung" die Bemerkungen in "Die Umwelten sozialer Bewegungen", WZB-Mitteilungen, März 1992, S. 32-35.

11 Markus Meckel im Interview "Die SPD auf dem Weg in die Koalition und in die Einheit" mit der Berliner Zeitung v. 6.4.1990.

12 Nach Berichten von Teilnehmern der Gründungsversammlung (Notizen d. Verf.).

13 Es handelte sich um den Landesverband Thüringen, der bereits vor der Länderwiedergründung (Oktober 1990) im Januar 1990 gegründet wurde. Vgl. Das Prinzip Hoffnung heißt Willy Brandt, in: taz v. 29.1.1990.

14 Im Dezember 1989 verzeichnete das Neue Forum ca. 200.000 Mitglieder, Demokratie Jetzt hatte Anfang 1990 50.000 und der Demokratische Aufbruch Ende Dezember 1989 ca. 5.000-6.000 Mitglieder; die SDP ca. 12.000 (ohne Bestätigung).

15 Als Bundeskanzler Kohl im Dezember 1989 Dresden besuchte, sollte es zu einem Treffen zwischen ihm und der Opposition kommen. Der Vorstand der SDP lehnte die entsprechende Einladung aus verschiedenen Gründen ab, was dazu führte, daß aus der Partei dem Vorstand der Vorwurf gemacht wurde, daß man sich in dieser entscheidenden Situation gegen die Idee der deutschen Einheit stellen würde und daß er über die in der nationalen Frage inzwischen gewandelte Meinung an der Parteibasis nicht informiert wäre.

16 Nach Berichten gegenüber dem - und Erkenntnissen des - Verf. sind damit u. a. Auseinandersetzungen zwischen I. Böhme einerseits und M. Meckel andererseits erklärbar.

17 Vgl. Opposition in Konfusion, in: taz v. 7.12.1989.

18 Im Juni 1989 war Steffen Reiche beim PV der SPD in Bonn gewesen, und es hatte danach gelegentliche Kontakte und Einladungen, u.a. an St. Hilsberg zum Parteitag der SPD in NRW, gegeben. Die Beziehungen zwischen einzelnen Mitgliedern der SPD und der DDR-SDP stammten aus Kontakten der Friedensbewegungsaktivitäten.

19 Vgl. G. Döhlings "Bericht", o. O., o. J. (Mai 1991).

20 Vgl. M. Geis, Konferenz der SDP/SPD, in: taz v. 15.1.1990 und Fink 1990.

21 Vgl. die polemischen Bemerkungen zur "Parteiwerdung" der SPD von K. Weiß, Mitbegründer von "Demokratie Jetzt", in: taz v. 25.1.1990.

22 Vgl. das Interview von I. Böhme "Jetzt müssen wir Partei- und Staatspolitik machen", in: taz v. 30.1.1990.

23 Vgl. W. Süß, Die Opposition tritt in die Regierung ein, in: taz v. 6.2.1990.

24 Ein von der Bonner Baracke veranlaßter Prüfbericht über die Finanzen der SPD-Ost ging von einer wesentlich kleineren Zahl, nämlich 15.000 aus, und schloß daraus, daß die Partei eigentlich pleite sei.

25 Gerüchte über die Mitarbeiterschaft von I. Böhme waren bereits im Umfeld des Leipziger Parteitags laut geworden, hatten aber keine Folgen bewirkt. Nach dem Rücktritt

wurde Richard Schröder Fraktionsvorsitzender, Geschäftsführer wurde in der Fraktion Martin Gutzeit, ehemaliger Mitarbeiter von R. Schröder und Parteigründer.

26 Unter den Fraktionsangehörigen hofften nicht wenige, nun endlich richtige Berufspolitiker mit den entsprechenden Entfaltungsmöglichkeiten werden zu können; vom Fraktionsvorsitzenden Richard Schröder wurde kolportiert, daß er sich schon als Architekt der deutschen Einheit sah.

27 Vgl. das Interview in der Berliner Zeitung v. 6.4.1990 (Anm. 11).

28 Vgl. Die Sozis (Ost) sind sauer auf die Sozis (West), in: FR v. 28.11.1990.

29 Im Kabinett de Maiziére war Innenminister Diestel von der DSU gestellt worden; der seinerzeit genannte Kandidat Brincksmeier von der SPD, der auf dem Parteitag für den Parteivorsitz kandidierte und scheiterte, wurde nicht verhandelt.

30 Der andere Kandidat, neben Brincksmeier, war G. Thimm aus dem LV Mecklenburg, bis dato stellvertretender Vorsitzender und Favorit.

31 Zu einer Benachteiligung der SPD hat auch die bisher unterentwickelte soziostrukturelle Parteibindung geführt. Vgl. Forschungsgruppe Wahlen 1990b.

32 Vgl. Tiemann/Schmid/Löbler (1993: 48). Es muß dort richtig Brandenburg und nicht Berlin-Brandenburg heißen, und die Zahl der OV betrug 342.

33 Ebda., Tab. 5.

Thomas Pfau

Aspekte der Entwicklung liberaler Kräfte in der DDR vom Herbst 1989 bis zum Herbst 1990

1. Ausgangslage

Im Herbst 1989 gab es in der DDR mit der Liberal-Demokratischen Partei Deutschlands (LDPD) eine politische Kraft, die den liberalen Anspruch noch im Parteinamen führte. Es kann aber eindeutig festgestellt werden, daß sie weit davon entfernt war, selbst dem pragmatisch zugestandenermaßen sehr weitgesteckten liberalen Grundanspruch der Liberalen Internationale im Sinne ihrer Oxforddeklaration oder des Manifests von Rom zu entsprechen[1].

Die LDPD hatte ihren liberalen Anspruch und Charakter den physischen wie psychischen Repressalien in den späten 40er Jahren gegen die damalige LDP-Führung geopfert und sich spätestens Anfang der 50er Jahre der SED als Blockpartei untergeordnet. Bis zum Herbst 1989 präsentierte sich die LDPD als staatstragende Kraft, die den Führungsanspruch der SED, wie er im Artikel 1 der Verfassung der DDR verankert war, anerkannte. Sie nahm eine Integrationsfunktion von Handwerkern, kleinen Gewerbetreibenden, Angehörigen von Produktionsgenossenschaften, Lehrern und Teilen der wissenschaftlich-technischen Intelligenz sowie Angestellten in den sog. realen Sozialismus der DDR wahr. Gegenüber dieser sozialen Klientel hatte sie eine Feigenblattfunktion zur Verdeckung der dominierenden Rolle der SED. Bei einem noch im Juni 1989[2] abgegebenen Bekenntnis zum eigenen aktiven Beitrag für die, wie es hieß, "Gestaltung der entwickelten sozialistischen Gesellschaft in ihrer Einheit von Wirtschafts- und Sozialpolitik" in der DDR, bot sie allerdings für Angehörige dieser sozialen Schichten eine Nische in der Gesellschaft. Ihre Klientel konnte sich entsprechend ihren Interessen so partiell und spezifisch unter Umgehung einer Mitgliedschaft in der SED bzw. persönlicher Nachteile im Verweigerungsfalle in die Gesellschaft einbringen. Feigenblatt- und Nischenfunktion ergänzten also einander. Die LDPD war eine Partei im sogenannten real existierenden Sozialismus und engagierte sich für ihn. Damit war sie ein innenpolitischer Stabilitätsfaktor in der DDR. Sie gewann ihre Identität aus der staatlichen Existenz der DDR und der Zielbestimmung Sozialismus, zu der sie sich bekannte. Wenn man nur ihre diesbezüglichen offiziellen Statements ansieht, war die LDPD anscheinend nicht mehr als bloßer SED-Verschnitt. Dieses Urteil wird der LDPD jedoch nicht voll gerecht. Sie bot gleichzeitig eine politische "Überwinterungsmöglichkeit" für Angehörige des erwähnten sozialen Milieus. Interessant ist die politisch skurrile Tatsache, daß die LDPD infolge ihrer formaljuristischen Absicherung im Block, in der Nationalen Front und über die Einheitslistenquote bei Wahlen eigentlich keine soziale Klientel brauchte. Dieser soziale Organismus aus Handwerkern, Gewerbetreibenden, Intellektuellen und Angestellten brauchte und nutzte die LDPD politisch, um sich auf nichtkonfrontative Weise partiell anders verhalten zu können und sich trotzdem einzubringen[3].

2. Vereinigungsprozeß

Soviel zur Ausgangslage in der und um die LDPD bis zum Herbst 1989. Zweifellos verdienen auch die Auswirkungen von Glasnost und Perestroika in der UdSSR sowie der Entwicklungen in Polen und Ungarn auf innerparteiliche Positionen bzw. Meinungen in der LDPD und Reaktionen der Partei nach außen spezielle Beachtung. Für den angesprochenen Entwicklungszeitraum eines Dreivierteljahres interessiert aber vor allem, ob und inwieweit die LDPD ein originäres liberales Grundverständnis und Profil ausprägen konnte und welche Rolle sie bei der Formierung des liberalen Lagers in der sich neu konstituierenden Parteienlandschaft der Spät-DDR zu spielen gewillt und in der Lage war. Innere und äußere Triebkräfte des Vereinigungsprozesses der liberalen Kräfte in der DDR verdienen in diesem Zusammenhang Beachtung.

Von den etablierten politischen Kräften in der damaligen DDR war die LDPD als erste auf vorsichtige kritische Distanz zur SED gegangen. Sie trug ihre Kritik am nicht vorhandenen Reformwillen der SED-Führung und an der sich in zunehmender Instabilität äußernden ökonomischen, politischen und geistig-kulturellen Ineffizienz des "realen Sozialismus" in der DDR vor. In den Monaten August, September und Oktober 1989 trat der LDPD-Vorsitzende Manfred Gerlach mit Überlegungen zur Etablierung einer sozialistischen Demokratie an die Öffentlichkeit, wonach als Quintessenz sozialistische Demokratie nicht, wie es im offiziellen Sprachgebrauch der SED hieß, weiterentwickelt und vervollkommnet werden könne, weil es sie überhaupt noch nicht gebe. Sie sei erst einmal zu schaffen[4]. Die LDPD und speziell ihr Vorsitzender fanden dafür eine sensibilisierte Öffentlichkeit und mit den elektronischen, wie den Printmedien der Bundesrepublik eine schnelle und umfassende Publikationsmöglichkeit vor. Gerlach verstand die LDPD zu dieser Zeit noch als wesentliche Triebkraft zur Reformierung des Sozialismus in der DDR. Er reagierte damit auf zunehmende Kritik in der eigenen Partei an der Sprachlosigkeit und zögerlichen Haltung der LDPD-Führungsgremien im Frühjahr und Sommer 1989 zur blutigen Niederschlagung der chinesischen Studentenproteste, zur Massenausreise, zum Botschaftsbesetzerdrama mit anschließender Odyssee auf dem Schienenwege und zur SED-Medienpolitik[5].

Gerlach versuchte so die in den Sommermonaten entstandene Kluft zwischen Parteibasis und LDPD-Führung in den Monaten September und Oktober zu überbrücken. In einem Klima der Verunsicherung und des Unverständnisses in Bezug

auf ein nicht relativiertes Treuebekenntnis zur SED, ihrem Führungsanspruch und zur Blockpolitik machte Gerlach kritische Anmerkungen und vorsichtige, an Gorbatschows Perestroika orientierte Reformvorschläge für den Sozialismus, der pluralistisch und demokratischer sowie wirtschaftlich effektiver gestaltet werden sollte. Im Oktober 1989 waren das laut Protokoll einer außerordentlichen Sitzung des Sekretariats des Zentralvorstandes der LDPD Grundzüge einer demokratischen Öffnungspolitik der DDR. Sie umfaßten:
- Dialogbereitschaft mit dem "Neuen Forum", "Demokratie Jetzt" u.a.;
- prinzipielle Neugestaltung der Medienpolitik;
- Liberalisierung der Reisegesetzgebung;
- Beendigung der Rechtswillkür im politischen Strafrecht;
- Normalisierung des Verhältnisses von Staat und Kirche;
- Veränderung der Wirtschaftsstrategie "unter Beibehaltung der Einheit von Wirtschafts- und Sozialpolitik", die den Sinn des Sozialismus ausmachen sollte;
- Forderung nach Wahldemokratismus, nach einem neuen Wahlgesetz und nach Volkskammerwahlen 1990[6].

Aus heutiger Sicht wird eine interessante Dialektik deutlich: In den Monaten September, Oktober und in der ersten Novemberhälfte verstand die Mitgliedschaft der LDPD Gerlach als ihren Führer. Der Basisdruck in der LDPD, die Gesamtstimmung in der Bevölkerung bei Formierung einer auch international beachteten Opposition und der Vertrauensbeweis aus den Gliederungen der LDPD heraus ließen Gerlach in dieser Zeit gegen den Widerstand der "Betonriege" der SED-Führung überfällige Kritik am Führungsanspruch der SED, am Charakter und der Rolle der Parlamente, an der Medien- und Kulturpolitik vortragen. Angesichts der noch vorhandenen Machtmittel der SED sowie von Warnungen und Drohungen speziell einzelner Bezirksleitungen an die Adresse Gerlachs und der LDPD waren diese Kritik und die gemachten Reformvorschläge durchaus noch ein Balanceakt. Die Haltung Gerlachs und die letztendlich ausbleibenden Repressalien ermutigten die Mitgliedschaft der LDPD wiederum, in ihren Forderungen weiterzugehen. Als Stichworte seien hier nur genannt: Veränderung der Verfassung, Votum gegen Krenz, Verlassen des Blocks und der Regierung, Marktwirtschaft, Einheit Deutschlands. Hier zögerte Gerlach jedoch. Er übernahm diese Forderungen zu spät, gingen sie offensichtlich doch erheblich über seine Reformvorstellungen von Sozialismus hinaus. Vieles spricht dafür, daß Gerlach den Sozialismus in der DDR nicht in Frage stellte, sondern durch Reformen stabilisieren wollte, wobei auch politische Machtambitionen mit im Spiel gewesen sein könnten. Die Eigendynamik der Entwicklungsprozesse im November und Dezember 1989 in der DDR verdeutlichte, daß in dem Maße, wie Sozialismus und Eigenstaatlichkeit der DDR öffentlich von der Mehrheit der Bevölkerung in Frage gestellt wurden und die Macht auf der Straße lag, Gerlach zögerte und damit immer weniger in der Lage war, die LDPD entsprechend den neuen Herausforderungen kreativ zu führen. Die übrige LDPD-Führung zeigte sich zudem als wenig flexibel und nicht kompensatorisch zu Gerlach. Die zentralistische Pyramide in der Leitungsstruktur der LDPD wurde zum Hemmnis im Transformationsprozeß der Partei. Ende November / Anfang Dezember 1989 stellte sich heraus, daß die am 17. 11. 1989 zur öffentlichen Diskussion gestellten "Leitsätze liberal-demokratischer Politik heute" (Positionen der LDPD im Prozeß der demokratischen Erneuerung des Sozialismus in der DDR), die die Reformansprüche Gerlachs und des Politischen Ausschusses der LDPD in Bezug auf den Sozialismus zusammenfaßten, von der Mehrheit der LDPD nicht mehr als zeitgemäß empfunden wurden. Eine programmatische Erneuerung der LDPD als Reformpartei im Sozialismus schied zu diesem Zeitpunkt aus. Die Parteizentrale reagierte darauf nur halbherzig, und die Verunsicherungen und Proteste an der Parteibasis nahmen wieder zu. Das war zweifellos auch Ausdruck von Realitätsverlust an der Parteispitze der LDPD. Differenzen zwischen der Parteizentrale und Politikern in den Bezirksvorständen der Partei nahmen in dem Maße zu, wie die Erwartungshaltung an der Basis von Berlin enttäuscht wurde und wie sich diese Politiker gegen den Parteivorstand zu profilieren versuchten.

Der Dezember 1989 wurde für die LDPD zu einer Zäsur ihrer Entwicklung zu einer liberalen Partei mit neuer Programmatik und neuem Statut. Während die Parteiführung auf Veranlassung von Gerlach den Stefan-Heym-Appell "Für unser Land" demonstrativ unterzeichnete, erklärten Leipziger LDPD-Mitglieder nebst dem Bezirksvorsitzenden in einer "öffentlichen Antwort" darauf, daß es für eine sozialistische DDR keine Perspektive mehr gebe. Sie wußten sich einig mit einer immer größer werdenden Zahl von LDPD-Mitgliedern, die die völlige Zerschlagung alter Herrschaftsstrukturen und die Einheit Deutschlands forderten. Erst am 12. Dezember 1989 konnte sich die LDPD-Führung in einem eilends verabschiedeten "Fünf-Punkte-Programm für Freiheit, Gleichheit, Brüderlichkeit und soziale Gerechtigkeit" zur Forderung nach "Vertragspartnerschaft, konföderativen Strukturen und mögliche(r) staatliche(r) Einheit" durchringen[7] . Auf der Zentralvorstandstagung Ende Dezember 1989, auf der der Beschluß gefaßt wurde, einen an der Parteibasis bereits früher geforderten Sonderparteitag im Februar abzuhalten, gab die LDPD ihren Anspruch offiziell auf, eine Partei in der DDR und für den Sozialismus sein zu wollen. Die LDPD favorisierte danach den Gedanken der staatlichen Einheit Deutschlands in den Grenzen von 1989, eine pluralistisch-parlamentarische Demokratie und eine sozial wie ökologisch abgesicherte Marktwirtschaft. In ihrem Grundverständnis plädierte sie für Freiheit, Toleranz und Selbstverwirklichung.

Die LDPD-Führung war innerhalb von vier Wochen durch die Transformationsdynamik der gesellschaftlichen Verhältnisse in der DDR überholt und in Frage gestellt worden. Durch die LDPD ging ein tiefer Bruch. Die Parteiführung und Teile der Mitgliederbasis taten sich sehr schwer mit der Entwicklung eines originären liberalen Selbstverständnisses. Für eine liberale Partei logische und zwangsläufige Forderungen nach Gewerbefreiheit, nach Schaffung günstiger Investitionsbedingungen für privates und vor allem ausländisches Kapital, nach neuer Steuergesetzgebung und Währungsunion mit der Bundesrepublik wurden z. T. nur sehr halbherzig vorgetragen.

Die Zeit von der ZV-Tagung Ende Dezember bis zum Sonderparteitag im Februar war daher in der LDPD gekennzeichnet durch vielfältige, aber nicht immer sehr überzeugende Versuche liberaler Profilierung, auch und vor allem angesichts der Herausforderung der LDPD durch die Gründung der F.D.P. der DDR.

Der Sonderparteitag in Dresden wurde am 9./10. 2. 1990 mit Blick auf die Volkskammerwahl am 18. 3. 1990 sehr spät, um nicht zu sagen zu spät, durchgeführt. Die LDPD hatte wichtige Zeit für ihre personelle und inhaltliche Erneuerung verstreichen lassen. Von den ehemaligen Blockparteien führte sie als vorletzte ihren Wende- bzw. Wandlungsparteitag durch. Das trug der LDPD-Führung massive Basiskritik ein und ließ die Partei sehr lange ohne klare Orientierung - allein der Verlauf des Parteitages machte deutlich, wie schwer sich die LDPD mit diesen Fragen tat. Der Parteitag wählte zwar eine neue Führungsmannschaft mit weitgehend unbelasteten Politikern, aber die Wahl Wünsches zum Stellvertreter R. Ortlebs - Wünsche war der Wunschkandidat Gerlachs für den Parteivorsitz - und der tosende Beifall für Gerlach, der mehr war als bloße Höflichkeit, unterstrichen die Stimmungs- und Kräfteverhältnislage unter den Delegierten.

Mit dem neuen, alten Kürzel LDP wurde symbolisch darauf verwiesen, daß die Partei inhaltlich an den Ziel- und Wertvorstellungen liberalen Handelns der Nachkriegs-LDP anknüpfte und sich nunmehr in deren Kontinuität fühlte. Damit wurde gleichsam der Versuch eigener Geschichtsbewältigung und Schuldtilgung unternommen. Das vom Sonderparteitag verabschiedete Wahlprogramm sprach sich für Marktwirtschaft in sozialer Verantwortung und gegen sozialistische Planwirtschaft, für die Freiheit der Persönlichkeit und gegen Kollektivismus, für die schnellstmögliche Einheit Deutschlands in einer europäischen Friedensordnung aus[8]. Dieser Schritt, wenngleich keinesfalls schon abgeschlossen, wurde durch die F.D.P. der Bundesrepublik entsprechend honoriert und bereits seit November / Dezember in erster Linie durch den damaligen Fraktionschef Mischnick engagiert unterstützt.

In ihrem Wahlprogramm vom 16. 2. 1990 trat die LDP als gewandelte liberale Partei aus ihrer Blockparteigeschichte heraus und versuchte sich als "Kraft der Mitte" kämpferisch zu profilieren. Der Versuch der LDP, das Lager der liberalen Kräfte in der DDR zu einen, verdient Beachtung; allein die Hilfskonstruktion "Bund Freier Demokraten" - Die Liberalen dürfte dafür keine optimale Lösung gewesen sein. Ohne daß die Vorbehalte und Berührungsängste der F.D.P. der DDR gegenüber der LDP als unverhältnismäßig stärkerer, saturierter und durchstrukturierter Partei behoben gewesen waren, präsentierte sich das liberale Lager dem in freien Wahlen zwangsläufig ungeübten DDR-Bürger wiederum mit einer Listenverbindung. Diese war zumindest für die Volkskammerwahl als Kompromißlösung wenig geeignet, die unbekannten politischen Newcomer aus der

F.D.P.-Ost oder gar der Deutschen Forumpartei - dem rechten Derivat aus dem Neuen Forum - dem Wähler vorzustellen. Das Abschneiden des BFD bei der Volkskammerwahl machte diese Tatsache deutlich. Es vermittelte aber auch das z. T. äußerst gespannte Verhältnis der Wahlverbündeten, das u. a. darin gipfelte, daß die Landesverbände Thüringen und Berlin der F.D.P. aus dem Bund mitten im Wahlkampf austraten.

So nimmt es nicht Wunder, daß der wenige Tage nach der Wahl von den Vorsitzenden der drei liberalen Parteien in Berlin verkündete Zusammenschluß zum BFD nicht die Zustimmung der F.D.P.-Basis in der DDR fand und daß auch die DFP Vorbehalte gegen diese Vereinigung geltend machte. Diese richteten sich vor allem gegen eine Vereinnahmung durch die LDP, von der zweifellos als weitaus größter und noch relativ intakter Partei die Initiative für diese Vereinigung ausging.

Damit war klar, daß die liberalen Parteien in der DDR sich nicht mehr vor den Kommunalwahlen am 6. Mai vereinigen würden.

Interessant ist in diesem Zusammenhang die Tatsache, daß die F.D.P. der DDR, die maßgeblich von aus der LDPD ausgetretenen und mit deren Politik unzufriedenen Menschen gegründet worden war und bald von seiten der F.D.P. der Bundesrepublik als Druckmittel zur inneren Reform der LDPD instrumentalisiert wurde, den Formierungsprozeß der Liberalen in der DDR mit ihren Vorwürfen gegen die LDP nicht mehr beförderte, sondern zu behindern begann. Genau das konnte der F.D.P.-Führung in Bonn, die in dieser Frage unterschiedliche Sympathien hatte, nicht uneingeschränkt recht sein, mußte sie doch daran interessiert sein, ein gutes Verhältnis zu allen drei Parteien zu unterhalten. Gleichzeitig hätte eine einzige liberale Partei der DDR mit mehr als 150 000 Mitgliedern zweifellos deren Gewicht im Vereinigungsprozeß der ost- und westdeutschen Liberalen erhöht. Das dürfte auch die Überlegungen in den Reihen der LDP bestimmt haben, als sie sich, mit Blick auf den zu erwartenden kooperativen Beitritt der zerstrittenen, von Massenaustritten und Auflösung gebeutelten NDPD, zum "Bund Freier Demokraten - Die Liberalen" (BFD) umbenannte. Dieser taktische Schachzug fand in der LDP keine ungeteilte Zustimmung. Beide Parteien, LDP und NDPD, behielten auch unter dem neuen gemeinsamen Dach, und darauf sei verwiesen, hier war keine neue Partei entstanden, ihre alten Strukturen weiter bei. Interessanterweise war auch der Versuch, eine liberale Jugendorganisation JuliA zu etablieren, nicht von großem Erfolg gekrönt. Innerhalb der LDP gab es von einzelnen Bezirksverbänden artikulierte Vorbehalte. Das Zusammenwachsen der liberalen Kräfte in der DDR war also ein sehr zäher, widersprüchlicher Prozeß.

Dieser Prozeß war auch im gesamtdeutschen Maßstab nicht einfacher. Im Unterschied zu den anderen beiden großen politischen Gruppierungen, den Christdemokraten und den Sozialdemokraten, vereinigten sich im liberalen Lager zahlenmäßig weit stärkere politische Kräfte der DDR ohne ursprünglich eigenes liberales Profil mit um die Hälfte kleineren der Bundesrepublik, die jedoch im

gesamtdeutschen Wahlkampf als "Zugpferde" und liberale Identifikations-
beispiele fungierten. Zweifellos hat die F.D.P. der Bundesrepublik auf den
Transformations- und Neuformierungsprozeß der liberalen Kräfte in der DDR
aktiven Einfluß genommen. Besonders nach der Kommunalwahl, bei der die
liberalen Kräfte in der DDR ein besseres Ergebnis als bei der Volkskammerwahl
erzielen konnten, drängte die West-F.D.P. auf schnelle Vereinigung zu einer
gesamtdeutschen Partei und auf Vereinigungsverhandlungen mit Vertretern aller
drei liberalen Parteien der DDR. Abgeschlossen wurde dieser Prozeß mit dem
Vereinigungsparteitag zur gesamtdeutschen F.D.P. im August 1990 in Hannover.
Damit kam die West-F.D.P. unter Ausnutzung bestehender Vorbehalte der
F.D.P.-Ost gegen den BFD, aber ohne diese zu schüren, einer Vereinigung der
DDR-Liberalen zuvor.

3. Resumee

Es war sicher nicht nur ein organisatorisches oder strukturelles Problem, wenn
sich die liberalen Kräfte in der DDR bis zum Sommer 1990 nicht vereinigen
konnten, wiewohl es auch nicht verwundern wird, daß aus Zeitgründen ein einheitliches und originäres liberales Selbstverständnis in den letzten Monaten der
DDR nicht entstehen konnte. Zweifellos gibt es Triebkräfte, speziell in der LDP
und im BFD, sich als liberale Kraft zu profilieren. Was im Spätherbst 1989 in
der LDPD höchst zögerlich anlief, ließ aber unter den Bedingungen eines Wahl-
marathons ohne Beispiel und bei der großen Dynamik der inneren Transformationsprozesse auf allen gesellschaftlichen Ebenen in der Spät-DDR des Jahres
1990 auch kaum Möglichkeiten der Entwicklung eines zeitgemäßen
Liberalismusverständnisses, was programmatisch und mit höherer Wahleffizienz
hätte umgesetzt werden können. Zudem bestand bereits 1990 real keine Chance
für die LDP bzw. dann den BFD, als Alternative zur engagiert im Wahlkampf
agierenden F.D.P. der Bundesrepublik aufzutreten. Eine solche Alternative wäre
weder zeitgemäß gewesen, noch war sie von der Mehrheit der LDP/BFD-Mit-
glieder subjektiv gewollt. Rückläufige Mitgliederzahlen der F.D.P. in den fünf
neuen Bundesländern und Ost-Berlin signalisieren jedoch, daß eine nicht geringe
Zahl ihrer Mitglieder zweifellos Probleme hatte, eine kompatible Liberalismus-
identität für eine gesamtdeutsche F.D.P. anzunehmen und somit in der Partei ihre
politische Heimat zu finden. Auch diese Tatsache kann nicht verwundern, werden
sie in der F.D.P. doch auch mit einer anderen politischen Kultur konfrontiert, als
sie sie in den Blockparteien hätten erfahren können. Der Verschmelzungsprozeß
der deutschen liberalen Parteien hatte zwar eine bedeutsame historische Zäsur, als
politischer Prozeß ist er jedoch noch nicht abgeschlossen.

Anmerkungen

1   Liberal International 1947 - 1989 Öffentlichkeitsmaterial der Liberalen Internationale, das über Manifeste der LI und ihre Satzungen informiert; siehe S. 10 - 30

2   Vgl. Materialien der 6. Zentralvorstandssitzung der LDPD vom Juni 1989, Eröffnungsrede von Gerlach und Referat des stellvertretenden Parteivorsitzenden Raspe (Archiv des Liberalismus - Theodor-Heuss-Akademie Gummersbach und privates Archivmaterial Prof. Dr. Bogisch).

3   Diesen Gedanken unterstrich Gerlach in seiner Eröffnungsrede auf der Weimarer Konferenz der LDPD im April 1988, wenngleich er ihn auch sofort wieder relativierte: "Liberaldemokraten", so Gerlach, "unterscheiden sich von Kommunisten, sonst gäbe es die LDPD nicht. Sie sind insofern Andersdenkende, als viele von ihnen weltanschaulichen, moralischen und ethischen Prinzipien folgen, die sich deutlich vom Marxismus-Leninismus abheben. Politisch wichtig indessen ist, daß Liberaldemokraten bewußte Staatsbürger sind, entschlossen, die Arbeiter- und Bauern-Macht zu hüten und zu schützen,..." (Privates Archivmaterial Prof. Dr. Bogisch). Offensichtlich stand die LDPD-Führung bereits 1988 unter Basis-Druck, so daß Äußerungen dieser Art, bei aller Bekenntnisrelativierung, gemacht wurden.

4   Mit dieser Position, die Gerlach Ende September / Anfang Oktober öffentlich vertrat, versuchte er auch den Kontakt zu den Bürgerbewegungen enger zu gestalten, den Dialog mit ihnen zu vertiefen und den Einfluß der LDPD zu erhöhen, mit dem Ziel, sie zu einer "liberalen und demokratischen Volkspartei zu entwickeln.

5   Vgl. Informationsberichte der Bezirksverbände der LDPD Juli, August, September 1898 (Archiv des Liberalismus, Theodor-Heuss-Akademie Gummersbach).

6   Vgl. Protokoll (Teil 1) der außerordentlichen Sitzung des Sekretariats des Zentralvorstandes am 9. 10. 1989 (privates Archivmaterial Prof. Dr. Bogisch).

7   Vgl. "Fünf-Punkte-Programm für Freiheit, Gleichheit, Brüderlichkeit und soziale Gerechtigkeit" (persönliches Archiv Prof. Dr. Bogisch).

8   Vgl. Wahlprogramm der LDP, in "Der Morgen" v. 16. 2. 1990.

Roland Höhne

Von der Wende zum Ende:
Die NDPD während des Demokratisierungsprozesses

1. Vorbemerkung

Die 1948 gegründete National-Demokratische Partei Deutschlands (NDPD) war bis zur Wende im Herbst 1989 als treuer Verbündeter der SED ein fester Bestandteil des DDR-Herrschaftssystems. Der Zusammenbruch dieses Systems stürzte sie wie alle übrigen Blockparteien in eine schwere Existenzkrise. Durch eine programmatische und personelle Erneuerung versuchte sie, sich dem Demokratisierungsprozeß anzupassen und sich so als eigenständige Kraft zu behaupten. Im Gegensatz zur LDPD und zur CDU ist ihr dies jedoch nicht gelungen. Bei den ersten freien Volkskammerwahlen am 18. März 1990 erhielt sie nur 0,38% der Stimmen bzw. zwei der 400 Mandate. Zehn Tage später trat sie dem tags zuvor gegründeten Bund Freier Demokraten bei, der später in der gesamtdeutschen F.D.P. aufging. Noch vor dem Ende der DDR hatte die NDPD damit aufgehört zu existieren. Ihr Anpassungsversuch an die Demokratisierung der DDR war gescheitert.

Günter Hartmann, Vorsitzender der NDPD während der Wende, erklärt das Scheitern seiner Partei mit deren Struktur und Selbstverständnis. Als typische DDR-Partei habe sie keine Chance gehabt, sich in einem gesamtdeutschen Parteiensystem zu behaupten. Der Zusammenbruch der DDR bedeutete daher auch ihr Ende[1]. Diese Aussage ist im Kern sicherlich zutreffend, erklärt aber nicht völlig das schlechte Abschneiden der NDPD bei den Volkskammerwahlen 1990. Es stellt sich die Frage, weshalb es ihr nicht gelungen ist, ihr ursprüngliches Wählerpotential voll zu mobilisieren, oder es sogar auszuweiten. Um diese Frage beantworten zu können, ist ein Vergleich mit der LDPD hilfreich. Beide Parteien besaßen zwar viele Gemeinsamkeiten, unterschieden sich jedoch in einigen wesentlichen Punkten erheblich.

2. Parteispezifische Bedingungsfaktoren

2.1. Funktion, Struktur und Ideologie

Die NDPD war nicht wie die LDPD aus einem sozialen Milieu entstanden und in einer geistigen Tradition verwurzelt. Vielmehr war sie eine künstliche Schöpfung der sowjetischen Militäradministration (SMA) und der deutschen Kommunisten, der SED, die sich ehemaliger Mitglieder des prosowjetischen Nationalkomitees "Freies Deutschland" bedienten[2]. Ihre primäre Aufgabe war es, ehemalige Offiziere der Wehrmacht und frühere Mitläufer des NS-Regimes in das Herrschaftssystem der SBZ/DDR zu integrieren und die deutschlandpolitischen Zielsetzungen der Sowjetunion propagandistisch in den westlichen Besatzungszonen bzw. der Bundesrepublik zu unterstützen. Ferner sollte sie den Einfluß der bürgerlichen Parteien, insbesondere der LDPD, in der SBZ/DDR schwächen, um so die Position der SED zu stärken. Ihr wurden daher auch die Mittelschichten als soziale Basis zugewiesen. Infolge der Herausbildung der DDR-Gesellschaft veränderte sich im Laufe der Zeit erheblich ihre soziale Zusammensetzung. Während die Bedeutung der ehemaligen Diener und Mitläufer des NS-Regimes sowie der Selbständigen abnahm, stieg die der Angehörigen der technisch-wissenschaftlichen und künstlerischen Berufe, d.h. der "DDR-eigenen" Intelligenz. Die Mitgliederschaft wurde so "bürgerlicher", akademischer und jünger. Dadurch wandelte sich zwar teilweise die Funktion, nicht jedoch die Orientierung der Partei. Sie sollte nun nicht nur die alten, sondern auch die neuen Mittelschichten in das DDR-Herrschaftsystem integrieren und somit kontrollieren, insoweit dies nicht durch die SED selbst oder durch die anderen Blockparteien bereits geschah. Sie wurde dadurch jedoch nicht zu einer Interessenvertretung dieser neuen Mittelschichten, sondern vertrat umgekehrt auch ihnen gegenüber die Interessen der SED. Sie war also ein Herrschaftsinstrument von SED und Staatsführung, was jedoch in Einzelfällen die Vertretung von Mitgliederinteressen gegenüber staatlichen Organen nicht ausschloß.

Der systemstabilisierenden, herrschaftssichernden Funktion der Partei entsprach ihre zentralistische Organisation. Diese orientierte sich am "demokratischen Zentralismus" der SED; d.h. formal wurden die Leitungsgremien durch die Mitglieder der jeweiligen Organisationsebene gewählt, in Wirklichkeit aber von der Parteiführung bestimmt. Die Mitwirkung der Basis beschränkte sich daher auf die Akklamation der jeweils von oben nominierten Kandidaten. Die Parteiführung konnte sich so in ihren Machtpositionen unangefochten behaupten und ihren Willen durchsetzen. Sie herrschte administrativ mittels Anweisung und diskursiv mittels Wortproduktionen. Rückmeldungen von der Basis erfolgten lediglich über die Berichte der Stadt-, Kreis- und Bezirkssekretariate. Diese wurden jedoch auf jeder Ebene so gefiltert, daß nur positive, die Parteilinie bestätigende Informationen bzw. Äußerungen nach oben gelangten. Innerparteiliche Demokratie, d.h. freie Meinungs- und Willensbildung, konnte es unter diesen Bedingungen nicht geben. Dies begünstigte die Oligarchisierung und Verkrustung der Partei. An ihrer Spitze behaupteten sich daher bis in die Wendeperiode hinein Angehörige der Gründergeneration, die wie der langjährige Vorsitzende Heinrich Homann bereits dem Nationalkomitee "Freies Deutschland" angehört hatten.

Infolge ihrer zentralistischen Organisationsstruktur war die NDPD trotz ihrer über 100 000 Mitglieder keine Mitgliederpartei im westlich-demokratischen Sinne, d.h. eine Partei, in der die Basis über gewählte Mandatsträger die Macht ausübten bzw. zumindest die Linie der Partei über die aktive Teilnahme am Meinungs- und

Willensbildungsprozeß beeinflußten, sondern eine Kaderpartei, in der hauptamtliche Funktionäre bestimmten. Diese Struktur sicherte dem Parteiapparat die Kontrolle über die Basis, schwächte aber die Stellung der Partei in der Gesellschaft.

Finanziert wurde die NDPD zunächst wie alle Blockparteien durch staatliche Stellen. Dank der Einnahmen ihrer eigenen Betriebe war sie jedoch seit Mitte der 80er Jahre in der Lage, ihren Finanzbedarf selbst zu decken. Während der Wendezeit war sie daher finanziell unabhängig. Dank ihrer Parteipresse und ihres Parteiverlages, dem "Verlag der Nation", war sie in der Lage, ihre Ideen und Vorstellungen nicht nur ihren Mitgliedern sondern auch der Bevölkerung zu vermitteln. Die finanziellen und materiellen Voraussetzungen für eine aktive Parteiarbeit und Wählerwerbung waren daher vorhanden.

Die zentralen Elemente der NDPD-Ideologie bildeten der Antifaschismus, der Patriotismus und der Sozialismus. Der Antifaschismus beruhte auf den Ideen und den Vorstellungen des Nationalkomitees "Freies Deutschland", also des prosowjetischen Widerstandes gegen das NS-Regime im II. Weltkrieg. Er hatte ursprünglich einen überwiegend bürgerlich-demokratischen Inhalt, reduzierte sich aber immer mehr auf Leerformeln und verlor so an Substanz. Er diente der NDPD zunächst zur Legitimation ihres Mitspracheanspruchs beim Neuaufbau in der SBZ/DDR und später zur ideologischen Rechtfertigung ihrer Zusammenarbeit mit der SED und den übrigen Blockparteien. Da viele Mitglieder der Gründergeneration dem NS-Regime gedient hatten, wirkte ihr Antifaschismus häufig aufgesetzt und künstlich. Seine Integrationskraft war daher gering, besonders bei den Parteimitgliedern der jüngeren Generation, die nicht mehr vom Erleben des II. Weltkrieges geprägt waren. Eine wesentlich größere Rolle spielte in den Anfangsjahren der Patriotismus. Er berief sich auf die "positiven Traditionen der deutschen Geschichte", insbesondere die Befreiungskriege, den Vormärz und die Revolution von 1848, und verstand sich so als demokratische Alternative zu Nationalismus, Militarismus, Imperialismus und Reaktion. Seine geistige und emotionale Basis bildete jedoch bei vielen Angehörigen der Kriegsgeneration ein ausgeprägter antiwestlicher Nationalismus, so daß er in der Anfangsphase der Partei zur Mobilisation von Mitgliedern und Sympathisanten gegen die Westorientierung der Bundesrepublik sowie zur Unterstützung der prosowjetischen Ausrichtung der DDR benutzt werden konnte. Nach der Zementierung der deutschen Spaltung in den fünfziger Jahren verlor er daher immer mehr an Bedeutung und reduzierte sich auf die Legitimation der "sozialistischen Nation der DDR". Je mehr Antifaschismus und Patriotismus an Mobilisationskraft verloren, desto mehr gewann der Sozialismus an Bedeutung. Er wurde theoretisch als die historisch logische Konsequenz der realen Demokratie begründet, bestand aber in der Praxis in der Übernahme der DDR-Staatsideologie. Die NDPD bemühte sich jedoch stets, "Eigenes", d.h. eigene Ideen und Vorstellungen in ihn einzubringen. Diese bezogen sich aber meistens auf die Form, nicht den Inhalt.

2.2 Stellung im Herrschaftssystem

Die NDPD hatte seit ihrer Gründung ein besonders enges Verhältnis zur SED und zur Sowjetunion. Dieses ergab sich einerseits aus den politischen Biographien vieler Angehöriger der Gründergeneration. Diese hatten häufig als Offiziere oder Funktionäre dem NS-Regime gedient oder waren NS-Mitläufer gewesen. Die SED gewährte ihnen die rechtliche Gleichstellung mit der übrigen Bevölkerung und erlaubte ihnen auch die politische Betätigung, verlangte als Gegenleistung aber die Unterstützung ihrer Politik. Die NDPD-Führung entsprach dieser Erwartung. Sie vertrat die SED-Positionen gerade in der Gründungsphase der DDR gegenüber der CDU und LDPD besonders eifrig. Die enge Bindung der NDPD an die SED und die Sowjetunion ergab sich aber auch aus Struktur und Funktion der Partei. Da sie nicht wie die LDPD aus einem sozialen Milieu hervorgegangen war und sich auch nicht auf eine lebendige geistige Tradition stützen konnte, war sie viel stärker als diese auch nach deren Gleichschaltung auf die Strukturen des DDR-Herrschaftssystems und die Rückendeckung der SED angewiesen. Sie identifizierte sich daher besonders eng mit diesen. Seinen Niederschlag fand dies in der Präambel und den beiden Kernsätzen des Parteiprogramms: Anerkennung der führenden Rolle der Arbeiterklasse und ihrer Partei, der SED, sowie unverbrüchliche Freundschaft zur Sowjetunion.

Entsprechend diesem Selbstverständnis arbeitete die NDPD eng mit den übrigen Blockparteien, insbesondere mit der SED, im Herrschaftskartell der DDR, dem "Demokratischen Block", zusammen. Sie war auf allen staatlichen Leitungsebenen und in den Führungsgremien der Massenorganisationen vertreten, meist jedoch nur in nachgeordneten Positionen und mit wenig realen Einflußmöglichkeiten. Sie konnte sich daher zwar in Einzelfällen schützend vor ihre Mitglieder stellen, wenn diese Schwierigkeiten mit der Staatsmacht bzw. der SED hatten, sie konnte jedoch nicht wirkungsvoll die Interessen ihrer sozialen Basis, der Mittelschichten, vertreten.

Das DDR-System sicherte der NDPD ihren politischen Einfluß unabhängig von ihrem konkreten Rückhalt in der Gesellschaft, da dieser nicht durch freie Wahlen ermittelt, sondern durch die SED zugeteilt wurde. Die politischen und sozialen Zwänge der DDR-Gesellschaft bewirkten, daß sich stets eine ausreichende Zahl von Personen auch ohne effektive Partizipationsmöglichkeiten bei ihr engagierten. Die offene Krise des SED-Regimes seit dem Herbst 1989 zerstörte diese Grundlagen und zwang die Partei, sich den neuen Verhältnissen anzupassen. Wollte sie als eigenständige politische Kraft überleben, mußte sie versuchen, sich neue Existenzgrundlagen zu schaffen. Zu diesen gehörten ein ausreichender Rückhalt in der Wählerschaft und ein aktives Engagement der Mitglieder in der Partei und für die Partei. Beides ließ sich unter den Bedingungen eines pluralistischen Parteiensystems und eines offenen Parteienwettbewerbs nur durch eine Demokratisierung der Partei und die Entwicklung einer attraktiven Programmatik erreichen.

2.3 Probleme der Anpassung

Bei ihren Anpassungsbemühungen stand die NDPD im Wettlauf mit der Zeit und unter dem Druck der Ereignisse. Die alten Strukturen zerbrachen so schnell, die neuen Verhältnisse entwickelten sich so rasch, daß ihr keine Zeit blieb, langfristige Strategien zu entwickeln und feste Positionen zu beziehen. Sie war vielmehr gezwungen, sich kurzfristig zu entscheiden. Dabei mußte sie sowohl auf die alten Blockparteien als auch auf ihre Basis Rücksicht nehmen. Aufgrund ihrer Struktur als obrigkeitsstaatliche Kaderpartei konnte sie den politischen Reformprozeß nur beeinflussen, wenn sie weiterhin innerhalb der bestehenden Institutionen - Regierung, Demokratischer Block , Volkskammer - agierte. Sie durfte daher nicht mit dem alten Machtkartell der DDR-Parteien brechen, solange dieses noch die staatlichen und politischen Institutionen beherrschte. Andererseits konnte sie ihre Mitglieder und Sympathisanten jedoch nur mobilisieren und Wähler gewinnen, wenn sie sich glaubhaft als Reformpartei artikulierte. Sie mußte sich daher deutlich von der alten Ordnung distanzieren. Somit war sie zum Spagat zwischen den alten und den neuen Kräften, zwischen Kontinuität und Bruch gezwungen. Die Mitarbeit am "Runden Tisch" befreite sie nur vorübergehend aus dieser Zwangslage. Sie ermöglichte zwar eine Zusammenarbeit sowohl mit den alten als auch mit den neuen Kräften, bot aber nur geringe Einwirkungsmöglichkeiten auf die Bevölkerung, da diese ab Januar 90 dem "Runden Tisch" davonlief (Thaysen 1990). Je lauter der Ruf nach staatlicher Wiedervereinigung auf den Straßen der DDR ertönte, um so größer wurde die Distanz zwischen dem Wendekartell aus alten und neuen Kräften und der Bevölkerung. Die NDPD war daher erneut zum Spagat gezwungen, diesmal zwischen der systemimmanenten Reform der DDR und der staatlichen Wiedervereinigung Deutschlands. Da sie als typische DDR-Partei zumindest für eine längere Übergangszeit auf die Eigenstaatlichkeit der DDR angewiesen war, konnte sie sich nicht an die Spitze der Wiedervereinigungsbewegung stellen. Ihre Handlungsmöglichkeiten waren somit begrenzt. Sie konnte entweder versuchen, an der Seite der alten Parteien die alte Ordnung zu reformieren oder aber gemeinsam mit den neuen Kräften danach streben, eine neue Ordnung zu schaffen.

3. Die gescheiterte Anpassung

Als die Massenflucht von DDR-Bewohnern im Sommer 1989 die Existenzkrise der DDR verstärkte, reagierte der NDPD-Vorsitzende Heinrich Homan mit einem Bekenntnis zum Sozialismus und zur DDR. Er lehnte jegliche Übernahme westlich-pluralistischer Vorstellungen ab und wandte sich entschieden gegen das "Gerede von der Wiedervereinigung"[3]. Damit wurde die hypothetische Chance verspielt, sich noch vor Beginn der offenen Regimekrise am 7./8. Oktober 1989 als "Perestroika-Partei" zu profilieren und so an die Spitze des Reformprozesses innerhalb des Herrschaftssystems zu stellen, wie es seit dem Sommer 1989 die LDPD-Führung versuchte. Angesichts der besonders engen Bindungen der NDPD-Führung an die SED verwunderte dies jedoch nicht sehr. Jede grundlegende Veränderung der bestehenden Herrschaftsverhältnisse hätte ihre Position im Herrschaftssystem, ja ihre Existenz gefährdet. Ihr Immobilismus im Sommer und Frühherbst 1989 ist daher erklärlich.

Auch von der Parteibasis gingen im August/September 1989 keine Reformimpulse aus. Bei den im September in den Kreis- und Staatsbezirksverbänden durchgeführten zentralen Mitgliederversammlungen dominierte die Zustimmung zur offiziellen Parteilinie.

3.1 Die "Stärkung der sozialistischen Demokratie": Oktober 1989

Nach dem Beginn der offenen Systemkrise Anfang Oktober setzte die NDPD ihren unnachgiebigen Kurs fort. Ihre Basis begann im Laufe des Oktobers jedoch, unruhig zu werden, wie sich aus den "Aktuellen Informationen" des Parteisekretariats entnehmen läßt. Sie forderte eine Beteiligung der NDPD an dem Erneuerungsprozeß, den Honecker in seiner Erklärung vom 13. Oktober gefordert hatte[4]. Die Forderungen der Parteibasis wurden jedoch nur teilweise von der Parteiführung aufgegriffen. Am 18.Oktober erklärte das Präsidium nach einer Beratung mit den Vorsitzenden der Bezirksverbände in Berlin, die NDPD sei für "ergebnisorientierte Diskussionen", sie wolle jedoch, daß dem Sozialismus nicht Schaden zugefügt, sondern daß er weiter gestärkt werde. Am Abend des gleichen Tages wiederholte Homann in der "Aktuellen Kamera" des Fernsehens die Bereitschaft seiner Partei zum Dialog mit allen "demokratischen Kräften" und forderte ein Stärkung der Rolle der gewählten Volksvertretungen. Er bekannte sich jedoch gleichzeitig zur Fortsetzung der Blockpolitik bzw. der Zusammenarbeit mit der SED und stellte die Grundlagen der herrschenden Ordnung, das Machtmonopol der SED, nicht in Frage.

Homann änderte seine Grundhaltung auch nicht nach der Absetzung Honeckers am 18. Oktober und der Wahl von Egon Krenz zu dessen Nachfolger am 24. Oktober. In einer Ansprache vor Kreisvorsitzenden seiner Partei am 27. Oktober in Berlin billigte er die von der 9. Tagung des ZK der SED am 18. Oktober eingeleitete Wende und bekannte sich erneut zum Bündnis mit der SED. Er stellte die Dominanz der SED nicht in Frage, verlangte aber von ihr entschlossenes Handeln zur Überwindung der Krise. Außerdem bemühte er sich um eine Stärkung der Position der NDPD innerhalb des DDR-Herrschaftssystems. Um jedoch Mißverständnisse zu vermeiden, betonte er erneut seine Loyalität gegenüber der bestehenden Ordnung. Homann verlangte somit eine Aufwertung der repräsentativen Organe, um den Einfluß seiner Partei innerhalb des bestehenden Machtkartells zu stärken, nicht jedoch, um dieses durch eine Demokratisierung der Institutionen aufzubrechen. Er wußte nur zu genau, daß eine echte Demokratisierung des Systems das sichere Ende der NDPD bedeutet hätte. Sein Reformismus sprengte daher nicht die bestehende Ordnung.

Die Parteibasis teilte Ende Oktober grundsätzlich die Position der Parteiführung. Auch sie wollte zu jenem Zeitpunkt lediglich eine Verschiebung der internen Machtverhältnisse des bestehenden Herrschaftssystems zugunsten der NDPD, keine grundlegende Demokratisierung von Staat und Gesellschaft. Sie ging in ihrer Kritik der politischen Verhältnisse und in ihrer Forderung nach Veränderungen jedoch weiter als die Parteiführung. Insbesondere befürwortete sie Ende Oktober nicht nur wie die Parteiführung den Dialog mit den alten Parteien und Organisationen innerhalb des Herrschaftssystems, sondern ebenfalls das Gespräch mit den neuen Kräften im "Neuen Forum". Sie war jedoch (noch) nicht bereit, sich an der Volksbewegung gegen das SED-Regime zu beteiligen. Hier wurde bereits die Absicht deutlich, die politische Basis des herrschenden Blocks zu erweitern, um das Herrschaftssystem zu stabilisieren und die Macht der SED einzuschränken, das Volk jedoch weiterhin von der aktiven politischen Teilnahme auszuschließen. Auch der Apparat, d.h. die mittlere und untere Führungsebene, scheint sich bewußt gewesen zu sein, daß eine Demokratisierung des politischen Systems das Ende der Partei bedeutet hätte.

An der Parteibasis gab es Ende Oktober auch eine intensive Diskussion über das Machtmonopol der SED und über die Rolle der NDPD im Herrschaftssystem der DDR[5]. Die "Führungsrolle" der SED wurde zwar kritisiert, aber noch nicht grundsätzlich in Frage gestellt. Wohl aber verlangten mehrere Kreisverbände ein wirkliches Mitspracherecht für die Partei im "Demokratischen Block", d.h. im Machtkartell der Parteien durch die Entwicklung eines "glaubbaren sozialistischen Pluralismus". Die Übereinstimmung im Grundsätzlichen müsse nicht Identität in den Ansichten beinhalten. Die NDPD müsse das Recht haben, ihre eigenen Positionen wirkungsvoll vertreten zu können. Damit sie dazu in der Lage sei, brauche sie ein eigenes Maß für die Bewertung der gesellschaftlichen Verhältnisse und Entwicklungen. Sie müsse deshalb ein Programm entwickeln, das sie aus der bisherigen Parteientmündigung herausführt. Die Forderung nach echter Mitbestimmung im herrschenden Block führte so zur Forderung nach einer programmatischen Erneuerung der Partei. Einige Bezirksverbände gingen sogar noch weiter und verlangten auch die personelle Erneuerung der NDPD, da die Parteiführung ihren Führungsaufgaben nicht gerecht geworden sei.

Die unflexible Reaktion Homanns auf die Regimekrise führte dazu, daß sogar die meisten seiner treuesten Gefolgsleute im Sekretariat und im Präsidium sich gegen ihn wandten. Sie hatten die Dringlichkeit der Anpassung an den Demokratisierungsprozeß erkannt und forderten deshalb ebenfalls die personelle und programmatische Erneuerung der Partei[6]. Auf ihr Drängen erklärte Homann am 2. November 1989 "in Anbetracht und in Einschätzung der Situation in der Partei" seinen Rücktritt als Parteivorsitzender, blieb jedoch zunächst weiterhin Mitglied des Präsidiums. Mit der Führung der Geschäfte wurde sein bisheriger Stellvertreter und langjähriger Mitarbeiter, Günter Hartmann, beauftragt[7].

3.2 Der "erneuerte Sozialismus" als Leitbild: November 1989

Nach dem Rücktritt Homanns entbrannte in den Führungsgremien ein heftiger
Machtkampf um die Führung und den künftigen Kurs der Partei. Dabei bildeten
sich drei Gruppen: orthodoxe Reformgegner, gemäßigte Reformer, radikale Demokraten. Die Reformgegner wollten innerparteilich alles so lassen, wie es war.
Sie befürworteten die Fortsetzung der Blockpolitik mit der SED und verlangten lediglich wie Homann eine Stärkung des NDPD-Einflusses im alten Machtkartell.
Die gemäßigten Reformer wollten die Partei demokratisieren und den Sozialismus
erneuern, befürworteten jedoch ebenfalls eine Fortsetzung der Blockpolitik. Die
radikalen Demokraten strebten dagegen nicht nur eine Demokratisierung der Partei, sondern ebenfalls einen Bruch mit dem Sozialismus und der SED an. Die gemäßigten Reformer konnten sich unter der Führung von G. Hartmann durchsetzen.
Trotz erheblicher Widerstände im Hauptausschuß und seitens der meisten Bezirksvorsitzenden wurde er am 7. November zum neuen Vorsitzenden gewählt. Gleichzeitig wurde das Präsidium des Hauptausschusses teilweise erneuert. Damit war
die personelle Erneuerung der Parteiführung eingeleitet, aber keineswegs abgeschlossen. Die personalpolitischen Auseinandersetzungen gingen daher weiter.

Eng verbunden mit der personellen Erneuerung der Partei vollzog sich auch die
programmatische. Hier standen sich ebenfalls gemäßigte und radikale Reformer
gegenüber. Günter Hartmann und seine Anhänger plädierten für eine Erneuerung
des Sozialismus, die radikalen Reformer verlangten eine Hinwendung zum Individualismus, zur Marktwirtschaft und zum Pluralismus. Auch in dieser Auseinandersetzung konnte sich Hartmann im Laufe des Novembers durchsetzen.
Schon unmittelbar nach der Absetzung Homanns verabschiedete das Präsidium auf
sein Drängen am 3.11.1989 einen Entwurf über "Grundsätze und Ziele der NDPD
bei der gesellschaftlichen Umgestaltung in der DDR", der am 4. November in der
"National-Zeitung" veröffentlicht wurde.

In diesem Entwurf bekannte sich die NDPD zur Eigenstaatlichkeit der DDR und
zum Bündnis mit der SED. Sie verlangte jedoch jetzt von dieser die Anerkennung
als gleichberechtigter Bündnispartner und das Recht, gegensätzliche Positionen
und unterschiedliche Interessen vertreten zu dürfen. Das war neu! In der Theorie
war die NDPD zwar wie alle Blockparteien gleichberechtigt, in der Praxis aber
nicht. Wenn sie jetzt öffentlich die Gleichberechtigung verlangte, dann wollte sie
damit ihre Existenzberechtigung gegenüber ihren Mitgliedern und potentiellen
Wählern beweisen. Nur als eigenständige Interessenvertretung ihrer sozialen Basis
hatte sie eine Chance, sich bei freien Wahlen in einem pluralistischen Parteiensystem zu behaupten. Getreu ihrem Prinzip, "Eigenes" in die Politik einzubringen
und so ihre Existenzberechtigung zu beweisen, forderte die NDPD in ihrem Programmentwurf eine stärkere Berücksichtigung nationalen und demokratischen Ge-
dankengutes. Dieses müsse stärker zu geistigen Triebkräften "unseres sozialistischen Vaterlandes" werden. Im zweiten und dritten Teil des Programmentwurfes
wurden die Garantie der Rechtsstaatlichkeit und der Rechtssicherheit sowie die

Ausarbeitung einer neuen Wirtschaftsstrategie und die Durchführung grundlegender Wirtschaftsreformen gefordert und damit für die Bildung eines demokratischen Rechtsstaates und für ein gemischtes Wirtschaftssystem eingetreten, in dem es neben einem staatlichen Sektor auch einen halbstaatlichen sowie einen genossenschaftlichen und einen privaten Sektor geben sollte. Inhaltlich blieb so vom "real existierenden Sozialismus" wenig übrig, was nicht auch von sozialen Demokraten hätte akzeptiert werden können. Wenn die NDPD trotzdem in ihrem Programmentwurf verbal am Sozialismus festhielt und sich zum Bündnis mit der SED bekannte, dann trug sie damit ihrer ambivalenten Lage im Demokratisierungsprozeß Rechnung. Einerseits mußte sie als Blockpartei auf die realen Machtverhältnisse in der DDR, also die dominierende Stellung der SED in Staat und Gesellschaft, Rücksicht nehmen, andererseits mußte sie aber auch das Reform- und Demokratieverlangen ihrer Mitglieder befriedigen. Sie war daher gezwungen, am Begriff des Sozialismus festzuhalten, ihn aber mit demokratischen, rechtsstaatlichen und marktwirtschaftlichen Inhalten zu füllen. Außerdem mußte sie noch das Nationale betonen, um sich von ihrer liberalen Rivalin, der LDPD, zu unterscheiden.

Wie aus den "Aktuellen Informationen" Nr. 82 vom 13. November zu entnehmen ist, wurden die Entscheidungen der 6. Tagung des Hauptausschusses von der Basis heftig kritisiert. Die Mehrheit der Parteimitglieder lehnte eine "Erneuerung des Sozialismus", d.h. eine systemimmanente Reform der DDR, ab und verlangte die Schaffung eines echten Parteienpluralismus auf der Grundlage freier Meinungsäußerungen und freier Wahlen. Das neugewählte Präsidium beschloß daher am 14. November 1989, die Arbeitsprinzipien des Präsidiums und des Sekretariats des Hauptausschusses neu zu definieren und die Parteiarbeit zu aktivieren. Den Parteieinheiten wurde empfohlen, kurzfristig öffentliche Mitgliederversammlungen zur Erläuterung der Ziele und Aufgaben der Partei "bei der gesellschaftlichen Umgestaltung in der DDR" durchzuführen, um den neuen Kurs der Partei nicht nur in der Mitgliedschaft, sondern auch in der Öffentlichkeit bekannt zu machen. Angesichts der Perspektive freier Wahlen wollte die NDPD ihre öffentliche Wirksamkeit erhöhen und eine aktive Öffentlichkeitsarbeit betreiben.

Parallel zur personellen und programmatischen Erneuerung der Partei bemühte sich die Parteiführung im November 1989 auch um eine Demokratisierung des Herrschaftssystems. Am Vorabend der großen Demonstration vom 4. November auf dem Alexanderplatz in Berlin solidarisierte sie sich mit der Forderung nach Meinungs-, Versammlungs-, Vereins- und Pressefreiheit entsprechend den Artikeln 27, 28 und 29 der DDR-Verfassung, appellierte jedoch gleichzeitig an alle Bürger "zusammenzustehen", d.h. den Reformkonsens zwischen den etablierten Kräften und den Bürgerbewegungen nicht zu sprengen. Außerdem forderte sie den sofortigen Zusammentritt des "Demokratischen Blocks", d.h. des von der SED beherrschten Machtkartells der Parteien und Massenorganisationen. Durch diese Forderung gab sie zu erkennen, daß sie die Demokratisierung des Staates innerhalb der etablierten Strukturen anstrebte, nicht durch den Sturz der alten Ordnung. Entsprechend dieser Legalitätsstrategie verhandelte sie mit der SED über die Bildung einer neuen Regierung, stimmte am 13. November in der Volkskammer für die Wahl von Hans Modrow, dem Kandidaten der SED, zum neuen Ministerpräsidenten und trat am 18. November dessen Regierung bei. Die Machtverteilung innerhalb der Regierung Modrow läßt erkennen, wie gering ihr politisch-sozialer Einfluß durch die SED eingeschätzt wurde. Während die SED selbst siebzehn Ministerien besetzte, darunter sämtliche Schlüsselministerien, überließ sie der LDPD immerhin vier und der CDU noch drei, der NDPD aber wie der DBD nur zwei. Von Gleichberechtigung mit den alten "bürgerlichen" Blockparteien CDU und LDPD konnte keine Rede sein.

Die Auseinandersetzungen an der Parteibasis über den politisch-sozialen Transformationsprozeß der DDR und die Rolle der NDPD in ihm hielten auch Mitte November unvermindert an[8]. Die große Mehrheit der Parteimitglieder sprach sich gegen den Führungsanspruch der SED und für freie Wahlen aus, an denen ausschließlich Parteien teilnehmen sollten, nicht die von der SED kontrollierten Massenorganisationen, um die Chancengleichheit für die Blockparteien zu garantieren. Die Parteibasis forderte ferner den Austritt aus der Nationalen Front, da diese eine Profilierung der NDPD als eigenständige Kraft unmöglich mache. Die Regierungsbeteiligung der NDPD wurde allgemein begrüßt, die Regierungserklärung gebilligt, die Überrepräsentation der SED jedoch kritisiert und die Parität mit den anderen Blockparteien gefordert. Ende November wurde immer lauter und nachdrücklicher die Erneuerung der Partei durch Neuwahlen der Leitungsgremien von "unten nach oben" gefordert und die zögernde Haltung der Parteiführung kritisiert.

Unter dem Druck der Parteibasis und der sich überstürzenden politischen Entwicklung setzte die Parteiführung im November ihre Bemühungen um die Erneuerung der Partei fort. Sie ging dabei von der Annahme aus, daß die nächste Volkskammerwahl im Herbst 1990 stattfinden würde, der Partei also knapp ein Jahr für ihre Reorganisation bleiben würde. Motor des Erneuerungsprozesses bildete das Sekretariat, das empfahl, den 14. Parteitag der NDPD zum 20./21. April 1990 nach Berlin einzuberufen und dessen Delegierten in Umkehrung der bisherigen Praxis demokratisch "von unten nach oben", d.h. von den Grundeinheiten über die verschiedenen Organisationsebenen wählen zu lassen, um sie demokratisch zu legitimieren. Auf dem Parteitag sollten die Führungsgremien neu gewählt, neue Satzungen angenommen und ein Wahlprogramm verabschiedet werden. Die personelle und programmatische Erneuerung der Partei, die bisher von der Parteiführung betrieben wurde, würde so von der Parteibasis legitimiert werden. Bis dahin aber würde die Parteiführung den Umgestaltungsprozeß weiter steuern können, denn in ihren Händen lag die inhaltliche und organisatorische Vorbereitung des Parteitages.

Entsprechend der Vorlag des Präsidiums bzw. des Sekretariats beschloß der Hauptausschuß am 28. November 1989 die Einberufung des 14. Parteitags für die zweite Aprilhälfte 1990 nach Berlin. Ferner stimmte der Hauptausschuß dem Vorschlag des Präsidiums zu, die Präambel und den Paragraphen 1 der Satzung, in denen sich die NDPD zur führenden Rolle der SED bekannte, bis zum Beschluß eines Parteiprogramms und der neuen Satzung zu suspendieren und die Partei für alle wahlberechtigten Bürger der DDR zu öffnen. Damit war der Weg frei für die Entwicklung der NDPD zu einer demokratischen Volkspartei in einem pluralistischen Parteiensystem der DDR.

Der Hauptausschuß setzte auch die personelle und programmatische Erneuerung der Partei fort. Er wählte mehrere Vertreter des Reformkurses in das Präsidium und diskutierte den neuen, nach langen Auseinandersetzungen vom Präsidium am 27. November beschlossenen Entwurf des Parteiprogramms, der von Hartmann vorgetragen wurde[9]. Die NDPD hielt hierin am Leitbild des demokratischen Sozialismus fest. Allerdings wollte sie diesem ein "nationales Antlitz" geben, d.h. mit ihren eigenen Vorstellungen anfüllen. Mit einem neuen Selbstverständnis als mittelständischer Interessenvertretung und national-demokratischer Programmpartei sprengte sie die Fesseln, die ihr die SED bei der Mitgliederrekrutierung durch die Festlegung auf die Mittelschichten angelegt hatte, und profilierte sich gleichzeitig gegenüber der LDPD, die sich als liberale Vertreterin mittelständischer Interessen verstand.

Der Bezug auf die nationalen und demokratischen Traditionen des deutschen Volkes sowie auf die Interessen der Mittelschichten in der DDR nötigte die NDPD, ihr Bekenntnis zum Sozialismus vor allem ideel und politisch, nicht aber materiell und sozial zu begründen, denn der Zusammenhang zwischen Sozialismus und Mittelschichten war nicht evident, d.h. er ließ sich nicht direkt aus den gesellschaftlichen Interessen der Mittelschichten ableiten. Im ökonomischen Bereich erfolgte ein Bekenntnis zum Leistungsprinzip und zur wirtschaftlichen Eigenverantwortung sowie zu einem gemischten Wirtschaftssystem. Damit entsprach die NDPD sicherlich stärker den Erwartungen und Interessen ihrer Mitglieder und potentiellen Wähler als mit ihrem Festhalten am Sozialismus. Dies gilt auch für ihre Forderung nach Schaffung von Freiräumen für Privatinitiative in der Wirtschaft. Mit diesen Forderungen profilierte sich die NDPD als Interessenvertretung der Selbständigen, die noch immer einen beträchtlichen Anteil ihrer Mitgliederschaft ausmachten.

Die NDPD engagierte sich ebenfalls für eine enge Wirtschaftskooperation mit den kapitalistischen Ländern, insbesondere der Bundesrepublik. Eine solche Zusammenarbeit mit der "kapitalistischen BRD" im Rahmen einer Konföderation drohte aber aus der Sicht der SED und ihrer Parteigänger in der NDPD zu einer "kapitalistischen Unterwanderung" und damit einer gesellschaftlichen Umstrukturierung der DDR zu führen. Hartmann beeilte sich deshalb zu versichern: "Aus nationalem Interesse sind wir für den Sozialismus". Dessen Gestaltung müsse jedoch begreifbaren nationalen Interessen entsprechen, wenn er von Angehörigen aller Klassen und Schichten mit unterschiedlichen Weltanschauungen akzeptiert werden solle. Der Rekurs auf die "nationalen Interessen" diente somit im programmatischen Diskurs der NDPD zur ideologischen Absicherung der angestrebten Institutionalisierung der Wirtschaftskooperation mit der Bundesrepublik und der damit verbundenen Liberalisierung der DDR-Wirtschaft, er hatte aber auch die Funktion, den Sozialismus gegenüber der eigenen Basis, den Mittelschichten, zu legitimieren. Die "nationalen Interessen" übernahmen dabei die Rolle der proletarischen "Klasseninteressen" des marxistischen Diskurses, auf die sich die NDPD gegenüber ihrer mittelständischen Basis nicht berufen konnte.

Die Beziehungen zwischen Nation und Sozialismus waren im programmatischen Diskurs der NDPD aber keineswegs linear sondern dialektisch. Das Bekenntnis zum Sozialismus wurde einerseits mit den nationalen Interessen begründet, der Sozialismus wurde aber andererseits zur Voraussetzung der Existenznotwendigkeit der DDR erklärt. Die nationalen Interessen dienten auf diese Weise zur Rechtfertigung der Eigenstaatlichkeit der DDR. Damit trug die NDPD diskursiv der Tatsache Rechnung, daß ihre Existenz vom Fortbestand der DDR abhing.

Den Inhalt der nationalen Identität definierte Hartmann jedoch nicht primär gesellschaftlich, sondern kulturell. Sie erfordere die Aneignung und die Bewahrung des nationalen deutschen Kulturerbes. Nationale Identität war somit im Verständnis der NDPD gesamtdeutsche Identität. Dies zeigte sich auch in ihrem Geschichtsverständnis. Zur Glaubwürdigkeit der Betonung des untrennbaren Zusammenhangs von Demokratie und Sozialismus gehöre auch das Bekenntnis zur ganzen deutschen Nationalgeschichte. Die NDPD bekannte sich somit Ende November 1989 weiterhin zum Sozialismus, um die Existenz der DDR zu retten, bemühte sich aber, diesen mit demokratischen und nationalen Inhalten zu füllen, um den Erwartungen ihrer Mitglieder und potentiellen Wähler zu entsprechen. Es sollte sich schnell zeigen, daß sich diese Synthese sozialistischer, demokratischer und nationaler Ideen nicht halten ließ.

Um ihre Eigenständigkeit gegenüber der SED zu demonstrieren, verkündete die NDPD, sie werde in Zukunft ihr eigenes Sozialismusbild propagieren. Natürlich respektiere sie die Vorstellungen der Arbeiterklasse, d.h. der SED, vom Sozialismus, denn ohne diese könne es keinen Sozialismus geben. Aber sie werden dem, was die Arbeiterklasse mit dem Sozialismus verbinde, nicht länger nur ihre eigenen Ansichten hinzufügen, sondern ihre eigene Meinung über den Sozialismus vertreten. Mit dieser Aussage kündigte die NDPD Ende November 1989 der SED ihre Gefolgschaftstreue auf. Ein über vierzigjähriges Abhängigkeitsverhältnis ging damit zu Ende. Die Aufkündigung der bisherigen Bindungen an die SED führte zur Streichung der beiden Kernsätze des Parteiprogramms, in denen sich die NDPD zum Bündnis mit der Arbeiterklasse und ihrer Partei bekannte. Statt dessen griff sie auf traditionelle Auffassungen national-demokratischer Politik zurück. Dies begründete sie mit der gesellschaftlichen Entwicklung, die über die beiden Kernsätze hinweggegangen sei. Dem "bürgerlich-kapitalistischen" Demokratieverständnis des "Imperialismus", d.h. der Bundesrepublik, stellte die NDPD ein "antifaschistisches" Demokratieverständnis entgegen. Seine tragenden Werte sollten konsequenter Antifaschismus, Antimilitarismus, Antinationalismus bilden. Auf diese Weise wollte sie eine Fehlinterpration ihres Bekenntnisses zu einem "Sozialismus mit nationalem Antlitz", also einem nationalen Sozialismus, vermeiden, der semantisch in fatale Nähe zum National-Sozialismus gebracht werden könnte.

Die Basis der sozialistischen Demokratie, die die NDPD anstrebte, sollte die rechtliche Gleichstellung ihrer Bürger bilden. Die NDPD lehnte daher das marxistische Gesellschaftsmodell ab, das die gesellschaftliche Stellung von Klassen und Schichten politisch und rechtlich festlegte, und propagierte statt dessen ein demokratisches Modell, in dem allein die Leistung des einzelnen über seine soziale Stellung entscheidet. Dies bedeutete eine Absage an den gesellschaftlichen Führungsanspruch der Arbeiterklasse und den daraus resultierenden politischen Führungsanspruch der SED.

Aus der rechtlichen Gleichheit aller Bürger folgerte die NDPD die politische Gleichberechtigung aller Parteien. Im "sozialistischen Parteienpluralismus" müsse jede Partei mit jeder koalieren können. Dabei könne es keine Begrenzung auf bestehende Parteien geben. Auch Koalitionen mit neuen Parteien seien denkbar. Dies könne dazu führen, daß Koalitionen entstünden, die andere Parteien in die parlamentarische Opposition drängten. Gemeint waren "bürgerliche" Koalitionen, die die SED entmachten würden. Die NDPD kündigte so die Blockpolitik und die Zusammenarbeit in der Nationalen Front auf, erklärte aber ihre Bereitschaft, am "Runden Tisch" mitzuarbeiten.

Die NDPD bekräftigte ihre Unabhängigkeit von der SED nicht nur in der Innen-, sondern auch in der Außenpolitik. Im Mittelpunkt der DDR-Außenpolitik müsse das Bemühen um die Schaffung einer europäischen Friedensordnung stehen, in deren Rahmen sich auch eine Konföderation beider deutscher Staaten verwirklichen ließe. Die Befürwortung einer Konföderation mit der Bundesrepublik implizierte nicht die Loslösung vom östlichen Lager. Die NDPD wollte auch Ende November 1989 noch an den engen Bindungen der DDR zur Sowjetunion und den osteuropäischen Staaten festhalten. Angesichts deren innerer Entwicklung trat sie jedoch für eine Umwandlung des Warschauer Paktes in ein politisch-militärisches Bündnis ein.

Die programmatischen Ausführungen Hartmanns vom 28. November 1989 bildeten einen Kompromiß zwischen den Vorstellungen der gemäßigten und der radikalen Reformer. Sie beruhten auf der Annahme, daß die Eigenstaatlichkeit der DDR erhalten und die Mehrheit der Bevölkerung den Sozialismus weiterhin akzeptieren würde. Daraus erklärt sich ihr zentraler Bezug auf die DDR und den Sozialismus. Es sollte sich rasch erweisen, daß beides ein Fehler war.

Hartmann erklärte am 29. November, die geschichtliche Aufgabe der Blockpolitik in der DDR könne als erfüllt betrachtet werden[10]. Eine Woche später stellte die NDPD ihre Mitarbeit im "Demokratischen Block" ein. Damit zog sie wie die übrigen Blockparteien die Konsequenzen aus dem Zerfall des alten Herrschaftssystems. Sie hielt jedoch an der gouvernementalen Zusammenarbeit mit der SED und den anderen Altparteien fest und beteiligte sich ab 7. Dezember auch an den Gesprächen des "Runden Tisches" zwischen den alten und den neuen Kräften. Sie blieb damit ihrer Strategie treu, ihre Ziele in Zusammenarbeit mit organisierten politischen Kräften innerhalb legaler bzw. durch den Konsens der alten und neuen Kräfte legalisierter Strukturen zu verfolgen (Thaysen 1990). Auf diese Weise war es der NDPD möglich, sich weiterhin an den machtpolitischen Auseinandersetzungen zu beteiligen und die Regierungspolitik zu beeinflussen. Tatsächlich war ihr Einfluß innerhalb der Regierung und am "Runden Tisch" jedoch gering. Ohne Rückhalt in den Massen oder im Staatsapparat war sie auf den guten Willen ihrer Koalitions- und Gesprächspartner angewiesen. Sie mußte sich daher stets so verhalten, daß sie sowohl von den alten als auch von den neuen Kräften als Partner akzeptiert wurde. Keine leichte Aufgabe angesichts der Gegensätze zwischen beiden Lagern!

Bei ihrer Zeitplanung war die Parteiführung von der Annahme ausgegangen, die Neuwahlen zur Volkskammer fänden im Herbst 1990 statt. Da jedoch der "Runde Tisch" am 7. Dezember beschloß, die Wahlen auf den 6. Mai 1990 vorzuverlegen und die Regierung diesem Beschluß zustimmte, war die Parteiführung gezwungen, ihren Zeitplan zu ändern. Der Hauptausschuß setzte den Termin für den 14. Parteitag auf den 20./21. Januar 1990 fest. Damit verkürzte sich die Vorbereitungszeit beträchtlich. Ein Arbeitsausschuß wurde gebildet, der sich vor allem mit der Ausarbeitung eines Wahlprogramms und neuer Satzungen beschäftigen sollte. Er bildete die personelle Grundlage der Antragskommission. Ihm sollten neben Vertretern der Parteiführung vor allem Mitglieder aus den Grundeinheiten angehören. Auf diese Weise sollte der Einfluß der Parteibasis auf die Programmarbeit der Partei gestärkt werden.

Der Hauptausschuß beschloß auch einen neuen Terminplan für die Durchführung der Delegiertenwahlen zum 14. Parteitag. Diese wurden von der Neuwahl der Leitungsgremien der verschiedenen Organisationsebenen getrennt, die erst nach dem 14. Parteitag stattfinden sollte. Die Wahl der Delegierten zum 14. Parteitag fand daher noch unter der Kontrolle der alten Leitungsgremien statt. Wie sich zeigen sollte, gelang es der Parteiführung dadurch jedoch nicht, die Delegiertenwahlen entsprechend ihren Vorstellungen zu steuern.

Die 7. Tagung des Hauptausschusses vom 10. Dezember 1989 stand ganz unter dem Eindruck der Parteikrise[11]. An der Basis verstärkten sich Resignation und Niedergeschlagenheit, die Austritte und Übertritte zu anderen Parteien, insbesondere der LDPD, nahmen zu. Die Angst vor einer Wirtschaftskrise und ihren sozialen Folgen breitete sich aus. Die Mehrheit der Mitglieder, so verkündete Hartmann, lehne jedoch eine "Einverleibung der DDR durch die BRD" ab. Sie wolle "keinen Aufkauf und keinen Ausverkauf". Vielmehr setze sie auf die Möglichkeit einer Wirtschaftsreform.

Angesichts der Erosion der Parteibasis und der schlechten Wahlaussichten beschäftigte sich der Hauptausschuß vor allem mit der Frage, wie die Existenz der Partei gesichert werden könne. Der Parteivorsitzende Hartmann meinte, es gäbe zwei Möglichkeiten: entweder eine sofortige personelle Erneuerung der Parteispitze durch den geschlossenen Rücktritt des Präsidiums und des Hauptausschusses oder die Vorbereitung der Wahlen und die Mitarbeit am Reformprozeß des

Staates in der Regierung, der Volkskammer und am "Runden Tisch". Der geschlossene Rücktritt der Mitglieder der Führungsgremien mache die Partei in einem entscheidenden Moment der gesellschaftlichen Entwicklung handlungsunfähig. Er gefährde daher die Existenz der Partei. Eine aktive Beteiligung am Reformprozeß aber ermögliche eine weithin sichtbare Profilierung als demokratische Reformpartei.

Das Präsidium hatte sich bereits am 9. Dezember für die zweite Möglichkeit, d.h. die aktive Mitarbeit am Reformprozeß und damit die Verschiebung der personellen Erneuerung der Partei auf die Zeit nach dem 14. Parteitag, entschieden. Der Hauptausschuß schloß sich dieser Entscheidung an. Damit konnten die nur teilweise erneuerte Führungsmannschaft und der Parteiapparat ihre Machtpositionen behaupten.

3.3 Die Rückkehr zur National-Demokratie: Dezember 1989 - Februar 1990

Auf der 7. Tagung des Hauptausschusses am 10. Dezember paßte die NDPD ihre programmatischen Aussagen erneut der sich rasch verändernden innerparteilichen Grundstimmung an. Sie distanzierte sich jetzt ausdrücklich von der Gleichheitsidee des Sozialismus und bekannte sich zum Individualismus. Aus dem Bekenntnis zur Individualität des Menschen leitete sie auch die Forderung nach Wiederherstellung der Länder ab. Diese entsprächen besser als die Bezirke der historisch gewachsenen Individualität der Sachsen, Brandenburger, Mecklenburger, Thüringer und Anhaltiner. Sie könnten die Basis für eine Konföderation beider deutscher Staaten bilden. Eine baldige Wiederherstellung der staatlichen Einheit Deutschlands lehnte jedoch die breite Mehrheit des Hauptausschusses weiterhin ab.

Die programmatischen Positionen der Parteiführung beruhten also auf der Annahme, daß die Eigenstaatlichkeit der DDR noch für eine längere Übergangszeit erhalten bleiben und daß sich der Demokratisierungsprozeß der DDR innerhalb der verfassungsmäßigen Ordnung, innerhalb der bestehenden Institutionen und Strukturen also, vollziehen würde. Beide Annahmen sollten sich rasch als falsch erweisen.

Während Hartmann am 28. November in Berlin die programmatischen Vorstellungen des Präsidiums dem Hauptausschuß vortrug, verkündete Kohl in Bonn vor dem Deutschen Bundestag sein Zehn-Punkte-Programm. In diesem plädierte er für die Entwicklung konföderaler Strukturen zwischen beiden deutschen Staaten mit dem Ziel einer bundesstaatlichen Ordnung in Deutschland. Wenngleich für Kohl zu diesem Zeitpunkt die deutsche Wiedervereinigung noch in weiter Ferne lag, so wurde sie doch von nun an mehr und mehr zu einem zentralen Thema der deutschen Politik. Der Ruf der Demonstranten "Wir sind ein Volk" wurde immer lauter und zwang auch die NDPD zur Revision ihrer deutschlandpolitischen Positionen. Gleichzeitig mußte sie aber auch ihre Haltung zur SED und zu den anderen

Parteien ändern. Noch am Abend des 28. November beschlossen die Blockparteien, den "Demokratischen Block" aufzulösen und mit den neuen Kräften am "Runden Tisch" zusammenzuarbeiten. Dadurch veränderte sich im Laufe des Dezembers grundlegend die Parteienkonstellation. Die SED verlor ihr Machtmonopol und hörte damit auf, Ansatz- und Ausgangspunkt aller Politik zu sein. Die ehemaligen nichtkommunistischen Blockparteien erhielten mehr Bewegungsspielraum, waren aber auf der gouvernementalen Ebene weiterhin auf die SED angewiesen, mit der sie die Regierung bildeten, da diese noch immer die Schlüsselstellungen im Staatsapparat besetzt hielt. Während des "Alten Machtkampfes" zwischen den alten und neuen Kräften am "Runden Tisch" unterstützten sie daher überwiegend die SED. Nach der Entmachtung der SED (8.-15. Januar 1990) begann der "Neue Machtkampf" mit den neuen Kräften um die "neue Mehrheit" (Thaysen 1990). An diesem beteiligten sich nicht nur die Teilnehmer des "Runden Tisches", sondern auch die neuen Parteien und Gruppierungen, die sich, wie DSU, DFP, DA u.a., erst während des Demokratisierungsprozesses gebildet hatten. Es begann sich so eine neue Parteienkonstellation herauszubilden, die sich mehr und mehr an bundesdeutschen Strukturen orientierte. In ihr bildete die "Allianz für Deutschland" aus CDU, DSU und DA den rechten, die SPD und die Bürgerbewegungen den linken Pol und die LDPD gemeinsam mit der DFP die Mitte. Die NDPD war daher gezwungen, sich im Laufe des Dezember 1989 und des Januar 1990 neu zu positionieren.

Bei der Suche nach einem neuen Selbstverständnis und einer neuen Stellung im politischen System stand die NDPD jedoch nicht nur unter dem Druck der Straße, sondern auch unter dem ihrer eigenen Basis. Diese rückte im Laufe des Dezember und Januar immer stärker von den Positionen der Führung ab[12]. Eine Mehrheit befürwortete die Entwicklung der NDPD zu einer Mittelstandspartei, die vor allem die Interessen der Handwerker, Gewerbetreibenden, Ingenieure, Pädagogen, Ärzte und Künstler vertreten solle. Sie distanzierte sich vom Sozialismus, weil dieser total diskreditiert sei und verlangte die Einführung der Marktwirtschaft sowie eines echten politischen und sozialen Pluralismus. Vor allem aber solle sich die Partei von der SED abgrenzen und sich stärker national und demokratisch profilieren. Nur eine Minderheit hielt noch im Dezember am Sozialismus fest. Auch in der Deutschlandpolitik rückte die Basis mehr und mehr von den Positionen der Führung ab. Allerdings verlief hier die Entwicklung langsamer als in der Wirtschafts- und Gesellschaftspolitik. Anfang Dezember befürwortete die Mehrheit noch die Erhaltung der Eigenstaatlichkeit der DDR. Mitte Dezember zeichnete sich dagegen bereits eine deutliche Polarisierung zwischen Anhängern und Gegnern einer baldigen Wiedervereinigung ab.

Die wachsende Diskrepanz zwischen Führung und Basis zeigte sich auch bei den Wahlen der Parteitagsdelegierten. Häufig wurden Delegierte gewählt, die nicht die offizielle Parteilinie vertraten. Der Parteiführung drohte so der Kontrollverlust über den Parteitag. Ihr Vorsitzender entschloß sich daher, im Kreisverband Plauen (Bezirk Chemnitz) zu kandidieren. Der Kreisverband Plauen vertrat radikale Positionen und beteiligte sich aktiv an den Montagsdemonstrationen. Er hatte Günter

Hartmann ultimativ aufgefordert, sich dem Votum seiner Mitglieder zu stellen. Dieser akzeptierte die Herausforderung, obwohl er als Mitglied des Hauptausschusses bereits delegiert war, und wurde mit großer Mehrheit zum Delegierten gewählt. Seine Wahl zeigte, daß es der Parteiführung zu jenem Zeitpunkt bei entsprechendem Engagement durchaus noch möglich war, die Kluft zur Basis zu überbrücken. Allerdings fehlte entsprechendes Engagement häufig.

Die Umstrukturierung der Parteienkonstellation nach westdeutschem Vorbild zwang die NDPD, sich neue Koalitionspartner zu suchen, denn allein hatte sie kaum Überlebenschancen. Als Bündnispartner boten sich theoretisch alle nichtkommunistischen Parteien an. In den südlichen Bezirken der DDR befürworteten Mitglieder einen Zusammenschluß mit der DSU. Die Mehrheit der Partei war jedoch gegen einen solchen Zusammenschluß, weil er das Ende der Partei bedeutet hätte. Die DSU hätte mit ihren Leuten die Führungspositionen der neuen Partei besetzt und den politischen Kurs bestimmt, die NDPD lediglich den Apparat und die Basis gestellt. Damit war die Parteiführung verständlicherweise nicht einverstanden. Eine Zusammenarbeit mit der CDU kam auch nicht in Frage, da diese seit Anfang Januar 1990 das "Zusammenwachsen der beiden deutschen Staaten als eine politische Aufgabe mit höchster Priorität" bezeichnete. Die NDPD war aber mindestens noch für eine längere Übergangszeit auf die Eigenstaatlichkeit der DDR angewiesen, um in der Wählerschaft Fuß zu fassen und ihren Erneuerungsprozeß abzuschließen. Eine Koalition mit der neugegründeten SPD war zwar theoretisch denkbar, da beide Parteien seit Januar 1990 ähnliche programmatische Positionen vertraten. Praktisch aber war sie aber ausgeschlossen, da sich die SPD nicht durch die Zusammenarbeit mit einer ehemaligen Blockpartei belasten wollte. So blieb denn nur ein Zusammengehen mit der LDPD, eventuell mit der F.D.P. (Ost) und der Deutschen Forumspartei, der DFP. Alle drei Parteien vertraten ähnliche Grundsätze und Ziele wie die NDPD und umwarben die gleichen Wählergruppen. Keine von ihnen wollte jedoch eine Zusammenarbeit akzeptieren. Die F.D.P. (Ost) und die DFP fürchteten um ihre "weiße Weste", d.h. um ihren guten Ruf als Parteien, die nicht mit der Blockpolitik belastet waren, die LDPD mußte Rücksicht auf die bundesdeutsche F.D.P. nehmen, die ein Bündnis mit der NDPD ablehnte. So mußte denn die NDPD allein in den Wahlkampf gehen. In diesem konnte sie im Gegensatz zur LDPD und CDU nicht auf westdeutsche Wahlhilfe rechnen, da sie keinen westdeutschen Ansprechpartner besaß. Die NPD und die Republikaner hatten zwar mehrfach ihre Unterstützung angeboten, waren aber auf taube Ohren gestoßen. Die NDPD wollte sich aus verständlichen Gründen nicht mit ihnen kompromittieren. Angesichts ihrer Ursprünge wäre ein Übergang vom Sozialismus zum Nationalismus tödlich gewesen.

Am 17. Januar 1990 trat der Hauptausschuß zu seiner 8. Tagung zusammen[13]. Das Hauptreferat hielt der Parteivorsitzende Hartmann. Er vertrat die These, die NDPD sei seit Mitte Oktober dabei, sich als Volkspartei der Mitte in der DDR auszuweisen und auch zu behaupten. Von Sozialismus war keine Rede mehr. Statt dessen plädierte Hartmann für Marktwirtschaft mit autonomen Staats- und Pri-

vatbetrieben, also einem gemischten Wirtschaftssystem. Er verteidigte die Eigenstaatlichkeit der DDR, bezeichnete nun jedoch die von der NDPD seit November
propagierte Konföderation als Etappe zu einem einheitlichen Staat, also zur Wiedervereinigung, die er bisher abgelehnt hatte. Eine Auflösung der NDPD und
Neugründung als Wiedervereinigungspartei oder "Neue Demokratische Partei"
lehnte er ab. Die NDPD habe die Kraft und die Möglichkeit zur Erneuerung.

Der 14. Parteitag trat am 20. Januar 1990 in Berlin zusammen. An ihm nahmen
fast 900 Delegierte teil. Etwa 800 waren direkt von der Basis gewählt worden, 100
verdankten dagegen ihr Mandat der Zugehörigkeit zum Hauptausschuß. Dieser
hatte ja auf seiner 7. Tagung am 10. Dezember 1989 beschlossen, nicht zurückzu-
treten, sondern in seiner derzeitigen Zusammensetzung geschlossen am Parteitag
teilzunehmen. Die meisten seiner Mitglieder waren noch vor der Wende vom 13.
Parteitag gewählt worden und repräsentierten somit die alte Partei. Da sie etwa ein
Neuntel der Delegierten ausmachten, bildeten sie einen wichtigen Stimmblock.
Wenn die Parteiführung gehofft hatte, mit ihrer Hilfe den Verlauf des Parteitages
wie stets steuern zu können, sollte sie sich geirrt haben. Die Parteitagsdelegierten
ließen sich diesmal nicht manipulieren. Dies zeigte sich bereits bei der Eröffnung
des Parteitages. Dessen Leitung lag in den Händen eines Parteitagspräsidiums, das
vom Präsidium des Hauptausschusses eingesetzt worden war. Die Delegierten
protestierten heftig gegen diese Verfahrensweise und verlangten seine Neuwahl
durch den Parteitag. Nach heftigem Wortwechsel einigten sich Präsidium und Delegierte auf einen Kompromiß: Das Präsidium wurde nicht neu gewählt, sondern
durch einige Delegierte ergänzt. Der Parteitag konnte beginnen.

Den Rechenschaftsbericht des Hauptausschusses hielt der Vorsitzende G. Hartmann. Er revidierte erneut seine programmatischen Aussagen vom November 1989
und paßte diese so den inzwischen veränderten Handlungsbedingungen seiner
Partei an. Die NDPD bezeichnete er nun als eine politische Kraft der Mitte mit
breitem Ansprechfeld nach rechts und links, die SED/PDS ausgeschlossen[14]. Er
begründete diese neue Positionsbeschreibung mit dem Argument, daß die NDPD
gegen rechten Nationalismus und linken Radikalismus sei und daß sie sich "aus
Tradition antifaschistisch legitimiert sieht, national und niemals nationalistisch
bleibt, also im guten Sinne deutsch ist". Im Gegensatz zu seinen Ausführungen
vom 28. November bezeichnete er nun die deutsche Einheit als Ziel, Vertragsgemeinschaft und Konföderation lediglich als Etappen auf dem Wege zu ihrer Verwirklichung. Allerdings lehnte er nationale Alleingänge ab. Die Entwicklung zur
staatlichen Einheit müsse fest eingebettet sein in den europäischen Einigungs- und
Abrüstungsprozeß auf der Grundlage der KSZE-Schlußakte sowie völkerrechtlich
verbindlicher Garantien vornehmlich für die Endgültigkeit der polnischen Westgrenze. Mit dieser Bedingung hoffte er, Zeit zu gewinnen, die die NDPD brauchte,
um ihren Erneuerungsprozeß abzuschließen und in der DDR-Gesellschaft Wurzeln
zu schlagen.

In der Gesellschaftspolitik sprach er sich für die Wiedergeburt des Mittelstandes
aus, ohne den es keine Marktwirtschaft geben könne. Das Bekenntnis zur Markt-

wirtschaft enthielt die Absage an den Sozialismus. Es waren noch keine zwei Monate her, da hatte sich Hartmann noch zu einem erneuerten Sozialismus bekannt. Inzwischen aber hatten sich durch den Zerfall des alten Machtkartells die Handlungsbedingungen der NDPD so grundlegend geändert, daß sie im Bekenntnis zur Marktwirtschaft ihre einzige Überlebenschance sah. Um jedoch auch die Angestellten und Genossenschaftsbauern als Wähler zu gewinnen, schränkte Hartmann sein Bekenntnis zur Marktwirtschaft mit der Aussage ein, aus sozialen Gründen sei jedoch Volkseigentum auch in Zukunft notwendig. Darunter sei gesellschaftliches Gemeineigentum in eigenverantwortlichen Betrieben und Kommunen zu verstehen.

Durch das Bekenntnis zur Marktwirtschaft und zu allen Eigentumsformen versuchte sich die NDPD als Interessenvertretung sowohl der alten als auch der neuen Mittelschichten zu profilieren. Sie wollte jedoch nicht nur Mittelstandspartei sein, sondern auch Volkspartei werden. Sie erklärte daher, sie sei offen für alle national und demokratisch denkenden Bürger des Landes. Die Betonung des Nationalen in der Programmatik machte es jedoch notwendig, an dem Namen der Partei festzuhalten. Hartmann lehnte daher den Vorschlag einzelner Parteieinheiten ab, einen radikalen Bruch mit der Vergangenheit der Partei durch ihre Auflösung und die Neugründung als Wiedervereinigungspartei oder durch Umbenennung in "Neue Demokratische Partei" zu vollziehen. Die Partei könne, ja müsse an ihre nationale und demokratische Tradition anknüpfen und beides mit Antifaschismus verbinden, wenn sie in der Gegenwart und für die Zukunft Einfluß ausüben wolle.

Entsprechend den zentralen programmatischen Aussagen befürwortete Hartmann ein Wahlbündnis mit allen Parteien der Mitte sowohl des Regierungslagers als auch der Opposition, also mit der LDPD, der F.D.P. (Ost) und der DFP. Eine Zusammenarbeit mit der SPD sei aufgrund der programmatischen Übereinstimmungen auch möglich, aber erst nach den Wahlen. Ausdrücklich ausgeschlossen sei nur ein Bündnis mit der SED/PDS. Dies sei unvereinbar mit dem Streben nach der Schaffung eines freien, solidarischen und rechtsstaatlichen Gemeinwesens. Die weitere Mitarbeit in der Regierung Modrow machte Hartmann abhängig von einer konsequenten Verwirklichung der Regierungserklärung vom 17. November 1989 sowie der Zusagen an den "Runden Tisch" vom 15. Januar 1990 (Auflösung des Ministeriums für Staatssicherheit). Er forderte eine konsequente Entflechtung von SED und Staat, von SED und Gesellschaft.

Hartmann zog aber auch ein klare Trennungslinie zwischen der NDPD und nationalistischen sowie national-konservativen Parteien. Gemeint waren damit die bundesdeutsche NPD und die Republikaner, aber auch die ostdeutsche CDU und DSU. Die Abgrenzung von NPD und Republikanern ergab sich aus der "antifaschistischen" Grundeinstellung der Partei, d.h. den Restbeständen der einstigen Identität. Die Abgrenzung von der CDU und der DSU resultierte dagegen aus deutschlandpolitischen Gegensätzen. Während CDU und DSU eine zügige Wiedervereinigung anstrebten, wollte die NDPD auch Ende Januar 1990 die Eigenstaatlichkeit der DDR trotz ihres nun grundsätzlichen Ja zur staatlichen Einheit für

eine längere Übergangszeit bewahren, also erst eine Erneuerung der DDR verwirklichen, dann eine Konföderation beider deutscher Staaten und erst dann die
staatliche Einheit innerhalb einer gesamteuropäischen Ordnung. Die NDPD-Führung konnte am 20. Januar 1990 noch nicht ahnen, daß 10 Tage später Gorbatschow prinzipiell der deutschen Einheit zustimmen und Hans Modrow am 1.
Februar seinen Plan "Für Deutschland, einig Vaterland" verkünden würde (ohne
seine Koalitionspartner zu fragen).

Der Rechenschaftsbericht Hartmanns wurde mit großem Beifall aufgenommen.
In der anschließenden Diskussion ergaben sich keine neuen Gesichtspunkte. Die
große Mehrheit der Diskussionsredner stimmte den Aussagen Hartmanns zu. Damit vollzog auch die Basis Ende Januar 1990 den programmatischen Wechsel vom
Sozialismus zu Marktwirtschaft und Demokratie. Die NDPD war wieder eine national-demokratische Partei.

Auch in der Diskusson des Wahlprogramms dominierte die Linie der Parteiführung. Die meisten Diskussionsteilnehmer stimmten den Positionen des Pro-
grammentwurfs zu, die denen des Rechenschaftsberichts von Hartmann entspra-
chen. Die NDPD bezeichnete sich in dem Programm als "eine Partei der Mitte,
eine nationale und demokratische Partei mit antifaschistischer Grundhaltung aus
Tradition, eine Partei des Friedens und des offenen Wortes". Im einzelnen forderte
das Programm "ein demokratisches, zutiefst menschliches Gemeinwesen mit unverzichtbaren sittlichen, sozialen und kulturellen Werten", Chancengleichheit aller
Bürger, d.h. "gleichberechtigte Lebens-, Arbeits- und Entwicklungsbedingungen
bei konsequenter Verwirklichung des Leistungsprinzips, Funktionsbesetzung nach
Fachkompetenz", und einen Bund zweier unabhängiger Staaten deutscher Nation
mit unterschiedlichen sozialen Grundordnungen, der mehr sein müsse als eine
Vertragsgemeinschaft. Die NDPD sei für die "Einheit der deutschen Nation durch
Konföderation". Diese Konföderation sei nur im Rahmen der Herausbildung eines
gemeinsamen europäischen Hauses möglich. Ferner forderte das Wahlprogramm
eine Demokratisierung der DDR, eine radikale Reform der Wirtschaft, die Einführung der Marktwirtschaft und die Förderung der Privatinitiative, des Handwerks,
der Kunst, der Kultur, der Wissenschaft, der Bildung und des Sports. Alles in allem ein sozialliberales Wahlprogramm, das sich kaum von dem der liberalen Parteien unterschied. Neu war gegenüber dem Programmentwurf vom November
1989 die Abkehr vom Sozialismus und die Zustimmung zur deutschen Einheit.
Allerdings wollte die NDPD im Gegensatz zur "Allianz für Deutschland" die Einheit nicht so schnell wie möglich, sondern erst nach einer längeren Übergangszeit.
Die von ihr angestrebte Konföderation würde die Eigenstaatlichkeit der DDR bewahren und so die Existenzgrundlage der Partei erhalten. Die Überschrift des
Wahlprogramms lautete dann auch: "Die NDPD der 90er Jahre. Politische Kraft
der Mitte in der DDR". Das war im Januar 1990. Zwei Monate später existierte die
Partei nicht mehr. Das Programm war Makulatur.

Im Gegensatz zur Programmdiskussion kam es bei der Wahl des Vorsitzenden
zu heftigen Auseinandersetzungen. Auf Vorschlag der Parteiführung kandidierten

der bisherige Vorsitzende G. Hartmann sowie drei weitere Angehörige des Präsidiums, Uwe Laßen, Eberhard Stief und Gero Hammer. Gegen diese Kandidatenliste protestierten die Delegierten heftig, denn sie ließ ihnen nur die Wahl zwischen Vertretern der alten Parteielite. Auf ihr Drängen wurden noch zwei Angehörige der Basis, H. Köster und W. Glaeser nominiert. Zur allgemeinen Überraschung erhielt Glaeser im zweiten Wahlgang 66%, Hartmann nur 32% der Stimmen. Damit war Glaeser zum neuen Vorsitzenden gewählt. Offenbar war vielen Delegierten, die für ihn gestimmt hatten, selbst nicht ganz geheuer, denn bei der anschließenden Wahl der stellvertretenden Vorsitzenden wurde Hartmann überwältigend mit 92%, zwei weitere Angehörige des Präsidiums, Uwe Laßen und Klaus-Christian Fischer, ebenfalls mit großen Mehrheiten gewählt. Der neue Vorsitzende war somit von Vertretern der alten Parteielite umgeben.

Die Wahl Glaesers zum Vorsitzenden war ein Protest der Basis gegen die bisherige Parteiführung, kein Votum für eine andere Politik. Programmatisch vertrat Glaeser die gleichen Positionen wie Hartmann: Einheit so schnell wie möglich, aber auch so vernünftig wie möglich; Marktwirtschaft statt Sozialismus; Koalition mit allen demokratischen Kräften, aber nicht mit der SED/PDS; national, aber nicht nationalistisch. Besonders originell war das nicht. Zum Abschluß des Parteitages hielt Glaeser eine kurze Ansprache, die er selbst ausgearbeitet hatte. In ihr forderte er die Partei auf, einen aggressiven Wahlkampf nach allen Seiten zu führen und Unterstützung von jedermann anzunehmen. Diese Rede wurde ihm zum Verhängnis. Das Parteiestablishment interpretierte sie als eine Aufkündigung des Wendekonsens mit den alten und neuen Kräften sowie als ein Bündnisangebot an die Nationalisten und Republikaner. Es organisierte deshalb den Widerstand gegen ihn. Die Mitarbeiter der Parteizentrale verweigerten die Zusammenarbeit, Grundeinheiten schrieben Protestbriefe an den Vorstand und die "National-Zeitung" polemisierte heftig gegen ihn. Auch die Vertreter der NDPD am "Runden Tisch", E. Stief und K. Willich, distanzierten sich vom ihm. Zwei Tage nach seiner Wahl, am 24. Januar, warf Glaeser das Handtuch und trat zurück. Das Zwischenspiel war beendet. Günter Hartmann übernahm als stellvertretender Vorsitzender wieder die Parteiführung.

Der Parteiapparat reagierte auf den 14. Parteitag überwiegend negativ. Über seinen Verlauf und seine Ergebnisse herrsche in der Mitgliederschaft "Unverständnis, Enttäuschung und Empörung", hieß es in den "Aktuellen Informationen" vom 26. Januar. Ausgenommen von der Kritik werde lediglich der Rechenschaftsbericht des Vorsitzenden. Viele Parteimitglieder drohten mit ihrem Austritt, falls es bei der Fortsetzung des Parteitages im Februar nicht gelänge, ein "ausgewogenes Partei- und Wahlprogramm" zu verabschieden und deutlich die Partei von "rechter Kopflastigkeit" zu befreien. Mit dieser massiven Kritik an Verlauf, Inhalt und Ergebnis des 14. Parteitages wollte der Parteiapparat vor allem eine gesamtdeutsche Ausrichtung der Partei und eine Aufkündigung des Wendekonsens verhindern. Er befürchtete nämlich, daß die NDPD die Wiedervereinigung nicht überleben würde, da ihre Existenz an die der DDR gebunden war. Die Eigen-

staatlichkeit mußte daher im Interesse der Partei, und dies hieß aus der Sicht des
Parteiapparats im Interesse seiner eigenen Macht- und Einflußchancen, erhalten
bleiben. Handlungsbestimmendes Motiv des Parteiapparates dürfte dabei neben
politischen Überzeugungen Existenzangst gewesen sein. Dafür sprechen die ausführlichen Berichte über die angeblichen Ängste der Basis vor den sozialen Folgen
einer Vereinigung mit der Bundesrepublik - Arbeitslosigkeit, Preiserhöhungen,
Geldverluste durch Währungsreform etc. Man geht wohl nicht fehl in der Annahme, daß mit diesen Ängsten der Basis die eigenen Ängste gemeint waren. Das
Ende der Partei bedeutete eben auch das Ende des Apparats, der materiellen Basis
seiner hauptamtlichen Mitarbeiter.

Die Opposition des Parteiapparats gegen eine "nationale", d.h. gesamtdeutsche
Ausrichtung der Partei wurde auch von dem Parteiorgan, der "National-Zeitung",
unterstützt. Am zweiten Tag des 14. Parteitages, dem 21. Januar, veröffentlichte
sie einen offenen Brief von O. Michalsky, einem jungen Parteijournalisten, in dem
dieser die nationale Orientierung der NDPD als historisch überholt bezeichnete
und ein Abrücken von nationalen Ideen forderte. In den folgenden Tagen attak-
kierte sie heftig den neuen Vorsitzenden Glaeser wegen dessen "nationalistischen"
und "rechtsradikalen" Äußerungen in seinem Schlußwort vom 21. Januar, und am
27. Januar verkündete sie, daß sie ab 1. Februar unter dem Namen "Berliner Allgemeine" erscheinen werde.

Der Parteiapparat hatte Anfang Februar anscheinend bereits das Vertrauen in
die Führungsfähigkeiten der Parteiführung verloren. So forderte das Bezirkssekretariat Berlin am 8. Februar in seinem wöchentlichen Bericht an die Parteizentrale über die Stimmung an der Basis, der Fortsetzungsparteitag im Februar müsse
besser vorbereitet werden und er müsse der Partei wieder eine klare Führung geben. Nur so könne die Partei ihr Vertrauen zurückgewinnen und ihr Zerfall aufge-
halten werden. Sie brauche ein "aussagefähiges Wahlprogramm", einen
"öffentlichkeitswirksamen Parteivorstand" und eine "integre Persönlichkeit" als
Parteivorsitzenden[15]. Auch wenn das Bezirkssekretariat Berlin vorgab, lediglich
die Meinung der Parteibasis wiederzugeben, so war doch klar, daß dies seine eigene Forderung war. Sie zeigt, daß zumindest Teile des Apparats offensichtlich der
alten Parteiführung nicht zutrauten, die "liberale Wende" der Partei glaubhaft in
der Partei und in der Öffentlichkeit zu vertreten. Schließlich hatte Hartmann jahrelang mit Homann zusammengearbeitet und sich noch Ende November 1989 zu
einem erneuerten Sozialismus bekannt.

Die Existenzängste des Parteiapparats resultierten vor allem aus den schlechten
Wahlaussichten der Partei sowie dem Zerfall der Parteiorganisation. Nach den Ergebnissen einer repräsentativen Meinungsumfrage des Leipziger Zentralinstituts
für Jugendforschung vom 6.2.1990 wollten bei den Volkskammerwahlen weniger
als ein Prozent der DDR-Bürger die NDPD wählen. Bei einer Meinungsumfrage
Ende Dezember 1989 hatten sich noch 2% für die NDPD ausgesprochen
(Spittmann/Helwig 1990: 46, 63). Die Tendenz war eindeutig rückläufig. Gleichzeitig verstärkte sich auch die Tendenz zum Parteiaustritt bzw. zum Übertritt zu

anderen Parteien. Im letzten Vierteljahr des Jahres 1989 hatten 9100 Mitglieder die
Partei verlassen, das waren 8,3% der Mitgliederschaft. In der ersten Januarhälfte
1990 waren es bereits 3631 Mitglieder, also prozentual wesentlich mehr als im
letzten Vierteljahr 1989. Mitte Januar war daher der Mitgliederbestand auf etwa
97.800 Mitglieder geschrumpft[16]. Aus den Berichten der Kreis- und
Bezirkssekretariate läßt sich entnehmen, daß die Austrittswelle im Februar sprunghaft anstieg. Da auch Führungskader die Partei verließen, seien viele Ortsverbände
ohne Führung und viele Kreissekretariate fast gelähmt. Unter diesen Umständen
sei ein aktiver Wahlkampf nicht zu führen. Angesichts der schwindenden Wahlchancen der Partei und der zunehmenden Parteiaustritte wuchs die Zahl der Parteimitglieder, die eine enge Zusammenarbeit, ja einen Zusammenschluß mit der
LDPD befürworteten. Ein Wahlbündnis mit ihr würde die Wahlchancen der NDPD
erhöhen und damit ihr parlamentarisches Überleben sichern. Ein Zusammenschluß
würde zwar zum Verlust der Selbständigkeit führen, aber den Mitgliedern weiterhin ein parteipolitisches Engagement ermöglichen und Teilen des Apparats die
Existenz garantieren. Die Haltung vieler Parteimitglieder ist daher verständlich.

Die Parteiführung bereitete unterdessen sorgfältig die Fortsetzungstagung des
14. Parteitages vor. Sie führte intensive Gespräche mit potentiellen Kandidaten für
den Parteivorsitz und sie überarbeitete noch einmal den Programmentwurf. In einem "Drehbuch" plante sie genau den Tagungsablauf, und auf einer Rednerliste
wurde festgelegt, wer was wann sagen sollte. Die Eröffnungsrede der Fortsetzungstagung des 14. Parteitages am 11. Februar 1990 hielt der amtierende Vorsitzende G. Hartmann. Er bezeichnete erneut die NDPD als eine "nationale und
demokratische Kraft der Mitte" und grenzte sie sowohl nach links von der PDS als
auch nach rechts von der "Allianz für Deutschland" ab. Für die Volkskammerwahlen am 18. März und die Kommunalwahlen am 6. Mai befürwortete er ein
Bündnis aller "nationalen und liberalen Parteien in der DDR", d.h. der NDPD, der
F.D.P. und der LDPD, die sich kurz zuvor in LDP umbenannt hatte. "Die von uns
erstrebte Listenverbindung...könnte dem späteren Ziel dienen, auf dem Wege zur
deutschen Einheit eine gemeinsame demokratische Kraft der politischen Mitte
national- und sozial-liberaler Prägung in Gestalt einer gesamtdeutschen Partei zu
schaffen, in der die Mitglieder auch unserer Partei ihre künftige politische Heimat
finden könnten"[17]. Diese Formulierung griff Hartmanns Nachfolger, W. Rauls, in
seinem Schlußwort auf und machte sie so zur offiziellen Parteilinie. Sie diente
Ende März zur Legitimierung des kooperativen Beitritts zum "Bund Freier Demokraten", der Nachfolgeorganisation der LDP. Die NDPD hatte somit bereits vor
den Volkskammerwahlen vom 18. März die Hoffnung aufgegeben, sich in einem
pluralistischen Parteiensystem aus eigener Kraft behaupten zu können und sah ihre
Zukunft nur noch in enger Zusammenarbeit, später im Zusammenschluß mit der
LDP. Dieser sollte nach den Wahlen, aber noch vor der Wiedervereinigung erfolgen. Die NDPD hätte so noch etwas Zeit gehabt, sich in der neuen Partei auf das
gesamtdeutsche Parteiensystem vorzubereiten. Die Wahlniederlage vom 18. März

und der Wahlsieg der Befürworter einer schnellen Vereinigung der DDR mit der Bundesrepublik machten diesen Zeitplan zunichte.

Bei der Diskussion des mit großer Mehrheit angenommenen Wahlprogramms zeigten sich die gleichen Tendenzen wie zu Beginn des 14. Parteitages am 20. Januar. Die große Mehrheit der Delegierten befürwortete eine Wirtschafts- und Währungsunion mit der Bundesrepublik, verlangte aber eine Verteidigung der DDR-Interessen. Es dürfe kein Ausverkauf der DDR stattfinden. In der Wirtschaftspolitik forderten die Delegierten die Entwicklung der Marktwirtschaft und die Vertretung der Interessen der Handwerker, Gewerbetreibenden und Bauern sowie der Angestellten, Techniker, Ingenieure und Künstler. Neu war hier lediglich das Engagement für bäuerliche Interessen. Dadurch versuchte die NDPD, ihre soziale Basis zu erweitern und geriet so in Konkurrenz zu DBD und zur CDU. Um sich von der LDP wenigstens etwas abzugrenzen und einen Restbestand an Identität zu bewahren, bekannten sich viele Diskussionsteilnehmer weiterhin zur nationalen Orientierung der Partei. Allerdings betonten sie, daß sie mit national nicht nationalistisch meinten. Auf Antrag des Parteitagspräsidiums machten die Delegierten des Parteitags den Liberalen ein Bündnisangebot. NDPD und LDP sollten gemeinsam "die demokratische Kraft der politischen Mitte national-liberaler und liberal-demokratischer Prägung" schaffen[18]. Das Bündnisangebot bezog sich zwar formal nur auf die bevorstehenden Volkskammer- und Kommunalwahlen, intendierte aber einen späteren Zusammenschluß beider Parteien. Durch ihre Zustimmung gaben die Delegierten mehrheitlich zu erkennen, daß sie bereits vor der Wahlniederlage vom 18. März prinzipiell zur Aufgabe der Selbständigkeit der Partei bereit waren. Nur einige Delegierten verlangten, daß die NDPD auch in dem neuen Bündnis ihr eigenes Profil wahren müsse. Aber dies waren Rückzugsgefechte einer Minderheit, die den Gang der Ereignisse nicht aufhielten.

Auch bei der Neuwahl des Vorsitzenden, die aufgrund des Rücktritts W. Glaesers am 24. Januar notwendig geworden war, konnten sich die Befürworter einer baldigen Vereinigung mit den Liberalen durchsetzen. Es kandidierten Günter Halm, Lothar Müller und Wolfgang Rauls. G. Halm gehörte zur alten Parteielite. Er befürwortete liberale Wirtschaftsreformen im Interesse der kleinen Selbständigen, sprach sich aber gegen eine schnelle Vereinigung mit der Bundesrepublik aus, da die DDR darauf wirtschaftlich nicht vorbereitet sei. Lothar Müller war im Gegensatz zu G. Halm ein Mann der Parteibasis, der erst während der Wende durch programmatische Entwürfe hervorgetreten war. Er vertrat liberal-demokratische Positionen und befürwortete eine rasche Wiedervereinigung. Wolfgang Rauls gehörte zu jenen Funktionären der unteren Leitungsebene, die jahrelang der Partei treu gedient hatten, sich aber seit der Wende aktiv am Demokratisierungsprozeß des politischen Systems auf der kommunalen Ebene beteiligten. Seine Kandidatur wurde von der Parteiführung, insbesondere vom amtierenden Parteivorsitzenden Hartmann, unterstützt. Im ersten Wahlgang erhielt Rauls 64 %, Müller 21 % und Halm lediglich 13 % der Stimmen. Da Müller auf eine Stichwahl verzichtete, war Rauls gewählt. Seine Stellvertreter wurden G. Hartmann und U. Laßen, die bisherigen stellvertretenden Vorsitzenden. Damit war Rauls fest in die alte Führung integriert. Allerdings konnte er sich auf ein Präsidium stützen, das personell völlig erneuert wurde. Der Weg war daher innerparteilich frei für ein Wahlbündnis, eventuell für einen Zusammenschluß mit der LDP. Diese lehnte jedoch das Bündnisangebot der NDPD ab und schloß stattdessen mit der F.D.P. (Ost) und der Deutschen Forumpartei (DFP) ein Wahlbündnis. Die NDPD mußte sich daher alleine dem Wähler stellen.

Die Ergebnisse der Abschlußtagung des 14. Parteitages wurden von der Basis begrüßt, die Krisenstimmung hielt jedoch weiter an. Besonders negativ auf die Stimmung der Basis wirkte sich die Ablehnung des Bündnisangebots durch die LDP aus. Das Wahlziel der NDPD war nun nicht mehr, sich als "nationale und demokratische Kraft der Mitte" zu behaupten, wie es noch so schön im Wahlprogramm für die 90er Jahre hieß, sondern nur noch ein möglichst gutes Stimmergebnis zu erzielen, um so unter günstigen Bedingungen der LDP beitreten zu können. Aber selbst dieses bescheidene Ziel erreichte die Partei nicht. Bei den Wahlen vom 18. März erhielt sie lediglich 0,38 % der Stimmen und war daher in der neuen Volkskammer nur mit zwei Abgeordneten vertreten. Unter diesen Umständen blieb ihr nur die Flucht nach vorn in die Arme der Liberalen.

3.4 Die Auflösung: März 1990

Die Wahlniederlage vom 18. März beschleunigte den Zerfall der Partei. Die Kreis- und Bezirkssekretariate berichteten am 19. und 26. März über den rasch fortschreitenden Vertrauensschwund der Basis und über die Zunahme der Austritte sowie der Übertritte zur LDP[19]. Es sei daher schwierig, genügend Kandidaten für die Kreistags- und Gemeindewahlen zu finden. Immer mehr Mitglieder befürworteten den Zusammenschluß mit der LDP und der F.D.P. Von der Basis habe somit die Parteiführung keinen nennenswerten Widerstand gegen ihre Fusionspläne mit den Liberalen zu befürchten. Aber auch der hauptamtliche Apparat würde keine Schwierigkeiten machen, da er bei einem Zusammenschluß mit der LDP zumindest teilweise von der gemeinsamen neuen Partei übernommen werden würde.

Trotz der Ablehnung ihres Bündnisangebots durch die LDP bemühte sich die NDPD schon vor den Volkskammerwahlen um einen Zusammenschluß. Der neue Parteivorstand wählte noch in seiner konstituierenden Sitzung eine Verhandlungskommission, der neben dem Vorsitzenden Rauls Mitglieder des Präsidiums sowie der Basis angehörten, die die "liberale Wende" der NDPD nach außen glaubhafter verkörperten als die Vertreter der alten Parteiführung. Die Kommission führte Gespräche sowohl mit der LDP als auch mit der Ost-F.D.P. und der Deutschen Forumpartei. Ferner sprach sie mit dem Fraktionsvorsitzenden der Bundes-F.D.P., Wolfgang Mischnick, mit dem Leiter der Bundesgeschäftsstelle der F.D.P. und weiteren F.D.P.-Vorstandsmitgliedern in West-Berlin. Bei diesen Gesprächen unterstützte besonders Wolfgang Mischnick das Begehren der NDPD[20]. Die LDP

war jedoch zunächst nicht bereit, das Liebeswerben der alten Nebenbuhlerin zu akzeptieren. Vielmehr suchte sie die Vereinigung mit der Ost-F.D.P. und der Deutschen Forumpartei. Am 25. März vereinbarte sie mit den Vorsitzenden beider Parteien den Zusammenschluß. Als diese jedoch am 26. März ihre Unterschrift wieder
zurückzogen, wurde sie mit der NDPD handelseinig. Sie lud die Verhandlungsdelegation der NDPD zu ihrem Parteitag nach Berlin ein, wo sie sich in "Bund Freier
Demokraten - Die Liberalen" umbenannte, um anderen Parteien, gemeint war die
NDPD, den Beitritt zu ermöglichen. Dieser erfolgte am 28. März[21]. Zeitlich parallel zu den Gesprächen mit den Liberalen über einen Zusammenschluß vollzog sich
der Rückzug der alten Garde aus dem Vorstand. G. Hartmann hatte bereits im Dezember 1989 mehrfach erklärt, er verstehe sich nur als Übergangsvorsitzender und
werde zurücktreten, falls dies für eine Verständigung mit den Liberalen notwendig
sei. Damit reagierte er auf die starken Vorbehalte der bundesdeutschen F.D.P. gegenüber dem alten Führungspersonal der Blockparteien. Unmittelbar nach der
Wahlniederlage vom 18. März trat er von seinen Parteiämtern zurück. Uwe Laßen
folgte seinem Beispiel, wenngleich aus anderen Gründen. Er war nicht bereit, den
Zusammenschluß der NDPD mit der LDP mitzutragen. Damit waren auch perso-
nalpolitisch die letzten Hemmnisse für einen kooperativen Beitritt zum Bund
Freier Demokraten beseitigt. Die NDPD hatte nach über vierzig Jahren aufgehört
zu existieren.

Der Beitritt zum Bund Freier Demokraten wurde am 31. März von einer eilig
nach Berlin einberufenen Parteikonferenz gebilligt[22]. Ursprünglich sollte diese
über das weitere Vorgehen der Partei nach den Volkskammerwahlen beraten. Jetzt
hatte sie nur noch die Entscheidung des Parteivorstands abzusegnen. Ändern
konnte sie nichts mehr. Die Partei bestand zwar noch organisatorisch, aber nicht
mehr rechtlich. Der Parteivorsitzende Rauls rechtfertigte die Entscheidung des
Parteivorstands mit einem Auftrag des 14. Parteitages vom 11. Februar. Rein formal handelte es sich jedoch nicht um einen Auftrag der Partei, sondern lediglich
um eine Willensbekundung der Parteiführung. Da dieser jedoch auf dem Parteitag
nicht offen widersprochen wurde, konnte die Parteiführung davon ausgehen, einen
Verhandlungsauftrag erhalten zu haben.

Rauls erläuterte ausführlich die Gründe für den Zusammenschluß: die Vergangenheit der Partei, der Vertrauensverlust der Basis, der zu erheblichen Mitglie-
derverlusten geführt habe, das schlechte Ergebnis bei den Volkskammerwahlen,
das Fehlen einflußreicher Bündnispartner in der Bundesrepublik und in Europa und
den Namen der Partei, der "nationalistische Fehldeutungen und verhängnisvolle
Mißverständnisse" verursacht habe. Rauls begründete den Zusammenschluß aber
auch programmatisch: Der Bund Freier Demokraten wolle eine starke Kraft der
politischen Mitte sein. "Die NDPD verstand sich bekanntlich als eine Partei dieser
Mitte. Sie war national und demokratisch gebunden, europäisch orientiert und
stimmte mit den Positionen des modernen Liberalismus überein." Sie bringe aus
ihrem Verständnis politischer Verantwortung für die deutsche Zukunft die Fähigkeit und den Willen in den Bund Freier Demokraten ein, nationales, konsequent

demokratisches Ideengut zu bewahren. Kühne Behauptungen angesichts der über vierzigjährigen Blockvergangenheit der NDPD! Aber niemand widersprach, zumindest nicht öffentlich.

Die Aussprache über die Ausführungen Rauls war sorgfältig vorbereitet, die Rednerliste vorher aufgestellt, die Beiträge mit dem Vorstand abgestimmt. Überraschungen wie auf dem 14. Parteitag waren daher nicht zu befürchten. Sämtliche Diskussionsteilnehmer begrüßten dann auch pflichtgemäß den Zusammenschluß mit dem BFD. Zahlreiche Redner forderten jedoch die Bewahrung der eigenen Grundwerte, vor allem des Nationalen. Ein Antrag, die neue Partei "Bund nationaler und freier Demokraten" zu nennen, wurde jedoch von den Delegierten per Akklamation abgelehnt. Auch ohne formale Abstimmung billigten so die Delegierten der Parteikonferenz vom 31. März 1990 nachträglich den kooperativen Beitritt der NDPD zum Bund Freier Demokraten.

4. Die vertane Chance

Die Chance der NDPD, sich als eigenständige Kraft bei freien Wahlen in einem pluralistischen Parteiensystem zu behaupten, war von Anfang an gering. Diese geringe Chance verspielte die Partei jedoch durch ihre zögernde und halbherzige Anpassung an die politische Entwicklung. Statt sich entschlossen an die Spitze des Demokratisierungsprozesses zu stellen, suchte sie zunächst lediglich ihre Position innerhalb des alten Machtkartells zu stärken. Erst nach der Absetzung Homanns am 2. November beteiligte auch sie sich aktiv am Reformprozeß und bemühte sich um ihre personelle und programmatische Erneuerung. An ihrer Spitze behauptete sich jedoch noch bis Ende November das alte Führungspersonal. Sie bekannte sich daher im November noch zu einem erneuerten Sozialismus in der DDR. Erst als diese Position völlig unhaltbar geworden war, trennte sie sich von ihr und entwickelte nun eine sozial-liberale Programmatik. Inzwischen aber gab sich die Mehrheit der DDR-Bevölkerung mit einer Demokratisierung der DDR nicht mehr zufrieden, sondern wollte die Vereinigung mit der Bundesrepublik. Die NDPD reagierte auf das Einheitsverlangen der Bevölkerung mit ihrem Plan einer Konföderation beider deutscher Staaten. Als sie ihn im November 1989 verkündete, lag sie damit an der Spitze der Entwicklung, ab Dezember/Januar aber hinkte sie ihr freilich erneut hinterher. Sie bekannte sich nun auch zur Einheit, erklärte diese aber zu einem Fernziel der deutschen Politik, nicht zu einer operativen Aufgabe. Damit verlor sie den Kontakt zur großen Mehrheit der Bevölkerung. Bei der Volkskammerwahl verfügte sie über kein mobilisierungsfähiges Thema, mit dem sie sich wählerwirksam von den konkurrierenden Parteien, insbesondere von der LDP, hätte unterscheiden können. Das katastrophale Wahlergebnis war die logische Konsequenz. Danach blieb nur noch die Flucht nach vorn in die Arme der LDP bzw. des Bundes Freier Demokraten.

Die zögernde Anpassung der NDPD an den Demokratisierungsprozeß der DDR und das Einheitsverlangen der Bevölkerung hatten vor allem strukturelle Gründe. Als typische Blockpartei war die NDPD auf die totalitären Strukturen des SED-Regimes für ihre Existenzsicherung angewiesen. Die Auflösung dieser Strukturen bedrohte daher ihre Existenz. Es war somit verständlich, daß sie sich dem zunächst widersetzte und dann eine Reform des Herrschaftssystems nur innerhalb der etablierten Institutionen anstrebte. Solange diese noch von der SED beherrscht wurden, mußte sie weiter mit dieser zusammenarbeiten und sich auch noch zum Sozialismus bekennen. Erst als sich das SED-Machtmonopol auflöste, konnte die NDPD auch eine eigenständige Strategie verfolgen und die Zusammenarbeit mit den neuen Kräften außerhalb des Herrschaftssystems suchen. Diese Strategie war auf der gouvernementalen Ebene auch erfolgreich. Die NDPD war in der ersten Regierung Modrow mit zwei Ministern und vier Staatssekretären, in der zweiten sogar mit acht Staatssekretären vertreten und stellte außerden einen der stellvertretenden Ministerpräsidenten. Allerdings ist es der NDPD auf diese Weise nicht gelungen, Rückhalt in der Bevölkerung zu gewinnen. Sie blieb eine gouvernementale Partei. Ab Januar wurde die Distanz zu ihren potentiellen Wählern immer größer, da sie trotz des verbalen Bekenntnisses zur deutschen Einheit an der Eigenstaatlichkeit der DDR festhielt. Dies war jedoch eine strukturelle Notwendigkeit. Nur wenn die Eigenstaatlichkeit der DDR noch während einer längeren Übergangszeit erhalten blieb, konnte die NDPD hoffen, in der Wählerschaft Fuß zu fassen, um so in einem gesamtdeutschen Parteiensystem wenigstens auf Länderebene zu überleben. Der Konföderationsgedanke sowie der auf diesem aufbauende Stufenplan zur deutschen Einheit war ein Versuch, das Verlangen der potentiellen Wähler nach staatlicher Einheit und das vitale Interesse der NDPD an der Eigenstaatlichkeit der DDR zu harmonisieren. Dieser Versuch scheiterte infolge der gesamtdeutschen Entwicklung. Das Volk lief der NDPD davon. Die Wahlniederlage war die logische Konsequenz. Es blieb daher der NDPD nach den Wahlen gar nichts anderes übrig, als sich der LDP anzuschließen, wenn sie sich nicht selbst auflösen wollte. Nur so konnte sie hoffen, ihr Parteivermögen zu retten und ihren Mitgliedern die Mitarbeit in einer gesamtdeutschen Partei ohne weiteres zu ermöglichen[23]. Das Ende der alten DDR war auch ihr Ende.

Literatur

Buch, G. (1982). Namen und Daten wichtiger Personen (3. Aufl.).Berlin/Bonn.
Cerny, J. (Hrsg.) (1992). Wer war wer? Biographisches Lexikon DDR. Berlin.
Haas, J. (1988). Die National-Demokratische Partei Deutschlands (NDPD). Geschichte, Struktur und Funktion einer DDR-Blockpartei. Diss. phil., Universität Erlangen-Nürnberg.
Hoffmann, H. (1976). Mehrparteiensystem ohne Opposition. Die nichtkommunistischen Parteien in der DDR, Polen, der CSSR und Bulgarien. Frankfurt a. Main/Bern.
Jung, M. (1990). Parteiensystem und Wahlen in der DDR. Eine Analyse der Volkskammerwahlen vom 18. März 1990 und der Kommunalwahlen vom 6. Mai 1990. Aus Politik und Zeitgeschichte (Beilage zur Wochenzeitschrift Das Parlament), B27, S. 3-15.

Lapp, P. J. (1988). Die "befreundeten Parteien" der SED. DDR-Blockparteien heute. Köln.
Scheurig, B. (1993). Freies Deutschland. Das Nationalkomitee und der Bund Deutscher Offiziere in der Sowjetunion 1943-1945 (2.Aufl.). München.
Spittmann, I. & Helwig, G. (Hrsg.) (1990). Chronik der Ereignisse in der DDR (4. Aufl.). Köln.
Staritz, D. (1968). Die National-Demokratische Partei Deutschlands 1948-1953. Ein Beitrag zur Untersuchung des Parteiensystems der DDR. Diss. rer. pol., FU-Berlin.
Thaysen, U. (1990). Der Runde Tisch oder: Wo blieb das Volk? Der Weg der DDR in die Demokratie. Opladen.
Zimmermann, H. (1988). Machtverteilung und Partizipationschancen. Zu einigen Aspekten des politisch-sozialen Systems in der DDR. In G. J. Glaeßner (Hrsg.), Die DDR in der Ära Honecker (S. 214-283). Opladen.

Anmerkungen

1 Um den Beitrag nicht mit Fußnoten zu überfrachten, werden die folgenden Ausführungen nur dann im einzelnen belegt, wenn dies unabdingbar erscheint. Der Beitrag stützt sich, neben der im Literaturverzeichnis angegebenen Literatur, auf folgende Quellen: (1) unveröffentlichte Quellen: Bundesarchiv Potsdam, Zwischenlager Berlin-Lichtenberg, Unterlagen des NDPD-Vorstandes: Sekretariat des Hauptausschusses Juli 1989 - März 1990; Präsidium des Hauptausschusses Juli 1989 - Februar 1990; Hauptausschuß: 5. bis 8. Tagung August 1989 - Januar 1990; Protokoll des 14. Parteitages in Berlin; 1. und 2. Tagung vom 20./21. Januar 1990; 3. Tagung vom 11. Februar 1990; Protokoll der Parteikonferenz am 31.3.1990 in Berlin; Unterlagen des Vorsitzenden Homann August 1989 - Oktober 1990; Unterlagen des Vorsitzenden Hartmann November 1989 - Februar 1990; Unterlagen des Vorsitzenden Rauls Februar - Mai 1990; Reden Homann März 1987 - Oktober 1989; Parteiinformationen: Aktuelle Information Juli 1989 - März 1990. Die Unterlagen des NDPD-Vorstandes sind noch nicht klassifiziert und numeriert, sondern nur provisorisch gebündelt; (2) veröffentlichte Quellen: NDPD-Publikationen: Der Beitrag der NDPD zur Verwirklichung des Vermächtnisses des nationalen Unabhängigkeitskrieges 1813-14. Kolloquium an der Zentralen Parteischule der National-Demokratischen Partei Deutschlands, Oktober 1988; Positionen und Forderungen der National-Demokratischen Partei Deutschlands zur weiteren gesellschaftlichen Entwicklung, zusammengestellt aus den Basisvorschlägen sowie aus der Arbeit der Kommissionen zur Vorbereitung des 14. Parteitages und an die Regierung bzw. den Runden Tisch übermittelt, o. J. (Januar 1990); Für die Zukunft der deutschen Nation! Bericht des Hauptausschusses an den 14. Parteitag der National-Demokratischen Partei Deutschlands, Berlin, den 20./21. Januar 1990; Status der National-Demokratischen Partei Deutschlands. Beschluß des 14. Parteitages am 20. u. 21. Januar 1990; Wahlprogramm. Wahlkommission des 14. Parteitages, Berlin, Kongreßhalle, am Alexanderplatz, 11. Februar 1990; 20 Jahre National-Demokratische Partei Deutschlands, hrsg. vom Hauptausschuß der NDPD. Autorenkollektiv: Heinrich Homann (Leiter), Günter Hartmann, Klaus Willig, Udo Zylla, Berlin 1968; 40 Jahre National-Demokratische Partei Deutschlands. Dokumente des 40. Jahrestages der NDPD, Berlin 1988; Studienmaterial für das Studienjahr 1988/89. Die National-Demokratische Partei Deutschlands in den Kämpfen unserer Zeit, Teil I und II, Berlin, Juli 1988; Der Nationale Demokrat. Monatszeitschrift der National-Demokratischen Partei Deutschlands 1989, 1990; National-Zeitung. Das Blatt der National-Demokratischen Partei Deutschlands, Juli 1989 - Januar 1990; Berliner Allgemeine, Februar/März 1990. (3) Interviews: mit Günter Hartmann, Vorsitzender der NDPD in der DDR-Wendezeit 1989/1990, durchgeführt von Dr. Kunze, Leipzig, Oktober 1990, Manuskript; mit Günter Hartmann, 24.10.1992, Aufzeichnungen des Autors; mit Klaus Willich, wissenschaftlicher Mitarbeiter des Vorstandes der NDPD, 24.10.1992, Aufzeichnungen des Autors.

2 Das Nationalkomitee "Freies Deutschland" wurde am 12. und 13. Juli 1943 in Krasnogorsk von deutschen Kriegsgefangenen, Offizieren und Soldaten sowie von deut-

schen Emigranten, Aktivisten der KPD, gegründet. Sein Ziel war der Sturz des NS-Regimes durch eine Zusammenfassung aller "antifaschistischen Kräfte" nach dem Vorbild der kommunistisch geführten Widerstandsbewegungen in Westeuropa. Es war ein Instrument der sowjetischen Deutschlandpolitik ohne politische und weltanschauliche Autonomie (vgl. Scheurig 1993).

3   Protokoll der 5. Tagung des Hauptausschusses vom 15. August 1989.
4   Zusammenkunft mit den Vorsitzenden der Blockparteien und der Nationalen Front in Berlin am 13.10.1989 (Spittmann und Helwig 1990: 10).
5   Zu den folgenden Ausführungen vgl. Aktuelle Informationen, Nr. 81 v. 30.10.1989.
6   Vgl. Protokoll der Sekretariatssitzung vom 31.10.1989.
7   Vgl. Protokoll der Präsidiumssitzung vom 2.11.1989.
8   Zu den folgenden Ausführungen vgl. Aktuelle Informationen, Nr. 83 v. 20.11.1989 und Nr. 84 v. 27.11.1989.
9   Zum Text vgl. Der Nationale Demokrat, Nr. 12/1989.
10 Pressekonferenz vom 29.11.1989, in: NZ v. 30.11.1989, S. 1.
11 Zu den folgenden Ausführungen vgl. das Protokoll der 7. Tagung des Hauptausschusses vom 10.12.1989.
12 Vgl. hierzu Aktuelle Informationen, Nr. 86 v. 11.12.1989 und Nr. 87 v. 18.12.1989.
13 Vgl. hierzu das Protokoll der 8. Tagung des Hauptausschusses vom 17.1.1990.
14 Vgl. zu den folgenden Ausführungen: Für die Zukunft der deutschen Nation! Bericht des Hauptausschusses an den 14. Parteitag der National-Demokratischen Partei Deutschlands, 20./21. Januar 1990, Manuskript.
15 Aktuelle Informationen v. 8.2.1990, B.V. Berlin, S. 3 f.
16 NDPD, Abt. Parteiorganisation, Zur Entwicklung des Mitgliederbestandes, Berlin, 16.1.1990.
17 Protokoll der Fortsetzungstagung des 14. Parteitages, 11.2.1990, S. 3.
18 Schreiben an den LDPD-Vorsitzenden Rainer Örtleb, s. Protokoll der Fortsetzungstagung des 14.Parteitages, 11.2.1990, S. 110.
19 Vgl. Aktuelle Informationen v. 19.3. und 26.3.1990.
20 Vgl. Protokoll der Parteikonferenz v. 31.3. 1990, S. 4.
21 Die rechtliche Form der Umbenennung und des kooperativen Beitritts wurde auf der Grundlage des Parteiengesetzes der DDR gewählt, um das Parteivermögen und die sozialen Ansprüche der hauptamtlichen Mitarbeiter beider früheren Parteien zu sichern. Vgl. W. Rauls, Protokoll der Parteikonferenz der NDPD am 31.3.1990, S. 3.
22 Zu den folgenden Ausführungen vgl. das Protokoll der Parteikonferenz vom 31.3.1990.
23 Das Vermögen der NDPD wird z. Zt. noch von der Treuhandanstalt treuhänderisch verwaltet, da die Rechtsnachfolge der NDPD noch nicht geklärt ist. Die "Unabhängige Kommission Parteivermögen", die laut Einigungsvertrag das nicht rechtsstaatlich erworbene Vermögen der Parteien und Massenorganisationen der DDR gemeinnützigen Zwecken zuführen muß, ist der Ansicht, die F.D.P. habe keinen Anspruch auf das Vermögen der NDPD, da sie wegen zweier Verfahrensfehler beim Zusammenschluß der NDPD mit dem Bund Freier Demokraten und dessen Zusammenschluß mit der (West-) FDP nicht deren Rechtsnachfolger sei. Die NDPD habe nicht auf einem Parteitag über die Fusion mit dem BFD abgestimmt, wie dies in der Parteisatzung zwingend vorgeschrieben gewesen sei. Da die NDPD auch nicht mehr existiere, sei dieses Versäumnis nicht mehr heilbar. Der Zusammenschluß des BFD mit der F.D.P. der Bundesrepublik sei zudem vor Inkrafttreten der Änderung des DDR-Parteiengesetzes erfolgt, die eine Fusion mit westlichen Parteien überhaupt erst ermöglicht habe (vgl. FAZ vom 29.1.1993, S. 4).

Jan Wielgohs

Bündnis 90 - zwischen Selbstbehauptung und Anpassung

1. Einleitung

Am 17. Januar 1993 beschlossen die Bundesdelegiertenkonferenz (BDK) des Bündnis 90 und die Bundesversammlung der Grünen in Hannover mit jeweils sicherer Zwei-Drittel-Mehrheit den Abschluß eines Assoziationsvertrages[1]. Das Ziel des Vertrages war "die Bildung einer gemeinsamen politisch erneuerten Organisation" auf dem Wege einer "politischen Neukonstituierung", die als "formaljuristischer Beitritt" des Bündnis 90 zur Partei Die Grünen erfolgen sollte (Assoziationsvertrag, II, Kap. A). Nach Urabstimmungen in beiden Parteien Ende April 1993 trat der Vertrag wie geplant in Kraft, so daß die deutsch-deutsche Integration auch im ökologisch-alternativen Spektrum der parlamentarisch etablierten Parteienlandschaft auf organisatorischer Ebene im wesentlichen abgeschlossen ist.

Zwänge und reale Tendenzen zu einer perspektivischen Orientierung der parlamentarisch ambitionierten Teile der ostdeutschen Bürgerbewegung auf die Grünen hatten sich schon seit längerem abgezeichnet. Bereits im September 1990 äußerten Parteienforscher die Vermutung, "daß sie alsbald in der Grünen Partei aufgehen werden" (Veen u.a. 1990: 44). Trotz der vordergründigen Analogien zu den anderen Parteienvereinigungen - Beitritt der ostdeutschen Seite, strukturelle Dominanz der westdeutschen Seite in der jeweils vereinigten Partei - wiesen die Annäherungsprozesse zwischen den ostdeutschen Bürgerbewegungsorganisationen und den westdeutschen Grünen eine Reihe von Besonderheiten auf. Zwar heben diese den allgemeinen Charakter deutsch-deutscher Vereinigungsverfahren auch für die "grün-bürgerbewegte" Parteienvereinigung nicht grundsätzlich auf. Aber sie haben signifikante symbolträchtige Abweichungen vom realtypischen Modus ermöglicht und können zur Erklärung beitragen, warum diese Parteienvereinigung im Vergleich zum christdemokratischen, liberalen und sozialdemokratischen Lager fast drei Jahre später erfolgte.

Eine erste Besonderheit bestand darin, daß die Konstellation vor den Bundestagswahlen 1990 für die zuvor zu den Volkskammerwahlen als "Bündnis 90" angetretenen Organisationen[2] im Vergleich zu den anderen ostdeutschen Parteien aus verschiedenen Gründen erheblich geringere Anreize zu einer Vereinigung mit der westdeutschen Partnerpartei bot. So gab es in der Mitgliedschaft insbesondere des Neuen Forum wenig Bereitschaft, die eigene Organisation den Formzwängen der Konkurrenzdemokratie und des Parlamentarismus unterzuordnen; der parlamentarisch orientierte Flügel hatte erhebliche Mühe, eine konstruktive Verhandlungsführung des Neuen Forum allein für eine Listenverbindung zur Bundestagswahl durchzusetzen (Hampele 1991). Zudem erschienen nach der Volkskammerwahl und angesichts der ungeteilten Führungsrolle der westdeutschen Regierungskoalition im staatlichen Vereinigungsprozeß die Aussichten für eine wirksame Rolle im politischen System von vornherein äußerst gering. Dagegen war die Möglichkeit, zu Oppositionsmandaten im Bundestag auch ohne die Grünen (West) zu gelangen, mit dem Wahlgesetz für die ersten gesamtdeutschen Bundestagswahlen (getrennte Wahlgebiete Ost und West) gegeben. Im Unterschied zu den anderen Parteien, die ihre Resonanz im Osten weitgehend über die Resonanz auf westdeutsche Repräsentanten bezogen, konnten die Bündnis 90-Partner kaum mit einer Erweiterung ihrer Wählerschaft durch die Präsentation westdeutscher Grünen-Prominenz rechnen. Das gleiche galt umgekehrt für die Grünen, so daß eine organisatorische Vereinigung, abgesehen von allen programmatischen und mentalen Differenzen, zu diesem Zeitpunkt für beide Seiten auch in wahltaktischer Hinsicht verzichtbar war. Diese Konstellation hat sich im Hinblick auf die Bundestagswahlen 1994 verändert, insofern dann die Trennung der Wahlgebiete aufgehoben ist und auch keine Möglichkeit für Listenverbindungen konkurrierender Parteien mehr besteht.

Im Ergebnis der Bundestagswahl vom Dezember 1990 war jedoch eine zweite Besonderheit zu verzeichnen: die Tatsache, daß das gesamtdeutsche ökologisch-alternative Spektrum allein durch die ostdeutsche Abgeordnetengruppe (Bündnis 90/Grüne/Unabhängiger Frauenverband) im Bundestag vertreten war, während die westdeutschen Grünen an der Fünf-Prozent-Klausel scheiterten. Damit war die eigenständige Existenz der ostdeutschen Organisationen für einige Zeit finanziell gesichert, zugleich brachte dieser Wahlausgang eine relative Aufwertung ihrer Position gegenüber den Grünen (West) mit sich. In dieser Situation begannen die Grünen, ihre Kontakte zur ostdeutschen Bürgerbewegung und ihre Bemühungen um Annäherung zu intensivieren. Dabei wurden sie mit einer dritten Besonderheit konfrontiert: Ein Jahr nach der staatlichen Vereinigung und die perspektivisch notwendige Kooperation mit den Grünen durchaus im Blick, gründeten die parlamentarisch orientierten Strömungen der ostdeutschen Bürgerbewegung, statt wie erwartet ihre Fusion mit dem westdeutschen Partner zu forcieren, im September 1991 zunächst ihre eigene Partei - das Bündnis 90. Damit war den Grünen ein potentieller Konkurrent entstanden, der sich auch langsam auf die alten Bundesländer auszudehnen begann, und dem gegenüber in den Vereinigungsverhandlungen erheblich größere Zugeständnisse eingeräumt werden mußten, als für die anderen deutsch-deutschen Parteienvereinigungen kennzeichnend war (Löbler, Schmid und Tiemann 1992: 48 ff.).

Das vordergründige Ziel dieser Parteigründung war zunächst die Aufhebung der organisatorischen Zersplitterung der parlamentarisch orientierten Teile der Bürgerbewegung durch die Fusion der IFM, von Demokratie Jetzt und des Neuen Forum zum Bündnis 90. Aber von vornherein lagen dem Vorhaben unterschiedliche Motive zugrunde. So betrachtete Werner Schulz (MdB) das Bündnis 90 von

Anfang an "als Zwischenstadium bis zur Bildung einer von Bündnis 90 und den Grünen getragenen gesamtdeutschen Organisation" (Schulz 1992a: 151). Anderen, repräsentiert etwa durch Wolfgang Templin (1992), ging es offensichtlich darum, zunächst vorrangig die eigene organisatorische Basis zu konsolidieren und sich damit verschiedene Optionen für die parteipolitische Neuordnung des gesamtdeutschen ökologisch-alternativen Spektrums offenzuhalten.

Zweifellos hat die parteipolitische Konstituierung des Bündnis 90 im September 1991 die Ausgangsposition der parlamentarisch orientierten Organisationen und Gruppen der ostdeutschen Bürgerbewegung für eine solche Neuordnung und damit gegenüber den Grünen erheblich gestärkt, was seinen Niederschlag auch im Assoziationsvertrag gefunden hat. Die Gründung der Partei Bündnis 90 eininhalb Jahre vor der Vereinigung mit den Grünen steht aber auch in einer Kontinuität von ideologischen Differenzierungs- und organisationspolitischen Anpassungsprozessen der Bürgerbewegung, die ihrem parlamentarischen Flügel seit der Jahreswende 1989/90 die Ausbildung einer eigenen kollektiven Identität und eines eigenen Organisationsrahmens ermöglicht haben. Damit hat sich innerhalb von drei Jahren eine relativ starke Organisationsbindung der Bündnis 90-Mitglieder herausgebildet, die auch auf Friktionen hindeutet, mit denen die Assoziation von Bündnis 90 und Grünen auf längere Zeit belastet bleiben dürfte. Die Vorgeschichte der "grün-bürgerbewegten" Parteienvereinigung ist auch eine Geschichte des Konfliktes zwischen dieser Organisationsbindung resp. der eigenständigen Identität und dem äußeren Anpassungsdruck, der kaum andere aussichtsreiche Alternativen zur Assoziation mit den Grünen offen ließ. Im Mittelpunkt dieses Beitrags steht daher ein Überblick über die Entstehung des Bündnis 90, das Verhältnis von parlamentarischer Repräsentanz und Organisationsentwicklung, widersprüchliche Aspekte und Akzentverschiebungen im politischen Selbstverständnis sowie die Struktur der Mitgliedschaft und der Führungsgruppen. Abschließend wird auf Probleme der "grün-bürgerbewegten" Parteienvereinigung zurückzukommen sein.

2. Entstehungsgründe

An der Listenverbindung "Die Grünen/Bündnis 90 - BürgerInnenbewegungen" zu den Bundestagswahlen am 2. Dezember 1990 waren neben den Grünen (Ost) vier Organisationen beteiligt, die sich selbst nicht als Parteien, sondern als politische Vereinigungen bzw. "Bürgerbewegungen" definierten: das Neue Forum, die Bürgerbewegung Demokratie Jetzt, die Initiative Frieden und Menschenrechte und der Unabhängige Frauenverband (UFV). Diese Vereinigungen waren hinsichtlich der Teilnahme an den ostdeutschen Landtagswahlen und den Bundestagswahlen laut Einigungsvertrag den Parteien gleichgestellt, bis zum 3. Oktober 1991 hatten sie jedoch ihre Satzungen dem bundesdeutschen Parteiengesetz anzupassen, wollten sie die weitere Anerkennung als den Parteien gleichgestellte Vereinigungen einschließlich der damit verbundenen Ansprüche auf Teilnahme an späteren Wahlen sowie auf Mittel der staatlichen Parteienfinanzierung nicht aufgeben. Damit ging vom Einigungsvertrag gleichermaßen institutioneller Druck wie politischer und finanzieller Anreiz aus, den Streit um das politische Selbstverständnis - die Selbstverortung im intermediären System -, der seit der Jahreswende 1989/90 mit unterschiedlicher Intensität in den betreffenden Organisationen geführt wurde, einer Entscheidung zuzuführen.

Innerhalb der Ökologiebewegung der DDR war dieser Streit faktisch schon in ihrer Aufbruchphase mit der getrennten Gründung der Grünen Liga als eines außerparlamentarischen Netzwerks lokaler und regionaler Umweltgruppen und der Grünen Partei der DDR mit explizit parlamentarischen Ambitionen beigelegt worden. Die Selbstverortung der Grünen Partei war eindeutig und wurde mit ihrer Umbenennung in Die Grünen im Juli 1990 sowie dem Beitritt ihrer Landesverbände (mit Ausnahme des sächsischen[3]) zum Bundesverband der Grünen am Tag nach den Bundestagswahlen auch manifest (Kühnel und Sallmon-Metzner 1991: 184 ff.).

Im UFV wurden von Beginn an unterschiedliche Handlungsrichtungen und organisationspolitische Konzepte verfolgt, die sich zwischen der Beschränkung auf außerparlamentarische Projektarbeit auf der einen und parlamentarischen Repräsentanzansprüchen bis hin zum Bundestag auf der anderen Seite bewegten. Die Frage nach Prioritäten rückte aber erst unter dem Anpassungsdruck des Einigungsvertrages in den Mittelpunkt der organisationsinternen Debatte. Die eigene Mobilisierungsschwäche und die prekäre Mitgliederentwicklung waren letztlich ausschlaggebend für die Entscheidung der Außerordentlichen Konferenz des UFV (27.-29.9.1991 in Weimar), sich künftig nicht nach dem Parteiengesetz, sondern in der Form des eingetragenen Vereins zu organisieren (Hampele 1992: 38 ff.).

Komplizierter verliefen die Entscheidungs- und Anpassungsprozesse in den anderen drei Organisationen. Zwar hatten sich diese an allen vier bzw. fünf Wahlen des Jahres 1990 in unterschiedlichen Listenverbindungen beteiligt, aber trotz fortschreitender Parlamentarisierung blieb die Frage nach dem Charakter der Organisation sowie der primär zu verfolgenden politischen Handlungsrichtung bis zum Herbst 1991 Gegenstand von Auseinandersetzungen sowohl innerhalb als auch zwischen den betreffenden Vereinigungen. In bezug auf die Fusion der drei Organisationen zeichnete sich im Verlauf dieser eineinhalbjährigen Diskussionen im wesentlichen zwei Konzepte ab:

Eine starke Strömung innerhalb des Neuen Forum, repräsentiert u.a. durch Bärbel Bohley und Reinhard Schult, verfolgte primär die Zielstellung, die Arbeit von Bürgerinitiativen, Bürgervereinigungen, Bürgerkomitees, Interessenverbänden, "Runder Tische von unten" etc. zu inspirieren und zu fördern. Einer vereinten Bürgerbewegungsorganisation war vor allem die Funktion eines landesweiten, parteioffenen und -unabhängigen Netzwerkes für derartige Initiativen zugedacht. Der Schwerpunkt politischen Handelns lag in diesem Konzept auf kommunaler und regionaler Ebene, wobei eine erneute Beteiligung an Landtags- und

Bundestagswahlen nicht generell abgelehnt, aber als bestenfalls zweitrangig angesehen wurde. In den Argumentationen für dieses Projekt verband sich die ihm zugrundeliegende Fundamentalkritik an der bestehenden institutionellen Ordnung (bei gleichzeitiger Ablehnung linker Ideologietradition) zum Teil auch mit radikaler Kapitalismuskritik. In praktischer Hinsicht war damit auch eine - bei der Gründung des Bündnis 90 als mittelfristige Option bereits mitschwingende - gemeinsame organisatorische Perspektive mit den Grünen ausgeschlossen: "Sozial und ideologisch eingeengt, klopfen sie (Die Grünen - J.W.) in einer Zeit des Umbruchs ihre Strukturen fest und bieten sich als Juniorpartner der SPD an. Die politischen und wirtschaftlichen Verhältnisse werden von ihnen nicht mehr in Frage gestellt. Statt die neue Situation im vereinten Deutschland wahrzunehmen und offen zu sein für Veränderungen, kapitulieren sie vor dem kapitalistischen System." (Krone und Schult 1991: 37)

Die Anhänger dieser Konzeption beteiligten sich im September 1991 folglich nicht an der Gründung des Bündnis 90, sie beschlossen die Reorganisation des Neuen Forum als eigenständiger politischer Vereinigung.

Auch seitens der Gründungsinitiatoren des Bündnis 90 wurde die Möglichkeit, als landesweites Netzwerk parteiunabhängiger Basisinitiativen zu agieren, nicht ausgeschlossen. Entsprechende Mobilisierungspotentiale sowie der Bedarf der bestehenden Initiativen nach einem solchen Netzwerk wurden aber realistischer eingeschätzt als durch die Anhänger der Gegenposition, die sich offenbar kaum der Frage gestellt hatten, inwiefern die sozialen Voraussetzungen für ihr Organisationskonzept - an übergreifender Kommunikation interessierte aktive Basisgruppen, lokale Öffentlichkeiten - überhaupt gegeben waren. Priorität hatte in dem zweiten Konzept eine - ebenfalls "quer zu den Parteien" wirkende - parlamentarische Vertretung der Bürgerbewegung auf Länder- und Bundesebene. Bestimmte Ressourcen dafür - ein Wählerpotential sowie relativ eingespielte interne Kommunikationsnetze - waren bereits vorhanden. Eine gesamtdeutsche parlamentarische Alternative zu den etablierten Parteien in Form entweder einer Fusion mit den Grünen oder - je nach Position - eines breiten "Bündnisses für Demokratie, Ökologie und Menschenrechte" erschien den Anhängern dieses Konzepts als mittelfristige Perspektive durchaus realistischer als der Versuch, die im Osten weitgehend erloschene außerparlamentarische Bewegung im gesamtdeutschen Rahmen zu revitalisieren. Die Kritik am bestehenden westlichen System politischer Institutionen war nicht fundamentalistisch, sondern resultierte aus der Absicht, sich auf diese Ordnung einzulassen und von innen heraus auf institutionelle Reformen zu drängen.

Den Auseinandersetzungen im Vorfeld der Bündnis 90-Gründung sowie dem diesbezüglich unterschiedlichen Verhalten der betreffenden Organisationen lagen neben den konzeptionellen und ideologischen Differenzen auch unterschiedliche organisationspolitische Konstellationen zugrunde.

Die Parlamentarisierung der Bündnis 90-Partner im Zuge der Wahlen des Jahres 1990 war für alle drei Organisationen von einem rasanten Rückgang der Mitgliederzahlen begleitet. Tabelle 1 zeigt die Anzahl von parlamentarischen Mandaten nach den Bundestagswahlen, Tabelle 2 die Mitgliederentwicklung vom jeweiligen Mobilisierungshöhepunkt (November 89 - Januar 90) bis Juni 1991.

Tabelle 1:   Parlamentarische Mandate nach Organisationen (Ende 1990)

	NF	DJ	IFM
Volkskammerabgeordnete nach dem 18.3.1990	7	3	2
nach den Kommunalwahlen vom 6.5.1990[4]			
Kreistagsabgeordnete	358[5]	6	*
örtliche Abgeordnete	1.189[6]	40	*
Landtagsabgeordnete nach dem 14.10.1990	12	4	1
Sitze im Berliner Abgeordnetenhaus nach dem 2.12.1990	3	2	3
Bundestagsabgeordnete nach dem 2.12.1990	2	2	1

* Die Zahl der kommunalen Abgeordneten der IFM war nicht genau zu ermitteln, dürfte aber 20 kaum überschritten haben.

Tabelle 2:   Mitgliederentwicklung

	NF	DJ	IFM
Mobilisierungshöhepunkt	ca. 200.000	max. 4.000	max. 400
Mitte 1990	max. 20.000	ca. 850	-
Juni 1991	ca. 5.000	ca. 600	ca. 200
Mitgliederrückgang auf ca.	2-3%	15-20%	50%

Im Juni 1991 muß für die drei Vereinigungen insgesamt der Anteil der Parlamentarier an der Mitgliedschaft schon mehrere Monate lang bei mindestens 20-25 Prozent gelegen haben. Die Dynamik der Parlamentarisierung verlief von Wahl zu Wahl quasi umgekehrt proportional: Der durch die Parlamentarisierung verursachte Organisationsaufwand (Organisation der parlamentarischen Arbeit, Organisation des nächsten Wahlkampfes) wuchs drastisch an, die verfügbaren personellen Ressourcen nahmen rasant ab. Für alle drei Organisationen ergab sich damit die Notwendigkeit, ihr politisches Engagement künftig auf bestimmte Handlungsrichtungen zu konzentrieren.

Für DJ und die IFM war die Strategie schon strukturell weitgehend vorbestimmt. Die geringe Zahl und die Konzentration ihrer Mitglieder auf einige wenige Großstädte bzw. Regionen bot nach den Bundestagswahlen keine Möglichkeit mehr zu dauerhafter eigenständiger Existenz mit landes- oder bundespolitischer Relevanz. Die einzig sinnvolle Perspektive bestand für sie darin, gemeinsam mit dem Neuen Forum einen neuen Organisationsrahmen zur Absicherung der parlamentarischen Präsenz ihrer in der Wende prominent gewordenen Gründungsinitiatoren auf Länder- und Bundesebene zu bilden. Im Unterschied zu diesen Organisationen, die ihr politisches Gewicht und ihre kollektive Identität überwiegend aus der überregionalen Prominenz ihrer Repräsentanten bezogen, ergab sich das politische Gewicht des Neuen Forum eher aus seiner vergleichsweise ausgedehnten territorialen Präsenz.

Tabelle 3: Territoriale Präsenz des Neuen Forum und der Bürgerbewegung Demokratie Jetzt anhand der Registratur von Kandidaten dieser Organisationen zu den Kommunalwahlen vom 6. Mai 1990[7]

Kandidatur zu:		NF		DJ	
Kreistagen insgesamt	(215)	153	(71%)	29	(13%)
darunter in Stadtkreisen	(26)	26	(100%)	14	(54%)
örtlichen Volksvertretungen in kreisangehörigen Städten	(606)	211	(35%)	22	(4%)
in Gemeinden	(6893)	371	(5%)	21	(0%)

In Klammern: Gesamtzahl der betreffenden Parlamente sowie prozentualer Anteil der Orte an dieser Gesamtzahl, in denen NF- bzw. DJ-Kandidaten registriert waren.

Angaben über IFM-Kandidaturen waren nicht zu ermitteln. IFM-Regionalgruppen gab es zu dieser Zeit in Leipzig, Magdeburg, Dresden, Potsdam, Altenburg, Arnstadt und Berlin.

Konzentration auf die Arbeit in Kommunalparlamenten und auf außerparlamentarisches Engagement erschien aus der Sicht vieler lokaler Akteure des Neuen Forum daher als durchaus naheliegend. Insbesondere für NF-Gruppen in Ortschaften und Regionen, in denen die beiden kleinen Vereinigungen DJ und IFM nicht präsent waren und auch der Name "Bündnis 90" keine kommunale Bedeutung hatte, bot eine Fusion zu einer neuen Organisation mit neuem Namen eher Anlaß zu Befürchtungen um kommunalen Resonanzverlust als einen Anreiz zur Reorganisation. Dies war die reale organisationspolitische Grundlage für den Widerstand weiter Teile der Mitgliedschaft wie der zentralen Gremien, insbesondere des Arbeitsausschusses des NF-Bundessprecherrats, gegen die Bestrebungen des "parlamentarischen" Flügels, der landes- und bundespolitischen Präsenz Priorität einzuräumen.

Unterstützung fand dieser "parlamentarische" Flügel vor allem in den NF-Gruppen der großen Städte und anderen Regionen, in denen bereits seit den Kommunalwahlen vom Mai 1990 eine mehr oder weniger erfolgreiche Zusammenarbeit mit Gruppen der anderen Vereinigungen - oft auch unter dem Namen "Bündnis 90" - praktiziert wurde. Auch für die meisten der Abgeordneten, die in Fraktionen der Bündnis 90- oder Bündnis 90/Grüne-Konstellation tätig waren, erwies sich die parallele Existenz dreier Organisationen in zunehmendem Maße als hinderlich bzw. wenig sinnvoll, insofern eine effektive Kommunikation zu jeweils zwei bis drei Landesgeschäftsstellen und Landessprecherräten bzw. drei Bundesgeschäftsstellen und Bundessprecherräten sowie zwischen diesen Gremien überhaupt nicht zu realisieren war. Schon lange vor der Gründung der Partei Bündnis 90 bildeten diese gemischten Fraktionen einen institutionell einheitlichen Arbeitszusammenhang, der für viele ihrer Mitglieder offensichtlich relevanter wurde als ihre Zugehörigkeit zu einer bestimmten der drei Organisationen.

Die maßgebliche Initiative zur Gründung des Bündnis 90 mit dem Anspruch, "die Interessen der mit der Bürgerbewegung verbundenen Menschen vornehmlich auf Landes- und Bundesebene politisch zu vertreten" (Grundkonsens der Bürgerbewegung Bündnis 90 1991: 8) ging daher zum einen von den beiden kleinen Organisationen als solchen aus, zum anderen von Parlamentariern, Fraktionsmitarbeitern und Basisgruppen aller drei Organisationen, die zum Teil schon seit dem Frühjahr 1990 gemeinsame Arbeitszusammenhänge konstituiert hatten und diesen nun quasi im nachhinein einen adäquaten Organisationsrahmen schufen.

Die Spaltung des Neuen Forum und die Konstituierung des Bündnis 90 nach dem Parteiengesetz im September 1991 war gleichermaßen das Ergebnis einer fortgesetzten ideologischen bzw. richtungsspezifischen Ausdifferenzierung insbesondere des Neuen Forum als auch einer politisch-organisatorischen Anpassung der beiden kleinen Vereinigungen sowie des parlamentarisch orientierten NF-Flügels an die veränderten institutionellen Rahmenbedingungen und politischen Chancenstrukturen im vereinigten Deutschland.

3. Selbstverständnis und Programmatik unter Anpassungsdruck

Der Bundesverband des Bündnis 90 verfügte über kein systematisch zusammenhängendes Parteiprogramm. Programmatische Aussagen, soweit sie in den Gründungsdokumenten - dem "Grundkonsens der Bürgerbewegung Bündnis 90" und der Willenserklärung "Vollenden und aufbrechen" - formuliert waren, bewegten sich weitgehend auf der abstrakten Ebene allgemeiner Zielvorstellungen und Wertorientierungen. Darüber hinaus gab es einzelne programmatische Dokumente von Landesverbänden sowie Positionspapiere von Abgeordnetengruppen zu jeweils konkreten Themen oder Anlässen.

Insgesamt war ein programmatisches Profil der Partei nur in groben Konturen erkennbar. Diese Situation hatte verschiedene Ursachen. Zum einen mangelte es an personellen Ressourcen für eine systematische Programmarbeit, zum anderen gehörte der Verzicht auf ein verbindliches Programm des Bundesverbandes zum konstitutiven Selbstverständnis der Organisation bzw. der Mehrheit ihrer Mitglieder.

Nach diesem in den Gründungsdokumenten formulierten Selbstverständnis war das Bündnis 90 keine Partei, sondern eine "politische Bürgerbewegung", die sich der Selbstverortung auf der traditionellen Links-Rechts-Achse entzog. Vielmehr verstand es sich als ein "ProblemBündnis", das überall dort ansetzen sollte, wo "quer zu den Parteien" öffentliche Akzeptanz und jeweils wechselnde Mehrheiten für die Lösung konkreter Sachfragen gefunden werden konnten. Als elementare Bedingung für eine solche Politik und damit auch als zentrales politisches Ziel wurde die Erweiterung der repräsentativen Demokratie durch Elemente direkter Demokratie, die strukturelle Öffnung des politischen Systems für die Partizipationsansprüche der Bürger, angesehen. Partizipationsansprüche der Bürger contra Verschließungstendenzen der Herrschaftseliten - dies war der für die Selbstverortung des Bündnis 90 und sein Selbstverständnis als "Bürgerbewegung" zentrale gesellschaftliche Konflikt. Ein solches Verständnis schloß eine bevorzugte Orientierung auf die Interessen bestimmter sozialer Gruppen ebenso aus wie fundamentale Systemopposition und die Festlegung auf ein umfassendes Parteiprogramm. Favorisiert wurde eine Politik "der kleinen Schritte" (BDK-Erklärung: III), mitunter auch als Politik der "offenen Konzepte" bezeichnet, als deren Zielgruppe zunächst "die Bürger" schlechthin betrachtet wurden.

Trotz aller Relativierung dieses Selbstverständnisses unter dem Druck der politischen, seit 1990 vornehmlich parlamentarischen Praxis waren die Aversion gegen eine Selbstdefinition als "Partei" und die Festlegung auf ein verbindliches Parteiprogramm für den Bundesverband in der Mehrheit der Mitgliedschaft so stark verwurzelt, daß der Verzicht auf beides zu den Essentials für die Assoziationsverhandlungen mit den Grünen gehörte und letztlich auch durchgesetzt wurde.

Andererseits war der parlamentarisch orientierte Flügel der ostdeutschen Bürgerbewegung schon im Wahljahr 1990 zu der Einsicht gelangt, daß allein mit dem Bekenntnis zu "offenen Konzepten" und der Thematisierung von Demokratiedefiziten auf Dauer weder Wähler noch Mitglieder zu halten geschweige denn zu gewinnen waren. Mit der Orientierung auf speziell für Ostdeutschland relevante Themen (Aufarbeitung der DDR-Vergangenheit, innere Einheit Deutschlands) einerseits und die sogenannten neuen Themen (Ökologie, Gewaltfreiheit in der Außen- und Sicherheitspolitik, Gleichstellung der Geschlechter, Minderheitenschutz u.a.m.) andererseits sowie ihrer richtungsspezifischen Behandlung wurde dann auch schon im "Grundkonsens" selbst das "bewegungsspezifische" Bekenntnis zu programmatischer Offenheit zumindest ansatzweise relativiert. Dieses Gründungsdokument reflektierte eine reale Widersprüchlichkeit des politischen Ansatzes des Bündnis 90: Insofern das eine Thema - Bürgerpartizipation contra Verschließungstendenzen der Herrschaftseliten - im Mittelpunkt stand, profilierte es sich tatsächlich im Sinne einer Bewegungspartei "quer" zu den traditionellen Parteiprofilen. Zugleich positionierte es sich zumindest im Ansatz programmatisch bezüglich aller Politikfelder und profilierte sich damit, wenngleich ungewollt, auch als Programmpartei. Es versuchte beides: Verortung "quer" zu den Parteien bei gleichzeitiger Einordnung in das Parteienspektrum.

Der "Grundkonsens" des Bündnis 90 war nicht nur ein Kompromiß zwischen heterogenen Strömungen, sondern als versuchter Kompromiß zwischen zwei widersprüchlichen Organisationslogiken auch die Manifestation eines verklärten kollektiven Selbstverständnisses seiner Akteure - des Vorsatzes, mit der als nur formal verstandenen Anpassung an das Parteigesetz ihr politisches Überleben nicht als Partei, sondern als "Bürgerbewegung" sichern zu können.

Nicht zuletzt die Erfahrung vom Sommer 1992, als eine Vielzahl enttäuschter Ostdeutscher, statt sich dem Bündnis 90 zuzuwenden, dem Aufruf der "Komitees für Gerechtigkeit" folgte, hat diese Widersprüchlichkeit verstärkt ins Bewußtsein der Akteure gerückt und sie zur Überprüfung ihrer umfassenden, überparteilichen Repräsentanzansprüche veranlaßt. So forderten Christiane Ziller und Erhard O. Müller angesichts der Tatsache, daß das Bündnis 90 "von vielen Menschen im Osten...nicht (mehr) als ihre Interessenvertretung empfunden" wird und seine programmatische Orientierung auch "kaum 'mehrheitsfähig' sein (dürfte)", zu überprüfen, ob das Bündnis 90 "den in seinem Grundkonsens angelegten Anspruch einer breiten Bürgerbewegung jenseits der Lagergrenzen aufrechterhalten kann (und will)" (Ziller und Müller 1992: 4). Im Kontext der Assoziationsverhandlungen brachen dann die zuvor schon latenten Konflikte um die zu bevorzugenden Zielgruppen sowie das entsprechend anzustrebende Außenbild der Partei endgültig auf. Diesbezüglich waren im wesentlichen drei Tendenzen zu erkennen:
- die Aufrechterhaltung des "quer zu den Parteien" und auf parteiübergreifenden Konsens orientierten Bürgerbewegungsansatzes (Lietz 1992: 3);
- die von einer starken Minderheit (der Mehrheit des Brandenburger Landesverbandes) angestrebte Profilierung zu einer ökologisch-liberalen Mittelstandspartei (Nooke 1992: 157 f.);
- die nicht unumstrittene, aber sich mehrheitlich durchsetzende Orientierung auf Wähler aus dem alternativen Bereich, "genauer gesagt, aus dem Bereich der Kritiker der modernen Industriegesellschaft westlicher Prägung" (Rost und Tschiche 1992: III).

Die im "Grundkonsens" formulierten thematischen Orientierungen und die von einzelnen Landesverbänden wie Abgeordnetengruppen vorgelegten programmatischen Dokumente und thematischen Positionspapiere reflektierten im großen und ganzen einen starken Einfluß von Traditionen sowohl der osteuropäischen Dissidenz- und Demokratiebewegung als auch der neuen sozialen Bewegungen des Westens. Bei aller Heterogenität der programmatischen Orientierungen zeigte sich hinsichtlich der sogenannten Neuen Themen eine dominante postmaterialistische Orientierung. Bezüglich der traditionellen sozialökonomischen Verteilungskonflikte deutete sich ein Pool von Orientierungen an, den man vielleicht am besten als sozial-linksliberal bezeichnen könnte.

Im Unterschied zur bislang dominanten politischen Praxis der Grünen herrschte im Bündnis 90 jedoch die Neigung zu pragmatischen, auf möglichst parteiübergreifenden Konsens orientierten Konfliktlösungen vor. Dies wurde beispielsweise an den Gesetzesentwürfen der Bundestagsgruppe zur Asyl- und Einwanderungspolitik[8] deutlich, die u.a. eine jährliche Einwanderungsquote vorsehen, sowie an der Zustimmung der Mehrheit der Bundestagsabgeordneten zum Gruppenantrag bezüglich der Neuregelung des Abtreibungsrechts. Beides ist bei den Grünen auf weitgehende Ablehnung gestoßen.

4. Parlamentarische Repräsentanz und organisatorische Schwäche

Die parlamentarische Repräsentanz des Bündnis 90 resultierte aus der Kandidatur von Listenverbindungen zu Wahlen, die mit Ausnahme der Berliner Bezirkswahlen vom Mai 1992 lange vor der Gründung der Partei stattfanden. Das Bündnis 90 wurde daher im Bundestag und in den ostdeutschen Landtagen nicht durch eigene Fraktionen, sondern durch seine Abgeordneten als Mitglieder von Gemeinschaftsfraktionen repräsentiert, denen immer auch Abgeordnete des Neuen Forum, der Grünen oder des UFV angehörten. Die einzige Ausnahme bildete bis September 1992 die Fraktion Bündnis 90 im Brandenburger Landtag, dann rückten auch hier mit zwei NF-Mitgliedern Kandidaten nach, die nicht das Bündnis 90 repräsentierten.

Tabelle 4 zeigt die Zusammensetzung der Listenverbindungen zu den einzelnen Wahlen, die Zweitstimmenergebnisse (A), die Anzahl der Mandate (B) sowie die Anzahl der Fraktionsmitglieder (C), die im Januar 1993 die Partei Bündnis 90 repräsentierten.

Mit Ausnahme der Brandenburger Landtagsfraktion, die in der von Manfred Stolpe (SPD) geführten Regierungskoalition (SPD/FDP/Bündnis 90) die Ministerien für Bildung, Jugend und Sport (Marianne Birthler; seit November 1992: Roland Resch) sowie für Umwelt, Naturschutz und Raumordnung (Matthias Platzeck) besetzte, befanden sich alle hier genannten Fraktionen in der Opposition zu von der CDU geführten Regierungen.

Über die Präsenz von Bündnis 90-Vertretern in Kommunalparlamenten bzw. in den aus den Bürgerbewegungslisten zur Kommunalwahl am 6. Mai 1990 hervorgegangenen Fraktionen lagen mit Ausnahme Berlins keine für ein Gesamtbild hinreichenden Daten vor.

Tabelle 4:   Parlamentarische Repräsentanz des Bündnis 90[9]

Wahl	Listenverbindung	A	B	C
Bundestagswahl vom 2.12.1990:	NF,DJ,IFM,Grüne,UFV	6,1	8	5
Landtagswahlen vom 14.10.1990:				
Brandenburg:	NF,DJ	6,4	6	4
Sachsen:	NF,DJ,Grüne,UFV	5,6	10	7
Sachsen-Anhalt:	NF,DJ,IFM,Grüne,UFV	5,3	5	3
Thüringen:	NF,DJ,Grüne	6,5	6	2
Berlin Ost (2.12.1990):	NF,DJ,IFM,Grüne,UFV	9,7	11	6

Die Wahlen zu den Berliner Bezirksverordnetenversammlungen am 24. Mai 1992 waren die einzigen Wahlen nach der Gründung des Bündnis 90. Entsprechend einer Vereinbarung mit der Westberliner Alternativen Liste kandidierte das Bündnis 90 ausschließlich in den Ostberliner Bezirken - entweder mit offenen Listen (vor allem für die Ostberliner Grünen) oder im Rahmen von Wählergemeinschaften mit dem Neuen Forum, Mitgliedern des UFV und diversen Bürgervereinen. Die Wahlergebnisse in den einzelnen Bezirken lagen zwischen 7,1 (Hellersdorf) und 18,1 Prozent (Prenzlauer Berg), wobei die drei Wählergemeinschaften im Durchschnitt (15,9 Prozent) signifikant höhere Ergebnisse erzielten als die offenen Listen des Bündnis 90 in den anderen acht Bezirken (11,4 Prozent). Im Vergleich zu den Ergebnissen der Bürgerbewegungslisten vom Mai 1990 war ein absoluter Wählerverlust von mindestens zwölftausend Stimmen (ca. 14 Prozent) zu verzeichnen. Aufgrund der geringeren Wahlbeteiligung, die andere Parteien zum Teil noch stärker traf, konnte jedoch der Wähleranteil von rund 13 Prozent im Ostberliner Durchschnitt gehalten werden.

Der Anteil von Bündnis 90-Mitgliedern an den auf Bündnis 90-Listen gewählten Abgeordneten betrug 50 Prozent.

Wenngleich die Berliner Wahlergebnisse den allgemeinen Trend der Emnid-Umfragen (vgl. Der Spiegel) bestätigten, die seit Mitte 1991 für "Bündnis 90/Grüne" in Ostdeutschland Werte zwischen 8 und 11 Prozent auswiesen, wäre es m.E. verfrüht, von der Herausbildung einer stabilen Wählerschaft in dieser Höhe zu sprechen. Dagegen spricht zum einen der schwer kalkulierbare Anteil von Protestwählern, zum anderen bleibt abzuwarten, inwieweit der nicht-grüne, d.h. der stärker zur politischen Mitte tendierende Anteil der bisherigen Bündnis

90-Wählerschaft (Veen und Hoffmann 1992: 156) auch noch nach dem Beitritt des Bündnis 90 zu den Grünen gehalten bzw. kompensiert werden kann.

Für eine Stabilisierung respektive Ausweitung seiner parlamentarischen Repräsentanz - d.h. sowohl für eine dauerhafte Bindung von Wählern als auch für die Profilierung handlungsfähiger parlamentarischer Eliten - verfügte das Bündnis 90 nur partiell über die erforderlichen personellen und strukturellen Voraussetzungen.

Zu den wesentlichen strukturellen Schwächen gehörten neben der insgesamt sehr geringen Mitgliederzahl die territorialen Disparitäten hinsichtlich der Organisationsbasis (Tabelle 5).

Eine halbwegs flächendeckende Mitgliederverteilung war 1992 nur für Sachsen, Brandenburg und Berlin-Ost zu verzeichnen. In den mitgliederschwachen Landesverbänden Sachsen-Anhalt und Mecklenburg-Vorpommern waren 81 bzw. 65 Prozent der Mitglieder jeweils in drei Städten konzentriert. Hier und insbesondere in Thüringen konnten die organisationsinternen Bedingungen für eine stabile Präsenz im Landtag[10] weder bezüglich der personellen Ressourcen noch hinsichtlich der kommunalen Verankerung der Partei als existentiell gesichert angesehen werden. Vor diesem Hintergrund erscheint es kaum zufällig, daß die Vereinigung mit den Grünen im Vorfeld der 2. Bundesdelegiertenkonferenz in diesen drei Landesverbänden weitaus weniger umstritten war als in Brandenburg und Berlin.

Tabelle 5:   Territorialstruktur der Bündnis 90-Mitgliedschaft 1992[11]

Landesverband	Mitglieder	Regionalverbände - bzw. Gruppen	Orte mit mehr als 9 Mitgl.
Sachsen	1223	40	15
Brandenburg	743	23	13
Berlin	358	12	-
Mecklenburg-Vorpommern	125	7	3
Sachsen-Anhalt	99	8	3
Thüringen	38	10	1
NBL insges.	2586	100	35
westdt. Verbände	123	10	2
Bundesrepublik insges.	2709	110	37

Ein weiteres Defizit in den strukturellen Grundlagen stabiler parlamentarischer Repräsentanz bestand vor dem Zusammenschluß im Zustand der organisationsin-

ternen Kommunikations- und Kooperationsstrukturen. Im Bündnis 90 war weder
eine dominante bottom-up-Struktur innerparteilicher Willensbildung erkennbar,
wie sie der im "Grundkonsens" formulierten politischen Philosophie entsprechen
würde, noch eine top-down-Struktur - naheliegend angesichts des Personalman-
gels und der Formzwänge der Konkurrenzdemokratie. Vielmehr waren eine weitgehende Autonomie der einzelnen Ebenen, d.h. voneinander entkoppelte Willensbildungsprozesse, zu beobachten. Das hatte zum einen den Effekt, daß die
Handlungsfähigkeit der Bundestags- und Landtagsabgeordneten nicht durch aufwendige und langwierige basisdemokratische Willensbildungsprozesse einge-
schränkt wurde. Zum anderen aber bezogen die Parlamentarier dieser Ebenen
kaum programmatische Impulse aus der Organisation. Vielmehr waren sie -
sowohl aufgrund ihrer besseren Ressourcenausstattung als auch einer häufigen
Personalunion von Amt und Mandat - zusätzlich mit Aufgaben der Organisationsentwicklung belastet, wodurch der für kleine Abgeordnetengruppen besonders
erschwerten Bewältigung parlamentarischer Anforderungen erhebliche Kapazitä-
ten entzogen wurden. Wenngleich sich dieser Zusammenhang in den einzelnen
Landesverbänden durchaus unterschiedlich darstellte, erscheint eine zukünftige
Konsolidierung der parlamentarischen Repräsentanz und eine zu höherer Inter-
ventionsfähigkeit führende parlamentarische Profilierung ohne eine offensive
Mitgliederwerbung und Ausweitung einer potentiellen Elite kaum realistisch.
Auch die Fusion mit den Grünen, die in den NBL über ca. 1000 bis 1500 Mit-
glieder verfügen, wird diese strukturellen Defizite nur partiell beheben können.

5. Strukturdefizite in Mitgliedschaft und Führung

5.1 Mitglieder

Am 15.8.1992 waren in der Bundesgeschäftsstelle 2.709 Mitglieder registriert,
davon 123 in westdeutschen Regionalverbänden (Westberlin nicht mitgerechnet),
2.586 in den NBL einschließlich Berlin. Keine Angaben lagen über die freien
Mitarbeiter/innen vor, deren Zahl von verschiedener Seite auf etwa zweitausend
geschätzt wurde.

Komplette Daten lagen hinsichtlich der Geschlechteranteile (Tabelle 6) und der
Wohnorte vor.

Bezüglich der Alters- und der Berufsstruktur der Mitgliedschaft können nur
Trendaussagen gemacht werden, die auf den Daten von je 80 Prozent der Mit-
glieder aus den Landesverbänden Thüringen, Sachsen-Anhalt, der westdeutschen
Regionalverbände sowie von nahezu 100 Prozent der Mitglieder zweier Berliner
Bezirksverbände basieren[12].

Danach ergibt sich als Trend, daß die Altersgruppe der 30-39jährigen
(Jahrgänge 1953 bis 1962) mit etwa einem Drittel den größten Anteil an der
Bündnis 90-Mitgliedschaft ausgemacht haben dürfte, gefolgt von der Gruppe der
40-49jährigen (Jahrgänge 1943 bis 1952). Die Altersgruppe der 20-29jährigen

(Jahrgänge 1963 bis 1972), die unter den westdeutschen Bündnis 90-Mitgliedern die stärkste war, war in den hier untersuchten ostdeutschen Verbänden in geringerem Maße vertreten als die der 50-59jährigen (Jahrgänge 1933 bis 1942), die mit einem Anteil von 15 bis 20 Prozent die drittstärkste Gruppe zu sein schien.

Tabelle 6: Mitglieder des Bündnis 90 nach Geschlecht (1992)

Landesverband	Mitgl. insg.	Frauen	Männer
Sachsen	1223	355 = 29%	868 = 71%
Brandenburg	743	315 = 42%	428 = 58%
Berlin	358	133 = 37%	225 = 63%
Mecklenburg-Vorp.	125	49 = 39%	76 = 61%
Sachsen-Anhalt	99	29 = 29%	70 = 71%
Thüringen	38	14 = 37%	24 = 63%
westdt. Verbände	123	23 = 19%	100 = 81%
Bündnis 90 insg.	2709	918 = 34%	1791 = 66%

Das Durchschnittsalter in den hier untersuchten Verbänden lag bei den Frauen zwischen 39,8 (Thüringen) und 44 Jahren (Sachsen-Anhalt), das der Männer betrug in allen betreffenden ostdeutschen Verbänden 40,5 Jahre.

Hinsichtlich der beruflichen Tätigkeit bzw. der Ausbildungsberufe waren in den hier untersuchten Verbänden Pädagogen und Ingenieure am zahlreichsten vertreten, gefolgt von Medizinern, Natur- und Technikwissenschaftlern sowie Theologen/Pfarrern. Etwa die Hälfte der Mitglieder verfügte über einen Hochschulabschluß, dazu kommt eine größere Zahl mit Fachschulabschlüssen.

Insgesamt kann man davon ausgehen, daß pädagogische, künstlerische, medizinische sowie Berufe aus kulturellen und sozialen Dienstleistungsbereichen (hier insgesamt mehr als 30 Prozent) sowie naturwissenschaftlich-technische und Ingenieurberufe (hier ca. 20 Prozent) in der Bündnis 90-Mitgliedschaft die jeweils am stärksten vertretenen Berufsgruppen bildeten und der sehr hohe Anteil an Hoch- und Fachschulabschlüssen auch für die hier nicht erfaßten Landes- und Regionalverbände zutraf. Dagegen waren Juristen, Sozialwissenschaftler und auch Ökonomen in den ostdeutschen Landesverbänden vergleichsweise schwach vertreten. Ebenso scheint der Anteil klassischer Facharbeiterberufe aus Industrie, Handwerk, Handel (hier 7 Prozent) sowie die extrem geringe Präsenz von Selbständigen und landwirtschaftlichen Berufen typisch gewesen zu sein.

82 Prozent der Bündnis 90-Mitglieder wohnten in Städten, wobei die Konzentration in Großstädten sowie umliegenden Gemeinden lag. Mit 876 Mitgliedern hatten rund 34 Prozent (die westdeutschen Gruppen ausgenommen) ihren Wohn-

sitz in Leipzig, Berlin oder Dresden. Auf die ehemaligen 15 Bezirksstädte ent-
fielen insgesamt 47 Prozent, auf weitere kreisfreie und Kreisstädte noch einmal
25 Prozent der Mitglieder. Damit wohnten insgesamt 72 Prozent der Mitglieder
in ehemaligen Bezirks- oder Kreisstädten, weitere 10 Prozent in kleineren Städten
und die übrigen 18 Prozent in einer nichtstädtischen Gemeinde, wobei es sich
hier zum großen Teil um Siedlungen in unmittelbarer Umgebung von Großstädten, nur zu einem geringeren Teil um Dörfer handelte. Von einer politischen Präsenz des Bündnis 90 auf dem Lande konnte man bestenfalls in Sachsen und Brandenburg sprechen.

Die politische Sozialisation der Mehrheit der Bündnis 90-Mitglieder war offenbar maßgeblich geprägt durch die Widersprüchlichkeit zwischen europäischer
Entspannungspolitik und der zunehmenden innenpolitischen Verhärtung in der
DDR seit Mitte der 70er Jahre, durch den Einfluß der neuen sozialen Bewegungen des Westens sowie zum Teil durch die Entstehung des politisch alternativen
Milieus in der DDR seit Ende der 70er Jahre. Der Anteil der Mitglieder, die
schon vor der Protestbewegung des Herbstes 1989 in sozialethischen bzw. politisch alternativen Gruppen unter dem Dach der evangelischen Kirche engagiert
waren, konnte nicht ermittelt werden. Er dürfte aber - von den Grünen (Ost) abgesehen - höher sein als in den ostdeutschen Landesverbänden aller anderen Parteien.

Sowohl diejenigen Jahrgänge, deren politische Sozialisation maßgeblich durch
den Zusammenbruch der NS-Diktatur sowie die Nachkriegs- und Wiederaufbau-
jahre beeinflußt war, als auch jene, die den Zusammenbruch des SED-Regimes
und die deutsche Vereinigung als Jugendliche erlebt haben, waren im Bündnis 90
kaum bzw. fast gar nicht vertreten. Damit liegt die Erwartung nahe, daß sich die
ostdeutschen Gliederungen des neuen Parteienzusammenschlusses ähnlich wie die
Grünen zu einer alternden Generationspartei entwickeln könnten, wenn nicht in
absehbarer Zeit mit einer aktiven Mitgliederwerbung begonnen wird. Die Tatsache, daß die Bündnis 90-Listen und die Grünen bei den Wahlen des Jahres 1990
ihre höchsten Ergebnisse in den Altersgruppen zwischen 18 und 29 Jahren erzielten (Veen und Hoffmann 1992: 156), spricht für die Existenz eines entsprechenden Rekrutierungspotentials. Bislang sind diesbezüglich aber bestenfalls Ansätze zu konstatieren, wie etwa die Initiativen zur Gründung parteinaher Jugend-
verbände bzw. -gruppen in Sachsen, Brandenburg und Berlin.

Auch hinsichtlich des durchschnittlichen Qualifikationsniveaus, der Berufsstruktur und der städtischen Konzentration zeigte die Bündnis 90-Mitgliedschaft
trotz einiger vermutlicher Abweichungen offenbar ein ähnliches sozio-demogra-
phisches Profil wie die Mitgliedschaft der Grünen.

Für die Organisationsentwicklung relevante Problemlagen betrafen neben dem
Nachwuchsdefizit zum einen die Unterrepräsentanz bestimmter Berufsgruppen
(Sozialwissenschaftler, Juristen, Ökonomen), die sich politisch als Defizit an Interesse und Fachkompetenz für bestimmte Politikfelder bemerkbar machte, zum
anderen die territoriale Mitgliederverteilung. Nur in Sachsen und Brandenburg

war mit einer Mitgliederregistratur in rund 80 bzw. 70 Prozent der Kreisstädte eine mehr oder weniger flächendeckende Präsenz in den Städten zu verzeichnen.

5.2 Führungsgruppen

Im Bündnis 90 waren nach der 1. BDK (Mai 1992) insgesamt 102 nominelle Führungspositionen auszumachen, 30 auf Bundes- und 72 auf Länderebene (Tabelle 7), die zur Zeit der Untersuchung auf 76 Personen verteilt waren. Diese Gruppe kann als "erweiterte Führungsgruppe" bezeichnet werden. Mit 23 Frauen (30 Prozent) entsprach deren Anteil in der "erweiterten Führungsgruppe" annähernd dem Anteil der Frauen an der Mitgliedschaft (34 Prozent).

Tabelle 7:   Art und Anzahl nomineller Führungspositionen (1992)

Position	Anzahl
- Mitglied des Bundestages	5
- Mitglied des Geschäftsführenden Ausschusses (GA) des Bundessprecherrats (BSR) (direktgewählt von der BDK)	10
- Bundesgeschäftsführer	1
- Beisitzer im Bundessprecherrat (nominiert von einem Landesverband und von der BDK en bloc bestätigt)	14
- Mitglied eines Landtages	27
- Mitglied des Geschäftsführenden Ausschusses eines Landessprecherrats bzw. des Landesvorstands (Sachsen)	45

Innerhalb der "erweiterten Führungsgruppe" ließ sich eine "engere Führungsgruppe" von 26 Personen unterscheiden, deren Zusammensetzung aus Tabelle 8 ersichtlich wird.

Unter diesen 26 Personen waren 8 Frauen (31 Prozent). Das Alter bewegte sich zwischen 26 und 63 Jahren, das Durchschnittsalter von 43 Jahren lag vermutlich etwas höher als das der Mitgliedschaft (2-4 Jahre über dem der oben ausgewerteten Mitgliederverbände). In der Struktur der Ausbildungs- bzw. vor der politischen Tätigkeit hauptsächlich ausgeübten Berufe dominierten Physiker/Techniker/Ingenieure (11), gefolgt von Theologen/kirchlichen Mitarbeitern (5) sowie künstlerischen Berufen (4).

Elf Mitglieder der engeren Führungsgruppe waren vor der Gründung des Bündnis 90 beim Neuen Forum, acht waren bei Demokratie Jetzt, drei waren Mitglieder der IFM und je zwei kamen von den Grünen (Ost) und den Grünen (West). Dies bestätigt die - bezogen auf die jeweiligen Mitgliederzahlen der Herkunftsorganisationen - vergleichsweise hohe Repräsentanz der kleineren Vereinigungen, wie sie im Abschnitt zur Entstehungsgeschichte angesprochen wurde.

Tabelle 8: Struktur der "engeren Führungsgruppe" (1992)

Positionsgruppen	Anzahl der betreffenden Personen	
1. Amt und Mandat auf Bundesebene MdB[13] und Mitglied des GA des BSR		3
2. Kombination von Positionen auf Landes- u. Bundesebene a) MdL und Mitglied des BSR b) Mitglied des BSR und eines LSR	(3) (8)	11
3. eine Funktion auf Bundesebene, keine auf Landesebene a) MdB ohne Parteiamt b) Mitglied des GA des BSR (ohne parl. Mandat) incl. Bundesgeschäftsführer	(2) (6)	8
4. Amt und Mandat auf Landesebene		4

Mindestens 17 der 24 ostdeutschen[14] Angehörigen der engeren Führungsgruppe waren bereits vor dem Herbst 1989 zumeist seit mehreren Jahren in politisch alternativen bzw. oppositionellen Gruppen engagiert[15]. Das betraf im wesentlichen den Pankower Friedenskreis, die IFM, die Solidarische Kirche, den Arbeitskreis Absage an Praxis und Prinzip der Abgrenzung sowie andere kirchliche Friedenskreise und damit ausschließlich Gruppen, die nicht zum dezidiert linken Spektrum des oppositionellen Milieus zählten[16].

Mit einer Ausnahme waren alle Angehörigen der engeren Führungsgruppe seit dem frühen Herbst 1989 in einer der damals entstandenen oppositionellen Gruppierungen aktiv gewesen, mindestens 13 gehörten zu den zentralen oder regionalen Gründungsinitiatoren ihrer Organisation. Eine der zentralen Stationen der politischen Laufbahnen bildeten die Runden Tische, allein 10 der hier betrachteten Bündnis 90-Politiker waren 1989/90 an den Verhandlungen des Zentralen Runden Tisches beteiligt, weitere 8 an regionalen bzw. kommunalen Runden Tischen. Die weiteren Karrierewege verliefen im wesentlichen in zwei Bahnen: zum einen über Wahlfunktionen in den Organisationsgremien, zum anderen über parlamentarische Mandate im letzten Jahr der DDR.

Hinsichtlich der realen Verteilung innerparteilicher Autorität wurden die Strukturen der Besetzung und Kombination nomineller Führungspositionen durch verschiedene Faktoren überlagert. So konnten sich gleichgewichtige Einflußmöglichkeiten etwa durch die Kombination von Wahlfunktion in den Gremien und Mitarbeiterstelle in Bundes- oder Landtagsfraktion bzw. durch die Ausübung eines höheren Staatsamtes (Landesminister M. Platzeck, R. Resch) u.ä. ergeben. Ebenso waren informelle Einflußpositionen auf Seiten einer Reihe von Personen zu konstatieren, die kein parlamentarisches Mandat und keine Wahlfunktion im Bündnis 90 mehr ausübten, sich aber in der "alten" Opposition bzw. in der Bürgerbewegung des Herbstes 1989 anhaltende Autorität erworben hatten. Ende 1992 deuteten sich neue Konturen der Verteilung von Autorität in Abhängigkeit davon an, wer hinsichtlich der Vereinigung mit den Grünen welche Position mit welchem Erfolg vertrat bzw. vertreten hatte. Darauf deuteten bereits die Wahlen zum GA des BSR der 1. BDK im Mai 1992 hin. Gewählt wurden (mit Ausnahme Petra Morawes) nur Kandidaten, die den Leitantrag für eine zügige Fusion mit den Grünen mehr oder weniger vehement vertreten hatten. Kandidaten, die diesem Antrag erkennbar reserviert bis ablehnend gegenüberstanden, konnten nicht die nötige Stimmenzahl erreichen. Deutlicher Indikator dafür, daß die diesbezügliche Haltung maßgebliches Kriterium für das Stimmverhalten war, ist u.E. die Wahlniederlage Wolfgang Templins, eines der prominentesten Gründungsinitiatoren der DDR-Opposition und Mitglied des Bündnis 90-Gründungssprecherrates.

Die Institutionalisierung und parteipolitische Formierung der zum Bündnis 90 fusionierten Teile der früheren Bürgerbewegung war mit einer zügigen Professionalisierung ihrer schmalen aktiven Elite verbunden. Mindestens 20 Angehörige der engeren Führungsgruppe betrieben Politik 1992 als Beruf: als MdB bzw. MdL, als in den Fraktionen bzw. in der Organisation angestellte Mitarbeiter oder in staatlichen Ämtern. Angesichts der insgesamt geringen personellen Ressourcen waren Mehrfachbelastungen (bzw. die Konzentration von Führungspositionen) ein zwangsläufiges Resultat der Organisationsentwicklung: Mit zwei Ausnahmen waren alle Mitglieder des GA des BSR zugleich Parlamentarier oder Mitarbeiter der Bundestagsgruppe bzw. von Landtagsfraktionen.

6. "Bündnis 90/ Die Grünen": Aushandlung der Perspektiven

Bereits mit der Konstituierung des Bündnis 90 nach dem Parteiengesetz im September 1991 geriet die Frage nach einer gemeinsamen politischen und organisatorischen Perspektive mit den Grünen in den Mittelpunkt der innerparteilichen Diskussion. Im Verlauf der folgenden acht Monate polarisierten sich die unterschiedlichen Erwartungen an ein solches Projekt. Bis zur BDK im Mai 1992 reduzierten sie sich weitgehend auf zwei verschiedene Konzepte, vorgetragen in dem von Werner Schulz begründeten Leitantrag und in einem von Petra Morawe und Wolfgang Templin eingebrachten Änderungsantrag.

Die Grundidee der von P. Morawe und W. Templin repräsentierten Strömung bestand im wesentlichen darin, unter Einschluß der Grünen ein neues "Bündnis für Demokratie, Ökologie und Menschenrechte" zu formieren, dieses Bündnis zugleich für weitere, vor allem auch liberale und wertkonservative Strömungen zu öffnen, die sich außerhalb des Spektrums der etablierten Parteien bewegten, gegenüber denen sich aber auch die Grünen seit Anfang der 80er Jahre zuneh-

mend verschlossen hatten. Praktisch bedeutete das, zunächst offene Sondierungsgespräche mit allen interessierten Organisationen zu führen und erst später, in
Abhängigkeit von den Gesprächsergebnissen, in möglichst multilaterale Fusions-
verhandlungen zu treten (Morawe 1992). Konkretes Interesse war seitens der
Ökologisch-Demokratischen Partei (ÖDP) und der Liberalen Demokraten bekundet worden.

Unterstützung für dieses Konzept kam insbesondere aus dem Brandenburger,
aber auch aus dem Berliner Landesverband des Bündnis 90. Bei den Grünen hatte
vor allem Antje Vollmer vom Grünen Aufbruch schon seit längerem für eine
Auflösung beider Parteien und ihre Neuformierung zu einer "ökologischen Bür-
gerrechtspartei" geworben, die auch für politische Strömungen offen sein sollte,
die zu Beginn der 90er Jahre von den Grünen nicht mehr repräsentiert wurden
(Vollmer 1991).

Die andere, durch den Leitantrag repräsentierte Konzeption wäre am treffendsten vielleicht als "organisationspolitische Sicherheitsstrategie" zu charakterisieren. Auch hier wurde die angestrebte gemeinsame Organisation mit den Grünen
als "Kristallisationskern" für einen "offenen Prozeß" deklariert. Mit Rücksicht
auf die Grenzen des eigenen Potentials und - offensichtlich - auf die antizipierte
Aussichtslosigkeit, das Konzept von Morawe/Templin gegenüber den Grünen
auch nur annähernd durchsetzen zu können, wurde der unverzüglichen Aufnahme
von Assoziationsverhandlungen mit den Grünen eindeutige Priorität eingeräumt
(Schulz 1992b). Die zügige Vereinigung mit den Grünen erschien als der sicher-
ste Weg, die parlamentarischen Ambitionen und politischen Ziele des Bündnis 90
über das Jahr 1994 hinaus auf ein tragfähiges organisatorisches Fundament zu
stellen. Trotz einiger - praktisch irrelevanter - Kompromißformulierungen im
BDK-Beschluß hat sich diese Strategie letztlich durchgesetzt.

Der Verlauf der Assoziationsverhandlungen war von vornherein durch signifikante Asymmetrien hinsichtlich des Kräfteverhältnisses, der mit dem Vereini-
gungsprojekt jeweils verbundenen Interessen sowie der Interpretationsmöglichkeiten der Verhandlungsergebnisse geprägt.

Mit dem Fehlen einer parlamentarischen Vertretung und der Konstituierung
des Bündnis 90 waren die Grünen (West) unter existentiellen Druck geraten; ein
zusätzlicher Konkurrent um das von ihnen angezielte Wählerpotential im Osten
hätte die bundesweite Existenz der Grünen ernsthaft gefährden können. Die Grünen "brauchten" die Vereinigung mit dem Bündnis 90, um die Wiedergewinnung
ihrer verlorenen Präsenz im Bundestag zu sichern. Aus der Sicht ihres Bundes-
vorstands stellte sich die Situation Ende 1991 wie folgt dar: "Das wahlarithmeti-
sche Motiv ist das vordergründigste, aber auch zwingendste: Wir Grünen sehen
den Wiedereinzug in den Bundestag als unabdingbare Voraussetzung für ein lang-
fristiges Fortbestehen als ernstzunehmende politische Kraft an. Gemeinsam mit
dem Bündnis 90 werden wir die 5%-Hürde mit großer Wahrscheinlichkeit schaffen; das Bündnis 90 schafft sie auf keinen Fall; die Grünen allein vielleicht, aber
wahrscheinlich nicht bei Gegenkandidatur des Bündnis 90. (...) das Kooperati-

onsmodell mit dem Bündnis 90 (und anderen) muß Ende 1992 stehen" (Die Grünen 1991: 5).

Das Bündnis 90 "brauchte" die Vereinigung mit den Grünen dagegen aus mehreren Gründen. Zum einen wurden die Möglichkeiten seiner eigenständigen Existenz während der letzten Monate in finanzieller Hinsicht akut in Frage gestellt. Zum anderen, das war seit der staatlichen Vereinigung deutlich geworden, führte angesichts der strukturellen Dominanz westdeutscher Interessengruppen in den gesamtdeutschen Strukturen politischer Repräsentation der einzige Weg, ostdeutsche Minderheiteninteressen überhaupt bundespolitisch geltend zu machen, über eine in Westdeutschland bereits etablierte Partnerpartei. Mit anderen Worten: Die Vereinigung der beiden Parteien bot dem Bündnis 90 zwar keine Gewähr, aber die einzig erkennbare Chance, über die bloße parlamentarische Präsenz hinausgehend überhaupt erst bundespolitische Relevanz für seine - auch von den bisherigen Positionen der Grünen abweichenden - politischen Ambitionen zu erlangen.

Angesichts der Relationen zwischen den Mitglieder- und Landesverbandszahlen beider Parteien erschien das Anliegen des Bündnis 90, das für die Integration seiner Mitglieder notwendige Maß an Repräsentanz seiner "Identität" in den Gremien und im Außenbild des gemeinsamen Bundesverbandes zu sichern, über die "normalen demokratischen Verfahren" als kaum realisierbar, woraus sich eine deutliche Asymmetrie der jeweiligen Verhandlungspositionen ergab. Die Bedingungen, die aus der Sicht des Bündnis 90 nicht mehr und nicht weniger denn hinreichend erschienen und daher zu seinen Ausgangsforderungen gehörten (Parität im Bundesvorstand für zwei Wahlperioden, Sperrminorität für Satzungs- und Programmänderungen, keine Trennung von Amt und Mandat, keine Selbstdefinition als "linke Partei"), stellten sich in der gegebenen Verhandlungskonstellation als Maximalforderungen dar, die gegenüber wichtigen Teilen der Mitgliederbasis der Grünen bzw. der sie repräsentierenden Bundesgremien auch für die grüne Verhandlungsgruppe so nicht durchsetzbar gewesen wären. Während nun aber jegliche Abweichung von diesen Forderungen seitens des Bündnis 90 in der Substanz nur als "Verlust" empfunden werden konnte, konnte sie seitens der Grünen in einem bestimmtem Maße noch immer als Zugeständnis interpretiert werden, ohne in der Tat mit der Aufgabe von grünen "Identitätsbeständen" verbunden zu sein. So ändert etwa die Regelung, nach der die Trennung von Amt und Mandat vorerst für Politiker des Bündnis 90 nicht anzuwenden ist, für die Grünen selbst nichts, konnte dem Bündnis 90 gegenüber aber als Zugeständnis interpretiert werden. Noch deutlicher wurde diese Asymmetrie der Interpretationsmöglichkeiten am Beispiel der ausgehandelten Mindestquote von drei Sitzen für das Bündnis 90, beschränkt auf den elfköpfigen Bundesvorstand der ersten Wahlperiode, die für das Bündnis 90 substantiellen Verlust bedeutet, seitens der Grünen aber, obgleich damit real keine wesentliche Einschränkung ihrer Dominanz verbunden ist, als Entgegenkommen interpretiert werden konnte, insofern selbst eine solche Quote dem Bündnis 90 noch eine deutliche relative Überrepräsentation einräumt. Weitere Beispiele ließen sich anführen.

Sowohl die Grünen als auch das Bündnis 90 waren Parteien, die aus politischen Bewegungen mit antiinstitutionellem Habitus, basisdemokratischen Ansprüchen und hoher Abhängigkeit von gesinnungsethisch und ideologisch aufgeladenen Symbolen hervorgegangen waren. Hier spielten bei allem erlernten Pragmatismus Gefühle "gewachsener Identität" im Vergleich zu älteren, traditions- und machtpolitisch erfolgreichen Parteien eine herausragende Rolle für die Integration ihrer Mitgliedschaft. Das Handeln mit symbolischen "Identitätsbeständen" erwies sich zunächst noch komplizierter, als das Aushandeln der "handfesten" Interessen. Zu den für die Verhandlungen relevanten "Identitätsbeständen" gehörten seitens der Grünen unter anderem der eigene Parteiname, das grüne Frauenstatut und die Selbstverortung "links von der SPD", seitens des Bündnis 90 der eigene Name, der Verzicht auf die Selbstdefinition als "linksalternative Partei", die Absage an eine sozialistische Systemalternative, das Bekenntnis zu Privateigentum und ökologisch-sozialer Marktwirtschaft und die Aversion gegen "Anschluß-" bzw. Beitrittsverfahren (Fischer und Nooke 1993). Für den politischen Alltag in den westdeutschen Landesverbänden der Grünen ließ die geplante Vereinigung der Bundesverbände zunächst kaum gravierende Veränderungen erwarten, im Osten dagegen zog sie die Fusion der ostdeutschen Grünen- und der Bündnis 90-Landesverbände nach sich. Insofern waren auch die Befürchtungen um "Identitätsverluste" ungleich verteilt. Artikuliert wurden solche Befürchtungen - sowohl auf grüner als auch auf Bündnis 90-Seite - vor allem in denjenigen unter den neuen Bundesländern, in denen das Verhältnis zwischen beiden Parteien besonders gespannt war, so etwa in Brandenburg, wo einem mehrheitlich ökologisch-liberal orientierten Bündnis 90 ein grüner Landesverband gegenüberstand, für den "Systemopposition" weitgehend zum politischen Selbstverständnis gehörte.

Insofern war es, wenngleich überraschend, letztlich folgerichtig, daß sich das Bündnis 90 hinsichtlich der symbolträchtigen Streitfragen in deutlich höherem Maße durchsetzen konnte, als mit seinen Forderungen, die die Strukturen der innerparteilichen Willensbildung betrafen.

Der ausgehandelte Entwurf des Assoziationsvertrages wurde am 23. November 1992 von den Mitgliedern des Geschäftsführenden Ausschusses des Bündnis 90 sowie des Bundesvorstandes der Grünen in Bonn unterzeichnet und am 17. Januar 1993 von den in Hannover parallel tagenden Bundesversammlungen beider Parteien mit einigen Nachbesserungen beschlossen. Die Verhandlungsergebnisse, die durch Urabstimmungen in beiden Parteien gebilligt wurden, können wie folgt zusammengefaßt werden:

Die Bundesversammlung setzt sich künftig aus 150 Mandaten für die ostdeutschen und 600 Mandaten für die westdeutschen Landesverbände der gemeinsamen Organisation zusammen. Im neuen Länderrat verfügen zwei Drittel der ostdeutschen Vertreter bzw. die Vertreter von vier ostdeutschen Landesverbänden über ein Vetorecht mit aufschiebender Wirkung. Im elfköpfigen Bundesvorstand der ersten Wahlperiode stellt das Bündnis 90 mindestens drei Mitglieder, darunter einen der zwei Bundessprecher. In den folgenden Vorständen sind "bis auf Widerruf" vier von neun Sitzen für Vertreter ostdeutscher Landesverbände reserviert. Für die bisherigen Bündnis 90-Mitglieder wurde das Recht zur Bildung einer innerorganisatorischen Vereinigung "Bürgerbewegung" mit Antragsrecht in der Bundesversammlung, einem eigenen Mitteilungsblatt und finanzieller Ausstattung durch den Bundesverband vereinbart.

Damit konnte das Bündnis 90 seine Paritätsforderungen zwar nicht durchsetzen. Dennoch ist es - bezogen auf die Mitgliederzahlen - in den Gremien in einem Maße überrepräsentiert, das weit über das für andere deutsch-deutsche Parteivereinigungen gängige Maß hinausgeht.

Sowohl hinsichtlich der Trennung von Amt und Mandat als auch bezüglich eines Frauenstatuts (Quotenregelung) wurden Übergangsklauseln vereinbart, nach denen die bestehenden Bestimmungen der Grünen für bisherige Bündnis 90-Mitglieder vorerst außer Kraft bleiben und bis 1995 bzw. 1994 durch Satzungsänderungen neu geregelt werden müssen. Damit wurden bislang festgeschriebene Essentials der Grünen prinzipiell zur Disposition gestellt und neue Optionen für die mit dem grünen Parteitag von Neumünster (1991) eingeleitete Strukturreform eröffnet[17].

Erhebliche Erfolge konnte das Bündnis 90 auf symbolischer Ebene verbuchen. Seine Forderung nach dem Namen "Bündnis 90/Die Grünen" für die gemeinsame Organisation fand die Zustimmung einer einfachen Mehrheit des grünen Parteitags. Ebenso wurde für den neuen Bundesverband der Verzicht auf ein Parteiprogramm zugunsten eines "Grundkonsens" vereinbart, der - gemessen an der bisher dominanten politischen Philosophie der Grünen - hinsichtlich der thematischen Struktur, der formulierten Grundwerte und der politischen Selbstverortung der gemeinsamen Organisation signifikante Akzentverschiebungen zugunsten des Bündnis 90 erkennen läßt, allerdings substantielle Dissenspunkte mit unverbindlichen verbalen Formulierungen umgeht und damit künftige Orientierungskonflikte vorprogrammiert.

Insgesamt spiegelt der Assoziationsvertrag das in der gegebenen Konstellation mögliche Maß eines Interessenausgleichs wider. Für die Grünen wurde das Problem einer potentiellen Konkurrenzpartei im Osten beseitigt und zugleich - trotz der relativen Überrepräsentation der Bündnis 90-Mitgliedschaft in den Gremien - eine strukturelle Dominanz ihrer westdeutschen Verbände gesichert. Für die parlamentarischen Ambitionen des Bündnis 90 und den Fortbestand seiner politischen Existenz in seinem bisherigen Wirkungsraum, den neuen Bundesländern, bietet diese Assoziation voraussichtlich größere Chancen als die diskutierten Alternativvarianten (Gründung einer Wahlpartei, Profilierung von Bündnis 90-Landesverbänden zu Regionalparteien). Inwieweit die Kompromisse, die im Handel um "Identitätsbestände" erzielt wurden, auf Dauer tragfähig sind, um "ab 1994 die dritte politische Kraft in Deutschland zu sein" (Poppe 1992:11), wird sich zeigen in dem Maß, in dem die relevanten Minderheiten - der ökologisch-liberale Flügel des Bündnis 90[18], der dezidiert linke Flügel der ostdeutschen Grünen[19] und der ökosozialistische wie der radikal-feministische Rand der westdeutschen Grünen - an die gemeinsame Organisation gebunden bzw. durch neue Mitglieder- und Wählergruppen kompensiert werden können.

Literatur

Assoziationsvertrag (1992). Assoziationsvertrag zwischen Bündnis 90 und DIE GRÜNEN (Entwurf v. 24. 11. 1992). Bonn/Berlin.

Die Grünen (1991). Memorandum des Bundesvorstandes zur parteiinternen Diskussion: Die Grünen und das Bündnis 90 - Perspektiven und Probleme einer Annäherung. Bonn, 10.12.1991.

Fischer, J. & Nooke, G. (1993). Streitgespräch. Der Spiegel, 2, 27-32.

Grundkonsens der Bürgerbewegung Bündnis 90 (1991). Bündnis 2000, 1, 8-10.

Hampele, A. (1991). Das Wahlbündnis "Die Grünen/Bündnis 90 - BürgerInnenbewegungen". In H. Müller-Enbergs, M. Schulz & J. Wielgohs (Hrsg.), Von der Illegalität ins Parlament. Werdegang und Konzepte der neuen Bürgerbewegungen (S. 307-341). Berlin.

Hampele, A. (1992). Frauenbewegung in den Ländern der ehemaligen DDR. Forschungsjournal Neue Soziale Bewegungen, 5, 34-41.

Krone, T. & Schult, R. (1991). Am Menschenbild ist etwas faul. In Th. Klein, V. Vordenbäumen, C. Wiegrefe & U. Wolf (Hrsg.), Keine Opposition. Nirgends? Linke in Deutschland nach dem Sturz des Realsozialismus (S. 32-38). Berlin.

Kühnel, W. & Sallmon-Metzner, C. (1991). Grüne Partei und Grüne Liga. Der geordnete Aufbruch der ostdeutschen Ökologiebewegung. In H. Müller-Enbergs, M. Schulz & J. Wielgohs (Hrsg.), Von der Illegalität ins Parlament. Werdegang und Konzepte der neuen Bürgerbewegungen (S. 166-220). Berlin.

Lietz, H. (1992). Im Jahr 3 nach der Wende: Wo stehen wir? Bündnis 2000, 2, 3-4.

Löbler, F., Schmid, J. & Tiemann, H. (Hrsg.) (1991). Wiedervereinigung als Organisationsproblem: Gesamtdeutsche Zusammenschlüsse von Parteien und Verbänden. Bochum.

Morawe, P. (1992). Mehr als Bündnis 90 plus Grün. Bündnis 2000, 2, 9-10.

Nooke, G. (1992). Perspektiven für Brandenburg und die Grünen. In J. Wielgohs, M. Schulz & H. Müller-Enbergs (Hrsg.), Bündnis 90. Entstehung, Entwicklung, Perspektiven (S. 156-162). Berlin.

Poppe, G. (1992). Rede zur BDK des Bündnis 90. Konferenzmaterial, 16.1.1992. Hannover.

Rost, M. & Tschiche, H.-J. (1992). Dialog und Konfrontation. quer. Zeitschrift für Demokratie, Ökologie und Menschenrechte, 4, III-IV.

Schulz, W. (1992a). Bündnis 90 als Studie. In J. Wielgohs, M. Schulz & H. Müller-Enbergs (Hrsg.), Bündnis 90. Entstehung, Entwicklung, Perspektiven (S. 140-152). Berlin.

Schulz, W. (1992b). Demokratie, Ökologie und Menschenrechte gehören zusammen. Bündnis 2000, 2, 5-8.

Templin, W. (1992). Das Bündnis 90 und die Grünen. Perspektiven und Probleme einer Annäherung. Forschungsjournal Neue Soziale Bewegungen, 5, 42-46.

Veen, H.-J., Bulla, M., Hoffmann, J., Lepszy, N. & Zimmer, M. (1990). DDR-Parteien im Vereinigungsprozeß. Interne Studien, Nr. 20, Forschungsinstitut der Konrad-Adenauer- Stiftung. Sankt Augustin.

Veen, H.-J. & Hoffmann, J. (1992). Die Grünen zu Beginn der neunziger Jahre. Profil und Defizite einer fast etablierten Partei. Bonn/Berlin.

Vollmer, A. (1991). Einiges kann sich reizvoll mischen. TAZ - Interview, Nachdruck. Die Grünen Schleswig-Holstein, Rundbrief, 4, 35-37.

Wielgohs, J., Schulz, M. & Müller-Enbergs, H. (1992). Bündnis 90. Entstehung, Entwicklung, Perspektiven. Berlin.
Wielgohs, J. (1990). Die Vereinigungen der Ökologie- und Bürgerbewegungen der DDR im Lichte der Kommunalwahlen vom 6. Mai 1990. Informationsmaterial der Berliner Projektgruppe Bürgerbewegung (vvf. Ms.). Berlin.
Ziller, C. & Müller, E. O. (1992). Wem nützt was? Bündnis 2000, 2, 4-5.

Anmerkungen

1 Der folgende Text basiert in weiten Teilen auf einer von der Kommission für die Erforschung des sozialen und politischen Wandels in den neuen Bundesländern (KSPW) geförderten Studie, veröffentlicht in: Wielgohs, Schulz und Müller-Enbergs 1992.

2 Das Neue Forum (NF), die Bürgerbewegung Demokratie Jetzt (DJ) und die Initiative Frieden und Menschenrechte (IFM).

3 Die sächsischen Grünen waren dem grünen Bundesverband am 3.12.1990 nicht beigetreten. Gemeinsam mit Gruppen des Neuen Forum und von Demokratie Jetzt gründeten sie Anfang 1991 eine Landespartei "Bündnis 90/Grüne" Sachsen, die am 1. Mai 1992 als Landesverband dem Bundesverband des Bündnis 90 beitrat.

4 Ohne die Abgeordneten der Ostberliner Stadtverordnetenversammlung sowie der Bezirksverordnetenversammlungen. Zudem standen die Daten für 16 Ortschaften im Bezirk Suhl nicht zur Verfügung. Zu allen Angaben, die sich auf die Kommunalwahlen beziehen, vgl. Wielgohs 1990.

5 Hinzuzurechnen ist der NF-Anteil an den 98 Kreistagsabgeordneten, die auf Listen "Bündnis 90" kandidiert hatten, an 91 Kreistagsabgeordneten aus anderen Listenverbindungen mit ausgewiesener NF-Beteiligung sowie an 119 Ostberliner Bezirksverordneten aus unterschiedlichen Listenverbindungen. Nicht berücksichtigt wurden Listenverbindungen "Grüne u.a.", "Grüne Liste" etc., an denen eine Beteiligung von NF-Mitgliedern wahrscheinlich, aber nicht ausgewiesen ist.

6 Zu addieren wäre der NF-Anteil an 49 örtlichen Abgeordneten von "Bündnis 90"-Listen, an 123 örtlichen Volksvertretern aus anderen Listenverbindungen mit ausgewiesener NF-Beteiligung sowie an 43 Abgeordneten aus Listenverbindungen SPD/NF in 8 Gemeinden des Kreises Pritzwalk (Brandenburg).

7 Quelle: Wahlkommission der DDR; Statistisches Amt der DDR: Wahlen zu Kreistagen, Stadtverordnetenversammlungen und Gemeindevertretungen am 6. Mai 1990. Endgültige Ergebnisse. Diese Daten enthalten keine Aussagen zur Anzahl bzw. Existenz von Lokalgruppen dieser Organisation in den betreffenden Orten, aber sie verweisen auf deren politische Präsenz in Form der Wahlkandidatur.

8 Vgl. Bündnis 90/Die Grünen im Bundestag, Für eine offene Bundesrepublik, Bonn 1992.

9 Für Berlin wurden die Ergebnisse der Liste "Bündnis 90/Grüne/UFV" der Wahlen zum Berliner Abgeordnetenhaus am 2. Dezember 1990 im Zählgebiet Ost gewertet. Bezogen auf Gesamt-Berlin erzielte diese Liste 4,4 Prozent der Zweitstimmen (1,4 Prozent im Westteil der Stadt). Parallel kandidierte in beiden Zählgebieten die Westberliner Alternative Liste, die insgesamt auf 5, im Ostteil auf 1,7 Prozent kam.

10 In Mecklenburg-Vorpommern war das Bündnis 90 gar nicht im Landtag vertreten. Hier hatten sich im Oktober 1990 die Grünen, das Neue Forum und die übrigen Bürgerbewegungsorganisationen nicht auf eine gemeinsame Liste einigen können. Bei einem Gesamtergebnis für dieses Spektrum von 9,3 Prozent waren alle drei Listen (Grüne 4,2/NF 2,9/"Bündnis 90" 2,2 Prozent) an der Fünf-Prozent-Klausel gescheitert.

11 Die Angaben entsprechen dem Stand der zentralen Mitgliederverwaltung vom 15. August 1992. Im Herbst 1992 sind leichte Mitgliederzuwächse aus Berlin (um ca. 20), Thüringen (5) sowie stärkere Zuwächse aus NRW (auf etwa 120) und Hamburg (auf etwa 25) vermeldet worden. Eine komplett aktualisierte Gesamtübersicht stand bis zur Manuskriptabgabe noch nicht zur Verfügung. Die Veränderungen in den

Landesverbänden der NBL bewegten sich jedoch in Grenzen, die keine signifikanten Auswirkungen auf die Gesamtstruktur der Parteimitgliedschaft hatten.

12 Dies sind Daten von nur 10,6 Prozent der Mitglieder des Bundesverbandes. Aber sie bestätigen in etwa die Ergebnisse früherer Untersuchungen bezüglich Demokratie Jetzt und des Neuen Forum und zeigen zudem sehr ähnliche Strukturen zwischen den genannten Gliederungen, so daß für den Bundesverband insgesamt gravierende Abweichungen kaum zu erwarten wären.

13 Nur Bundestags- bzw. weiter unten Landtagsabgeordnete, die Mitglieder des Bündnis 90 waren.

14 Die beiden aus Westdeutschland stammenden Personen werden hier nicht berücksichtigt. Andreas Brandhorst, zu dieser Zeit Bündnis 90 Thüringen, war früher bei den Grünen in Bielefeld aktiv. Annette Meyer-Placke, 1992 Sprecherin des Bündnis 90 NRW, war früher Mitglied im Bundeshauptausschuß der Grünen.

15 Hier wurde nur die aktive Mitarbeit in den Gruppen gewertet. Weitere der hier relevanten Personen, die nicht unmittelbar in den Gruppen aktiv waren, hatten Kontakt zu solchen und haben z.T. auch in der Samisdat-Presse publiziert.

16 Lediglich Vera Wollenberger war vor ihrer Abschiebung im Februar 1988 außer im Friedenskreis Pankow auch in ausdrücklich linken Gruppen ("Gegenstimmen", "Kirche von unten") aktiv.

17 Der Streit um eine sofortige Übernahme des grünen Frauenstatuts in die Satzung der gemeinsamen Organisation erwies sich als einer der schwierigsten Konflikte in der Verhandlungskommission. Das Bündnis 90 reagierte mit der Verabschiedung eines eigenen Frauenstatus, das im Vergleich zu dem der Grünen weitreichende Förderungsbestimmungen enthält (familienverträgliche Sitzungstermine, Kinderbetreuung während Parteiveranstaltungen, finanzielle Förderung häuslicher Kinderbetreuung für ehrenamtliche Gremienmitglieder) und den Frauen der einzelnen Landesverbände jeweils die Entscheidung vorbehält, ob Platz 1 einer Landesliste grundsätzlich für eine Frau reserviert bleibt oder auch mit einem Mann besetzt werden kann. Die Übergangsregelung, mit der das grüne Frauenstatut, das erste Listenplätze ausnahmslos Frauen vorbehält, jetzt prinzipiell zur Disposition gestellt wurde, wurde auf dem Hannoveraner Parteitag der Grünen von radikal-feministischer Seite heftig attackiert. Zugleich deutete sich aber an, daß mit dem Bündnis 90-Frauenstatut die Positionen der grünen Kritiker/innen des grünen Frauenstatuts bezüglich der bevorstehenden Neuregelung gestärkt wurden.

18 Nach der Unterzeichnung des Assoziationsvertrages im November beschloß die Landesversammlung des Bündnis 90 Brandenburg im Dezember 1992 für den Fall, daß ihre Forderungen in Nachverhandlungen keine hinreichende Berücksichtigung fänden, den Mitgliedern den Austritt des Landesverbandes aus dem Bündnis 90-Bundesverband sowie die Konstituierung zu einer eigenständigen Landespartei "Brandenburger Bündnis 90" zu empfehlen und darüber in einer gesonderten Urabstimmung entscheiden zu lassen. Auf der Hannoveraner BDK am 17. Januar 1993 lehnten 8 von 13 Brandenburger Delegierten den nachverhandelten Vertrag in namentlicher Abstimmung ab.

19 Scharfe Kritik an der geplanten Assoziation sowie an den vertraglichen Zugeständnissen gegenüber dem Bündnis 90 wurde schon während der Verhandlungen von Grünen aus Mecklenburg-Vorpommern, Brandenburg und Ost-Berlin geäußert. Symptomatisch für den hier verbreiteten Unmut war der Rücktritt der Bundessprecherin Christine Weiske (Die Grünen Brandenburg) unmittelbar nach der Bestätigung der Übergangsregelung hinsichtlich des Frauenstatuts auf dem Hannoveraner Parteitag.

Siegfried Suckut und Dietrich Staritz

Alte Heimat oder neue Linke? Das SED-Erbe und die PDS-Erben

1. Die SED-Führung auf dem Weg zur "Wende"

Wann die SED-Führung die Konflikte im Innern und die Erosion des "sozialistischen Lagers" als Symptome einer Krise wahrnahm, die sie und mit ihr die Existenz des ostdeutschen Staates in Frage stellen könnte, liegt auch nahezu zwei Jahre nach dem Zusammenbruch der DDR noch im dunkeln. Bislang muß davon ausgegangen werden, daß sich die Mehrheit der Politbüro-Mitglieder lange Zeit über die Brisanz dieser Entwicklungen hinwegtäuschte (Schabowski 1991; Krenz 1990; Andert und Herzberg 1990; Kirschey 1990) und - wie die meisten westlichen Beobachter - den Ernst der Lage erst im Sommer 1989 zu erkennen begann. Nur wenige (wie Günter Schabowski, Egon Krenz, Werner Krolikowski und Erich Mükkenberger) gaben zu Protokoll, daß sie bereits seit Mitte der Achtziger die Leistungs- und Integrationsschwäche der Wirtschaftsordnung und des politischen Systems ihres Staates sorgenvoll, doch tatenlos registriert und nach dem Amtsantritt Gorbatschows mit zunehmender Skepsis auf den von Honecker eingeschlagenen "Sonderweg" der DDR geschaut hätten, der die DDR im östlichen Bündnissystem in die Isolierung führte.

Auch wenn diese Mitteilungen zumeist späteres Wissen als frühe Erkenntnis deklarieren (die gewünschte Rechtfertigung des eigenen Verhaltens damit allerdings erschweren), so benennen sie doch zutreffend die entscheidenden Faktoren des Krisenprozesses; und sie verweisen überdies, wenn auch nur indirekt, auf die zwei Möglichkeiten eines Krisenmanagements, zwischen denen sich das Politbüro seit der Mitte der achtziger Jahre grundsätzlich entscheiden mußte: für den Versuch, die nun auch in der DDR deutlich ablesbaren Strukturdefekte der realsozialistischen Gesellschaftsverwaltung mit herkömmlichen Mitteln zu reparieren, oder für die Anstrengung, sie mit Hilfe eines Reformkonzepts à la Gorbatschow eventuell zu beheben. Sicheren Erfolg versprachen weder die konservative noch die "moderne" Therapie. Abschätzbar waren nur ihre Auswirkungen auf das Verhältnis zur Sowjetunion: größere Distanz bei der Wahl der ersten, mehr Nähe und Solidarität bei einer Option für die zweite.

Daß diese im Rückblick als schlüssig erscheinende Alternative im Denken der heimlichen Abweichler seit Mitte der achtziger Jahre eine Rolle spielte, behauptet nur Egon Krenz, und niemand teilte mit, daß sie schon vor dem Wendeherbst zum offiziellen Politbüro-Thema wurde. Alle Berichte vermitteln vielmehr den Eindruck, die systemkonservative, repressive Konfliktregulierung sei gänzlich umstandslos gewählt worden und die DDR-Führung mithin beinahe problemblind gewesen. Denkbar ist freilich auch, daß sie sich zu einer Reformpolitik nach sowjetischem Vorbild schon deshalb nicht entschließen mochte, weil sie für eine Modernisierung durch Glasnost und Perestrojka schon in der Sowjetunion keine Chance sah und für ihr halbes Land nur unkalkulierbare Risiken. Zudem konnte sie sich - wohl bis zuletzt - nicht vorstellen, daß die Sowjetunion den Zerfall ihres "Weltsystems" wirklich hinnehmen werde (Andert und Herzberg 1990: 405 u. 433), obwohl sie doch - zur Gegenwehr kaum fähig - mit ansehen mußte, wie eben dies geschah. Anders als etwa in Polen stand damit die Existenz des Staates auf dem Spiel. Entstanden als Element der Blockkonfrontation entfiel mit dem Ende des Kalten Krieges ihr Staatsgrund, zumal ihr Mangel an nationaler Identität gerade 1989 - angesichts der eklatanten Leistungsschwäche - deutlich hervortrat.

2. Die SED-Basis: Der "Bauch" bekommt "Flügel"

Was die Parteiführung schließlich erstarren ließ, versetzte die Parteibasis in Bewegung. Betroffen vom wachsenden Unmut in der DDR war die ganze SED. Alle Mitglieder hatten sich der wachsenden Kritik an den Versorgungsmängeln oder der restriktiven Ausreisepolitik zu stellen, die schönfärberischen Berichte der Massenmedien zu verteidigen, die fehlenden Artikulationsmöglichkeiten zu begründen und die Methoden der Staatssicherheit rechtfertigend zu "erklären". Alle konnten zudem verfolgen, wie sich die Kritiker immer häufiger auf die ansonsten eher ungeliebte Sowjetunion beriefen. Schon deshalb wurden Glasnost und Perestroijka und mit ihnen die Notwendigkeit eines raschen Wandels bereits seit der Mitte der achtziger Jahre zum (offiziell stets bestrittenen) Thema der gesamten Partei. Daß in der DDR das Interesse an der Reformdiskussion in der Sowjetunion seit Gorbatschows Amtsantritt im März 1985 sprunghaft wuchs und mit Fragen der Genossen an den SED-Kurs einherging, belegen auch die Berichte, die das Ministerium für Staatssicherheit der SED-Führung zukommen ließ[1].

Beunruhigt wurde speziell der quantitativ erhebliche, karrierebewußte "Bauch" der SED. In Mentalität und Arrangementbereitschaft der großen Mehrheit der Gesellschaft am nächsten, spürte er wohl auch am deutlichsten die neue Qualität der Konfliktlagen. Genossen dieser Orientierung bildeten Ende 1989 in nahezu allen Mitgliederschichten[2] wenigstens beachtliche Minderheiten, und sie dominierten die starke Gruppe der Mitarbeiter in den Staats-, Wirtschafts- und Organisations-Apparaten, die in der alten Parteistatistik in "Angestellte" und "Intelligenz" (Inhaber von Hoch- oder Fachschuldiplomen) unterteilt wurden. Wie stark der Partei-"Bauch"[3] tatsächlich war - die seit den sechziger Jahren häufigen Mutmaßungen schwankten zwischen 30 und 60 Prozent -, erwies sich erst in den Massenaustritten unmittelbar nach der Wende. Wie diese Mitglieder die immer schrofferen Artikulationsversuche der Parteilosen verarbeiteten, ist unbekannt. Es kann aber angenommen werden, daß sich ihre ohnehin nur oberflächlichen Bindungen an die SED rasch zu lockern begannen.

Ganz anders herausgefordert waren das untere Funktionärskorps und die SED-Anhänger unter den Industriearbeitern. Sie standen seit je unter dem Druck der von der Partei reklamierten "Klasse" und hatten ihr jetzt zu erklären, warum statt des früher stets betonten Lernens von der Sowjetunion nun der Abstand zu ihr zum Siege verhelfe, und das angesichts eines dürftiger werdenden Warenangebots, schrumpfender sozialstaatlicher Leistungen sowie gegenüber einer jungen Generation, die sich nur noch bedingt in die allgemeine Subalternität fügte. Diese Pufferfunktion hatte schon in ruhigeren Zeiten von beiden Mitgliedergruppen eine starke "Parteiverbundenheit" verlangt. Doch die war immer fraglich gewesen, und das trat nun deutlich zutage: Statt der Kampfbereitschaft wuchs die Austrittswelle. Was Industriearbeiter überhaupt zum Parteibeitritt veranlaßt hatte, ist ungewiß. Daß Aufstiegskalküle bei ihnen seltener waren als etwa bei Angestellten, kann aber als sicher gelten. Wie stark indes das Arbeiterpartei-Image der SED und damit Traditionslinien der Arbeiterbewegung zu Buche schlugen oder das besonders intensive Werben der "Partei der Arbeiterklasse" um Arbeiterkader, ist offen. Bisher ist der 1989 noch hohe Arbeiteranteil also noch unerklärt.

Auch die in den Apparaten der SED und der Massenorganisationen hauptamtlich tätigen Parteimitglieder gerieten bald unter den Einfluß der veränderten Stimmungslage. Je näher an der Basis, desto deutlicher spürten sie die Unzufriedenheit der Gesellschaft, je näher den Entscheidungszentren, um so mehr die Entschlußlosigkeit ihrer Führung, die die Alarmsignale, die zu ihr gelangten, mit bombastischen Erfolgsmeldungen zudeckte. Zwar in großen Teilen davon überzeugt, daß der beängstigenden Entwicklung mit dem traditionellen Instrumentarium nicht beizukommen sei, scheint in dieser Funktionärsschicht allerdings die Überzeugung vorgeherrscht zu haben, ihre Führung verfüge letztlich doch über die erforderliche Krisenbewältigungskompetenz. Wie die Parteispitze selbst, neigten sie im übrigen dazu, das ökonomische Niveau und die Stabilität der DDR mit der Lage in den "Bruderländern" zu vergleichen und das Spezifikum ihrer Gesellschaft, die Orientierung der Mehrheit an den Standards der anderen Deutschen, zu übersehen. Hinzu kam die besondere mentale, aber auch die besondere materielle Bindung dieser Gruppe an die "Partei", und beides ließ sie die Entwicklungschancen ihrer Gesellschaft - bei aller Kritik im einzelnen - eher optimistisch wahrnehmen.

Ähnlich gestimmt waren offenbar auch die Angehörigen des Sicherheitsapparats, der Polizei, des Militärs und der Staatssicherheit. Diese Parteiangehörigen, vor allem darauf trainiert, die Macht zu sichern, waren zwar gleichfalls und zumeist besser als die übrige Partei über die Erosion der überkommenen Arrangementstrukturen im Bilde. So gaben die Staatssicherheitskader seit 1987 der Parteiführung relativ dichte Informationen[4] über die Situation im Lande, zuweilen sogar Hinweise auf das sozialstrukturelle Bedingungsgefüge von abweichendem oder oppositionellem Verhalten und zuletzt auch Informationen über die wachsende innerparteiliche Opposition (Mitter und Wolle 1990). Insgesamt aber empfahlen sie Repressionsstrategien und glaubten, wie es einer ihrer Bezirksverantwortlichen ausdrückte, es reiche hin, den Gegner "in die Furche (zu) dukken"[5]. Sieht man von der quantitativ nicht zu bestimmenden Gruppe der "Aufklärer" im MfS ab (meist ältere, häufig intellektuell geprägte und besonders sowjetunionorientierte Kommunisten, als deren Repräsentant Markus Wolf gelten mag), dann waren diese SED-Anhänger sicher keine innovationsträchtigen Elemente der Staatspartei.

Eher zur Verteidigung als zur Kritik der Verhältnisse neigten auch die in leitenden Verwaltungs- und Organisationsfunktionen tätigen Angehörigen der Intelligenz. Doch ebenso wie bei den unteren Angestelltengruppen (mit und ohne Intelligenz-Zertifikat) dominierte auch bei ihnen bald das ursprüngliche Beitrittsmotiv: das Interesse an sicherem Fortkommen. Ihre Parteiergebenheit ließ in dem Maße nach, in dem sich die Krisenzeichen mehrten. Dies galt vor allem für die sogenannte "technische", "naturwissenschaftliche" oder "medizinische" Intelligenz. Das traf auch für manche unter den Intelligenz-Kadern zu, die sich am ehesten als "Intellektuelle" charakterisieren lassen. Doch anders als die Intelligenzler-Majorität waren viele Intellektuelle offenbar zu verstärktem Engagement bereit. Seit Mitte der achtziger Jahre hatte sich aus dieser quantitativ nicht exakt zu bestimmenden, vielleicht 50.000 bis 100.000 SED-Mitglieder zählenden Gruppe der informelle "Perestrojka"-Flügel der SED zu rekrutieren begonnen, eine regionen- und bedingt auch schichtenübergreifende innerparteiliche Opposition.

Ihre Sprecher repräsentierten die seit den siebziger Jahren ausgefächerte Kunstszene der DDR. Besondere Bedeutung hatten SchriftstellerInnen, Theaterleute, etliche Rockgruppen und Liedermacher. Sie schufen eine Teilöffentlichkeit für Diskurse über Möglichkeiten und Formen einer reformerischen Politik. Viele orientierten sich an der innersowjetischen Entwicklung und hatten in Gorbatschow eine intellektuelle Berufungsinstanz, die von der Parteiführung zunächst nur schwer auszuhebeln war. Zum anderen kamen sie aus den Gesellschaftswissenschaften, den einschlägigen Universitäts- und Akademie-Instituten. Ihre Diskussionsbeiträge erreichten freilich nur selten ein breiteres Publikum. Sie erschienen in kaum zugänglichen Periodika und dienten daher in aller Regel einer intern bleibenden Selbstverständigung. Zunächst wurden diese Debatten durch die Honeckersche Variante von Entspannungspolitik begünstigt, die die SED bis 1985/1986 zuweilen sogar gegen die KPdSU-Führung zu realisieren versuchte. Die mit ihr verbundene Idee einer "Koalition der Vernunft" gegen Rüstungswettlauf und Blockkonfrontation stand im Zusammenhang mit dem Fortgang des KSZE-Prozesses und korrespondierte mit der propagierten Vorstellung, das sozialistische Lager müsse fähig gemacht werden, in einem friedlichen Systemwettbewerb um wohlfahrtsstaatliche Leistungen und die Verwirklichung sozialer Grundrechte zu siegen. Daß in dieser Konkurrenz weniger die sozialen, mehr die herkömmlichen Bürgerrechte, nicht zuletzt die auf Freizügigkeit, demokratische

Teilhabe und freie Information, eine herausragende Rolle spielen sollten, hatte man offenbar nicht bedacht, und anscheinend war auch in Ostberlin niemandem beizeiten bewußt geworden, daß die Entspannungspolitik nicht nur die Blockkonfrontation, sondern die Blöcke selbst und mit dem östlichen Bündnissystem schließlich auch die DDR in Frage stellen könne.

Diese Gefahr verkannten ebenfalls die reformistischen Gesellschaftswissenschaftler. Die Stabilität im Lande über- und die nationalen Defizite der DDR unterschätzend, gingen sie bereits seit Anfang der achtziger Jahre und erst recht seit dem Amtsantritt Gorbatschows davon aus, daß Stabilität nur durch Veränderung zu gewährleisten sei. Charakteristisch für dieses Denken war die Definition von politischer Stabilität als Fähigkeit des politischen Systems, auf neue Anforderungen zu reagieren, also (in der M/L-Terminologie) die "Produktionsverhältnisse zu sichern" und entsprechend weiterzuentwickeln. Bereits die "notwendige Verbindung von ökonomischer Dynamik und politischer Stabilität" so wurde argumentiert, schließe ein "Verständnis der Stabilität als bloße Beharrung aus". Die Forderung hieß daher: "Wir brauchen Innovationsfähigkeit nicht nur in der Ökonomie, sondern auch in der Politik"[6]. Sichtweisen wie diese führten zu Überlegungen und Entwürfen für die "Entwicklung der sozialistischen Demokratie". In ihnen standen die Erweiterung von Partizipationsschancen, Ansätze zu einer Parlamentarisierung und immer wieder die Herstellung von Öffentlichkeit als Voraussetzung für die Artikulation und Bewertung von Interessen im Vordergrund. Die Diskussion mündete im 1988 geäußerten Verlangen nach einem neuen "Demokratietyp" (Berg 1988: 61), um im Systemwettbewerb bestehen zu können.

So problembewußt die Mehrzahl dieser Beiträge auch war, in keinem wurde die führende Rolle der Partei in Frage gestellt und bis zur Wende von Wissenschaftlern nur selten angemerkt, daß zu ihrem Führungsanspruch natürlich auch ihre Führungsfähigkeit gehöre. Insbesondere hier offenbarten sich die Grenzen des reformorientierten Nachdenkens vieler Intellektueller. Gleich ob sozialisationsbedingten oder taktischen Erwägungen folgend: Niemand - so jedenfalls hat es den Anschein - wollte oder konnte sich eine Reform der DDR anders als unter Führung der Partei vorstellen, einer SED, die viele zwar als ebenfalls reformiert mitdachten, die aber das Machtmonopol behalten sollte. Hier zeigte sich die Nähe der Intellektuellen zu den Funktionären im Partei- und Staatsapparat.

3. Die SED in der Lähmungskrise: Polarisierungsprozesse

Daß die SED-Spitze nicht bereit war, den seit Beginn der achtziger Jahre von der Mehrzahl der engagierten Parteimitglieder für erforderlich gehaltenen Kurswechsel zu vollziehen, demonstrierte sie auf dem 11. SED-Parteitag im April 1986. Zwar ging die Führung - zumal in Anwesenheit Gorbatschows - noch nicht explizit auf Gegenkurs zu den Reformdiskussionen in der KPdSU und unterstützte ostentativ die sowjetische Friedenspolitik. Den Zustand der DDR-Gesellschaft und vor allem ihrer Wirtschaft zeichnete sie in den hellsten Farben und gab sich auch sicher, daß die "erprobten" Steuerungsmechanismen bestens geeignet seien, "Triebkräfte" für künftige Innovationsprozesse freizusetzen. Mit ihrer "ökonomischen Strategie" glaubte sie, den Anforderungen des wissenschaftlich-technischen Fortschritts gerecht werden zu können und damit auch den Herausforderungen der internationalen Märkte. Wie bereits auf den vorangegangenen Parteitagen war sie freilich auch 1986 nicht in der Lage, einen Erfolgsnachweis für den ausgelaufenen Fünfjahresplan vorzulegen.

Heute scheint klar, daß die Mehrzahl der Politbüromitglieder und mit ihnen wohl auch ein Großteil der leitenden Wirtschaftsfunktionäre schon damals den Überblick verloren hatten und weitgehend auf die gefälschten Bilanzen des obersten Wirtschaftschefs Günter Mittag angewiesen waren. Nur wenige verfügten über hinreichende Informationen. Doch auch diese hielten sich an die Parteidisziplin, verzichteten selbst im Politbüro auf Nachfragen und respektierten die vermeintlich mit dem Amt gegebene Sachkompetenz des Generalsekretärs und seines Wirtschaftssachverständigen. So jedenfalls ließe sich erklären, weshalb Politbüro-Mitglied Werner Krolikowski zwar private Notizen über die realen Daten anfertigte - womöglich auch zur Information der sowjetischen "Freunde" - (Przybylski 1991: 321 ff.), die in den Bilanzen seines Kollegen Mittag allenfalls geschönt Erwähnung fanden, aber nicht bereit war, diese Widersprüche zur Diskussion zu stellen.

Daß der vom Parteitag in allgemeinen Wendungen proklamierte Modernisierungsschub so ernst nicht gemeint war, die SED-Führung vielmehr davon ausging, zunächst einmal hätten die osteuropäischen Bruderparteien und vor allem die KPdSU zum Modernitätsniveau der DDR aufzuschließen, zeigte sich auch in ihrer kaderpolitischen Vorbereitung auf die vermeintlich dynamische Zukunft. Weder in der Zusammensetzung des Zentralkomitees noch in der des Politbüros wich sie von Bewährtem ab: Das Durchschnittsalter der Mitglieder und Kandidaten des Politbüros (ihre Zahl stieg von 17 auf 22) erhöhte sich gegenüber 1981 von etwa 60 auf 63,5 Jahre. Doch mit den Jahren kam kein neuer Sachverstand. Gleiches galt für das Zentralkomitee. Hier sank das Durchschnittsalter zwar von 49,4 auf 48,7 Jahre ab, doch das Herkommen der Mitglieder (u.a. rd. 32 Prozent aus dem Partei-, 27 Prozent aus dem Staatsapparat, knapp acht Prozent aus den Wissenschaften und 1 Prozent aus der Arbeiterschaft) unterschied sich von der Berufsstruktur des 1981 gewählten Gremiums kaum.

Schaute man dazu auf Daten zur politischen Sozialisation der Mitglieder, dann zeigte sich, daß rund 16 Prozent zu den Altgenossen zählten, die ihre wesentlichen Erfahrungen in der Kampf- und Opferzeit der KPD gemacht hatten. 42 Prozent waren der Partei nach dem Kriege als Jugendliche unter 21 Jahren beigetreten sowie knapp 25 Prozent zwischen 1945 und 1952 als junge Leute über 21 Jahren, also in einer Phase zur SED gekommen, in der ihre Stalinisierung geschah. Subordination, Disziplin und Vollzugsbereitschaft hatten für alle, die seither in der Organisation aufgestiegen waren, mit Sicherheit einen höheren Stellenwert als Initiative, Risikobereitschaft oder gar die Freude am Experiment. Nicht nur in der Programmatik mithin konservative Kontinuität (Staritz 1989).

Daß die seither und bis zur "Wende" regelmäßig wiederholten Erfolgsmeldungen die realen sozialen Prozesse immer weniger widerspiegelten, war allen SED-Genossen bewußt; und es erregte umso mehr Widerwillen, je deutlicher die Parteiführung auf Distanz zur Sowjetunion ging. Exemplarisch für diese Haltung war das "Stern"-Interview Kurt Hagers vom 9. April 1987, in dem der seither viel zitierte Satz von der Entbehrlichkeit eines bloß imitatorischen Tapetenwechsels fiel. Zwar konnte das Politbüro im August desselben Jahres durch die Verabschiedung der Thesen über den "Streit der Ideologien und die gemeinsame Sicherheit", die von SPD- und SED-Experten ausgearbeitet worden waren, einige Sympathie-Punkte gewinnen, zumal diese politische Kooperation mit der Sozialdemokratie ebenso zur internationalen Aufwertung der DDR beitrug wie der Staatsbesuch Honeckers in Bonn wenige Tage später. Doch das Unterdrücken aller Versuche, unter Berufung auf die im Papier akzeptierte "Streitkultur" nun auch in der DDR die strittigen Probleme öffentlich und kontrovers zu diskutieren, verdeutlichte bald, daß es der Führung tatsächlich nur um Außenwirkungen gegangen war.

Wie groß der Anteil enttäuschter und/oder politisch gemaßregelter SED-Mitglieder an der Formierung von oppositionellen Gruppen im einzelnen war, ist bisher nicht untersucht worden. Es steht aber außer Frage, daß seit den achtziger Jahren etliche ihre Entstehung initiierten. Ebenso sicher ist, daß ihre Diskussionen auf die Partei zurückwirkten - zumindest auf ihre intellektuellen Ränder. Auch das förderte die Differenzierung der Mitgliedschaft. Insbesondere seit den kriminalisierten Manifestationen der Friedens- und Menschenrechtsbewegung im Winter 1987/88 begannen sich links bzw. rechts von der karrieristischen Mitte zwei in sich heterogene Lager herauszubilden: auf der Linken jene, die politische Stabilität durch Demokratisierung der innerparteilichen, aber auch der staatlichen Strukturen erreichen wollten, auf der Rechten die, die bereit waren, bereits auf die ersten Anzeichen zivilen Ungehorsams mit dem Ausbau des repressiven Obrigkeitsstaates zu reagieren. Dies korrespondierte mit einer Polarisierung der ideologischen Positionen. Kam es den einen darauf an, über die Auflösung von äußeren Feindbildern auch im Innern zur Entspannung zu kommen, fürchteten die anderen wohl gerade diese Konsequenz. Mehrfach gebrochen zeigte sich der Dissens in den gegensätzlichen Antworten auf die Frage nach der "Friedensfähigkeit" des Imperialismus (Hager 1987; Klein 1988).

Doch auch im "Bauch" der Partei rumorte es. Er hatte die Beschwerden der Mangelbürger zu verdauen, von denen seit den "Reiseerleichterungen" vom Herbst 1987 immer mehr die Chance hatten, ihre "sozialistische Lebensweise" mit der ihrer westdeutschen Gastgeber zu vergleichen. Auch die "Karrieristen" hatten nun für die defizitären Leistungen des Wohlfahrtsstaats geradezustehen, mußten aber zugleich erleben, daß ihre "Privilegien" angesichts der Vorteile, die anderen der Besitz von Westmark brachte, immer mehr abgewertet wurden.

Wieviele von ihnen unter den 11.000 Genossen waren, die 1988 die Partei verließen (Bortfeldt 1991b) oder unter denen, gegen die die SED-Leitungen im selben Jahr Parteiverfahren einleiteten, ist unbekannt. Ungewiß ist ebenfalls, wann der zentrale Parteiapparat die Erosion der einst als "geschlossen" gefeierten Organisation tatsächlich wahrnahm. Im Februar 1988 legte die Zentrale Parteikontrollkommission (ZPKK) dem ZK-Sekretariat einen Bericht über die Parteiverfahren im Jahre 1987 vor, in dem erstmals von der Existenz von "Meckerern und ewigen Nörglern" die Rede war und mitgeteilt wurde, daß 19.470 Parteiverfahren durchgeführt sowie 8.865 Mitglieder ausgeschlossen worden waren (ZK der SED 1988). Ein Jahr darauf meldete die ZPKK 23.000 Parteiverfahren und 12.814 Ausschlüsse. Unter ihnen waren, wie der ZPKK-Chef Erich Mückenberger nach seiner Entmachtung sagte, viele, die "20 und 30 Jahre oder noch länger in der Partei" gewesen waren (Bortfeldt 1991a, 1991b). Auch von ihnen gehörten einige zu denen, die - so der Bericht - aus der SED "entfernt werden mußten, weil sie gegen die Generallinie auftraten, die Erfolge der DDR negier(t)en, ständig nörgel(te)n und mecker(te)n bzw. die Partei verrieten" (Bortfeldt 1990: 4).

Etliche der Gemaßregelten kamen wohl vom "Perestroijka"-Flügel der Partei. Er war durch die mittlerweile legendäre "Sputnik"-Affäre, durch das Ende 1988 von Erich Honecker verfügte Import-Verbot für die sowjetische Auslandszeitschrift, noch gewachsen. Insbesondere die Parteiorganisationen der Intellektuellen sahen in dieser Entscheidung eine neue Qualität der Abgrenzungspolitik. Viele verfaßten Protestresolutionen sowie - gemäß den obrigkeitsstaatlichen Spielregeln der DDR - Eingaben.

Ob die Fälschung der Kommunalwahlergebnisse vom Mai 1989, die von Bürgerrechtsgruppen nachgewiesen werden konnte, die Parteibasis tatsächlich entsetzte oder nur deshalb irritierte, weil sie über die Westmedien zum Thema der "Parteilosen" geworden war, mag offen bleiben. Bedeutsamer war sicherlich der seit dem Sommer deutlich artikulierte Wunsch vieler, die DDR zu verlassen. Für diese Annahme spricht, daß sich der Niedergang der SED parallel zum Aufbruch der DDR-Gesellschaft vollzog. Bereits im Juli/August 1989 kehrten 14.000 der Partei den Rücken (Bortfeldt 1990: 9), und "die ersten Hunderttausend waren schon weg, bevor der 7. Oktober kam, und es waren überwiegend Arbeiter" (Wittich 1990: 8).

Noch im September 1989 - als mit der Öffnung der ungarischen Grenze zu Österreich der letzte Aderlaß der DDR begann - hatte die SED-Spitze versucht, im Rahmen der turnusmäßigen Parteisäuberung, die mit dem ritualisierten Umtausch der Mitgliedsbücher, der "Parteidokumente", verbunden war, die SED zu ihrer früheren Geschlossenheit zurückzuführen. Doch die "Aussprachen" mit den Genossen zeigten kaum noch Ansatzpunkte für eine erfolgreiche Therapie. Im Bericht einer SED-Gruppe aus einem Industriebetrieb hieß es: "Alle Genossen äußerten ihre tiefe Sorge über den inneren Zustand unserer Partei, über die reale

Versorgungslage der Bevölkerung ..." Und an anderer Stelle: "Alle Genossen sind der Meinung, daß die seit Jahren erkennbaren Widersprüche und Probleme der Wirtschaft eine bedeutende Zuspitzung erfahren haben", wobei "Medienpropaganda ... und Wirklichkeit immer weiter auseinander(klaffen)" (Behrend und Meier 1991: 105).

4. Keine, die alte oder eine reformierte Partei?

Was die Partei am Vorabend der "Wende" dennoch zusammenhielt, läßt sich von außen nur umrißhaft ausmachen. Als sicher darf zunächst angenommen werden, daß bei manchen die verinnerlichte Parteidisziplin, bei vielen die Sorge um eventuelle Statuseinbußen Rebellion oder Kritik verhinderten. Hinzu kam die Hoffnung auf einen rettenden Kurswechsel der (freilich gelähmten) Führung. Diese Annahme erscheint speziell dann plausibel, wenn mit Interpreten der letzten SED-Tage von der autoritären Fixiertheit[7] der meisten Parteimitglieder ausgegangen und zugleich in Rechnung gestellt wird, daß ein Großteil seine Lebensplanung fest an die Partei gebunden hatte. Hinzu kam wohl auch, daß sich viele - selbst in den Wendetagen noch - nicht ernsthaft vorstellen wollten, daß die SED tatsächlich die Macht verlieren könne. Wie die alte Führung, so glaubte wohl auch die Parteimehrheit an die Wirksamkeit der verfügbaren Machtmittel bzw. - als ultima ratio - an "Hilfe" von der Sowjetunion.

So sahen das anscheinend auch die meisten der Engagierten, der an der Erneuerung von Partei und Staat Interessierten. Und viele von ihnen nahmen deshalb die Krise auch als Chance wahr. Das verband sie mit den Parteifunktionären, die, obwohl bislang vor allem Verwalter des Apparats, die Hoffnung auf eine Veränderbarkeit der SED nicht aufgegeben hatten. Sie arbeiteten zumeist in Bezirks- und Kreisleitungen, im Staats- wie auch im ZK-Apparat, und zu Beginn des Umbruchprozesses der Einheitspartei begannen sie Flagge zu zeigen.

Diese grundsätzlich partei- und systemloyale Gruppe war es wohl auch, die den zögerlichen Spitzenfunktionären um Egon Krenz Mut zum Vatermord machte. Zu ihr gehörten etwa der ZK-Abteilungsleiter Wolfgang Herger, die Leipziger Bezirksleitungssekretäre Roland Wötzel und Jochen Pommert oder der FDJ-Fraktionsvorsitzende in der Volkskammer, Hans-Joachim Willerding. Doch der so auf den Weg gebrachte Putsch von Teilen des Parteiestablishments gegen die Honecker-Führung fand in der Partei kaum positive Resonanz. Der revoltierenden Fronde fehlte das Image von Erneuerern, zumal sie sich der Mithilfe aller bisherigen Mittäter versicherte, den Machtwechsel als einvernehmlich erscheinen lassen wollte und die Partei an ihm - wie gewohnt - nicht beteiligte. Hinzu kam die überwiegend negative Popularität des neuen Parteichefs, der sich die wenigen Sympathien noch dadurch verscherzte, daß er zusammen mit dem Parteivorsitz alle übrigen Honecker-Ämter übernahm.

Auf die Palastrevolution folgte daher prompt der Aufstand der Basis. Egon Krenz und sein am 18. Oktober um drei Angehörige verkleinertes Politbüro erklärten am 8. November ihren Rücktritt. Zwar wurde Krenz noch einmal als Generalsekretär bestätigt und mit der Führung eines neuen Politbüros (statt 21 nun elf Mitglieder) betraut, doch bereits am 3. Dezember demissionierte er endgültig und mit ihm Politbüro wie Zentralkomitee. Vorausgegangen waren zum einen Demonstrationen gegen den Führungsanspruch der SED, zum anderen, seit der Wiederwahl von Krenz, Protestversammlungen und Kundgebungen der Parteimitglieder, die - so in Ostberlin - eine Führung verlangten, "die auf das Volk hört".

Auch das beschleunigte den Zerfall der SED. Sie verlor von Mitte Oktober bis Mitte Dezember etwa 600.000 Organisierte (Bortfeld 1990: 4), vor allem Arbeiter (60 Prozent der Austretenden) (Wittich und Fischer 1990: 1), erfaßte aber noch immer rund 1,6 Millionen Mitglieder. Bis Anfang Januar 1990 folgten jedoch weitere 250.000, wiederum viele Arbeiter (40 Prozent), aber auch Angehörige der Intelligenz (ca. 20 Prozent) sowie Angestellte des Staats- und Wirtschaftsapparats (19 Prozent; Wittich und Fischer 1990: 1; Bortfeldt 1990: 27). Bis Anfang Januar 1990 hatten 460.000 der im Oktober 1989 noch ca. 900.000 organisierten Arbeiter die SED verlassen. Die Staatspartei begann auf ihren harten Kern zu schrumpfen. Als besonders parteiverbunden zeigten sich - wie zu erwarten - die hauptamtlichen Partei-Mitarbeiter (Wittich 1990: 8), von denen es vor der Wende ca. 44.000 gegeben hatte (Ammer 1990: 107). Sie, sowie die Intelligenz-Kader "in Forschung und Entwicklung" und die Hochschullehrer, hatten bis dahin "die niedrigste Austrittquote aller untersuchten Gruppen" (Wittich und Fischer 1990: 3). Die Hauptamtlichen bekamen die Wende später allerdings am deutlichsten zu spüren: ihre Zahl sank bis Mitte 1990 auf ca. 7.000 und betrug 1991 nur noch etwa 700 und Ende 1992 schließlich, wie Gysi auf dem 3. Parteitag mitteilte, "weniger als 150 Genossinnen und Genossen"[8].

Angesichts dieser Dezimierung der Organisation, mehr aber noch in Anbetracht der umfassenden Diskreditierung der Partei, waren viele bereits zur Jahreswende der Überzeugung, es sei besser, die SED aufzulösen und gegebenenfalls eine neue Partei zu gründen. Auch im 25köpfigen "Arbeitsausschuß", der seit dem 3. Dezember (nach dem Rücktritt des ZK) interimistisch die Partei zu führen versuchte, gewann diese Stimmung an Bedeutung. Am 8. Dezember schließlich, als ein außerordentlicher Parteitag zusammentrat, den die demonstrierende Basis durchgesetzt hatte, schien es offen, ob die SED den nächsten Tag noch erleben würde. Dies hing auch davon ab, ob die mittlerweile zu Hoffnungsträgern stilisierten Hans Modrow (Chef des SED-Bezirks Dresden) und der Dresdener Oberbürgermeister Wolfgang Berghofer bereit sein würden, in der Parteiführung mitzuwirken. Sie taten es - und Modrows nächtlicher Appell half, andere Unschlüssige zu überzeugen: "Laßt diese Partei nicht zerbrechen, nicht untergehen, sondern macht sie sauber und stark!"[9] Die mehr als 2.000 Delegierten entschieden sich einstimmig für den Fortbestand sowie (bei der Wiederaufnahme der Verhandlungen am 16. Dezember) für die Umbenennung der Organisation in SED - Partei des Demokratischen Sozialismus (SED/PDS).

Der Mehrheit aus dem Herzen sprach vermutlich auch der neue Vorsitzende Gregor Gysi, der für den Fall der Selbstauflösung sowohl auf das drohende "politische Vakuum" und den Verlust der "politischen Heimat" verwies als auch mit Blick auf die folgende Arbeitslosigkeit der Hauptamtlichen an die gebotene Solidarität erinnerte, zudem aber auch das "Eigentum der Partei" ins Feld führte, das "herrenlos" würde, wenn die SED von der politischen Bühne abträte[10].

Aus der Sicht der eher konservativen Heimatfreunde (bei einer Mitgliederbefragung in sechs der siebzehn Parteibezirke hatten sich Anfang Dezember 1989 83,5 Prozent für das Zusammenbleiben ausgesprochen; Behrend und Meier 1991: 258) wie auch derer, die an die Reformierbarkeit der alten Staatspartei glaubten, schien damit die Gefahr fürs erste abgewendet: Die SED/PDS hatte sich eine neue Spitze gewählt, deren Mitglieder zumeist nur mäßig kompromittiert waren, mit ihrem Namenszusatz die Bereitschaft zu ernsthaftem programmtischem Wandel angedeutet und schon zuvor beinahe die ganze alte Führung ausgeschlossen.

Doch der Streit um die Fortexistenz der Partei ging weiter. Ende Januar verlangten verschiedene "Plattformen", deren Anhänger sich seit der Wende z.B. auf "sozialdemokratische", "kommunistische" oder "demokratisch-sozialistische" Orientierungen bzw. auf einen "dritten Weg" verständigt hatten, sowie etliche örtliche Gruppierungen erneut die Auflösung der Partei. Die Mehrheit des Parteivorstandes lehnte dieses Ansinnen aber ab, und zusammen mit 39 bekannten Dresdener Genossen verließ deshalb Wolfgang Berghofer, erst Anfang Dezember 1989 zum stellvertretenden Parteivorsitzenden gewählt, die SED/PDS. Das war offenbar vor allem für die Leitungskader im Wirtschaftsapparat, für resignierte Verwaltungs- und Parteifunktionäre, aber auch für jene ein Signal, die mit Berghofer meinten, der Partei fehle die "politische Kraft", die Krise der DDR "an der Seite der demokratischen Kräfte zu überwinden". (Neue Chronik DDR 1990: 95) Anderen war der Austritt von Prominenten wohl auch ein willkommener Anlaß. Aus Mitläufern wurden Wegläufer.

5. Die PDS: Neue Schläuche, alter Wein?

Wenn zutrifft, was einer der Chronisten der SED-Metamorphose mitteilte, dann war es vor allem der Elan von jungen Mitgliedern, der die Organisation vor einer totalen Auszehrung bewahrte. Sie traten zugleich für den Erhalt und die radikale Erneuerung der Partei ein (Bortfeldt 1990: 117) und bildeten den Teil der Basis, auf den sich die neue Führung fortan berufen konnte. Das bescherte der SED/PDS freilich auch das Strukturproblem, an dem sie seither leidet: das kaum vermittelte Nebeneinander von "alten, treuen GenossInnen" und "ehemaligen hauptamtlichen Funktionären" (Wittich und Fischer 1990: 4) auf der einen Seite und einem eher jugendlichen, wohl ernsthaft nach einer links-alternativen Politik suchenden Perestroijka-Flügel auf der anderen. Er repräsentiert die Partei - durchaus mit Billigung der politisch heterogenen, aber gemeinsam eher struktur- und wertkonservativen Mehrheit, die wohl realisiert hat, daß nur so ein Fortbestehen der Partei und ihr Verbleiben in dieser öffentlich zu rechtfertigen ist.

Eine vorstandskonforme Aktivität ist von den mehrheitlich wendegeschädigten alten Genossen kaum zu erwarten. Auch keine oppositionelle freilich; denn noch sind sie mit dem Aufarbeiten ihrer Rolle in der SED-Geschichte beschäftigt. Und so dienen sie denn (ebenso wie die von Zeit zu Zeit enttarnten Stasi-Belasteten) der rundum unfreundlichen Umwelt immer wieder als Zeugen für die Starrheit und gegen die von der Führung behauptete Wandlungsfähigkeit der deutschen Kommunisten. Daß die Partei unter dieser Spannung zerreißt, ist nicht auszuschließen, auch wenn ihr Vorstand diese Gefahr seit dem Frühling 1992 für weniger bedrohlich hält. Damals, am 24. Mai, hatte die PDS bei den Berliner Kommunalwahlen im Ostteil der Stadt gegenüber den Wahlen zum Abgeordnetenhaus am 2. Dezember 1990 ihren Stimmenanteil um 6,4 auf 30 Prozent gesteigert. Doch dieser - vielleicht ja auch nur flüchtige - Zuspruch von Protestwählern und politischen Traditionalisten half der Partei nicht aus ihrer Identitätsklemme.

In der "Wende" waren in der Mitgliederschaft verschiedene Lösungsvarianten diskutiert worden. Eine zielte auf ein Zusammengehen oder gar einen Zusammenschluß mit den Bürgerbewegungen, eine Entwicklung, die vielen aus der neuen Führung und ihrem intellektuellen Umkreis sympathisch gewesen wäre. Sie stieß freilich nicht nur bei den Altgenossen auf Unverständnis; sie wurde vor allem von den potentiellen Partnern entschieden abgelehnt. Und auch gegenwärtig sind Kontakte schwierig. Doch hat trotz des konstant schroffen Tones der Alternativen ihre Dialogbereitschaft zugenommen[11].

Auch eine Resozialdemokratisierung war - anders als für die einstigen Bruderparteien in Polen oder Bulgarien - ausgeschlossen. Sie schien anfangs offenbar vielen Älteren ein wünschenswerter Weg zu sein (Niemann 1991: 848 ff.). Doch er war schon durch die Verfestigung der zunächst nur schwächlichen SDP verbaut worden. Ebenso später ein massenhaftes Abspringen zur SPD. Ihn verhinderte eine unter den Wahlkampfbedingungen des Jahres 1990 beschlossene Aufnahmesperre der Sozialdemokraten. Bald zeigten sie sich kulanter[12]. Tatsächlich war die mentale Nähe vieler SED-Mitglieder zur SPD weit größer als es die Feindschaft der Parteien vermuten ließ. Insbesondere bei Industriearbeitern und Gewerkschaftsfunktionären, aber auch bei Parteiintellektuellen war vom Westen her immer wieder eine "sozialdemokratische Latenz" wahrgenommen worden; und mit dem Ideologie-Papier hatte diese Orientierung schließlich auch eine gewisse Rechtfertigung erfahren.

Seit den Volkskammerwahlen vom März 1990, in denen sich die SED mit einem Stimmenanteil von 16 Prozent als überlebensfähig zu erweisen schien, stellten viele die Suche nach Alternativen zum Fortbestand der Partei ein. Die innerparteilichen Spannungen aber blieben. Sie kamen auch in den Versuchen zum Ausdruck, eine verbindliche Programmatik zu formulieren. Glaubten die einen, die PDS brauche in der gesamtdeutschen Parteienlandschaft ein unverwechselbares "linkes" Profil und plädierten dabei für unterschiedliche Varianten, hatten andere noch immer damit zu tun, das Scheitern ihrer alten Weltanschauung zu verarbeiten. Sie waren schon deshalb an vorwärtsweisenden Aussagen nur mäßig interessiert. Eine dritte Strömung wiederum meinte, Praxis sei allemal wichtiger als Programmatik. Die Programmbefürworter setzten sich durch. Schon des Endes der DDR-Staatlichkeit wegen war eine neue Wegweisung erforderlich geworden. Die innerparteiliche Diskussion dauerte schließlich bis zum 3. ordentlichen Parteitag, der Ende Januar 1992 einen Text verabschiedete, der auf mehreren, in Details kontroversen Entwürfen basierte[13]. Sie waren zuvor in den Grundorganisationen debattiert worden. Die dem Parteitag präsentierte Vorlage faßte zusammen, was seit der "Wende" von der Führung (oftmals auf der Grundlage von Plattformpositionen) programmatisch geäußert worden war.

Die breiteste Zustimmung hatten wohl die vom a.o. Parteitag im Dezember 1989/Januar 1990, also formaliter noch zu DDR-Zeiten verabschiedeten und deshalb bald obsoleten Beschlüsse gefunden: Sie gingen von der Einheit der Nation aus, befürworteten eine "Vertragsgemeinschaft" beider deutscher Staaten, sahen eine Lösung der nationalen Frage aber nur im europäischen Rahmen: "Die Zukunft der Deutschen liegt in einem geeinten Europa", so der Parteivorsitzende in seinem Grundsatzreferat. Bis dahin aber gelte es, die "staatliche Souveränität" der DDR zu "bewahren"[14]. Daran hielt die PDS auch noch in ihrem im Februar 1990 von ihrem ersten ordentlichen Parteitag verabschiedeten Programm fest, betonte nun aber zusätzlich die Zusammenarbeit in RGW und Warschauer Pakt als "entscheidende Bedingung für die Existenz und Entwicklungsfähigkeit" des ostdeutschen Staates (Programm 1990: 22). Akzeptabel waren für viele auch die 1989 formulierten allgemeinen Ziele "sozialistische Marktwirtschaft", "sozialistischer Pluralismus" und "sozialistischer Rechtsstaat" sowie eine Diversifizierung der Eigentumsformen, und man glaubte, auch unter den neuen Bedingungen auf "Planung" nicht verzichten, zumindest aber für staatliche "Regulierung" eintreten zu sollen (Kuppe 1990: 54). Schwer aber fiel manchen wohl der Abschied vom Marxismus-Leninismus.

Doch mit der Vereinigung der deutschen Staaten wurde ein Großteil dieser Programmsätze illusorisch. Sie durch neue, perspektivische zu ersetzen, brachte die PDS in Schwierigkeiten. Ihre Aussage vom Dezember 1989 über die Notwendigkeiten von Reformen in Ost- wie Westdeutschland beim Vereinigen der Teile[15] blieb zwar aktuell, ließ sich aber im Beitrittsprozeß nicht einlösen. Nun, mit der bundesdeutschen Marktwirtschaft sowie dem bundesdeutschen Sozial- und Verfassungsstaat konfrontiert, stand sie vor der Herausforderung, ihren "linken" bzw. sozialistischen Anspruch einleuchtend zu formulieren. Bis heute tut sie sich freilich schwer, Deutschland, wie es nun einmal ist, innerlich zuerst einmal anzunehmen und dann originelle und praktikable Reformstrategien zu entwerfen. Zwar erscheint ihr Verfassungstreue wohl nicht nur als überlebensnotwendiges Gebot, aber die materiellen Fundamente der Verfassungsordnung sind ihr noch fremd.

Eine weitgehende "Anpassung an die bestehenden Verhältnisse", warnte 1991 ein Partei-Brevier, lasse die PDS ihren "Charakter verlieren" und stelle zugleich ihre Existenzberechtigung in Frage. Denn: "Eine solche Partei gibt es eben schon" - die SPD. Aber auch eine "'umstürzlerische' Oppositionsrolle" dürfe sie nicht übernehmen, weil sie doch den "parlamentarisch verfaßten Rechtsstaat bei allen seinen Unzulänglichkeiten als die derzeit fortgeschrittenste Form staatlicher Organisation" akzeptiert habe, "die es zu erhalten, zu verteidigen, aber vor allem weiterzuentwickeln" gelte. Ihr Rezept heißt daher "Konstruktive Opposition" durch das Anbieten von "Alternativen zur Regierungspolitik", und ihre Prognose lautet: "Regierungen können wechseln. Was immer bleibt und nötig ist, das ist die Opposition". (Parteivorstand der PDS 1991: 42 ff.)

Daß diese Aussicht realistisch ist, steht außer Frage. Was die PDS allerdings von der SPD ansonsten programmatisch unterscheidet, ist kaum noch auszumachen. Dies gilt auch für das eher Weltanschauliche. Zwar hieß es noch im Dezember 1989: "Theoretische Grundlage der Partei ist der Marxismus"[16], doch schon im Februar 1990 formulierte sie - beinahe wie das Godesberger Programm -: "Wir schöpfen aus der Geschichte des humanistischen Denkens", und man war sich vieler "Berührungen" mit "pazifistischen und religiös begründeten Standpunkten" bewußt, auch wenn in der Ahnenreihe noch die Altvorderen dominierten, Karl Kautsky und Eduard Bernstein allerdings schon zu ihnen gezählt wurden. "Weltanschauliche Enge" - so wurde es als Grundsatz ins Parteistatut geschrieben - sei der PDS "fremd", und im Programm von 1990 hieß es: "Die Partei gewinnt ihre Einheit aus der Gemeinsamkeit der politischen Ziele ihrer Mitglieder und dem toleranten Umgang untereinander", was die Akzeptanz eines "Wettstreits der Ideen" ebenso einschließe wie die Existenz von "Plattformen und innerparteilichen Strömungen" (Parteivorstand der PDS 1991: 7 u. 24).

In den Statuten ist sogar ausdrücklich von der Legitimität von "Fraktionen" die Rede, von einer Form der Gruppenbildung, die im Selbstverständnis der SED eine Todsünde war und in aller Regel den sofortigen Ausschluß nach sich zog. Der Wandel der Parteistruktur hatte theoretisch mit der Aufgabe des Führungsanspruchs und praktisch mit der Auflösung der Betriebsorganisationen begonnen. Seither gelten die "Organisationen der Basis" als der Sockel der PDS. Sie existieren in der Regel in Gemeinden oder Städten und sind in Kreisverbänden zusammengeschlossen, die wiederum die Suborganisationen der Landesverbände bilden. Von der Kompetenzenfülle der Parteispitze zu SED-Zeiten ist nichts geblieben. Der Parteivorstand wird von einem Parteitag gewählt, dessen Delegierte ein Zweijahresmandat haben, aber jederzeit von ihren Wählern abgewählt werden können. Das höchste Delegiertengremium ist - laut Statut - ein "ständig arbeitendes" Parteiorgan, das sich in Arbeitskreisen und Kommissionen organisieren kann und mindestens einmal im Jahr zusammentreten soll, was bislang auch geschah. Dem Parteivorstand zur Seite steht ein Parteirat, der aus gewählten Vertretern der Landesverbände, der Bundestagsfraktion, der bundesweit tätigen Interessen- und Arbeitsgemeinschaften und anderer "innerparteilicher Zusammenschlüsse" gebildet wird. Dieses "Delegiertengremium der Gesamtpartei" hat Einspruchsrechte gegenüber Beschlüssen des Parteivorstandes und muß von diesem "vor Beschlüssen mit weitreichenden politischen Konsequenzen" konsultiert werden. Es gibt in den Statuten weder eine Weisungsbefugnis der Spitze gegenüber nachgeordneten Organisationsebenen noch das Recht zur Bestätigung der dort gewählten Funktionäre. Selbst in Fragen der Programmatik eröffnet die Parteiverfassung den Landesverbänden Teilautonomie - allerdings nur mit Blick auf die "regionalen Bedingungen" und "im Rahmen der politischen Grundsätze der Partei"[17] Generell werden diese unter der Chiffre Demokratischer Sozialismus zusammengefaßt.

Die Schwierigkeit, diesen zu definieren, teilt die PDS seitdem mit vielen Sozialdemokraten, zu denen sie im übrigen explizit ein "partnerschaftliches Verhältnis" anstrebt. Wie diese definiert sie die "Grundwerte" und teilt die SPD-Überzeugung, daß "demokratischer Sozialismus nichts Abgeschlossenes, kein Gesellschaftssystem" sei, sondern "ein Weg, eine ständige Aufgabe und Herausforderung" (Parteivorstand der PDS 1991: 7 ff.). Im Entwurf für das im Februar 1990 verabschiedete erste Programm war sichtbar geworden, daß sich die Autoren auch anderswo umgesehen hatten. Ihre Formel, die angestrebte sozial und ökologisch gebundene Marktwirtschaft müsse "Wohlstand für alle" schaffen[18], wurde vom Parteitag allerdings wieder gestrichen.

Eine Annäherung an grün-alternative Programmpositionen gelang nur bedingt. Zwar forderte die Partei menschenwürdige, "ökologisch verträgliche Arbeit", verlangte "Vorbeugung, Minimierung bzw. Beseitigung von Risikopotentialen moderner Wissenschaft und Technik sowie radikale Abrüstung und internationale Solidarität" und plädierte dafür, diese Ziele zu Verfassungsgrundsätzen zu erheben. Elaborierte Konzepte hat sie aber nicht vorgelegt, und so bieten Aussagen wie diese bislang vor allem Stoff für kontroverse innerparteiliche Diskussionen, in denen ebenfalls Themen wie "nichtpatriarchalisches Denken und Handeln" oder die These eine Rolle spielen, die "Humanisierung der Gesellschaft" erfordere "ihre Feminisierung" (PDS 1991: 92 f.). Von Belang sind diese Debatten zum einen für die intellektuellen Parteianhänger, zum anderen für die Versuche, in den alten Bundesländern Anhänger aus den neuen sozialen Bewegungen und dem Spektrum der alten "neuen Linken" zu gewinnen.

Jedoch ist die Diskussion dieser bislang "westlichen", postmaterialistischen Themen im Osten zunächst vor allem auf Unverständnis gestoßen und hat eher zu unergiebigem Streit geführt als zu einem gemeinsamen Politikverständnis. Auch dies trug zum Scheitern der Bemühungen bei, die PDS als funktionstüchtige gesamtdeutsche Partei zu konstituieren. Zwar firmiert sie seit Oktober 1990 als eine solche, ihr Schwerpunkt liegt aber so eindeutig in der ehemaligen DDR, daß die etwa 600[19] westdeutschen PDSler sich häufig in einer anderen Welt wähnen und die in der DDR Sozialisierten offenbar größte Probleme haben, das Auftreten westdeutscher Genossen (und deren linke "Besserwisserei") zu tolerieren. Seinen Ausdruck fand das im Januar 1991 auf dem PDS-Parteitag im Scheitern zweier streitbarer westlicher Kandidatinnen für das Amt einer Stellvertreterin des Parteivorsitzenden. Die mehrheitlich ostdeutschen Delegierten demonstrierten Eigensinn und blockierten die Wahl durch Stimmenthaltungen. Bisher spricht so wenig für einen baldigen Mitgliederboom in Westdeutschland, daß in Ostdeutschland immer wieder darüber diskutiert wird, ob es nicht sinnvoll sei, sich ganz auf die fünf östlichen Bundesländer zu konzentrieren.

Auch vom Aufbau einer PDS-übergreifenden Ostpartei war (und ist) immer wieder die Rede. Speziell im Zusammenhang mit der Gründung der als überparteilich konzipierten "Komitees für Gerechtigkeit" (Spittmann 1992) und der demonstrativen Annäherung Gysis an den CDU-Dissidenten Peter-Michael Diestel, früher DDR-Innenminister im Kabinett de Maizière, entstand im Sommer 1992 der Eindruck, es gebe in der PDS eine Neigung, die Partei mit Blick auf ein breites Bündnis aufzugeben. Doch die Resonanz der Komitee-Idee war zwiespältig. Auch wenn viele eine ostdeutsche Interessenvertretung für grundsätzlich nützlich hielten, schreckte sie doch die befürchtete Dominanz der PDS von einem Engagement ab. Es bleibt allerdings abzuwarten, ob sich die seither gebildeten Komitees für die PDS in den neuen Ländern nicht doch zu nützlichen Vorfeld-Organisationen entwickeln werden. Auch im alten Bundesgebiet entstanden mancherorts derlei Gebilde. Sie erwiesen sich allerdings als ungeeignet, der Westausdehnung der PDS voranzuhelfen.

Ein Boom blieb freilich auch im Osten aus. Zwar war die Austrittsbewegung seit dem Sommer 1990 überschaubar geworden, doch hatten sich die PDS-Mitglieder von Anfang Januar bis zum August von etwa 1,3 Millionen auf ca. 350.000 (Wittich und Fischer 1990: 2) und bis zum Jahresende 1990 auf 284.000 verringert (Bortfeldt 1991: 271). Mit im Juni 1991 242.000 und Ende 1992 etwa 172.000 Mitgliedern[20] fällt es auch zunehmend schwer, die radikal verschlankte, aber immer noch aufwendige Parteiarbeit zu finanzieren. Zwar hat sich die einst legendäre Zahlungsdisziplin nach einer Phase des Verfalls wieder stabilisiert. Doch der Großteil der Mitglieder ist im Rentenalter und entrichtet den Mindestbeitrag. Neue Genossen sind kaum hinzugekommen. Immerhin zahlten die PDS-Angehörigen, laut Bericht der Finanzrevisionskommission an den dritten Parteitag, 1991 pro Monat durchschnittlich DM 7,98. Vom einstigen Reichtum der SED scheint der PDS nur dessen schlechter Ruf geblieben zu sein. Das Rechnungsjahr 1991 schloß mit einem Defizit von 45,6 Millionen Mark ab. Doch 1992 gab es eine gewisse Besserung. Stabilisiert wurden die Einnahmen aus Spenden und Mitgliederbeiträgen. Noch aber mußten 55 Prozent der Ausgaben für Personalkosten aufgewendet werden und waren ca. 90 Prozent der Aufwendungen der westlichen Landesverbände vom Osten zu finanzieren. Das materielle Erbe aus Ulbrichts und Honeckers Zeiten, im Dezember 1989 noch ein Motiv für den Erhalt der Parteiorganisation, verwaltet nun - höchst restriktiv - die Treuhand, die sich bislang (Stand: Ende Januar 1993) auch weigerte, von den 1990 bei der Bundestagswahl angefallenen 13,3 Millionen Mark Wahlkampfkostenerstattung wenigstens Abschläge zu überweisen (Gysi 1993: 18). Der SED-Schatz hat (womöglich nur) ein paar flinken Defraudanten Freude bereitet, der Partei insgesamt aber geschadet.

Der ideelle Nachlaß erweist sich als ungleich schwerere Bürde. In der Gunst der ostdeutschen Wähler ist die PDS von rund 16 bei den ersten Volkskammerwahlen auf elf Prozent bei der Bundestagswahl abgesunken (in Ostberlin aber stabil geblieben). In Umfragen tendierte sie auch 1991 noch mehr gegen fünf als gegen zehn Prozent. Im Westen erreichte sie Ende 1990 bei den Wahlen zum Bundestag mit 0,3 Prozent ein nur mäßig besseres Resultat als die DKP, die 1983, bei ihrer letzten Teilnahme, 0,2 Prozent erzielt hatte. Daß die 17 Abgeordnete starke PDS-Gruppe in Bonn wohl die letzte ihrer Art sein werde, galt - schon wegen der ab 1994 wahrscheinlich wieder uneingeschränkt gültigen Fünf-Prozent-Klausel - als ganz sicher. Und es kamen auch Zweifel auf, ob die Partei erneut in alle ostdeutschen Landtage einziehen werde. Es hatte vielmehr den Anschein, die ostdeutsche Kritik an den sozialen Folgen der Vereinigung werde vor allem SPD und Grün-Alternativen zugute kommen[21]. Seit 1992, wohl vor dem Hintergrund der Verfestigung des Sozialgefälles in Deutschland, bekam die Partei aber erneut Aufwind. Sie scheint nun wieder bessere Chancen zu haben, sich im Osten zumindest mittelfristig als Protestpartei zu verankern, und ihre Führung hofft auf Präsenz im Bundestag auch über 1994 hinaus - durch den Gewinn von Direktmandaten, eventuell in Ostberlin und/oder durch Zuwächse im Westen bzw. durch eine erneute Änderung des Wahlrechts.

In der geschrumpften Organisation scheint freilich kaum etwas zusammenzulaufen. Die "Plattformen" und "Strömungen" haben sich in ihren kontroversen Programmdebatten nahezu erschöpft und von der nur mäßig theoriebeflissenen Basis offenbar weit entfernt. Dort dominiert noch immer die Sehnsucht nach Geborgenheit, die oft mit einer - vom Vorstand gescholtenen - "DDR-Nostalgie" einhergeht. Auf die 1991 bei der Mitgliederanalyse gestellte Frage "Warum bist Du in der PDS?" antworteten drei von vier mit Hinweisen auf ihre individuelle Parteiverbundenheit, auf die Traditionen der Arbeiterbewegung oder einfach auf ihren Trotz, der sie daran hindere, ebenfalls zum "Wendehals" zu werden. Handlungsorientierte, politisch-programmatische Motive nannte dagegen nur jedes vierte Mitglied (Institut für Sozialdatenanalyse 1991: 39 f.).

Auch dies führt womöglich dazu, daß die statutarisch verlangte Toleranz weder horizontal noch vertikal geübt wird. In ihren Genuß kommen allerdings häufig ehemalige Stasi-IM, die diese Beziehungen nicht offengelegt hatten. Doch derlei kollektives Verständnis hilft eher beim Verdrängen als beim Abarbeiten der Vergangenheit. Die "Arbeitsgemeinschaft Junger GenossInnen", die Anfang 1990 für eine "Erneuerung" der PDS angetreten war, erklärte angesichts dieser Neigung im Sommer 1991 denn auch ihr "Scheitern"[22]. Sie gilt freilich heute wieder als ein Aktivposten der Partei. Schon im September 1991, auf einer

"Erneuerungskonferenz" der PDS, beklagte der Berichterstatter eines Arbeitskreises, der sich mit der "weiteren Demokratisierung" der Partei beschäftigt hatte, den Mangel an "Barmherzigkeit" und "Wärme" in den innerparteilichen Diskussionen. Er kritisierte das Verabsolutieren eigener und die "Verteufelung" fremder Positionen und kam zu dem Schluß, noch nicht alle "Arbeitsweisen von früher" seien produktiv verändert worden (PDS o.J.: 60).

Der innerparteiliche Streit ging insbesondere um die Frage, ob Parteimitglieder, die früher Stasi-Kontakte gehabt haben und für öffentliche Wahlfunktionen oder Parteiämter zu kandidieren beabsichtigen, verpflichtet werden sollten, diese Beziehungen offenzulegen, um sich dann der Entscheidung der zuständigen Parteigremien zu fügen. Meinten die einen, eine solche Prozedur bediene nur die Diskriminierungs- oder Ausgrenzungsstrategien der politischen Gegner und setze die Bekenner eventuell justizieller Verfolgung aus, hielten andere dagegen, der Weg in die Öffentlichkeit schütze die Partei und diene zugleich dem individuellen Abarbeiten von DDR-Biographien. Zwar bekamen die Glasnost-Befürworter auf dem 2. Parteitag die Mehrheit. Es wurde eine Resolution verabschiedet, die die freiwillige Überprüfung von Abgeordneten durch den Bundesbeauftragten für die Stasi-Unterlagen empfiehlt und allen Funktionären, die sich "als unehrlich gegenüber der Partei erweisen", den Funktionsverlust androht[23]. Doch stärker als das rationale Kalkül der Parteiführer erweisen sich die Ängste der Betroffenen. Weit engagierter als etwa das Wesen eines demokratischen Sozialismus wurde und wird in der PDS das Für und Wider eines einstigen Stasiengagement debattiert, zumal sich von Zeit zu Zeit auch Erneuerer und schließlich selbst deren Vormann, Gregor Gysi, als nur durchschnittliche Genossen erwiesen.

Im Zentrum der bislang letzten IM-Affäre stand zunächst der Gysi-Stellvertreter und PDS-Vordenker André Brie sowie letztendlich der Parteivorsitzende selbst. André Brie, der - wie sein Bruder Michael - seit der Wende zusammen mit Gysi den Reformprozeß der SED wesentlich mitbestimmt hatte, war im Oktober 1991 zum Nachfolger des Berliner Landesvorsitzenden Wolfram Adolphi gewählt worden. Dieser war zuvor von der Gauck-Behörde als ehemaliger IM ermittelt und vom PDS-Parteivorstand, insbesondere von Gysi und André Brie, zum Rücktritt gedrängt worden. Im Oktober 1992 - gegen ihn lief ein mit erheblichem Aufwand betriebenes Ermittlungsverfahren wegen des Verdachts einer Verbindung zum KGB - teilte Brie zunächst der Presse, dann dem Berliner Landesvorstand mit, daß er bis zum Ende der DDR und seit 19 Jahren für das MfS tätig gewesen sei. Brie war, offenbar im Zusammenhang mit den gegen ihn geführten Untersuchungen, bekannt geworden, daß die Rechercheure von seiner Stasi-Mitarbeit wußten und sie demnächst öffentlich machen würden. Anvertraut hatte er seine Vergangenheit allein Gysi, und dieser war bereit gewesen, zu niemandem sonst davon zu sprechen. Anders als vielleicht erwartet, hatte sich der Parteivorstand mit den Geständnissen des Vorsitzenden und seines Stellvertreters nicht zufriedengegeben. Brie, der noch zuvor, auf dem Landesparteitag der Berliner PDS, einen Rücktritt verweigert hatte und dabei von einer starken Minderheit unterstützt worden war, wurde seiner Funktion entbunden (zugleich aber gebeten, Vorsitzender der Grundsatzkommission der PDS zu bleiben) und Gysi erstmals öffentlich kritisiert. Zwar hielt die Führung den von ihm angebotenen Rücktritt für unangebracht, denn es liege "kein Fehlverhalten" vor, das "weitergehende Konsequenzen" erforderlich mache. Sie riet ihm aber zu "persönlichen Konsequenzen .... im Arbeitsstil und im offenen Umgang mit den Mitgliedern des Parteivorstandes"[24].

Das Monitum verwies auf die offenbar seit längerem virulenten Kommunikationsschwierigkeiten zwischen dem eloquenten, intellektuell beweglichen, doch zur Selbstdarstellung neigenden Gysi und der Mehrzahl der eher blassen PDS-Vorständler, die nicht nur aus den (ohnehin schwachen) Reihen der Parteireformer kommen. Auch sie hatte Gysi wohl gemeint, als er sich im Juni 1991, kurz vor dem zweiten Teil des 2. Parteitages (der erste Teil hatte im Januar stattgefunden) über "Denunziationen" und "Unterstellungen" beschwerte, die für das Klima in der Partei kennzeichnend seien. Damals hatte er seinen Rücktritt für den Tag angekündigt, an dem es "um den Posten des Vorsitzenden Gerangel gibt"[25].

Dieses selbstbewußte Statement erschreckte offenbar die ganze Partei. Noch galt der Vorsitzende innerhalb wie außerhalb der Organisation als der Mann, den alle brauchen, wenn die Partei beisammenbleiben will. Wahrscheinlich überschätzte Gysi diese Rollenzuweisung oder übersah ihre unterschiedlichen Motive - die der links-alternativen Aktiven ebenso wie die der traditionalistisch Heimattreuen -, als er nach der Brie-Panne in der Organisation um Verständnis für sein Verhalten zu werben suchte, aber auf Kritik oder Unverständnis stieß. Noch Anfang November aber dementierte er Rücktrittsabsichten[26]. Am 30. November jedoch teilte er dem Parteivorstand mit, daß er auf dem kommenden Parteitag nicht erneut kandidieren werde. Seinen Entschluß begründete er sowohl mit seinem Fehlverhalten im Falle Brie als auch - und vor allem - mit dem allenfalls durch Streit vermittelten Nebeneinander von vier "Gruppen" in der PDS, die es zusammenzuführen gelte, wozu er allerdings nicht in der Lage sei.

Zwei dieser Tendenzen sah er in der Nähe eines sozialdemokratischen Politikverständnisses. Die eine, getragen von (alten) Mitgliedern, die in ihrer Parteimitgliedschaft vor allem eine "Bestätigung" ihrer Biographien suchten, folge ideologisch einer marxistisch-leninistischen Grundorientierung, sei jedoch bereit, Mehrheitsmeinungen in der Arbeiterschaft (etwa in der Asylfrage) populistisch zu folgen. Die andere bemühe sich speziell um Akzeptanz in der SPD und gehe schon deshalb in Programmatik wie Praxis über sozialdemokratische Ansätze nicht hinaus. Eine dritte Strömung wiederum orientiere sich an der radikalen Linken, an Autonomen oder AktivistInnen der Bürgerbewegungen. Sie neige zu moralischem Rigorismus bei der Aufarbeitung von DDR-Biographien und zu Verbalradikalismus in der politischen Diskussion. Beides isoliere sie und mache sie letztlich politikunfähig. Die vierte Gruppe, der er sich selbst zurechnete, setze bei den globalen Fragen an, zeichne sich durch politischen Realismus aus und nehme sich der Vergangenheit einzelner in einer Weise an, die ihnen eine Chance für einen Neubeginn lasse. Diese Gruppe gelte es zu stärken - auch durch den Versuch, die "Meinungsunterschiede innerhalb der PDS auszutragen und ein deutlicheres und einheitlicheres Profil anzustreben". Durch Einheitlichkeit zu Schlagkraft[27].

Ob dieser Systematisierungsversuch den Zustand der PDS erfaßt, zumindest ihren politisch-ideologischen, läßt sich von außen nicht beurteilen. Es spricht jedoch vieles dafür, daß die Partei nach dem Abstreifen ihrer demokratisch-zentralistischen Strukturen und angesichts der Scheu ihrer Führung, durch drängende Einheitsappelle an die SED-Vergangenheit zu erinnern, tatsächlich erhebliche Schwierigkeiten hat, von der gegenwärtigen Vielfalt zu jenem Grad an Verbindlichkeit zu kommen, der für eine berechenbare Politik erforderlich ist. Ob dies Lothar Bisky besser gelingt als seinem Vorgänger, ist offen. Der bisherige Vorsitzende des Landesverbandes Brandenburg und der Landtagsfraktion in Potsdam galt in der DDR wie im Westen seit Mitte der achtziger Jahre als ein teiloppositioneller Sozialwissenschaftler, der, zuletzt als Rektor der Filmhochschule in Potsdam-Babelsberg auch anderen Platz für abweichendes Nachdenken gab. Im Landtag Vorsitzender des Untersuchungsausschusses, der das Verhalten des Brandenburgischen Ministerpräsidenten Manfred Stolpe in der DDR offenlegen soll, gilt er mittlerweile als hinreichend politikkundig und parlamentserfahren.

Die Partei im Osten zusammenzuhalten, im Westen zu etablieren und für ganz Deutschland eine "glaubwürdige Alternative" zu formulieren, die ein "Zusammengehen mit Gewerkschaften, sozialen Bewegungen, den Komitees für Gerechtigkeit und anderen"[28] möglich macht - das wird der PDS unter Bisky sicher nicht leichter werden, selbst wenn ihm Gysi künftig einen Großteil der Westarbeit abnehmen wird. Zuversichtlich sind bisher offenbar vor allem die "jungen GenossInnen". Sie feierten seine Wahl mit dem Gesang des Florian Geyer-Liedes in der Text-Variante: "Wir sind des Biskys roter Haufen".

Literatur

Ammer, T. (1990). Von der SED zur PDS - was bleibt? In Die DDR auf dem Weg zur deutschen Einheit. Probleme,Perspektiven, offene Fragen. Köln (XXIII. Tagung zum Stand der DDR-Forschung in der Bundesrepublik Deutschland, 5. bis 8. Juni 1990, S. 103 ff.).

Andert, R. & Herzberg, W. (1990). Der Sturz. Erich Honecker im Kreuzverhör. Berlin/Weimar.

Behrend, M. & Meier, H. (Hrsg.) (1991). Der schwere Weg der Erneuerung. Von der SED zur PDS. Eine Dokumentation. Berlin.

Berg, F. (1988). Einige Bemerkungen zur Demokratie- und Menschenrechtsfrage in der Auseinandersetzung der Systeme. Informationsbulletin Wissenschaftlicher Sozialismus, 14, 60 ff.

Bortfeldt, H. (1990). Von der SED zur PDS - Aufbruch zu neuen Ufern? Sommer/Herbst 1989 - 18. März 1990. Berlin.

Bortfeldt, H. (1991a). Die PDS und ihr Zweiter Parteitag. Deutschland Archiv, 24, 268-273.

Bortfeldt, H. (1991b). Die SED. Ihr eigener Totengräber? Deutschland Archiv, 24, 733-736.

Bortfeldt, H. (1992). Von der SED zur PDS. Wandlung zur Demokratie? Bonn/Berlin.

Falkner, T. (1991). Von der SED zur PDS. Weitere Gedanken eines Beteiligten. Deutschland Archiv, 24, 30-51

Gysi, G. (1993). Sozialistische Ziele. Alternative Politik. Solidarisches Miteinander. Referat auf dem 3. Parteitag am 30. Januar 1993 (in der Fassung des PDS-Pressedienstes).

Gysi, G. & Falkner, T. (1991). Sturm aufs Große Haus. Der Untergang der SED. Berlin.

Hager, K. (1987). Friedenssicherung und ideologischer Streit. Neues Deutschland, 28.10.

Heuer, U.-J. & Schönefeld, R. (1985). Aktuelle Probleme der Entfaltung der sozialistischen Demokratie als Hauptentwicklungsrichtung der Staatsmacht in sozialistischen Ländern Europas. Informationsbulletin Wissenschaftlicher Kommunismus, 11, 4 ff.

Institut für Sozialdatenanalyse (Hrsg.) (1991). Mitgliederbefragung der PDS 1991. Strukturen, politische Aktivitäten und Motivationen in der PDS. Forschungsbericht. Berlin.

Kirschey, P. (1990). Wandlitz/Waldsiedlung - die geschlossene Gesellschaft. Versuch einer Reportage. Gespräche. Berlin.

Klein, D. (1988). Chancen für einen friedensfähigen Kapitalismus. Berlin (Ost).

Krenz, E. (1990). Wenn Mauern fallen. Die Friedliche Revolution: Vorgeschichte - Ablauf - Auswirkungen. Wien.

Kuppe, J. L. (1990). Der Außerordentliche Parteitag der SED. Deutschland Archiv, 23, 52-58.

Mitter, A. & Wolle, S. (Hrsg.) (1990). Ich liebe euch doch alle. Befehle und Lageberichte des MfS. Januar-November 1989 (3.Aufl.). Berlin.

Moreau, P. (1992). PDS. Anatomie einer postkommunistischen Partei. Bonn/Berlin.

Neue Chronik DDR (1990). Berichte, Fotos, Dokumente. 4./5. Folge, 23. Dezember 1989 - 18. März 1990. Berlin.

Niemann, H. (1991). Eine Episode aus der Endphase der SED. Deutschland Archiv, 24, 848-849.

Parteivorstand der PDS (Hrsg.) (1991). Wer ist das, die PDS? Berlin.

PDS (Hrsg.) (1990). Dokumente, Standpunkte, Materialien. Auswahl Januar bis Mai 1990. Berlin.

PDS (Hrsg.) (1991). 2. Parteitag, 1. Tagung, Berlin, 26./27.Januar. Berlin.

PDS (Hrsg.) (o.J.). Eine neue Partei? Erneuerungskonferenz der PDS. Berlin 8./9. September 1990. Berlin.

Przybylski, P. (Hrsg.) (1991). Tatort Politbüro. Die Akte Honecker. Berlin.

Schabowski, G. (1991). Der Absturz. Berlin.

Spittmann, I. (1992). Die Verantwortung läßt sich nicht teilen. Deutschland Archiv, 25, 785-787.

Staritz, D. (1989). Unstrittig ist die Wende, strittig, wohin sie führen soll. Frankfurter Rundschau, 1.12., 26-27.

Welzel, C. (1992). Von der SED zur PDS. Eine doktringebundene Staatspartei auf dem Weg zu einer politischen Partei im Konkurrenzsystem? Mai 1989 bis April 1990. Bern/New York/Paris.

Wittich, D. (1990). Zur sozialen Zusammensetzung der PDS 1989. Was und Wie, 2. Juliheft.

Wittich, D. & Fischer, E. (1990). Von der SED zur PDS -sozialstrukturelle Veränderung. Manuskript, Berlin.

ZK der SED (Hrsg.) (1988). Informationen 1988/4, Nr. 245: Zum einheitlichen und geschlossenen Handeln der Mitglieder und Kandidaten der SED. O.O.

Anmerkungen

1 So hieß es in einem MfS-Bericht vom August 1985: Arbeiter, Angestellte und Angehörige der Intelligenz äußerten sich "wiederholt... dahingehend, die vom Genossen
Gorbatschow gezeigte Konsequenz bei der Aufdeckung und Beseitigung von Män-
geln/Mißständen würde auch in der DDR notwendig sein, zumal sich die Probleme in
der UdSSR und der DDR nach ihrer Auffassung einander ähnelten". Zit. nach: Zentrale Auswertungs- und Informationsgruppe: Hinweise über einige aktuelle Gesichtspunkte der Reaktion der Bevölkerung der DDR vom 8. August 1985, Bl. 2, in: Der
Bundesbeauftragte für die Unterlagen des Staatssicherheitsdienstes der ehemaligen
Deutschen Demokratischen Republik, Zentralarchiv Berlin (künftig: BStU, ZA),
ZAIG 5158.

2 Zur Sozialstruktur der SED-Mitgliedschaft Ende 1989 vgl. den Beitrag von Wittich in
diesem Band.

3 Über die politischen und mentalen Befindlichkeiten der zu dieser Gruppe gerechneten
Mitglieder sind bislang nur Mutmaßungen möglich. Sicher waren sie vielfältiger, als
es die von uns gewählte Charakterisierung nahelegt. Diese zielt auf die Dominante ihrer Parteibindung.

4 Daß die Parteiführung diese Meldungen auch deshalb unterschätzte, weil sie ihr wie
Berichte aus der per definitionem lügenhaften "Westpresse" klangen, ist in den
Honecker-Interviews nachzulesen. Vgl. Andert und Herzberg 1990: 312.

5 Vgl. Dienstbesprechung beim Minister für Staatssicherheit am 31.8.1988 (Teilnehmer
waren neben Erich Mielke die Bezirkschefs des MfS), in: Mitter und Wolle 1990:
130. Generell hat es den Anschein, als habe der Sicherheitsapparat die Lage im
Lande ab 1987 annähernd realistisch wahrgenommen. Diesen Eindruck vermitteln jedenfalls die Stimmungs- und Lageberichte, in denen von nun an zum einen stärker
vor der Kritik der Parteiloyalen etwa am SPD/SED-Papier (Abweichen von marxistisch-leninistischen Grundpositionen, Verzicht auf Feindbilder) gewarnt wird (vgl.
Zentrale Auswertungs- und Informationsgruppe: "Hinweise über beachtenswerte
Aspekte aus der Reaktion der Bevölkerung auf das von der SED und SPD gemeinsam
erarbeitete Dokument 'Der Streit der Ideologien und die gemeinsame Sicherheit'"
vom 24.9.1987, in: BStU, ZA, ZAIG 4230). Zum anderen wurde seither detailliert
darüber berichtet, daß die Mitglieder der Blockparteien ebenso wie die Normalbürger
immer intensiver und zum Teil aggressiver auf die Widersprüche reagieren, die sich
insbesondere zwischen der realen sozio-ökonomischen Situation und der Propaganda-
arbeit der SED auftaten. Erst im September 1989 hielt es die Stasi allerdings für angemessen, die Parteiführung darüber ins Bild zu setzen, daß nun auch die Folgebe-
reitschaft der SED-Mitglieder ernsthaft zu bröckeln begann. Vgl. etwa "Einige bedeutsame Aspekte der Reaktion unter Mitgliedern befreundeter Parteien", Mitteilung
vom September 1988, in: BStU, ZA, ZAIG 4242; "Hinweise über einige beachtenswerte Entwicklungstendenzen in der Reaktion der Bevölkerung auf innenpolitische
Fragen" vom November 1988, in: BStU, ZA, ZAIG 4158; "Hinweise auf beachtenswerte Reaktionen von Mitgliedern und Funktionären der SED zu einigen aktuellen
Aspekten der Lage in der DDR und vom innerparteilichen Leben" vom 11.9.1989,
in: BStU, ZA, MfS 5745.

6 Zit. nach: Heuer und Schönefeld 1985: 6.

7 Vgl. Bortfeld 1992, Welzel 1992 und Moreau 1992.

8 Für 1990 und 1991 vgl. den Bericht des PDS-Schatzmeisters, in: Neues Deutschland
v. 25. Juni 1991, für Anfang 1993 siehe: Gysi 1993: 18.

9 Zit. nach: Neues Deutschland v. 9./10. Dezember 1989. Vgl. zur Diskussion um die
Auflösung und die von einigen gewünschte "Diversifizierung" der SED auch den Bericht eines engagierten Delegierten: Falkner 1991: 30 ff.; s.a. Gysi und Falkner
1990.

10 Zit. nach: Neues Deutschland v. 9./10. Dezember 1989.

11 Zumeist aber ist mit ihr die Aufforderung verbunden, die PDS aufzulösen, und stets
wird eine Bündnispartnerschaft ausgeschlossen. Vgl. Offener Brief des Arbeitsaus-

schusses des Neuen Forum, in: Wohin geht die PDS?, Beilage zu Neues Deutschland v. 3.6.1991.

12 Bislang sind offenbar nur wenige ehemalige SED-Mitglieder zur SPD gegangen bzw. von ihr aufgenommen worden, was Gysi auf dem 3. PDS-Parteitag polemisch auf die Politik der Sozialdemokratie zurückführte, im übrigen aber das SPD-Werben verspottete: "Sollte es der SPD doch gelingen, viele ehemalige SED-Mitglieder zu gewinnen, und sollte sie eines Tages mehr ... haben als wir, ... dann werden wir feierlich und urkundlich unseren Beinamen 'SED-Nachfolge-Partei' an sie abtreten" (Gysi 1993: 19).

13 Im Juni 1992 wurde ein gemeinsamer Entwurf von Parteivorstand, Parteirat und Grundsatzkommission vorgelegt. Vgl. PDS-Pressedienst 23/92 vom 5.6.1992, S. 5 ff. Dieser wurde nochmals überarbeitet. Die letzte Fassung veröffentlichte Neues Deutschland am 28.12.1992.

14 Zit nach: Neues Deutschland v. 18. Dezember 1989.

15 Im Wahlprogramm vom Februar 1990 hieß es dazu: "Die Bundesrepublik kann ihr gegenwärtiges politisches und parlamentarisches System der DDR nicht einfach aufzwingen. Starke Militär-Industrie-Komplexe, ein Leben auf Kosten der Völker in Entwicklungsländern, soziale Ausgrenzung beachtlicher Bevölkerungsteile, Arbeitslosigkeit, Zurückweichen vor Rechtsradikalismus, Nationalismus und nationale Intoleranz, Nichtanerkennung der Oder und Neiße als Polens Westgrenze sind der Einheit der deutschen Nation, dem friedlichen Zusammenleben mit den Nachbarn in einem gemeinsamen Haus Europa abträglich." (Zit. nach PDS 1990: 20).

16 Zit. nach: Statut der SED-PDS, in: Neues Deutschland v. 19. Dezember 1989.

17 Zit. nach: Statut der Partei des Demokratischen Sozialismus (PDS), in: Wohin geht die PDS?, Beilage zu Neues Deutschland v. 3.6.1991.

18 Zit. nach: Programm-Entwurf, in: Neues Deutschland v. 14. Februar 1990.

19 So wurde am Rande des 3. Parteitages im Januar 1992 berichtet. Im Juni 1991 war Hans Modrow von "600 bis 800 Mitgliedern im Westen" ausgegangen (vgl. Berliner Zeitung v. 11. Juni 1991), und parteiintern war Anfang Februar 1993 von 370-380 die Rede.

20 Vgl. Neues Deutschland v. 24.6.1991 und v. 30.11.1992. Innerparteilich wurde Ende Januar 1993 beim 3. Parteitag (29. bis 31.1.1993) von 155.924 zahlenden Mitgliedern ausgegangen. Zur Mitgliederentwicklung vgl. auch den Beitrag von Wittich in diesem Band.

21 So damals auch die Einschätzung der PDS-Vorsitzenden auf dem 2. Teil des zweiten Parteitages, vgl. Neues Deutschland v. 24. Juni 1991.

22 Zit. nach: Berliner Zeitung v. 11.Juni 1991.

23 Vgl. den Beschluß des 2. Parteitages: Zur konsequenten, offenen und öffentlichen Auseinandersetzung der PDS mit der Problematik "Staatssicherheit", in: Disput. Was und Wie?. Zeitschrift der Partei des Demokratischen Sozialismus, 1. Augustheft 1991, S. 10 ff.

24 Vgl. Beschluß des PDS-Parteivorstandes vom 26.10.1992, in: PDS-Pressedienst, Nr. 44 v. 30.10.1992, S. 1.

25 Zit. nach: Berliner Zeitung v. 11.6.1991.

26 Vgl. Frankfurter Allgemeine Sonntagszeitung v. 8.11.1992, zit. nach: PDS-Pressedienst Nr. 46 v. 13.11.1992, S. 12 f.

27 Vgl. den Brief Gregor Gysis an die Mitglieder des Bundesvorstandes und des Bundesparteirates der PDS, in: PDS-Pressedienst, Nr. 49 v. 4.12.1992, S. 2 ff.

28 Zit. nach: Die politische Entwicklung der BRD, die Politik und der Platz der PDS in den Auseinandersetzungen bis 1994. Beschluß des Parteivorstandes vom 30.11.1992, in: PDS-Pressedienst, Nr. 49 v. 4.12.1992, S. 6 ff. Die Kernsätze dieses Beschlusses wurden dem letzten Parteitag (1993) zur Bestätigung vorgelegt und von ihm verabschiedet.

III.

Innerparteiliche Aspekte

Bärbel Möller

Parteien im lokalen Raum: Empirische Befunde aus Jena und Frankfurt (Oder)

1. Einleitung

Die Untersuchung der Umbruchprozesse von Parteien und politischen Bewegungen in lokalen Räumen im Rahmen des ostdeutschen Transformationsprozesses der politischen Institutionen erbringt interessante Befunde, die auf eine noch länger währende Zeit der Umbildungen und Wandlungen schließen lassen. Die Wandlungsprozesse werden dabei von den konkreten sozio-politischen Rahmenbedingungen, lokalen Ressourcen und Prädispositionen der Mitglieder und Führungskräfte der politischen Organisationen beeinflußt.

Den hier darzustellenden Ergebnissen liegen zwei empirische Untersuchungen in den Stadträumen Jena und Frankfurt (Oder) zugrunde (Kreikenbom, Schaarschmidt und Weigel 1992; Möller 1992). Anliegen dieser Analysen war es, in den genannten Städten zu erfassen, welche politischen Parteien und Bewegungen sich seit dem Umbruch in der DDR und der Vereinigung Deutschlands bilden konnten, welche Organisationsstrukturen aufgebaut wurden, welche Zusammenschlüsse oder Auflösungen zu verzeichnen waren und ob ein personeller Austausch der Funktionsträger stattgefunden hat. In beiden Untersuchungen wurde die quantitative Erhebung wichtiger Strukturdaten des Organisationsaufbaus, der Mitgliederbewegung, der Vorstände sowie der Ausdehnung der Organisationen im Untersuchungsraum mit Leitfadeninterviews kombiniert, die die internen Wandlungsprozesse der Parteien und Bewegungen ausloten sollten.

Zu überprüfen war die Hypothese, ob mit den Transformationsprozessen auf der nationalen Ebene, die sich u.a. als Fusionen der großen und etablierten Parteien darstellen, und dem bereits nach den Volkskammerwahlen einsetzenden Bedeutungsverlust der neuen Parteien und Bewegungen die Transformation des Parteiensystems bereits abgeschlossen und eine weitgehende ,Anpassung an das in den alten Bundesländern existierende Parteiensystem vollzogen ist.

Die ausgewählten Städte weisen sowohl Übereinstimmungen als auch Unterschiede in ihren Kontextbedingungen auf.

Jena mit ca. 100.000 Einwohnern und Frankfurt (Oder) mit ca. 86.000 Einwohnern blicken auf eine etwa 750jährige Geschichte zurück und stehen beide in der Tradition einer Universitätsstadt. Die Universitätsentwicklung brach jedoch in Frankfurt (Oder) 1811 mit der Gründung der Berliner Universität ab und wurde erst nach der Wende mit der Gründung einer Europa-Universität Viadrina wieder aufgenommen.

Die Lage der beiden Städte zeigt die Spannbreite Ost - West auf. Frankfurt ist am östlichen Rand mit direktem Kontakt über die Oderbrücke nach Polen gelegen, während Jena durch seine südwestliche Lage immer in einem engeren räumlichen Bezug zu den an Thüringen angrenzenden Bundesländern stand. Dies hatte entsprechende Folgen auch für die neuen Kontakte und Verbindungen nach dem Umbruch in der DDR.

Beide Städte sind in ähnlicher Weise von monostruktureller sozialistischer Großindustrieentwicklung geprägt, wenngleich sie einen unterschiedlichen traditionellen Hintergrund in der wirtschaftlichen Entwicklung haben. In Jena hatten die ehemaligen Großbetriebe der Carl Zeiss Werke maßgeblichen Einfluß auf die Stadtentwicklung. Im damaligen "Zeiss-Kombinat" waren 1989 32.000 Menschen beschäftigt. Zwei Drittel der Zeissianer waren Einwohner der Stadt. Die große Zahl von hochqualifizierten Arbeitskräften in Jena ist neben den an Universität und Akademieinstituten Beschäftigten auch auf die weit verbreitete Arbeit bei "Zeiss" und das ausgebildete ingenieur-technische Potential zurückzuführen.

Seit 1985 war die Einwohnerzahl jedoch stark rückläufig. Zunächst waren es die wachsende soziale Unzufriedenheit und die zunehmenden politischen Spannungen, die scheinbar unbemerkt die Krise der Gesellschaft in ihr letztes Stadium begleiteten. Anzeichen dafür war eine damals geheimgehaltene Migrationsbewegung in Richtung Bundesrepublik. Es wanderten aus 1985 - 733 Bürger, 1986 - 668 Bürger, 1987 - 456 Bürger, 1988 - 556 Bürger, 1989 - 2789 Bürger und 1990 waren es 3771 Bürger. Mit der Zuspitzung der wirtschaftlichen Lage 1990, bedingt durch die Einbrüche der Großunternehmen, die sich unter den seit der Wirtschafts- und Währungsunion herrschenden marktwirtschaftlichen Bedingungen nicht als konkurrenzfähig erwiesen, verstärkte sich der Migrationsstrom weiter.

Frankfurt (Oder) vollzieht einen sozialstrukturellen Wandel von einer Beamtenstadt, in der sämtliche Verwaltungs- und Sicherheitsbehörden des ehemaligen Bezirkes und Kreises angesiedelt waren, mit einem hohen Beschäftigungsgrad in Industrie und Handel, hin zu einer in ihren Entwicklungsrichtungen noch offenen, wirtschaftlich und sozialstrukturell noch nicht bestimmbaren Stadt. Ähnlich wie Jena war die Stadt durch einen sozialistischen Großbetrieb der Mikroelektronik, dem Halbleiterwerk Frankfurt (Oder) mit 8.000 Beschäftigten, dominiert. Die hier, wie auch in Jena, relativ privilegierte Arbeitnehmerschicht hatte dennoch keine so gravierenden Schwierigkeiten, wie sie in Leipzig, Dresden oder anderen Städten der DDR anzutreffen waren. In beiden Städten vollzogen die Bürger erst relativ spät die politische Wende.

Heute sind beide Städte eingebettet in die sich stark unterscheidenden politischen Strukturen des CDU-regierten Landes Thüringen und des SPD-dominierten Landes Brandenburg. Die kommunalen politischen Mehrheitsverhältnisse weisen ebenfalls beträchtliche Unterschiede auf.

Nach den Kommunalwahlen vom Mai 1990 wurde in Jena eine große Koalition gebildet, die außer der DSU und PDS alle anderen Parteien und

Bewegungen umfaßte. In Frankfurt schlossen sich nach der Wahl SPD, CDU und Neues Forum zu einer Koalition zusammen, um ein Gegengewicht zur PDS herzustellen. Die Koalition besteht seit Sommer 1992 nicht mehr.

Zwei Prozesse dominierten die Umbruchphase der politischen Strukturen von 1989 bis zur Kommunalwahl im Mai 1990: zum einen die Machtverluste, Auseinandersetzungen, Umgestaltungen und Metamorphosen der alten DDR-Parteien SED, CDU, LDPD, NDPD und DBD, zum anderen die Herausbildung neuer politischer Parteien und Bewegungen und ihre Formierung zu wählbaren politischen Größen. Damit begann die Transformation der monolithisch ausgerichteten und strukturierten DDR-Gesellschaft in neue pluralistische politische Organisationsformen, als dessen Ergebnis ein neues Parteiensystem entstand. Das mit dem Zusammenbruch der SED-Herrschaft eintretende Machtvakuum eröffnete einen gestaltungsoffenen Raum für unterschiedlichste politische Kräfte. Der Aufbruch in demokratische Verhältnisse mit Artikulationsmöglichkeiten der vielfältigen Interessenlagen war Ausdruck der durch Gleichschaltung nicht zu unterdrückenden, unterschwellig doch vorhandenen sozialen Differenzierung in der DDR, die sich in unterschiedlichen politischen und organisatorischen Formen Bahn brach.

Die DDR-Altparteien verloren u.a. die bisherigen materiellen Voraussetzungen ihrer Tätigkeit. Das betrifft ihre regelmäßige Finanzierung durch den Staat, den Besitz von Gebäuden und Räumen in der Stadt, eigene Zeitungen, technische Ausstattungen einschließlich Fuhrpark und den beträchtlichen hauptamtlichen Apparat in einer Bezirksstadt wie Frankfurt (Oder). In der Folge trat eine Erosion der bisherigen Organisationsstrukturen ein, Mitglieder verließen in beachtlichen Größenordnungen die Parteien.

Die Altparteien waren zunächst damit beschäftigt, neue und unbelastete Mitglieder in die Vorstände zu wählen sowie sich auf die veränderten Bedingungen kleinerer Organisation, des Wegfalls ganzer Gruppen an der Basis, wesentlich geringerer Finanzen und des Ausbleibens zentraler Anweisungen der Parteigremien einzustellen.

Die Genese neuer Parteien und politischer Bewegungen weist in beiden Städten Besonderheiten auf. Während sich in Jena einige Gruppierungen vor der Wende gebildet hatten - Ökologiegruppen, Jenaer Arbeitskreis Wahlen, Bildungsgruppen, Hauskreise - organisierten sich in Frankfurt keine Friedens- oder Menschenrechtsgruppen. Der Aufruf des Neuen Forum wirkte in beiden Städten als Signal von außen. In Jena wurde diskutiert, ob man sich nicht der sozialdemokratischen Initiative zur Gründung einer Partei anschließen solle. Ein Teil der Gründungsmitglieder des Neuen Forum in Frankfurt (Oder) gründete später im Ort die SDP. In beiden Städten blieb zunächst das Neue Forum die einzige organisierte Form der Bürgerbewegung. Später gründete sich der Unabhängige Frauenverband, der auch zur Kommunalwahl antrat.

Bis zu den Kommunalwahlen erreichte das jeweilige Parteienspektrum in den beiden Kommunen seine größte Ausdifferenzierung, danach begannen bereits Auflösungs- und Konzentrationsprozesse.

Zu den Neugründungen in Jena gehörten u.a. die SDP später SPD, die DSU, der Demokratische Aufbruch, die Grüne Partei und die in Jena gegründete Ost-F.D.P. (die Partei trat zu den Kommunalwahlen getrennt vom Bund Freier Demokraten an).

Ein Vergleich mit Frankfurt (Oder) zeigt, daß im Thüringer Raum und Jena im besonderen stärkere liberale Traditionen vorhanden waren und "überdauerten".

In Frankfurt gründeten sich ebenfalls als neue Parteien die SDP, die Grüne Partei, der Demokratische Aufbruch und die DSU. Die beiden letzteren hatten jedoch wesentlich weniger Mitglieder als in Jena und lösten sich bereits nach den Kommunalwahlen wieder auf. Nur wenige ihrer Mitglieder traten in die CDU oder SPD ein, andere organisierten sich gar nicht mehr. Außerhalb des Parlaments agierte in Frankfurt eine wiedergegründete KPD.

Die vier Wahlen des Jahres 1990 hatten auf die Entwicklung der ostdeutschen Parteienlandschaft einen deutlich strukturierenden Einfluß und wirkten damit einerseits der Spontaneität und Kreativität des Umbruchs entgegen, andererseits zwangen sie jedoch die Parteien zur Organisation und Formation, zwangen dazu, Kandidaten aufzustellen und die Stellen in den Vorständen neu zu besetzen, die Eliten zu wechseln, zwangen Bürgerbewegungen zur Parteienbildung, beförderten Wahlbündnisse und Fusionen von Parteien, zwangen die alten und neuen Parteien und Bewegungen, ihre Identität zu bestimmen, politische Vorstellungen und Programmatik zu artikulieren.

Das Wahljahr 1990 war auch ein Verschleißjahr, besonders für die neugegründeten Parteien und Bewegungen, da sie nur über wenige Aktivisten und wenige ausgeformte Organisationsstrukturen und Routinen verfügten. So erhielt z.B. die neugegründete Ost-F.D.P. nur die Hälfte der Wählerstimmen bei der Kommunalwahl, verglichen mit den Altparteien LDPD und NDPD, die sich zum Bund Freier Demokraten zusammengeschlossen hatten. Dies zeigt, daß der völlige Neuaufbau nur schwierig zu bewerkstelligen war, auch bei durchaus vorhandenem Repräsentationsbedarf.

2. Organisationsstrukturen, Mitgliederbewegung und Elitenwechsel

Die Parteien unterlagen seit der Wende in den untersuchten Regionen fortwährend einem gravierenden Wandel ihrer Existenzbedingungen, in dessen Verlauf die aktive Mitgliederschaft immer mehr schwand.

2.1 Wandel in den Organisationsstrukturen

Die Altparteien der DDR - CDU, DBD, LDPD, NDPD und SED - verfügten in Jena und in einer Bezirksstadt wie Frankfurt (Oder) über feste Organisationsstrukturen - Bezirksvorstände, Kreisvorstände, Ortsgruppen und Wohngebiets-gruppen. Bei der SED überwog die Organisation in den Betriebsorganisationen, die in Betriebsparteigruppen untergliedert waren. Dies war ein Vorrecht der SED, die anderen Parteien durften sich nicht in Betrieben organisieren. Nur ein Teil der vorwiegend Älteren und Nichtberufstätigen war in Wohnparteiorganisa-tionen der SED organisiert.

Die Vorstände der Parteien, der SED im besonderen, waren zu DDR-Zeiten personell und materiell gut ausgestattet. Diese beträchtliche, staatlich verfügte Ressourcenausstattung für die Blockparteien wurde nach der Wende in der DDR eingestellt.

Die Entwicklung neuer Organisationsstrukturen der Parteien und politischen Bewegungen wurde seit 1990 von drei wesentlichen Rahmenbedingungen be-stimmt:

1. Angleichung der Strukturen und des Parteiaufbaus nach dem Vorbild der Parteien in den alten Bundesländern bei der CDU, F.D.P., SPD und den Grünen einschließlich der entsprechenden Arbeitsgruppen.
2. Anpassung an das Parteiengesetz der Bundesrepublik. Bündnis 90 und PDS haben sich gemäß dem Parteiengesetz organisiert, ihrer Basis größere Rechte gegenüber den Vorständen eingeräumt und mehr basisdemokratische Rechte in den Statuten verankert. Dieser Anpassung bedurfte es vor allem beim Neuen Forum, wenn es sich als wählbare politische Größe erhalten wollte.
3. Anpassung der Strukturgrößen und Untergliederungen an die schwindenden Mitgliederzahlen.

Tabelle 1: Organisationsstruktur der Parteien in Jena und Frankfurt (Oder)

Parteien	Jena	Frankfurt (Oder)
CDU	6 Ortsverbände	4 Ortsverbände
DSU	3 Ortsverbände	
F.D.P.	11 Ortsvereine	keine Untergliederung
Die Grünen	keine Untergliederungen	keine Untergliederung
PDS	40 Basisgruppen	70 Basisgruppen
SPD	6 Ortsvereine	4 Ortsvereine
Neues Forum	Die Arbeitsgruppen haben sich aufgelöst oder in eingetragene Vereine umgebildet	keine Untergliederung

Die unterschiedliche Anzahl der Mitglieder und die Art und Weise des Wegbrechens der alten Mitgliederbasis bestimmte die neuen Organisationsstrukturen. Während die großen Parteien noch bestimmte Untergliederungen bilden konnten, versuchten die kleinen Organisationen über Gesamtmitgliederversammlungen die Kontakte zu den Mitgliedern zu stabilisieren.

2.2 Mitgliederbewegung

Der Wandel der Mitgliederstrukturen und die Mitgliederbewegung durch Austritts- und Eintrittswellen gehört zu den interessantesten Phänomenen des Umbruchs in der ostdeutschen Parteienlandschaft. Die Mitgliederbewegung ist unmittelbar verbunden mit den Umbrüchen, Auflösungsprozessen, Metamorphosen und Neugründungen. Die Mitgliederschaft begleitet diese Prozesse mit Eintritts- und Austrittswellen. Unterschiedlich sind die Zeitverläufe, die Anlässe und die Ursachen in den einzelnen Parteien.

Wenn Albert O. Hirschman (1970) Abwanderung und Widerspruch als Reaktion auf Leistungsabfall bei Unternehmen, Organisationen und Staaten nachgewiesen hat, so trifft dies auch für die Altparteien der DDR zu. Abwanderung wird zu einer häufigen Option der Mitglieder.

Im Land Brandenburg wie auch in der Stadt Frankfurt (Oder) gehören noch 2,5% der erwachsenen Bevölkerung politischen Parteien an. Zu DDR-Zeiten waren 19% der Bürger in Parteien organisiert. Die massenhaften Austritte aus den Parteien sind jedoch nicht nur auf Parteienfrust, sondern auch auf eine überhöhte politische Organisiertheit der Bürger in der staatssozialistischen Gesellschaft zurückzuführen. Der Austritt vieler Mitglieder aus den Blockparteien liegt darin begründet, daß diese Parteien einen Funktionswandel vollzogen und ihre "Nischen-Funktion", die sie zu DDR-Zeit hatten, verloren haben.

Die Austrittswellen betrafen besonders die SED/PDS und die Blockparteien. In der SED war es der Zusammenbruch der Staatspartei, der seine Folgen bis in jede Gemeinde hatte. Ab November 1989 sanken die Mitgliederzahlen erdrutschartig. Täglich verließen in Jena 100 bis 150 Mitglieder die Partei. Nach der ersten großen Austrittswelle verblieben in den beiden Städten ca. 3000 Personen in der PDS. Eine zweite Welle der Austritte setzte mit dem hausgemachten Finanzskandal der PDS auf zentraler Ebene im November 1990 ein. Bis Mitte 1991 stabilisierte sich die Mitgliederzahl auf je ca. 1000 Mitglieder.

Die Motive der Austretenden waren sehr unterschiedlich und bedürfen weiterer analytischer Untersuchungen. Neben einer großen Zahl von Mitläufern in der Partei, die sich nicht mehr gebunden fühlten, traten Mitglieder aus, die den Erneuerungskurs basisdemokratischer Teile in der PDS nicht mittragen wollten. Anderen ging die Entwicklung zu langsam voran, und sie sahen eine Stagnation des Erneuerungprozesses in der Partei. PDS-Mitglieder stehen bis heute unter einem starken psychischen Druck. Die Art und Weise der

Vergangenheitsaufarbeitung im deutschen Vereinigungsprozeß läßt für viele Mitglieder keine Chance, berufliche Anstellung und Mitgliedschaft in der Partei zu vereinbaren.

Tabelle 2: Mitgliederentwicklung der Parteien in Jena und Frankfurt (Oder)
1989 - 1992

	Jena			Frankfurt (Oder)		
	1989	1990	1992	1989	1990	1992
PDS	20700	3000	1200	11000	1640	1050
FDP	1200	750	440	400	**430	114
CDU	387	350	285	320	250	237
SPD	120	240	160	*15	187	132
NF	120	200	57	*50	100	60
DS	50	150	70	42	***	
Grüne	18	50	20	*18	17	9
DA	275	****		16	***	

*	Gründungsmitglieder. Die Grünen entstanden im März 1990, die DSU im April 1990.
**	Nach der Fusion mit der NDPD (ca. 400 Mitglieder) reduzierte sich die Mitgliederzahl von vormals 800 um die Hälfte auf ca. 430.
***	Aufgelöst.
****	Übergang in die CDU.

Die Blockparteien verloren ihre Mitglieder in der Auseinandersetzungsphase um die weitere Richtung der politischen Profilierung in den Parteien und durch den Verlust ihrer "Nischen-Funktion". Die Liberalen verzeichneten nach der PDS die stärksten Mitgliederverluste. Nachdem die LDPD während der Wendezeit noch Zulauf verzeichnen konnte, nahmen die Austritte 1990 erheblich zu. Gründe für zwei Austrittswellen lagen in den Fusionen mitbegründet, die die Parteien vollzogen, und im Auseinandersetzungsprozeß um die Erneuerung der Liberalen. Im Zuge der Strategiediskussion der Liberalen und mit Zunahme der marktwirtschaftlich geprägten Konturen verließen prosozialistisch orientierte, teilweise junge Parteimitglieder in Jena die Partei. Ein kleiner Teil erneuerungswilliger Kräfte gründete im Januar 1990 die neue Ost-F.D.P. Sie umfaßte in Jena rund 100 Mitglieder. Zu den Austrittswilligen gehörten zum Teil auch jene, die erst während der Wendezeit parteipolitisch aktiv wurden, aber ihre Aktivität nur auf diesen Zeitabschnitt beschränkten und danach eher ihre beruflichen Perspektiven sichern wollten. Sie verließen die Partei wieder. Berufsbedingte Belastungen sind bis heute Austrittsmotive in allen Parteien.

Ein weiterer Teil der Mitglieder, der vor allem die "Nischen-Funktion" der Partei gesucht hatte, trat aus. Vor allem Lehrer werden hier genannt, die vor der Wende von den Werbeaktionen der SED und ihrer ideologischen Beeinflussung verschont bleiben wollten.

In beiden Städten bildete die Fusion mit der NDPD einen weiteren Grund für eine größere Austrittswelle. Die Fusion entwickelte eine solche Eigendynamik, daß die Mitgliederschaft beider Parteien am Ende halbiert war. Auch die Wähler verhielten sich entsprechend. Die Liberalen erreichten zu den Kommunalwahlen in Frankfurt ihren Tiefpunkt mit 3% der Stimmen. Die von den zentralen Führungen beschlossene Fusion rief eine deutliche Abgrenzung der Basis gegenüber den hauptamtlichen Funktionsträgern beider Parteien hervor. Es wirkten gegenseitige Antipathien, die aus den Rollen der beiden Parteien in der DDR resultierten. So sahen die LDPD-Mitglieder in der NDPD eine Partei, die in ihrer Programmatik schwer deutbar, besonders systemtreu und mit der SED eng verbunden gewirkt habe. Diese machtkalkulatorische Absicht hätte die LDPD dagegen nie gehabt. Hier wirkte das von der SED bewußt betriebene Schüren von Zwistigkeiten zwischen den Blockparteien und die Bevorzugung bzw. Zurücksetzung von Partnern (u.a. mit Hilfe von Zuwendungen) nach.

Auch die von oben vollzogene Fusion mit der F.D.P. West führte zu einer Reihe von Austritten, da die Mitgliederschaft das gerade errungene Gefühl der Mitbestimmung von der Basis aus erneut verletzt sah.

Undramatischer gestalteten sich die Mitgliederbewegungen in der CDU. Die Partei, schon zur DDR-Zeit zentralistisch, straff organisiert, mit einer disziplinierten Mitgliedschaft, vollzog einen eher lautlosen Wechsel auf die Seite der Sieger der deutschen Einheit. Nachdem sich der Richtungsstreit zwischen reformorientierten Mitgliedern und solchen, die stärker die deutsche Einheit und eine Anpassung an die CDU West favorisierten, entschieden hatte, traten Mitglieder mit christlich-sozialistischen Motiven aus der CDU aus. Durch Neueintritte konnte dies fast ausgeglichen werden, so daß die CDU in beiden Städten geringe Mitgliederverluste in der Bilanz aufweist. Ein Mitgliederzuwachs ergab sich auch aus dem Beitritt des Demokratischen Aufbruch. In ganz Thüringen vollzogen jedoch nur etwa 100 Mitglieder des Demokratischen Aufbruch den Übergang zur CDU, andere traten in die SPD ein. In Frankfurt traten nur 3-4 Mitglieder der ehemaligen DSU in die CDU ein. Daten aus dem Beitritt der Demokratischen Bauernpartei Deutschlands zur CDU konnten nicht recherchiert werden.

Die Deutsche Soziale Union in Jena kann auf eine wechselvolle Mitgliederbewegung zurückblicken. Ihr Konkurrenzverhältnis zur CDU schuf eine Reihe von Problemen für beide Parteien. Die DSU erhielt in ihrer Gründungszeit einen großen Zuspruch bei den Jenensern. Bis zu 250 Personen interessierten sich im Februar/März 1990 für die Organisation. Diese Euphorie war nach der Volkskammerwahl schnell vorbei. Die Wahlniederlagen in den Kommunal-, Landtags- und Bundestagswahlen sowie Flügelkämpfe im Landesverband ließen die Mitgliederzahlen schnell wieder sinken. Die Partei konnte ihre Schwäche 1992 je-

doch überwinden und 1992 als einzige Partei leichte Mitgliederzuwächse verzeichnen. Dies gelang unter anderem durch ihre eindeutige Stellungnahme gegen
die Einrichtung Thüringer Landesaufnahmelager für Asylbewerber in Jena-Nord.

Die SPD konnte in beiden Städten als neugegründete Partei zunächst ein steti-
ges Wachstum verzeichnen. Sie erhielt einen Mitgliederzustrom, der bis Sommer
1990 sein Maximum erreichte. Nachlassendes Interesse der Bürger an einer Mitgliedschaft in den Parteien sowie ein allgemein sinkendes Vertrauen in die Politik
der etablierten Parteien werden für die nachfolgenden Mitgliederverluste von den
befragten Parteieliten verantwortlich gemacht. Auch für die SPD-Mitglieder gelten Schwierigkeiten, berufliche Tätigkeit und Engagement für die Partei zu vereinbaren. Auch wirken Berührungsängste der Ostdeutschen mit einer Parteimitgliedschaft nach. Nach der Bundestagswahl im Dezember 1990 traten in Frankfurt, frustriert durch den Ausgang der Wahl, 50-60 SPD-Mitglieder wieder aus.
Für beide Städte wird 1992/93 eine Stagnation mit leichtem Abwärtstrend in der
Mitgliederbewegung festgestellt.

Die Grünen, zunächst gegründet als Grüne Partei, fanden bei den Bürgern in
beiden Städten eine eher verhaltene Aufnahme. Der Zulauf hielt etwa bis Mitte
des Jahres 1990 an, seitdem ist die Bewegung rückläufig und stagniert seit 1991.
Es waren besonders junge Bürger, darunter Schüler der oberen Klassen und eine
größere Zahl Frauen, die Projekte und Wahlkampf der Grünen unterstützten.
Dieses junge Potential ist mit der Zeit verlorengegangen durch Lehre, Studium,
Ortswechsel, Familiengründung oder Mitarbeit bei Greenpeace. Als weitere
Gründe wurden benannt: Parteienverdrossenheit, Lustlosigkeit und Frust produ-
zierende Überlastung der wenigen noch Aktiven durch die basisdemokratische
und parlamentarische Arbeit, die Abschreckung durch den immensen bürokrati-
schen Aufwand, der für Entscheidungen notwendig ist, und die teilweise zu spü-
rende Machtlosigkeit bei der Durchsetzung umweltbewußten Denkens. Trotz
großer Aktivität der Grünen Fraktion im Frankfurter Stadtparlament (hohe An-
tragshäufigkeit) und Ausstrahlung in der Öffentlichkeit, läßt sich keine Veränderung in der Mitgliederbewegung absehen. Auch aus diesem Grunde wünschten
die Grünen in Frankfurt (Oder) die Assoziation mit dem Bündnis 90/Neues
Forum, während in Jena Grüne, Neues Forum und Bündnis 90 separiert weiter
agieren wollen.

Das Neue Forum befindet sich in beiden Städten nach seinem Aufschwung in
der Gründungsphase und einem verstärkten Zulauf bis Mitte 1990 in einem Prozeß des Abschmelzens der Interessenten, Mitglieder und Aktiven. Im langen
Streit um Bürgerbewegung oder Partei sind viele Mitglieder auf der Strecke
geblieben. Allerdings vollziehen sich die Entwicklungen in Jena und Frankfurt
unterschiedlich. In Frankfurt hat das Neue Forum im Juni 1992 den Beitritt zum
Landesverband Bündnis 90 vollzogen und sich damit für Parteiform und -ent-
wicklung entschieden. In Jena geht das Neue Forum zum Teil in die juristische
Form eingetragener Vereine über, die sich unmittelbar kommunalen Sachproblemen zuwenden. Fünf Abgeordnete des Neuen Forum im Stadtparlament haben im

Februar 1992 die Freie Liste als e.V. gegründet und sitzen jetzt als Vertreter dieses Vereins im Parlament. Nach einer Urabstimmung unter den Mitgliedern des Neuen Forum in Thüringen wurde beschlossen, nicht unter dem Namen Bündnis 90 mit anderen Bürgerbewegungen zu fusionieren.

Die Nichttransparenz der Spaltungen der Bewegung in unterschiedliche, durch die Nähe und Ferne zu parteiähnlichen Strukturen zu charakterisierende Interessengruppen für die Basis hatten einen weiteren Mitgliederverlust zur Folge. Vergleicht man die Entwicklung beider Organisationen in Jena und Frankfurt, so wird sichtbar, daß die politischen Mehrheitsverhältnisse im Land Brandenburg, die Teilhabe des Bündnis 90 an der Ampelkoalition im Landtag, die Wahl eines Vertreters von Bündnis 90 zum Oberbürgermeister von Frankfurt und die Stellung des Bündnis 90/Neues Forum im Frankfurter Stadtparlament Auswirkungen hinsichtlich einer stärkeren parteipolitischen Entwicklung der Regionalorganisation, einer gewollten Teilhabe an parlamentarischen Regierungsformen und eines pragmatischen Politikstils, der sich nicht auf Vergangenheitsaufarbeitung begrenzt, haben. Die Parteienentwicklungen in der Kommune zeigen, daß über öffentliches Ansehen in der Stadt und Einfluß auf die Kommunalpolitik nicht schlechthin die Zahl der Mitglieder in den Parteien entscheidet. Im kommunalen Bereich wirken die Parteien wie auch die Bürgerbewegungen vorwiegend über eine relativ geringe Auswahl von Personen. Die größeren und etablierten Parteien geben eine Zahl von 30, höchstens 40 Aktiven in ihren Organisationen an, die die Parteiarbeit aufrechterhalten.

Zur sozialstrukturellen Zusammensetzung der Mitgliederschaften lassen sich folgende Angaben machen: Evangelische Konfessionszugehörigkeit gaben innerhalb der CDU in Jena 52% der Mitglieder an, katholisch waren 25%, in Frankfurt beliefen sich die Anteile auf 32% bzw. 18%.

Die Bildungsabschlüsse und Berufsstruktur der Mitglieder konnten nicht vollständig recherchiert werden. Als Trendaussage kann gelten, daß in Jena der Anteil der Facharbeiter in den Parteien höher ist als in Frankfurt. Auffällig hoch ist der Anteil in der F.D.P. mit 70%. In der SPD beträgt der Anteil 33% und in der CDU 29%. Mit Hoch- und Fachschulabschlüssen sind ca. 50% der Mitglieder ausgestattet. In Frankfurt ist der Arbeiteranteil in den Parteien wesentlich geringer. Für die SPD werden hier drei Facharbeiter ausgewiesen. In der CDU sind 15%, in der F.D.P. 16%, im Bündnis 90/Neues Forum 20% der Mitglieder als Arbeiter ausgewiesen. Der Anteil der Mitglieder mit Hoch- und Fachschulabschlüssen beträgt beim Bündnis 90/Neues Forum 75%, bei den Grünen 60% und allen anderen ca. 50%. Der Frauenanteil unter den Mitgliedern beträgt bei der Mehrheit der Parteien ca. ein Drittel.

Die durch den ostdeutschen Strukturwandel bedingten Veränderungen des Gesellschaftssystems, einhergehend mit gravierenden Umbrüchen in den sozialen Lagen, der Bildung neuer Schichten besonders im Bereich der neuen Selbständigen, dem Abbau eines hohen Anteils der Industriearbeiter u.ä. haben Auswirkungen auf die soziale Zusammensetzung der Mitgliederschaft in Parteien und Bewegungen, die weiterer Untersuchungen bedürfen.

2.3 Elitenbildung und Elitenwechsel

Die Erneuerung der Blockparteien vollzog sich in erster Linie durch die Hinzuwahl neuer Mitglieder in die Kreisvorstände, durch Neuwahl und Austausch der alten Eliten durch unbelastete oder neue Mitglieder, wegen starker Überalterung auch durch jüngere Parteimitglieder. Nicht selten übernahmen neu in die Partei Eingetretene sofort Funktionen im Kreisvorstand.

In Frankfurt (Oder) haben alle Parteien, außer den Grünen, in den drei Jahren seit der Wende den dritten Vorstand gewählt. Bereits nach den Kommunalwahlen im Mai 1990 mußten neue Vorstände gewählt werden, da die Mehrheit der Vorstandsmitglieder in das Stadtparlament als Abgeordnete einzog oder entsprechende Verwaltungspositionen in der Kommune übernahm. Ein beträchtlicher Teil der neuen politischen Akteure zog sich bald wieder zurück, um berufliche Neueinstiege zu sichern.

Der Elitenwechsel unterliegt seit der Wende einer immer noch andauernden Dynamik. Seit 1992 ist jedoch eine gewisse Stabilisierung eingetreten. Bei der CDU und SPD in Frankfurt (Oder) zeichnet sich ab, daß nunmehr bei der kommenden Wahl neuer Vorstände und bei den in Brandenburg bevorstehenden Kommunalwahlen Bürger aus den alten Bundesländern Führungspositionen in den Parteien übernehmen werden. Hierin unterscheidet sich die Transformation in den Parteien von der der Gewerkschaften, da diese von Anfang an Führungskräfte in die ostdeutschen Organisationen auf kommunaler Ebene delegierten.

Zur sozialstrukturellen Zusammensetzung der Führungsgruppen ist folgendes anzumerken: Der Anteil von Frauen und Männern in den Vorständen ist nur in Frankfurt bei der SPD und PDS relativ ausgeglichen. Die PDS in Jena hat mehr Frauen als Männer im Vorstand vertreten. In allen anderen Parteien und im Neuen Forum dominieren eindeutig Männer in den Vorständen. Die Vorstände spiegeln in etwa die Altersstruktur der Mitglieder. Es überwiegen Vorstandsmitglieder mit hohen Bildungsabschlüssen.

Der Elitenwechsel ist deutlich von den jeweiligen örtlichen Gegebenheiten beeinflußt. CDU und F.D.P. in Frankfurt greifen durchaus auf bewährte Führungskräfte zurück, die aus dem jüngeren bzw. mittleren Parteinachwuchs aus der DDR-Zeit stammen. Der alte Kreisvorstand der CDU trat zu Beginn des Jahre 1990 geschlossen zurück und aus der Partei aus. Die Wahl eines Bürgers aus den alten Bundesländern, der erst in Frankfurt in die CDU eintrat, zum Kreisvorsitzenden schlug fehl. Dieser Import bewährte sich nicht, da sich der Kandidat stärker um sein eigenes Unternehmen als um den Kreisverband bemühte. In Jena währte der Elitentausch in der CDU länger. Er dauerte bis in den Herbst 1991. Ähnlich der Thüringer Landesebene bleibt die Auseinandersetzung um die personelle Erneuerung bis heute ein Thema zwischen den vom Demokratischen Aufbruch kommenden Mitgliedern und den alten Blockparteimitgliedern, wie auch zwischen der CDU und der DSU. Die DSU nimmt für sich in Anspruch, die "unbelastete Alternative" zur CDU-Ost zu sein und will sich auf diese Weise profilieren.

Der Elitenwechsel in den letzten Jahren erbrachte auch einen Wandel in der Sozialstruktur des Führungspersonals. Dieser vollzog sich besonders beim Neuen Forum und bei der SPD in beiden Städten. Während ein größerer Teil der Gründungsmitglieder in kirchlichen Einrichtungen beschäftigt und in Jena schon längere Zeit in oppositionellen Gruppen engagiert war, sind nunmehr andere Berufsgruppen - Ingenieur-, Rechtsanwalts-, Verwaltungsberufe bei der SPD Frankfurts, Ingenieure, Naturwissenschaftler und Sozialberufe beim Neuen Forum Jenas - vertreten. Es kamen stärker Mitglieder in Führungspositionen, die keine Erfahrung mit politischer Opposition oder politischer Tätigkeit hatten.

Freiberufler, Gewerbetreibende und neue Selbständige sind in den Vorständen von CDU und F.D.P. vertreten. Bei der PDS ist ein Teil der Vorstandsmitglieder arbeitslos oder auf ABM-Stellen in Sozialbereichen tätig. Auffällig ist bei der F.D.P. in Jena, daß sie trotz eines sehr hohen Anteils von Facharbeitern unter ihren Mitgliedern (70% der Mitglieder) keinen Vertreter dieser Gruppe unter den Vorstandsmitgliedern hat.

Die Bereitschaft zur Übernahme von Führungspositionen ist für viele Akteure trotz des Willens zum politischen Engagement von den konkreten Bedingungen negativ beeinflußt: Unbelastete, erst neu in die Partei eingetretene Mitglieder haben wenig Erfahrungen; die berufliche Belastung der meisten ist außerordentlich groß; das Motiv, über die Funktion eine weitere berufliche Karriere in der Politik anzustreben, ist nicht ausgeprägt; das Motiv, über die Funktion eine weitere Karriere im jetzigen Beruf zu befördern, ist nicht vorhanden; die konkreten Bedingungen der Arbeit sind ungesichert (wenig Finanzen, keine verfügbaren Räumlichkeiten); der Rückgang der aktiven Mitgliederschaft verkleinert den Kreis von potentiellen Verantwortungsträgern.

Mit Blick auf die heutigen Probleme der Parteien in ostdeutschen Kommunen sei auf Integrations- und Partizipationsprobleme in lokalen Parteiorganisationseinheiten in den alten Bundesländern verwiesen, die von Niedermayer (1989:55) analysiert worden sind. Die Schwierigkeiten, denen sich besonders kleinere Parteiorganisationen bei der Rekrutierung von Kandidaten für lokale öffentliche und innerparteiliche Ämter gegenüber sehen, weisen darauf hin, daß das Problem nicht in mangelnden Partizipationschancen und in einer partizipationsrestringierenden Strategie der Führungsgruppen besteht, sondern in der mangelnden Partizipationsbereitschaft eines Großteils der Parteimitglieder. Eine Reaktion darauf ist die lange Amtsinhabe der Funktionsträger in westdeutschen Kommunen. Für diese mangelnde oder auch nicht ausgeprägte Partizipationsbereitschaft gibt es bei den Ostdeutschen eigene Gründe und Ursachen. Die Folgen daraus können zukünftig gravierend sein, angesichts der Tatsache, daß sich Akteure, die durch die

Wendephase und Erneuerung der Parteien motiviert waren, wieder zurückziehen, und Verschleißerscheinungen an der jetzigen kommunalen Politikergeneration unübersehbar sind.

Überwiegend gelten berufliche und persönliche Gründe für ein Zurückziehen aus der Politik. Auch in den Stadtparlamenten ist der Elitenwechsel stark ausgeprägt. Von insgesamt 71 Abgeordneten der Frankfurter Stadtverordnetenversammlung waren bis Ende 1992 bereits 23 Abgeordnete wieder ausgeschieden, jeder dritte Abgeordnete ist also nicht auf direktem Wege zu seinem Mandat gekommen. In Jena wurde ebenfalls eine größere Zahl von Mandaten zurückgegeben, und es ist ein häufiger Wechsel in der Besetzung der Funktion des Fraktionsvorsitzenden zu verzeichnen.

Als Fazit bleibt festzuhalten, daß alle Parteien und politischen Bewegungen seit der Wende einen gravierenden strukturellen Wandel - bedingt durch neue innerparteiliche Organisationsformen, Mitgliederbewegung und mehrfachen Elitenwechsel - durchlaufen haben.

3. Wandel von Motivationsstruktur, Identität und Selbstverständnis

Nicht weniger gravierend als die strukturellen Veränderungen sind die Wandlungsprozesse in den politischen Motivations- und Interessenstrukturen bei Führungskräften und Mitgliedschaft, in der Identitätsbildung und im Selbstverständnis der Parteien und politischen Bewegungen.

Es entstand ein eigenartiges Gemisch aus den noch vorhandenen alten Motiven einer Mitgliedschaft in diesen Parteien, aus Reformabsichten für die DDR bei einem nicht unerheblichen Teil der Mitglieder (wie die Interviews zeigen, waren das auch Motive der neuen SPD-Mitglieder) und aus neuen Motiven, den Ansprüchen und Auffassungen der jeweiligen Partei in den alten Bundesländern zu entsprechen (besonders bei der CDU und F.D.P.).

Für die Bürgerbewegungen bleibt ein unauflösbares Spannungsfeld relevant: die direkte basisdemokratische Arbeit für den Bürger und die Partizipation an den parlamentarischen Formen der Politikgestaltung in der Kommune, der Verantwortungsübernahme und des Eingebundenseins in bestehende Entscheidungsstrukturen. Oft haben die Parteien traditionelle oder spezifische Themen der Bürgerbewegung in der Kommune aufgenommen, so daß letztere weiterhin unter Druck geraten, ihre Identität ständig neu zu bestimmen.

Das Selbstverständnis der etablierten Parteien der alten Bundesländer ist nicht das Selbstverständnis der entsprechenden Parteien in den untersuchten ostdeutschen Kommunen, weil es auf einem grundlegend unterschiedlichen Boden gewachsen ist und wächst. Zu dieser Unterschiedlichkeit gehört nicht nur die Verschiedenheit der Sozialisation der Mitglieder und Eliten unter den jeweiligen gesellschaftlichen Bedingungen und gegenseitigen Perzeptionen vor 1989. Zu dieser Unterschiedlichkeit gehören auch die Erfahrungen der gegenwärtigen politischen

Integration Ostdeutschlands, in der die Ostdeutschen aus unterschiedlichen Gründen nur begrenzt ihre Akteursrollen wahrnehmen können (Wiesenthal 1992).

Auf der kommunalen Ebene ist es für die Parteien sehr schwer, politische Identitäten auszubilden. Der damit in Zusammenhang stehende Verlust weiterer Mitglieder, eine bestimmte Abwendung der bisher Aktiven und ein kleiner werdendes Feld von Sympathisanten lassen auf Integrationsschwierigkeiten der Parteien schließen. Hierbei überschneiden sich mehrere gegenläufige Prozesse:

Erstens wirken Identitätsverluste und Nostalgie bei Mitgliedern heute noch nach - da hat die Partei nicht mehr das Ansehen in der Stadt, das sie früher hatte, da fehlen die guten materiellen, staatlich gesicherten Ressourcenausstattungen, das Gefühl politischer Heimat ist verlorengegangen, es gab eine bestimmte Übereinstimmung in der Kritik am Sozialismus in der DDR. Für viele wirkt nach, daß das Engagement im Wohngebiet auch zu sozialistischen Zeiten mehr darauf gerichtet war, dringendste Nöte zu bekämpfen, weniger politische Profilierung oder Konkurrenz zu anderen auszutragen.

Zweitens ist es ebenso schwierig, eine neue Identität auszubilden. Fragen nach früheren Kontakten zu den Parteien der alten Bundesländer, nach Orientierung an diesen und nach ihren Einflüssen auf heutiges Selbstverständnis ergaben interessante Befunde.

An der politischen Entwicklung der Bundesrepublik gab es immer ein starkes Interesse bei DDR-Bürgern und eine relativ gute Informiertheit, wenn auch durch die eigenen Medien verzerrt. Als politische Leitfiguren auch für die heutigen Akteure in den Parteien wirkten Brandt für die SPD, Genscher für die F.D.P. und selbst CDU-Vertreter betonten, bewußt solche Persönlichkeiten wie Süßmuth, Geißler und Diepgen für den Wahlkampf gewonnen zu haben, weil diese von den Frankfurtern akzeptiert wurden. Wenn hier Ansatzpunkte für Identitätsbildung lagen, so sind diese bereits heute wieder weggebrochen, und eine Identifikation mit der neuen Politikergeneration in den Bundesvorständen bedarf einer längeren Wegstrecke, wenn sie denn überhaupt gelingt. Zudem gelten sie als Manager der deutschen Einheit, die bisher versagt haben.

Je nachdem, welche Kriterien man anlegt, können Differenzierungen im Frankfurter Raum ausgemacht werden. Eine mögliche Darstellung sei hier angerissen: CDU- und F.D.P.-Eliten (mit Einschränkungen) orientieren sich eher an den westlichen Vorbildern, wollen jedoch der Spezifik der Problemlagen in Ostdeutschland mit einer eigenständigen Kommunalpolitik gerecht werden. Die SPD ist auf der Suche nach einer Synthese von der Vermittlung aktueller, spezifisch ostdeutscher Interessen und Anpassung an das westliche Vorbild. Nach Aussagen der kommunalen Führungskräfte in der Partei könne man konträr zu den alten Bundesländern keine Politik machen. Es gäbe nur geringe Chancen, aus dem Osten in die Parteiorganisationen im Westen hineinzuwirken. Es gäbe andere Wählerinteressen im Osten und im Westen. Eine Neuverteilung auch der eigenen Parteifinanzen zum eigentlichen Aufbau der Partei im Osten sei nicht im Interesse der SPD-Mitglieder im Westen.

Bündnis 90/NF, PDS und auch Die Grünen, obwohl zusammengeschlossen, wirken selbständiger ohne den Partner in den alten Ländern. Sie setzen auf eine Politik der Bürgernähe, Transparenz und Bürgerbeteiligung, befürworten außerparlamentarische Aktionen, um die Interessen der Frankfurter zur Geltung zu bringen. Hierbei relativ hilflos auf die Spontaneität der Bürger bauend, werden sie permanent durch den Rückgang der Aktivität und das zunehmende politische Desinteresse der Bürger enttäuscht. Antizipatorische Interessenvermittlung als Gegenmittel dafür zu beherrschen, erfordert jedoch einen längeren Entwicklungsprozeß, der noch nicht in Gang gekommen ist.

Für die Jenaer Parteienentwicklung in der CDU und F.D.P., aber auch in der SPD, scheint eher zu gelten, daß der Motivwechsel in den Auseinandersetzungen um eine Reformierung der DDR auf der einen Seite und dem Bekenntnis zur deutschen Einheit, zur Marktwirtschaft und zur Übernahme der westdeutschen Strukturen und Identitäten auf der anderen Seite vollzogen wurde. Auch hält die Auseinandersetzung um die Bewertung der Vergangenheit zwischen den ehemaligen Blockparteimitgliedern und neu in die Parteien eingetretenen Mitgliedern noch an und hat einen größeren Stellenwert auch in der Öffentlichkeit, als dies in Frankfurt (Oder) zu beobachten war.

Die CDU in Jena, wie auch auf der Landesebene, bietet ein heterogenes Erscheinungsbild, das sich in Flügelkämpfen zwischen Mitgliedern, die ihre Mitgliedschaft in der DDR-CDU rechtfertigen, und sich als unbelastet bezeichnenden ehemalige Mitgliedern des Demokratischen Aufbruch ausdrückt. Dazu kommt eine Gruppe neuer Mitglieder, die ihren jetzigen Eintritt in die Partei wiederum mit anderen Motiven und Ambitionen begründet. Nach Eigeneinschätzung der Akteure sei der Wandlungsprozeß von der Blockpartei zur Volkspartei ein Vorgang, der nicht so ganz einfach sei und noch andauere. Der Partei fehle es derzeit an einem "Wir - Gefühl". Die Mitglieder hatten vor und nach der Wende Aussagen vertreten müssen, die einander völlig widersprachen. Es sei durch die übereilte Fusion mit der CDU-West überhaupt keine Zeit geblieben, an der Basis das neue Programm der Partei zu diskutieren.

Führungskräfte der SPD in Jena vertreten die Ansicht, daß die SPD in den neuen Bundesländern konservativer sei. Dies hänge mit dem Bestreben zusammen, "die DDR-Vergangenheit hinter sich zu bringen" und der Unkenntnis der Mitglieder hinsichtlich des 1989 beschlossenen Berliner Programms wie auch des Godesberger Programms. Es habe sich ein Reifeprozeß in der SPD vollzogen, der von Turbulenzen der Gründungsphase, in der man den demokratischen Dialog und Umgang miteinander übte und erste Organisationsstrukturen schuf, über die differenzierte Haltung der SPD und deren Modifikation bis zum "Ja zu Einheit, Marktwirtschaft, sozialen Fortschritt" reichte.

Für die Grünen kann ein Wandel im Selbstverständnis konstatiert werden, das sich weniger an die West-Grünen anlehnt. So erwog der Thüringer Landesverband sogar, "eine Zeitlang getrennt zu leben" vom Bundesvorstand der Grünen, da dieser sich zu wenig auf das wichtigste Problem, auf die soziale und ökologische Bewältigung der Einheit, orientiere. Bei Schwerpunktsetzung auf die kommunalen Sachthemen in der Umweltpolitik der Kommune wollen sich die Grünen aus sozialer Verantwortung heraus auch anderen Themen wie Arbeitslosigkeit, Wohnungsnot und Umbruch der kulturellen Strukturen stellen.

In der PDS drückt sich der Wandel in der Motivation und im Selbstverständnis dahingehend aus, daß von der Rolle der Staatspartei eine Umorientierung auf ein Engagement gegen die Verschlechterung der wirtschaftlichen und sozialen Bedingungen und eine Hinwendung zu den sozial Betroffenen der deutschen Einheit vollzogen wird. In diesem Wandlungsprozeß wird von einigen Mitgliedern weniger eine neue Identität als Partei favorisiert. Ähnliche Tendenzen wie bei Mitgliedern des Neuen Forum in Jena weisen darauf hin, daß PDS-Mitglieder, die keine Perspektiven in der Parteiarbeit sehen, sich in Vereinen engagieren oder solche gründen. Auf der Suche nach Engagement in konkreten Projekten scheint diese Form der Organisation den Akteuren erstrebenswerter zu sein.

Eine starke Profilierungsarbeit, um überhaupt Fuß zu fassen und nicht noch weiter mit Existenzgefahren zu leben, betreibt die DSU in Jena und im Thüringer Raum, während die Partei in Frankfurt schon seit 1990 aufgelöst ist. Sie bezeichnet sich selbst als "neue demokratische Partei, die konservativ ist". Sich bewußt gegen die CDU profilierend, setzt die Partei darauf, daß viele Bürgerinnen und Bürger in den neuen Bundesländern nicht christlich eingestellt sind und die Entscheidungen einer christlich orientierten Partei nicht mittragen. Da könnte eine nichtchristliche Partei, die sich als "nationalkonservativ" bzw. "deutschnational" versteht, diese Klientel erreichen. In Abgrenzung zur CSU in Bayern wird ein nichtchristlich konservativer Standpunkt vertreten. Eine Ausdehnung auf das gesamt Bundesgebiet befürwortend, hat die Jenenser DSU den Übertritt zur Bonner DSU vollzogen. Dies ist in bewußter Abgrenzung zur Leipziger DSU geschehen, die sich stärker als Ostpartei profilieren will. Man wolle Wähler an sich binden, die sich von der CDU nicht mehr vertreten fühlen. Die DSU bietet sich direkt an, unbelastete CDU-Mitglieder zu übernehmen. Eine zweite Profilierungsrichtung sieht die Partei in ihrer Oppositionsrolle im Jenaer Stadtparlament. Hier wird eine deutliche politische Zielsetzung in wertkonservativer Richtung für solche Themen wie Asylfrage, innere Sicherheit, Mittelstandsförderung, Kommunalpolitik und Vergangenheitsbewältigung vorgenommen. Da die Große Koalition in der Stadt bei diesen Themen Konsens sucht, scheint ein bestimmter populistischer Erfolg hinsichtlich des Treffens der Stimmungen unter den Bürgerinnen und Bürgern für die DSU bei diesen Themen gegeben.

Ein dritter Problemkreis der Identitätsbildung betrifft die nicht ausdifferenzierte Programmatik, Strategie und die geringe Unterscheidung in der konkreten Politik in der Gemeinde.

Mehrheitlich plädierten die befragten Akteure für einen Vorrang sozialverträglicher Umgestaltungen, für den Erhalt sozialer Bestände und die Verminderung der Ausprägung sozialer Gegensätze. Die damit im Widerstreit stehenden Probleme der Wirtschaftsförderung, der Wirtschaftsentwicklung und der Finanzierung in der Kommune können nicht konzeptionell, sondern nur pragmatisch angegangen werden, wie die kommunalpolitischen Programme zeigen. Forderungen nach sozialer Marktwirtschaft, Mittelstandsförderung, Industriepolitik, Privatisierung und Gewerbeansiedlung sind wenig mit konkreten Vorstellungen untersetzt, ja zum Teil ideologisiert als Allheilmittel in den politischen Sprachgebrauch eingeführt. Dem wird fast in der gleichen Art entgegengehalten: Notwendig sei die ökologisch saubere Stadt, der Schutz der Kultureinrichtungen und der sozialen Sicherheiten. Die hier angedeutete Polarisierung durchzieht alle Parteien.

In beiden Kommunen war zu beobachten, daß sich ein anderes Parlamentsverständnis unter den Akteuren herausbildet, als es aus den alten Bundesländern bekannt ist. Angesichts der gravierenden Probleme in der Kommune beschwören die Parteien im Frankfurter Rathaus geradezu eine Koalition der Vernunft und ein Zurückdrängen jeglicher Parteienstreitigkeiten. Diese Art von parteiübergreifender Zusammenarbeit wird jedoch auch zu einem Rettungsanker, weil noch keine Profile und neue Identitäten ausgebildet sind. Möglicherweise wirkt auch altes Harmonisierungsstreben aus der Vorwendezeit bei den Akteuren nach.

Ein vierter Problemkreis besteht darin, daß mehrere Parteien die gleichen Mitglieder nach ihrer sozialen Herkunft und die gleichen Wähler ansprechen. Während SPD und Grüne sich in Jena für alle Schichten der Bevölkerung offenhalten, ist unter der Mitgliederschaft selbst die Intelligenz überrepräsentiert. Die SPD erklärt, sich auf den Bereich der unselbständigen Beschäftigten zu konzentrieren und hat vorwiegend Resonanz bei Angestellten und Universitätsangehörigen, weniger unter der studentischen Jugend. CDU und F.D.P., aber auch die DSU, versuchen, Zielgruppen unter den neuen Unternehmern, aber auch unter den Universitätsangehörigen zu finden. Der übriggebliebene Teil des Neuen Forum nennt als Hauptziele der Bewegung humanitäre und soziale Fragen, verknüpft mit einer sozial-caritativen Orientierung, es erfolgt daher eine Spezialisierung der Arbeit auf Randgruppen. Damit stehen die Akteure in der Tradition des Aufbruchs 1989 und setzen fort, was sie vor der Wende begonnen hatten, indem sie sich aus Protest gegen das sozialistische System, obwohl zum Teil hochqualifiziert, in Sozialberufen engagierten. Im Kontrast dazu steht die politische Orientierung von Bündnis 90/Neues Forum in Frankfurt (Oder), wie bereits oben beschrieben wurde.

4. Schlußbemerkung

Die Parteienlandschaft der untersuchten Regionen weist typische Merkmale einer noch andauernden Transformation auf. Ein Phänomen dieses Prozesses besteht darin, daß die politischen Akteure dieser Transformation selbst einem grundlegenden strukturellen wie auch Bedeutungswandel unterliegen und gleichzeitig die Vermittlung politischer Interessen an dieser Transformation zu bewältigen haben.

Funktionierende Parteistrukturen, die Entfaltung von Bindekräften der Parteien, Erfolge in der politischen Willensbildung sowie durch sozialstrukturelle Bedingungen fundierte Beziehungsgeflechte zwischen intermediären Organisationen befinden sich in den neuen Bundesländern immer noch in ihrer Herausbildungsphase.

Die Umbildung der Parteienlandschaft ist noch nicht abgeschlossen, Neugründungen bleiben jederzeit möglich, sind jedoch gegenwärtig, wie die Untersuchungen zeigen, regional begrenzt bzw. von vornherein auf die Artikulation und Aggregation lokaler oder regionaler Interessen zugeschnitten.

Notwendig ist eine gründlichere Einsicht in die sich damals in rasantem Tempo vollziehenden Prozesse, da sie, vergleicht man z.B. Frankfurt oder Jena mit Leipzig oder Berlin, jeweils anders und in anderen Milieus abgelaufen sind, andere Akteure und Akteursgruppen hervorbrachten. Von der Art und Weise der damaligen Auseinandersetzungen werden heutige Einstellungen, Mentalitäten und Voraussetzungen der politischen Akteure mitbestimmt.

Generell hat die hier vorgestellte Analyse jedoch eines deutlich gemacht: Entgegen vielen Vermutungen einer möglichen einfachen Übertragung des institutionellen Systems der Bundesrepublik und einer Deutung der Transformation als lediglich Anpassung an funktionierende Strukturen der Demokratie in den alten Bundesländern, zeigen regionale Entwicklungen sowie der Strukturwandel an der Basis der politischen Institutionen, daß es mehrerer Stufen bzw. Übergänge bedarf und keine völlig identischen Institutionen in kürzester Zeit entstehen.

Literatur

Hirschman, A. O. (1970). Exit, Voice and Loyalty. Cambridge/Mass.

Kreikenbom, H., Schaarschmidt, B. & Weigel, P. (1992). Der Wandel der regionalen Organisationsstruktur soziopolitischer Interessenvermittlung im Raum Jena. Forschungsbericht i. A. der Kommission für die Erforschung des sozialen und politischen Wandels in den neuen Bundesländern e.V. Universität Jena, Jena.

Möller, B. (1992). Regionale Organisationsstrukturen und soziopolitische Interessenvermittlung von Parteien und politischen Bewegungen. Regionaler Auswahlraum: Kreisfreie Stadt Frankfurt (Oder). Forschungsbericht i. A. der Kommission für die Erforschung des sozialen und politischen Wandels in den neuen Bundesländern e.V. BISS, Berlin.

Niedermayer, O. (1989). Innerparteiliche Partizipation, Opladen.

Wiesenthal, H. (1992). Sturz in die Moderne. Der Sonderstatus der DDR in den Transformationsprozessen Osteuropas. In M. Brie & D. Klein (Hrsg.), Zwischen den Zeiten. Ein Jahrhundert verabschiedet sich (S. 162-187). Hamburg.

Oskar Niedermayer

Politische Repräsentation auf lokaler Ebene: Parteimitglieder und Funktionäre in Leipzig

1. Problemstellung

Die Beschäftigung mit politischer Repräsentation ist gerade in Deutschland nicht ganz unproblematisch, da der Repräsentationsbegriff hier "vielfältiger und widersprüchlicher ... benutzt und interpretiert" wird (Thaysen 1988: 73) als z.B. im Angelsächsischen und ausländische Kollegen den deutschen Theoretikern die Neigung attestieren, Repräsentation zu mystifizieren (Pitkin 1967: 9). In diesem Kapitel interessiert jedoch nur ein spezifischer Aspekt der politischen Repräsentation und dies auch nur in einem bestimmten Kontext: den politischen Parteien.

Folgt man der Klassifikation von Repräsentationsverständnissen durch Pitkin (1967: 11), so läßt sich Repräsentation als "authorization" (also als Herrschaftsbestellung), als "accountability" (also als Zurechenbarkeit) und als "standing for" (also als Widerspiegelung) begreifen. Die folgenden Ausführungen beschäftigen sich zum einen nur mit dem letztgenannten Aspekt und zum anderen wird Repräsentation hier als allgemeines Konzept zur Analyse des Verhältnisses von Wählern und Gewählten im politischen Bereich verstanden, das somit auch innerparteilich auf das Verhältnis von Parteibasis und Parteieliten angewendet werden kann.

Als normatives Konzept läßt sich Repräsentation im Sinne von "standing for" in drei Bereichen konkretisieren: im Bereich der sozialstrukturellen Verortung von Individuen als Forderung nach sozialstruktureller Repräsentativität der Parteieliten, im Attitüdenbereich als Forderung nach Einstellungskongruenz zwischen Parteibasis und Parteieliten und im Verhaltensbereich als Forderung nach responsivem[1], also den Wünschen und Bedürfnissen der Parteibasis Rechnung tragendem Verhalten der Parteieliten.

Stellt man die Frage nach der innerparteilichen Funktion der Repräsentationsnorm des "standing for", so läßt diese sich als Instrument der Gegensteuerung gegenüber oligarchischen Tendenzen der Abkopplung der Parteieliten von ihrer Basis und damit als Beitrag zur Realisierung innerparteilicher Demokratie kennzeichnen. Dann wird jedoch das Ausmaß an Berücksichtigung von Basisinteressen im Handeln der Parteieliten zum entscheidenden Kriterium und die Forderungen in den beiden vorgelagerten Bereichen, dem Sozialstruktur- und dem Einstellungsbereich, müssen an den Verhaltensbereich gekoppelt werden. Dies kann zum einen durch die Annahme einer auf der übereinstimmenden sozialstrukturellen Verortung von einfachen Parteimitgliedern und Parteieliten basierenden Interessenidentität, zum anderen durch die postulierte Verhaltensrelevanz von Einstellungen geschehen.

Im europäischen Kontext gewinnt die Kopplung von Sozialstruktur und Interessenlage ihre historische Plausibilität durch die Relevanz zentraler, sozialstrukturell vermittelter gesellschaftlicher Konfliktlinien für die Herausbildung und Konsolidierung der Parteiensysteme (Lipset und Rokkan 1967). Die faktische Bedeutung sozialstruktureller Repräsentativität geht zwar mit "der vollen Parlamentarisierung der westeuropäischen Regierungssysteme, der Auflösung der traditionellen soziopolitischen Milieus, der Abnahme der Bedeutung askriptiver Merkmale ... für den sozialen Status sowie der Professionalisierung von Politik ... zunehmend verloren"(Hoffmann-Lange 1992: 239). Dies muß jedoch von der Norm sozialstruktureller Repräsentativität strikt getrennt werden, da eine solche Norm auch unter veränderten gesellschaftlichen Rahmenbedingungen durchaus weiterbestehen und im politischen Prozeß relevant sein kann.

Die Ergebnisse empirischer Untersuchungen im Rahmen der allgemeinen Elitenforschung verdeutlichen, daß auch unter der Bedingung einer formalen Offenheit der Rekrutierung politischer Eliten, d.h. der Sicherung gleicher Zugangschancen, eine faktische Chancenungleichheit bestimmter, sozialstrukturell definierbarer Gruppen existiert. Putnam (1976: 33) hat dies Mitte der siebziger Jahre in seinem "Gesetz der zunehmenden Disproportionalität" prägnant formuliert. Dieses Gesetz postuliert ein Ansteigen des disproportionalen Vorteils von Personen männlichen Geschlechts, höherer Bildung und höherer beruflicher Position bei einem Aufstieg im politischen Stratifikationssystem, d.h. eine mit steigendem politischem Status zunehmende Überrepräsentation von Individuen mit hohem sozialem Status.

Das auf innerparteiliche Prozesse der Rekrutierung politischen Führungspersonals bezogene Pendant zu Putnams allgemeiner Aussage liefert Wright, der allerdings nur die im Konzept des sozio-ökonomischen Status zusammengefaßten Variablen Bildung und Beruf einbezieht: "political leaders and activists tend to be of higher socio-economic status than party members ... the higher the leadership level, the higher the socio-economic status of office incumbents; SES tends to increase with the level of party or public office" (Wright 1971: 104)[2]. Zu beachten ist jedoch, daß Wright in bezug auf Rekrutierungsprozesse für Parteiämter (also die Funktionärsrekrutierung), im Gegensatz zur Rekrutierung von Kandidaten für öffentliche Wahlämter, auf einer äußerst schmalen empirischen Datenbasis argumentiert.

Für die Bundesrepublik ist die empirische Datenbasis in diesem Bereich auch heute noch nicht allzu breit, was insbesondere auch daran liegt, daß die - wenigen - neueren Parteimitgliederstudien auf diese Fragestellung in ihren Publikationen meist nicht eingehen. Begnügt man sich mit einem einfachen Vergleich von Parteibasis und Führungsgruppen, ohne das parteiinterne Stratifikationssystem weiter zu differenzieren, so lassen sich die vorhandenen empirischen Ergebnisse in der Aussage zusammenfassen, daß sich die Parteiführungsgruppen im Vergleich zur

Parteibasis in der Regel durch eine Überrepräsentation von höher Gebildeten und Mittelschichtangehörigen auszeichnen, während eine Überrepräsentation von Männern allerdings zwar noch oft, jedoch nicht mehr generell gegeben ist[3].

Diese Ergebnisse bestätigen grundsätzlich einen positiven Zusammenhang zwischen sozialem und politischem Status in Parteien. Zu beachten ist jedoch, daß statistische Zusammenhänge Erscheinungen noch nicht erklären. Der einfachste Weg, von der Konstatierung der Überrepräsentation von Individuen mit hohem sozialem Status in den Führungsgruppen politischer Parteien zur Erklärung dieses Phänomens zu gelangen, besteht in der Formulierung von Hypothesen, die einen Kausalzusammenhang zwischen den sozialen Statusvariablen und dem innerparteilichen politischen Status postulieren. Für die Variable "Bildung" z.B. könnte eine solche Hypothese etwa lauten: Je höher die Bildung eines Parteimitglieds, desto größer sind seine Chancen, in innerparteiliche Ämter zu gelangen. Analoge Formulierungen lassen sich für die anderen beiden Statusvariablen, das Geschlecht und die berufliche Stellung, finden. Um von einem Kausalzusammenhang zwischen sozialem und politischem Status sprechen zu können, müssen die Statusvariablen jedoch nicht nur miteinander korrelieren, fehlerfrei gemessen sein und in eine zeitliche Reihenfolge gebracht werden können, sondern sie müssen auch ein isoliertes System bilden, d.h. der Einfluß möglicher Störfaktoren bzw. Drittvariablen muß ausgeschaltet sein.

Insbesondere die letzte Bedingung ist jedoch nicht einfach zu erfüllen. Die Frage danach, was man denn nun tatsächlich überprüft, wenn man die Beziehungen zwischen den drei sozialen Statusvariablen und dem innerparteilichen politischen Status analysiert, führt zu dem Problem, das als "Erklärung mit impliziten Gesetzen" (Opp 1970: 58ff.) umschrieben wird. Diese Art der Erklärung ist oft gegeben, wenn mit sogenannten "Globalvariablen" wie Geschlecht, Bildung und Beruf operiert wird. Diese Variablen werden mit ganz unterschiedlichen Befindlichkeiten, Einstellungen, Handlungsdispositionen usw. verknüpft, die dann als drittes, implizites Element in der Kausalkette auftauchen.

Sehr deutlich wird dies beim Geschlecht. Heutzutage wird kaum mehr in der Weise argumentiert, daß die rein biologische Geschlechtszugehörigkeit die Chancen im innerparteilichen Rekrutierungsprozeß determiniert, obwohl manche Überlegungen zum "Wesen der Frau" dem gefährlich nahekommen. Gängige Argumentationsweisen sind hingegen: (1) die Existenz einer den politischen Aktivitätsbereich primär als männliche Domäne definierenden gesellschaftlichen Rollendifferenzierung, die durch Sozialisationsprozesse internalisiert wird und zu einer größeren "Politikferne" der Frauen führt; (2) männliches Diskriminierungsverhalten zur innerparteilichen Herrschaftssicherung; (3) weibliche Verweigerungshaltungen angesichts der Tatsache, daß der weibliche Lebenszusammenhang Qualitäten, Fähigkeiten und Erfahrungen erfordert und hervorbringt, die im Rahmen konventioneller politischer Karrieren eher dysfunktional erscheinen; (4) die ungleiche Verteilung der Ressource "Zeit" bei Erwerbstätigen durch die Rollenkumulation von Haushalt, Kindererziehung und Berufstätigkeit bei den Frauen

und (5) geschlechtsspezifische Differenzen in der sozio-ökonomischen Ressourcenausstattung, d. h. die schlechtere Schul- und Berufsausbildung der Frauen,
ihre geringere Integration in den Erwerbsprozeß und die geschlechtsspezifische
Segregation des Arbeitsmarktes.

Die letzte Begründung leitet somit zu den anderen beiden Statusfaktoren über.
Beim Beruf lassen sich zumindest zwei implizite Variablen benennen, die in auf
innerparteiliche Rekrutierungsprozesse bezogenen Erklärungsansätzen mit dem
Beruf verbunden werden: zum einen der durch das jeweilige gesellschaftlich zu-
gewiesene Berufsprestige mit unterschiedlichen Berufskategorien verbundene differierende soziale Einfluß eines Individuums, zum anderen die Tatsache, daß die
jeweilige berufliche Stellung bestimmte Kenntnisse und Fähigkeiten vermittelt,
die den zur Übernahme einer innerparteilichen Führungsrolle erforderlichen
Kenntnissen und Fähigkeiten in unterschiedlichem Ausmaß entsprechen und dadurch individuelle Kompetenzdifferenzen begründen. Solche unterschiedlichen
Kenntnisse und Fähigkeiten bilden auch die Begründung für den positiven Zusammenhang zwischen Bildung und innerparteilichem politischem Status. Hier ist
jedoch eine Erklärung mit impliziten Hypothesen nicht gegeben, da die unterschiedliche formale Bildung als direkter Indikator für individuelle kognitive
Kompetenzdifferenzen verwendet werden kann.

Bis jetzt ist nur auf hypotheseninterne Schwierigkeiten eingegangen worden,
d. h. auf die Probleme, die sich bei der Überprüfung der drei Hypothesen dadurch ergeben, daß sie in ihrer Wenn-Komponente Globalvariablen enthalten.
Überlegt man zusätzlich, welche externen Störfaktoren existieren könnten, so
stößt man auf eine Variable, deren Auswirkung auf den innerparteilichen Rekrutierungsprozeß die bisher behandelten Effekte konterkarieren kann. Diese Variable ist - und hier schließt sich der Kreis zu der anfänglichen Argumentation -
die jeweilige Stärke der Geltung der sozialstrukturellen Repräsentativitätsnorm in
einem politischen System bzw. seinen Subsystemen, hier: den Parteiorganisationen. Die Repräsentativitätsnorm kann zum einen von den Parteimitgliedern in
unterschiedlichem Ausmaß internalisiert sein und damit als weitere Mikrovariable
die innerparteilichen Rekrutierungsprozesse beeinflussen. Sie kann aber auch in
Form von Quotierungsregelungen institutionalisiert sein. Trifft letzteres zu, so
stellt sie eine Meso- oder sogar Makrovariable dar, die entweder für bestimmte
Parteien in einem politischen System oder sogar für alle Parteien eines bestimmten Systems konstant ist und deren Auswirkung auf die zu überprüfenden Beziehungen sich daher nur im Rahmen einer partei- bzw. systemvergleichenden Analyse zeigt.

Nicht weniger schwierig als im sozialstrukturellen Bereich ist die Generierung
und Überprüfung von Hypothesen in bezug auf Einstellungskongruenzen bzw.
-inkongruenzen zwischen Parteibasis und Führungsgruppen. Als generelle theoretische Ausgangsbasis bieten sich hier sehr unterschiedliche Ansätze an[4]. Im Rahmen der Tauschtheorie (Salisbury 1969; Moe 1980, 1981) wird davon ausgegangen, daß Eliten in Organisationen verschiedene Arten von Anreizen für den

Preis der Mitgliedschaft bzw. Mitarbeit der Basis offerieren und daß ein großer Unterschied besteht zwischen Organisationen, in denen selektive materielle Anreize offeriert werden, und Organisationen, in denen zielgerichtet-politische Anreize und politische kollektive Güter für die Mitglieder wichtig sind. In der zweiten Gruppe - zu der politische Parteien gehören - sind Einstellungskongruenzen zwischen Eliten und Basis zu erwarten, da Führungsgruppen zur Aufrechterhaltung der Organisation gegenüber den Einstellungen der Basis sehr aufgeschlossen und responsiv sein müssen und/oder große Anstrengungen unternehmen, diese Einstellungen in ihrem Sinne zu beeinflussen.

Zur diametral entgegengesetzten These gelangt die in der Parteien- und Eliteforschung oft zu findende commitment theory. Hier wird postuliert, daß politische Führungsgruppen sich einerseits durch eine höhere psychologische Involviertheit in den Bereich des Politischen auszeichnen und ihre politische Arbeit andererseits einen hohen persönlichen Ressourceneinsatz erfordert, der ein aus Überzeugungen über die 'richtige' Politik oder materiellen Interessen resultierendes Engagement voraussetzt. Daher wird erwartet, daß politische Führungsgruppen besser entwickelte und kohärentere politische Überzeugungssysteme aufweisen, wobei der Druck zur Kohärenz oft zu extremeren Ansichten führt. Zusätzlich bringen politische Konflikte - und das Mißtrauen gegenüber dem politischen Gegner, das sie einschließen - die Führungsgruppen dazu, ihre Ansichten von den politischen Gegnern stärker zu differenzieren. Insgesamt führt diese Argumentation zu der These, daß Parteieliten gegenüber der Basis kohärentere und extremere Einstellungen aufweisen.

Dem steht jedoch wieder die These der moderating elites (Kornhauser 1959) entgegen, die behauptet, politische Eliten seien in ihren Einstellungen moderater als die Basis, da ihre Position, ihr Status und ihre Sozialisationsmuster sie dazu bringen, um den Erhalt des politischen Systems besorgt zu sein. Eine Verbindung zwischen den beiden letztgenannten Thesen stellt schließlich May (1973) mit seinem "law of curvilinear disparity" her, in dem systematische Einstellungsunterschiede zwischen Wählern/einfachen Parteimitgliedern sowie den Parteiführungsspitzen auf der einen und den ideologisch-programmatisch zu extremeren Einstellungen neigenden Parteiaktivisten und mittleren Führungsschichten auf der anderen Seite postuliert werden.

Der dritte Bereich, in dem parteiinterne Repräsentation überprüft werden kann, die Responsivität von Parteieliten, wird hier nicht in die Analyse einbezogen. Dies insbesondere aufgrund der Tatsache, daß eine empirische Überprüfung von Hypothesen über das responsive Verhalten von Parteiführungsgruppen mit Hilfe von Parteimitgliederbefragungen allein nur unzureichend möglich ist und für den empirischen Teil der Analyse keine anderen Daten zur Verfügung stehen.

2. Die Leipziger Parteimitgliederstudie

Die empirischen Parteimitgliederstudien, die zur Analyse innerparteilicher Repräsentation bisher herangezogen werden konnten, wurden fast ausschließlich in einigen westeuropäischen Ländern und den USA durchgeführt, also in altgedienten Demokratien mit lange etablierten Parteiensystemen und einem ähnlichen gesellschaftlichen Werte- und Normensystem. Da die angesprochenen Hypothesen jedoch als allgemeine Aussagen formuliert sind, also systemübergreifende Geltung beanspruchen, lag es nahe, sie mit Daten aus einem Land zu überprüfen, das in bezug auf diese Kriterien deutlich unterschiedliche Kontextbedingungen aufwies: der ehemaligen DDR.

Die Gelegenheit für eine solche Analyse bietet die einzige vergleichende Parteimitgliederstudie, die in der ehemaligen DDR nach der Wende durchgeführt wurde: eine schriftliche Befragung von Mitgliedern der CDU, SPD und PDS in Leipzig. Die Studie wurde von einer Projektgruppe am Wissenschaftsbereich Politische Soziologie der Universität Leipzig unter Leitung von Willy Koch in enger Kooperation mit dem Verfasser durchgeführt[5]. Bei der Konzeption des Forschungsinstruments wurde weitgehend auf einen 1986 im Rahmen einer Untersuchung der SPD-Mitgliedschaft des Bezirks Pfalz (Niedermayer 1989a) verwendeten Fragebogen zurückgegriffen, der an die neue Untersuchungspopulation angepaßt und um einige Bereiche erweitert wurde.

Auf die vielfältigen Probleme und Schwierigkeiten, die bei der Realisierung dieser Studie überwunden werden mußten, soll hier nicht im Detail eingegangen werden. Drei Konsequenzen dieser Schwierigkeiten müssen jedoch erwähnt werden. Erstens konnte die Befragung nicht in allen drei Parteien zur gleichen Zeit erfolgen. Der Befragungszeitraum für die SPD lag im Juli/August, für die CDU im September/Oktober und für die PDS im Oktober/November 1990. Angesichts des rasanten Tempos, mit dem sich die politischen Entwicklungen in diesem Zeitraum vollzogen, hat sich diese Tatsache natürlich in einigen inhaltlichen Bereichen auf die Antwortverteilungen ausgewirkt. Zweitens war es sowohl aufgrund mangelnder Bereitschaft seitens der Parteien als auch aufgrund mangelnder Ressourcen seitens der Projektgruppe nicht möglich, mehr als eine Befragungswelle zu realisieren. Dies bedeutete natürlich eine vergleichsweise geringe Rücklaufquote[6]. Drittens existierten zum Befragungszeitpunkt weder für die Leipziger Bevölkerung noch gar für die Parteimitgliedschaften irgendwelche Angaben, so daß die erhobenen Daten nicht an externen Quellen überprüft werden konnten. Allerdings brachte eine sorgfältige Rücklaufanalyse der damaligen SPD-Studie in der Pfalz, wo vier Befragungswellen mit einem Gesamtrücklauf von 72% realisiert werden konnten, das Ergebnis, daß die einzelnen Befragungswellen in bezug auf ihre sozialstrukturelle Zusammensetzung nur geringfügige Unterschiede aufwiesen (Niedermayer 1989b). Dies läßt hoffen, daß auch die Leipziger Daten keine allzu großen Verzerrungen aufweisen.

2.1 Sozialstrukturelle Repräsentativität

Für die hier interessierende spezifische Fragestellung kommt jedoch hinzu, daß die Analyse der innerparteilichen politischen Repräsentation bei der Konzeptualisierung der Studie nicht im Mittelpunkt des Interesses stand. Daher wurde auch nicht der Versuch unternommen, die Globalvariablen Geschlecht und Beruf durch die in den genannten impliziten Erklärungen auftauchenden Variablen zu ersetzen und daran krankt natürlich nun auch etwas die Interpretation der Ergebnisse hinsichtlich der Beziehung zwischen sozialem und innerparteilichem politischem Status, die in der Tabelle 1 zusammengefaßt sind. Die Tabelle gibt den Prozentsatz der Inhaber - überwiegend lokaler - innerparteilicher Führungspositionen in den jeweiligen sozialstrukturellen Kategorien wieder. Um Verzerrungen der Ergebnisse durch die zumindest partiell differierenden Rekrutierungsmuster für Bewerber um öffentliche Wahlämter auszuschalten, wurde diese Gruppe aus der Kategorie der Amtsinhaber herausgenommen.

Tabelle 1:   Innerparteilicher politischer Status nach sozialem Status
             (Prozentsatz der Amtsinhaber und Tau b)

	CDU	PDS	SPD
Geschlecht			
weiblich	9	27	26
männlich	21	23	19
Tau b	+.15*	-.05	-.06
Beruf (Partialanalyse)			
Arbeiter/Angestellte ohne Leitungsbefugnis	20	32	18
Angestellte mit Leitungsbefugnis und			
akademische freie Berufe	25	26	25
Tau b	+.06	-.06	+.09
Bildung			
niedrige Bildung	13	18	9
mittlere Bildung	18	22	19
hohe Bildung	19	30	25
Tau b	+.05	+.11*	+.12*

* = signifikant (p < .05)

In bezug auf das Geschlecht machen die Ergebnisse deutlich, daß bei den beiden linken Parteien von einer Benachteiligung der Frauen nicht die Rede sein kann, eher im Gegenteil. Bei der CDU hingegen haben unter den weiblichen Parteimitgliedern nur 9%, unter den männlichen Mitgliedern jedoch 21% ein innerparteiliches Amt inne, so daß für diese Partei ein signifikanter Zusammenhang zwischen Geschlecht und innerparteilichem politischem Status besteht. Diese Ergebnisse entsprechen in etwa dem, was auch in der alten Bundesrepublik gefunden wurde. Dort konterkariert bei den linken Parteien, d.h. bei der SPD und den Grünen, die Gleichberechtigungsnorm, die in jüngerer Zeit sogar in Form einer Quotenregelung institutionalisiert wurde, die Wirkung der anderen, implizit mit dem Geschlecht verbundenen Variablen. Eine Verallgemeinerung dieses Ansatzes könnte von einer stärkeren, ideologisch bedingten Affinität linker Parteien zur Norm geschlechtlicher Gleichberechtigung ausgehen und damit auch die sich hier zeigenden Ergebnisse erklären. Dies ist jedoch nur eine von mehreren möglichen Erklärungsvarianten.

Auf etwas weniger schwankendem Boden bewegt man sich beim Beruf. Hier läßt sich argumentieren, daß die beiden mit der beruflichen Stellung verbundenen impliziten Erklärungsvariablen, nämlich der durch das unterschiedliche Berufsprestige begründete differentielle soziale Einfluß und die individuellen Kompetenzdifferenzen, in westlichen Demokratien die gleiche Wirkungsrichtung aufweisen, d. h.: Berufskategorien, die in höherem Maße relevante Kenntnisse und Fähigkeiten vermitteln, sind gesellschaftlich auch mit höherem Prestige versehen. Da sich die beiden Faktoren verstärken und andererseits in der Regel keine Institutionalisierung der Repräsentativitätsnorm in Form von Quotenregelungen für Berufskategorien bei der innerparteilichen Ämtervergabe existiert, ist ein positiver Zusammenhang zwischen beruflicher Stellung und innerparteilichem politischem Status zu erwarten.

Anders jedoch in der ehemaligen DDR, wo das ideologische Normengefüge den in den westlichen Ländern mit einem niedrigeren Sozialprestige versehenen Berufskategorien einen hohen Status zuwies, was eine Konterkarierung der über individuelle Kompetenzdifferenzen bestehenden Ungleichheiten bedeutete. Nimmt man plausiblerweise an, daß sich das gesellschaftliche Normengefüge mit der Wende nicht schlagartig geändert hat, sondern sich eher graduell wandelt, so müßten sich die Nachwirkungen dieser Kontextbedingungen darin zeigen, daß die in den westlichen Demokratien auftretende positive Beziehung zwischen der beruflichen Stellung und dem innerparteilichen politischen Status hier tendenziell nivelliert wird und dies am ehesten bei derjenigen Partei, die dem alten System relativ am stärksten verhaftet ist. Berücksichtigt man zusätzlich das Phänomen der "Arbeiter ehrenhalber", so könnte sich die Beziehungsrichtung hier sogar umkehren. Genau dies ist der Fall: Bei keiner der drei Parteien besteht eine signifikante Beziehung zwischen den beiden für die Statuszuweisung zentralen Berufskategorien und dem politischen Status. Während sich die CDU und mehr noch die neugegründete SPD jedoch schon dem "Westmodell" der Beziehungsrichtung annähern, ist bei der PDS der Anteil der Amtsinhaber unter den Arbeitern und Angestellten ohne Leitungsbefugnis - noch - höher als in der anderen Berufsgruppe.

Daß das Ausmaß an kognitiven Kompetenzen bei Abwesenheit von konterkarierenden Variablen die Chancen im Rekrutierungsprozeß auch in den ehemaligen DDR-Parteien erhöht, zeigt die in allen Parteien, wenn auch bei der CDU in geringerem Maße, vorhandene positive Beziehung zwischen der formalen Bildung und dem innerparteilichen politischen Status. Besonders deutlich wird dies bei der SPD, wo unter den Mitgliedern mit niedriger Bildung nicht einmal jeder zehnte, unter denen mit hoher Bildung jedoch jeder vierte ein innerparteiliches Amt inne hat.

2.2 Einstellungskongruenz

Ohne daß hier auf weitere sozialstrukturelle Variablen eingegangen werden kann, zeigt allein die positive Beziehung zwischen Bildung sowie, bei der CDU, Geschlecht und innerparteilichem politischem Status, daß auch innerhalb der Leipziger Parteiorganisationen zum Untersuchungszeitpunkt eine Chancenungleichheit sozialstrukturell definierbarer Gruppen im innerparteilichen Rekrutierungsprozeß durchaus existierte. Im folgenden soll nun der Frage nachgegangen werden, inwieweit sich dies auf der Einstellungsebene widerspiegelt. Hierzu wurden Indikatoren ausgewählt, die sich nicht auf einzelne politische Sachfragen beziehen, sondern eher ideologisch-programmatische Grundpositionen erfassen, da Einstellungskongruenzen in diesem Bereich auch von Kritikern der identitären Repräsentationsnorm als relevant angesehen werden (Herzog 1989). Konkret handelt es sich um die ideologische Selbsteinstufung mittels einer Links/Rechts-Skala, die Einstufung auf einer Ideologie/Pragmatismus-Skala und die Einschätzung der jeweils anderen DDR-Parteien auf einer Sympathieskala[7].

Tabelle 2 enthält die Mittelwerte der drei Einstellungsskalen zum einen für die jeweilige Gesamtheit der Befragten und zum anderen für die Befragten ohne bzw. mit einem Parteiamt. Anzumerken ist, daß bei der ideologischen Selbsteinstufung anhand der Links/Rechts-Skala der CDU-Wert nicht direkt mit den Werten der anderen beiden Parteien verglichen werden kann, da bei der CDU nur eine 6-Punkte-Skala statt der sonst verwendeten 10-Punkte-Skala realisiert werden konnte. Beachtet man, daß bei der CDU somit die "rechte" Seite der Skala beim Skalenwert 4 beginnt, dann stimmt die ideologische Landschaft wieder, d. h. die CDU-Mitglieder ordnen sich durchschnittlich rechts, die SPD-Mitglieder links von der Mitte ein und die PDS-Mitglieder setzen sich, mit einem Mittelwert von 1.9 auf der von 1 bis 10 reichenden Skala, von der SPD deutlich nach links ab. Die ideologisch-programmatische Kompromißlosigkeit der Parteimitglieder ist bei der PDS und CDU am stärksten ausgeprägt, die SPD folgt jedoch dicht auf. Bei der Einschätzung der jeweiligen beiden anderen Parteien durch die Befragten

Tabelle 2: Einstellungskongruenzen zwischen Basis und Führungsgruppen
(Skalenmittelwerte)

	CDU	PDS	SPD
Links/Rechts-Skala			
(1 = links, 10 = rechts; CDU: 1-6)			
alle Befragten	4.0	1.9	4.0
Befragte ohne Parteiamt	4.0	1.9	3.9
Befragte mit Parteiamt	4.0	1.8	4.1
Ideologie/Pragmatismus-Skala			
(ideologische Kompromißlosigkeit;			
1 = lehne voll ab, 6 = stimme voll zu)			
alle Befragten	4.7	4.8	4.3
Befragte ohne Parteiamt	4.7	4.8	4.4*
Befragte mit Parteiamt	4.8	4.7	3.9*
Haltung zu den anderen Parteien			
(-5 = überhaupt nichts; +5 = sehr viel)			
CDU			
alle Befragten	-	-4.2	-1.0
Befragte ohne Parteiamt	-	-4.2	-1.1
Befragte mit Parteiamt	-	-4.2	-0.5
PDS			
alle Befragten	-3.9	-	-4.1
Befragte ohne Parteiamt	-4.0	-	-4.1
Befragte mit Parteiamt	-3.5	-	-4.3
SPD			
alle Befragten	-0.8	-0.9	-
Befragte ohne Parteiamt	-0.7	-0.9	-
Befragte mit Parteiamt	-1.2	-0.9	-

* = signifikant (p < .05)

zeigt sich deutlich, daß die CDU- und SPD-Mitglieder die PDS als den politischen Gegner ansehen. Auf der von -5 bis +5 reichenden Sympathieskala erhält die PDS den deutlich negativen mittleren Wert von etwa -4, während CDU und SPD sich gegenseitig sehr viel besser einschätzen, was an den in beiden Fällen nur leicht im negativen Bereich liegenden Mittelwerten abzulesen ist. Für die

PDS-Mitglieder hingegen ist zwar die CDU klar der politische Gegner - sie wird noch etwas negativer eingeschätzt als die PDS von den CDU-Mitgliedern - , der SPD gegenüber ist man jedoch eher indifferent.

Geht man zum Vergleich zwischen den beiden Subpopulationen über, so läßt sich die Frage nach Einstellungskongruenzen bzw. -inkongruenzen zwischen der Basis und den Führungsgruppen der jeweiligen Parteien am einfachsten dadurch beantworten, daß man nach signifikanten Mittelwertdifferenzen zwischen den Befragten ohne und mit Parteiamt Ausschau hält. Dies tut man im Rahmen dieser Tabelle jedoch vergeblich, d. h. es bestehen - mit Ausnahme der Ideologie/Pragmatismus-Skala bei der SPD - für keine der drei Parteien bei keinem der vier Indikatoren signifikante Einstellungsdifferenzen. Bei allen drei Parteien stimmen somit die Führungsgruppen in ihren ideologischen Grundorientierungen - soweit diese hier abgebildet sind - mit ihrer jeweiligen Basis in hohem Maße überein.

3. Schlußbemerkung

Die trotz der zumindest partiell differierenden sozialstrukturellen Zusammensetzung von Parteibasis und lokaler Parteielite gefundene totale Einstellungskongruenz zwischen den beiden Gruppen in allen drei Parteien zeigt, daß in einer Phase der Genese (SPD) bzw. grundsätzlichen Transformation (CDU und PDS) von Parteigliederungen, in einer Phase also, die durch die Nichtexistenz bzw. das Aufbrechen von innerparteilichen Verkrustungen gekennzeichnet ist, innerparteiliche Repräsentativität im Einstellungsbereich in hohem Maße gewährleistet sein kann. Nimmt man an, daß diese Kongruenz im wesentlichen nicht durch Manipulation der Parteibasis durch die Führung zustande gekommen ist - für diese Annahme spricht, daß es sich bei den ausgewählten Einstellungen nicht um Meinungen zu einzelnen Sachfragen, sondern um politische Grundorientierungen handelt und daß vor dem Befragungszeitpunkt wesentliche Elitentransformationen stattgefunden haben -, so besteht damit eine wesentliche Voraussetzung für innerparteiliche Repräsentation auch im Verhaltensbereich, d.h. für ein - hier leider nicht empirisch überprüfbares - Handeln der lokalen Parteieliten, das von einem hohen Maß an Berücksichtigung der Interessen ihrer Parteibasis geprägt ist.

Literatur

Herzog, D. (1989). Was heißt und zu welchem Ende studiert man Repräsentation?. In D. Herzog, & B. Weßels (Hrsg.), Konfliktpotentiale und Konsensstrategien (S. 307-335). Opladen.
Hoffmann-Lange, U. (1992). Eliten, Macht und Konflikt in der Bundesrepublik. Opladen.
Koch, W. & Niedermayer, O. (1991). Parteimitglieder in Leipzig. Tabellenband. Leipzig/Mannheim.

Kornhauser, W. (1959). The Politics of Mass Society. New York.
Lawson, K. (1976). The Comparative Study of Political Parties. New York.
Lipset, S. M. & Rokkan, S. (1967). Cleavage Structures, Party Systems, and Voter Alignments: An Introduction. In S. M. Lipset & S. Rokkan (Hrsg.), Party Systems and Voter Alignments. Cross-National Perspectives (S. 1-64). New York.
May, J. D. (1973). Opinion Structure of Political Parties: The Special Law of Curvilinear Disparity. Political Studies, 21, 135-151.
McAllister, I. (1991). Party Elites, Voters and Political Attitudes: Testing Three Explanations for Mass-Elite Differences. Canadian Journal of Political Science, 24, 237-268.
Moe, T. (1980). The Organization of Interests. Chicago.
Moe, T. (1981). Toward a Broader View of Interest Groups. Journal of Politics, 43, 531-543.
Niedermayer, O. (1989a). Innerparteiliche Partizipation. Opladen.
Niedermayer, O. (1989b). Zur Übertragung der 'Total Design Method' auf schriftliche Befragungen in der Bundesrepublik. In J. W. Falter, H. Rattinger & K. G. Troitzsch (Hrsg.), Wahlen und politische Einstellungen in der Bundesrepublik Deutschland (S. 332-348). Frankfurt.
Niedermayer, O. & Schmitt, H. (1983). Sozialstruktur, Partizipation und politischer Status in Parteiorganisationen. Politische Vierteljahresschrift, 24, 293-310.
Opp, K. D. (1970). Methodologie der Sozialwissenschaften. Reinbek.
Pitkin, H. F. (1967). The Concept of Representation. Berkeley.
Putnam, R. D. (1976). The Comparative Study of Political Elites. Englewood Cliffs/N.J.
Sabatier, P. A. & McLaughlin, S. M. (1990). Belief Congruence between Interest-Group Leaders and Members: An Empirical Analysis of Three Theories and a Suggested Synthesis. Journal of Politics, 52, 914-935.
Salisbury, R. (1969). An Exchange Theory of Interest Groups. Midwest Journal of Political Science, 13, 1-32.
Thaysen, U. (1988). Repräsentation in der Bundesrepublik Deutschland. In U. Thaysen, R. Davidson & R. G. Livingston (Hrsg.), US-Kongreß und Deutscher Bundestag (S. 73-107). Opladen.
Uppendahl, H. (1981). Repräsentation und Responsivität. Zeitschrift für Parlamentsfragen, 12, 123-134.
Wright, W. E. (1971). Recruitment. In W. E. Wright (Hrsg.), A Comparative Study of Party Organization (S. 99-115). Columbus.

Anmerkungen

1 Das angelsächsische Konzept der 'responsiveness' wurde insbesondere von Uppendahl (1981) in die deutsche Diskussion eingebracht. Zur Responsivität und Einstellungskongruenz vgl. auch Herzog 1989.

2 Vgl. auch die ähnliche Zusammenfassung bei Lawson (1976: 112 ff.).

3 Eine Zusammenfassung der empirischen Forschungsergebnisse in diesem Bereich liefert Niedermayer (1989a: 67 ff.). Für eine international vergleichende Analyse der Beziehung zwischen innerparteilichem Status und Geschlecht bzw. sozio-ökonomischem Status vgl. Niedermayer und Schmitt 1983.

4 Einen kurzen Überblick über diese Ansätze geben z.B. Sabatier und McLaughlin 1990; vgl. auch McAllister 1991.

5 Zu den Ergebnissen der Studie vgl. Koch und Niedermayer 1991.

6 Verschickte Fragebögen und Ausschöpfung: CDU 2085 (439), SPD 1994 (324), PDS 1029 (319). Die Rücklaufquote bezogen auf die zum Befragungszeitpunkt tatsächlich bestehende Mitgliedschaft liegt jedoch mit Sicherheit um einiges höher als die Relation zwischen verschickten Fragebögen und Ausschöpfung ausweist, da eine Bereinigung der Mitgliederkarteien um in letzter Zeit Verzogene, Verstorbene und Ausgetretene nicht möglich war.

7   Wortlaut der Fragen: Links/Rechts-Skala: "Viele Leute verwenden die Begriffe
    'links' und 'rechts' wenn es darum geht, unterschiedliche politische Einstellungen zu
    kennzeichnen. Wir haben hier einen Maßstab, der von links nach rechts verläuft.
    Wenn Sie an Ihre politischen Ansichten denken: Wo würden Sie diese Ansichten auf
    dieser Skala einstufen?" (CDU: 6-Punkte-Skala; PDS, SPD: 10-Punkte-Skala); Ideolo-
    gie/Pragmatismus-Skala: "Wie stehen Sie persönlich zu der folgenden Meinung:
    Meine Partei sollte immer kompromißlos für ihre Ziele und Grundsätze eintreten,
    selbst wenn sie deshalb auf Wählerstimmen und möglicherweise auf eine Regierungs-
    beteiligung verzichten muß." (6-Punkte-Skala); Sympathieskala: "Was halten Sie - so
    ganz allgemein - von den politischen Parteien der DDR?" (11-Punkte-Skala).

Dietmar Wittich

Sozialstruktur von PDS-Mitgliedern

1. Datengrundlage

Die durch das Institut für Sozialdatenanalyse e.V. Berlin vorgelegte Analyse sozialstruktureller Wandlungen in der PDS, jener Partei, die aus der SED hervorgegangen ist, hat folgende Datengrundlage:

Erstens: Für die soziale Zusammensetzung der SED im Herbst 1989 stand die wohl bestinformierte Quelle zur Verfügung, der Datenspeicher Mitgliederbewegung des Zentralkomitees der SED. In einer knappen Zeitspanne von zwei Wochen zwischen der Aufhebung des Tabus (Ablösung des Politbüros) und der Löschung der Daten war der Speicher zugänglich. Von den rund 2.3 Millionen Mitgliedern, die die SED am 31. 10. 1989 (Stichtag der letzten Mitgliedererhebung) hatte, konnten die Daten von rund 2.06 Millionen Mitgliedern untersucht werden. Allerdings waren die Daten so, wie sie im Speicher enthalten waren, unmittelbar für Strukturanalysen nicht brauchbar. Um das Image als "Arbeiterpartei" aufzubessern, waren große Gruppen gewissermaßen zu Arbeitern auf Lebenszeit ernannt worden (die Mehrzahl der Militärangehörigen, hauptamtliche Funktionäre, Nomenklaturkader u.v.a.). Deshalb war es notwendig, ein neues Sozialstrukturmodell zu entwickeln, das einerseits für die vorhandenen Datenmengen paßfähig war, das aber auch andererseits die Mitgliedergruppen entsprechend ihrer tatsächlichen Stellung und Funktion in der Gesellschaft zuzuordnen erlaubte. Damit wurden die voluntaristischen Zuordnungskriterien des ZK aufgehoben und durch realistische ersetzt.

Die Daten von rund 240 000 Mitgliedern waren nicht zugänglich, z.T. waren die entsprechenden Teilspeicher gelöscht, z.T. war das der Kompromiß, der mit den noch amtierenden "Datenverwaltern" geschlossen werden mußte, um das Gesamtunternehmen realisieren zu können. Zu den nichtanalysierbaren Daten gehörten:

- die der Gebietsorganisation Wismut - hier wurde angenommen, daß sich die Mitgliederstruktur nicht wesentlich von der anderer Industriebereiche unterschied;
- die der Parteiorganisation der Nationalen Volksarmee und der Grenztruppen;
- die der Kreisleitungen des Ministeriums für Staatssicherheit und des Ministeriums des Inneren;
- die der zentralen Parteiorgane.

Die Daten der drei zuletzt genannten Mitgliedergruppen wurden auf der Grundlage begründeter Schätzungen den entsprechenden Gruppen zugeordnet[1], damit durch den Datenausfall keine Strukturverzerrung verursacht werden konnte.

Zweitens: Zur Untersuchung der Mitgliederbewegung und Strukturveränderung wurde im Frühjahr/Sommer 1990 eine repräsentative empirische Erhebung durchgeführt. Dazu wurde aus der Gesamtheit der 2.06 Millionen Mitglieder vom Herbst 1989 per Zufallsauswahl eine Stichprobe von 2056 Probanden gezogen, die dann zwischen Februar und Juni befragt wurden. Als Ergänzung zu den vorliegenden Angaben wurde nur ermittelt: Mitgliedschaft bzw. Austritt, Austrittsdatum, Gründe für den Austritt, Veränderung der beruflichen Tätigkeit. Da sich die Gesamtmitgliederzahl anders entwickelte als bei der Festlegung der Samplegröße angenommen (über 80% der ehemaligen SED-Mitglieder waren im Juni 1990 ausgetreten bzw. hatten den Übergang zur PDS nicht mitvollzogen) und weil durch den Übergang zum Wohnortprinzip 15% der Probanden nicht zu ermitteln waren (sie waren in den neuen Basisorganisationen nicht angekommen), war das Teilsample der aktiven PDS-Mitglieder am Ende nicht mehr groß genug, um statistisch gesicherte Aussagen über die Sozialstruktur der Mitgliedschaft treffen zu können. Hinreichend exakt konnte jedoch die Struktur der Ausgetretenen (zugleich zeitlich gestaffelt: Dezember '89, Februar '90, Juni '90) ermittelt werden. Davon ausgehend wurden für die einzelnen sozialen Gruppen "Austrittsquoten" (analog zu den Abstromquoten der Mobilitätsforschung) ermittelt und einer Modellrechnung zugrunde gelegt, die für eine begründete Schätzung verwendet wurde.

Drittens: Im Auftrag des Parteivorstandes der PDS hat ISDA im Mai 1991 eine Befragung von ca. 3000 PDS-Mitgliedern durchgeführt (quotierte und geschichtete Zufallsauswahl). Das Sample ist für die Mitgliedschaft der PDS repräsentativ. Zum Zeitpunkt der Datenanalyse waren rund 2550 Fragebogen eingegangen, davon waren 2211 auswertbar (inzwischen sind weitere rund 200 Fragebogen eingegangen). Grundlage der Samplebestimmung waren die Daten der Mitgliederstatistik der PDS, die auch die Basis für Hochrechnungen ist. Zu dieser Befragung liegt jetzt der Forschungsbericht öffentlich vor.

2. Von der SED zur PDS - Wandel der sozialen Identität einer Partei im Kontext politischer, wirtschaftlicher und sozialer Wandlungen

2.1 Quantitative Veränderungen

Um den sozialen und strukturellen Wandel in der PDS verstehen zu können, muß man die SED in die Betrachtung mit einbeziehen. Die Veränderungen, die sich seit Herbst 1989 mit und in der SED und später in der PDS vollzogen haben, sind bekannt, und sie sind für eine politische Großorganisation auch aus soziologischer Sicht dramatisch.

Umfang und Struktur des Schrumpfungsprozesses, der sich mit der radikal veränderten gesellschaftlichen Stellung dieser Partei vollzogen hat, sind heute offensichtlich. Die PDS hatte im Juni 1990 noch 17.4% der Mitglieder, die die SED 1989 hatte; 82.6% waren zu diesem Zeitpunkt ausgetreten. Noch deutlicher war die Reduzierung bei den Berufstätigen: 11.9% waren noch Mitglieder, 88.1% waren ausgetreten. Massenaustritte gab es im November/Dezember 1989 - insgesamt 61% der Austritte des ersten Jahres. In dieser ersten Welle waren Arbeiter stark überrepräsentiert (70% der Arbeiter, die vorher in der SED waren, traten zu dieser Zeit aus). Als Gründe wurden vor allem angegeben: Zweifel an der Richtigkeit des Marxismus, Enttäuschung über Machtmißbrauch, aber auch die Meinung, daß Verrat am Sozialismus geübt worden sei.

Eine weitere große Austrittswelle kam im Januar/Februar im Zusammenhang mit dem voraussehbaren Macht- und Regierungsverlust sowie der Auflösungs- diskussion. In dieser Welle waren vor allem Akademiker und Angestellte über- repräsentiert, darunter ehemalige hauptamtliche Funktionäre, Staats- und Wirt- schaftsfunktionäre, Militärangehörige, daneben auch Bauern. Aber wesentlich ist, daß die PDS in dieser Welle ein wichtiges strukturelles Merkmal verliert, das die SED als Staatspartei charakterisiert hatte (die "Struktur in der Struktur" - dazu später). Als Gründe wurden jetzt genannt: das Scheitern des Sozialismus, zu wenig/keine Erneuerung in der Partei, aber auch Angst und soziale Not sowie Karrieregründe; daneben offenbar gleichermaßen Schwierigkeiten bei der Inte- gration in die Wohnortorganisationen ("zu den Alten").

Im Mai 1991 hatte die PDS somit höchstens noch eine Mitgliederstärke von 11.9% im Vergleich zur SED 1989, fast 90% waren bis zu diesem Zeitpunkt ausgetreten. Bezogen auf die Erwerbspersonen (Erwerbs- bzw. Berufstätige und Erwerbsfähige - von da an macht diese Unterscheidung für die DDR-Gesellschaft Sinn - war der Anteil gar auf 5.6% gesunken, 94.4% waren bis dahin insgesamt ausgetreten. Danach gab es weitere - im Umfang geringere, anteilig (relativ) je- doch beträchtliche - Austrittswellen im Sommer im Zusammenhang mit der Wäh- rungsunion und wiederum im November/Dezember (Finanzskandal und Ergebnis der Bundestagswahlen).

Soweit zu den Verlaufsformen der hier zu betrachtenden Prozesse, die nicht stetig und in den einzelnen sozialen Gruppen unterschiedlich verliefen. Sowohl quantitativ (hinsichtlich der zahlenmäßigen Stärke) als auch strukturell (in ihrer sozialen Zusammensetzung) kommt damit die PDS als eine in vieler Hinsicht andere Partei aus dem ersten Jahr der gesellschaftlichen Umbrüche heraus, als die SED im Herbst 1989 hineingeschlittert ist.

2.2 Welche Struktur hatte die SED im Herbst 1989?

Insgesamt gesehen hatte die SED die Struktur, die dem historischen Wachsen in ihrer Funktion als Staatspartei und ihrer historischen Selbstverortung als Fort-

setzung der Arbeiterbewegung entsprach. Die Teilstrukturen der Berufstätigen
und der Nichtberufstätigen unterschieden sich nur graduell, nicht qualitativ, in
Entsprechung zum Strukturwandel in der Gesellschaft (siehe Tabelle 1). Ihr
Arbeiteranteil betrug insgesamt fast 43%, an den Berufstätigen reichlich 40%[2].
Bei den Rentnern lag er fast so hoch, wie er offiziell zuletzt angegeben war.

Tabelle 1:   Soziale Zusammensetzung der SED im Oktober 1989
             (Angaben in Prozent)[1]

Mitgliederzahl	GESAMT 2300000	BERUFSTÄTIGE 1850000	RENTNER 400000
Arbeiter	42.6	40.4	52.5
Angestellte	22.2	23.5	18.8
Beamte[2]	-	-	-
Akademiker	26.0	28.4	15.0
Bauern	4.9	4.9	5.0
Handwerker	1.2	0.8	3.0
Unternehmer[2]	-	-	-
GESAMT	100.0	80.4	17.4
DARUNTER: Staats- und Wirtschaftsfunktionäre		8.5	
Hauptamtliche Funktionäre		9.8	
Militärangehörige		10.9	
Trägergruppen zusammen		29.2	

1   Differenz zu 100 durch Nichtberücksichtigung von " Übrigen"
2   Nicht ausgewiesen

Das Geheimnis der SED-Statistik bestand darin, daß die Mehrheit der
Hauptamtlichen, der Militärs u.a. entsprechend ihrer sozialen Herkunft als
lebenslange Arbeiter "honoris causa" eingestuft worden waren. Außerdem hatte
die SED immer (vor allem die Hauptamtlichen als deren innere Struktur) über
ihren Arbeiteranteil gewacht und den Zugang sozial reguliert (es gab dabei einen

regelrechten Rückmeldekreislauf). Als mit der Macht auch die Möglichkeit zu dieser sozialen Regulierung verloren war, war es auch mit dem Arbeiteranteil vorbei. Aber auch vorher hatte der Arbeiteranteil eher eine dekorative Funktion; funktional und auch strukturell (quantitativ) dominant waren die Gruppen der Angestellten und der Intelligenz. Schon aus dieser Sicht stellte sich die SED eher als Verwaltungspartei dar denn als Arbeiterpartei. Aber auch das ist nur die Erscheinungsweise.

Das Wesentliche an der sozio-politischen Struktur ist im unteren Teil der Tabelle 1 ersichtlich; diese Gruppen waren in den obigen Großgruppen enthalten bzw. in ihnen verborgen: Staats- und Wirtschaftsfunktionäre (d.h. entsprechende Angestellte bzw. Akademiker mit Leitungsfunktionen in diesen Bereichen - 8.5%), hauptamtliche Funktionäre (9.8%), Militärangehörige (10.9%). Das sind die Trägergruppen der Funktionen der Staats- und Funktionärspartei; sie sind für die Struktur der SED und aus dieser Sicht auch für deren Wirken/Nichtwirken entscheidend gewesen. Bei allen diesen drei Gruppen ist bemerkenswert, daß sie prinzipiell (nicht nur in der DDR und nicht nur im Realsozialismus) hierarchisch gegliedert sind. Als "Struktur in der Struktur" transportierten und reproduzierten sie permanent das Hierarchische als Strukturprinzip in der SED insgesamt und damit zugleich in der (politischen) Gesellschaft. Gesellschaftlich relevante Innovationen waren dementsprechend nur im Rahmen von Weisungen und Berichten möglich. Damit war strukturelle und funktionelle Starrheit das Funktionsprinzip der ganzen Partei und nicht nur der Führungen. Außerdem war die SED, wie sich schon zu Beginn des akuten Krisenstadiums zeigte, weitgehend eine nur formale Gemeinschaft (in diesen Grenzen allerdings auch wirkungsvoll, die gesellschaftliche Rolle war bei den Mitgliedern weitgehend habitualisiert und ist es z.T. heute noch).

2.3 Die Sozialstruktur der PDS im Mai/Juni 1990

Im Gefolge dieser Prozesse stellte sich die PDS mit einer in vieler Hinsicht völlig anderen Sozialstruktur dar. Strukturell gesehen war sie schon zu dieser Zeit eine andere Partei, als es die SED war - ein neues Gesicht, allerdings mit vielen alten Falten und Sommersprossen. Wir haben allerdings inzwischen - unter Einbeziehung dann folgender Entwicklungen und aufgrund präziserer Datenlage - das eingangs erwähnte Modell neuerrechnet und die Schätzung korrigiert. Jetzt hat diese Schätzung allerdings auch eine andere Funktion (damals diente sie auch der Information über die Situation, wahrscheinlich waren aber gerade im Mai - im Kontext mit den Mai-Wahlen - Veränderungen im Gange, die wir nicht mehr berücksichtigen konnten). Heute besteht die Funktion in der Rekonstruktion eines inzwischen historischen Durchgangsstadiums, das zu erfassen ist, um zu Erklärungen für die Wandlungen beizutragen.

Die Sozialstruktur der PDS wird im Mai/Juni 1990 bestimmt durch gründlich
veränderte Relationen der Großgruppen zueinander. Dabei hat zugleich der
"Rentner"-Teil der Partei eine ganz andere Struktur als der Teil der Erwerbs-
personen (siehe Tabelle 2). Auffällig ist jedoch auch, daß der Arbeiteranteil der
PDS sich zu stabilisieren beginnt - bei allgemein weiterhin starker Reduzierung.
Die PDS wird zu dieser Zeit durch drei große Gruppen strukturell dominiert:

Tabelle 2:   Sozialstruktur der PDS im Mai/Juni 1990
             (Angaben in Prozent[1]; Hochrechnung)

	GESAMT	BERUFSTÄTIGE	RENTNER
Mitgliederzahl	400000	220000	170000
Arbeiter	25	14	41
Angestellte	38	40	35
Beamte[2]	-	-	-
Akademiker	32	42	21
Bauern	3	3	2
Handwerker	1	1	1
Unternehmer[2]	-	-	-
Gesamt	100	56	42

1   Differenz zu 100 durch Nichtberücksichtigung von " Übrigen"
2   Nicht ausgewiesen

- Rentner (vor allem aus Arbeiter- und Angestelltenberufen - Träger der Tradition der Arbeiterpartei - Treue zu dieser Tradition ist die Bindekraft);
- Angestellte, die vor allem in die Strukturen der öffentlichen Verwaltungen
  eingebunden waren, ihre Existenz mit der Entwicklung der DDR aufgebaut
  hatten und in ihren Interessen an die staatliche Existenz der DDR gebunden
  waren;
- Akademiker in Forschung, Technologie, Wissenschaft, Bildung, Kultur,
  Rechtspflege u.ä., die teils in ihrer individuellen Biografie enge Bindungen an
  sozialistische Ideen transportieren (ABF-Generation), teils aber im Zerbrechen
  der SED und im Ende der DDR eine Chance für Erneuerung (demokratischer
  Sozialismus, innerparteiliche Demokratie, Entkrustung des Marxismus) zu
  sehen meinen.

Jene Gruppen, die die Struktur der SED ganz wesentlich bestimmt hatten - die
Trägergruppen der Funktionärs- und Staatspartei: staatliches und wirtschaftliches
Leitungspersonal, hauptamtliche Funktionäre, Militärs - existieren nicht mehr als
Gruppen. Mit dem Verlust der politischen Macht haben sie sich als Gruppen auf-

gelöst, genaugenommen bereits vor dem definitorischen Verlust. Teils (größtenteils) treten ihre Angehörigen in dieser Phase aus, teils gehen sie in andere Gruppen über (wir werden ihnen wieder begegnen). Mit dem Verschwinden dieser Gruppen verliert die PDS als sozio-politische Organisation die personellen Träger des früher in ihr dominierenden Organisationsprinzips, sie verliert ihre autoritär-hierarchischen Strukturen (nicht unbedingt überall entsprechende Ideen bzw. Erwartungen). Sie befand (und befindet) sich in einem Übergangsstadium zu völlig neuen Strukturen der Entscheidung und Willensbildung sowie zu völlig neuen Vergesellschaftungsformen (Politikfähigkeit): extern zu einer - wie eine Mehrheit wünscht - linkssozialistischen Oppositionspartei (mit Verantwortung für Geschichte), intern von Autoritäts- zu demokratischen Kompetenzstrukturen. Allerdings befand (und befindet) sie sich dabei in einer problematischen Pendellage: Autorität gilt (scheinbar: Gysi-Syndrom) nichts, Argumente (noch?) häufig wenig. Mitunter dominiert die Suche nach bzw. der Präsentationsversuch als neue Autorität. Sie ist zu dieser Zeit allerdings auch noch groß genug, sich als sozialistische Volkspartei präsentieren zu wollen, sie hatte dafür auch die entsprechende Struktur. Die Geschichte und der Gang der Ereignisse (insgesamt die verunsicherte und emotionalisierte Situation in der Gesellschaft) bewirken, daß das Volk diese Partei jetzt nicht annimmt.

Was die PDS in dieser Phase eint, sind "Verbundenheit" und sozialistische Überzeugungen, die allerdings sehr differenziert sind und eher ein Spannungsfeld als einen politischen Zusammenhang darstellen:
- Sozialismus war nicht so schlecht, man muß es wieder versuchen;
- Verteidigung des im Realsozialismus erworbenen Sozialstatus (individuell und als Gruppen);
- Reform: keine soziale Entwicklung in der kapitalistischen Marktwirtschaft ohne linkssozialistische Opposition;
- völlig neue sozialistische Perspektiven.

Das heißt nicht, daß nicht auch viele der Ausgetretenen sozialistische Überzeugungen - diese oder jene - teilen. Das heißt vielmehr, daß sich in dieser Phase die PDS formiert als Solidargemeinschaft (mit sehr verschiedenen Ansprüchen an Solidarität und entsprechenden Spannungen), sich formiert übergreifend als "Trutzgemeinschaft".

Allerdings kann bereits in dieser Phase die PDS als Beweis dafür gelten, daß in der SED nicht nur Machtversessene, Karrieristen und Angepaßte, jetzt Verängstigte waren, sondern nicht wenige überzeugte Sozialisten, die zu ihrer historischen Verantwortung (auch wenn es weh tut) und zu ihrer aktuellen sozialen Verantwortung stehen.

3. Zur gegenwärtigen Sozialstruktur der PDS

Ein knappes Jahr danach hat sich die Struktur deutlich weiter verändert. Manches ist stabil geblieben (die Relation zwischen Rentnern und Erwerbstätigen), der Arbeiteranteil hat sogar zugenommen. Die Austritte, die sich relativ verlangsamt haben, gehen - vor allem zum Ende des Jahres 1990 - quer durch alle Altersgruppen (Folge interner und externer Wirkungen: Währungsunion, staatliche Vereinigung, innerparteilicher Auseinandersetzungen um Geschichtsbewältigung, Erneuerung und Politikfähigkeit u.a.), aber Angestellte sind relativ weniger und Akademiker sehr viel intensiver ausgetreten. Damit scheint sich die PDS in Richtung auf eine Partei der Angestellten (vielleicht bald der ehemaligen ?) zu entwickeln (siehe Tabelle 3). Sie hat allerdings einen starken Anteil an "lohnabhängiger" Intelligenz. Ein überraschendes Untersuchungsergebnis war ein verändertes Antwortverhalten gerade dieser Gruppe. Viele von ihnen, die sich in der Vergangenheit zweifellos der Intelligenz zugeordnet hätten, haben sich diesmal als "Angestellte" (mit Hochschulabschluß) definiert. Darin zeigt sich zunächst weniger eine strukturelle Qualität, als vielmehr eine Frage der gruppenspezifischen Selbstverortung: das Lohnarbeiter-Dasein rückt stärker ins individuelle und kollektive Bewußtsein als das frühere Sozialprestige; die Erfahrung, daß man seine Arbeitskraft verkaufen muß, wird als unmittelbar bedeutsamer erlebt.

Aber es erscheinen auch völlig neue Gruppen in der Sozialstruktur der PDS. Dazu gehört eine Gruppe von Unternehmern und Freiberuflichen. Sie ist nicht identisch mit der kleinen Gruppe der "Selbständigen", die früher in der recht verwaschenen Kategorie der "Handwerker und Gewerbetreibenden" enthalten war. Es handelt sich großteils um "neue" Unternehmer, die meist unfreiwillig in diese Position gekommen sind. Es dürfte sich zu einem erheblichen Teil um Personen handeln, die aus den früheren "Trägergruppen" hervorgegangen sind.

Bei genauerer Analyse zeigen sich einige weitere neue Gruppen in der PDS:
- Arbeiter mit Hochschulabschuß (eine weitere "Zustromgruppe" der früheren Trägergruppen);
- Arbeitslose, mit 13.8% liegt die Arbeitslosenquote bei PDS-Mitgliedern deutlich über dem gesellschaftlichen Durchschnitt, ihre Zahl ist bei Arbeitern und Angestellten besonders groß;
- Vorruheständler, die ja nichts anderes sind als Daueraltersarbeitslose, diese Gruppe liegt mit einem Anteil von 14.6% gleichfalls weit über dem gesellschaftlichen Durchschnitt;
- Gekündigte, also jene 17.2% der erwerbsfähigen PDS-Mitglieder, die zwar noch arbeiten, aber bereits ihre Kündigung erhalten haben; auch das liegt weit über dem gesellschaftlichen Durchschnitt.

Tabelle 3:   Sozialstruktur der PDS im Mai 1991
                      (Angaben in Prozent)[1]

Mitgliederzahl	GESAMT 241000	ERWERBSFÄHIGE 129000	RENTNER 99000
Arbeiter	26.0	19.0	39.4
Angestellte	45.2	51.9	41.6
Beamte	2.1	2.5	1.6
Akademiker	17.1	18.6	14.0
Bauern	2.2	2.5	2.0
Handwerker	0.9	1.1	0.8
Unternehmer	2.7	4.3	0.3
Gesamt	100	53.4	41.3

1   Differenz zu 100 durch Nichtberücksichtigung von " Übrigen"

In all dem liegt begründet, daß die Strukturveränderung, die sich in den 12 Monaten zuvor vollzogen hat, damit verknüpft ist, daß der gesellschaftliche Umbruch der sozialen Strukturen sich in der Mitgliedschaft der PDS mit besonderer Geschwindigkeit vollzieht. Die Betroffenheit der PDS-Mitglieder ist besonders hoch. Das macht aber die PDS zugleich zu einem Interessenverband, gleichfalls hoch in sich differenziert und verbunden mit unterschiedlichen/gegensätzlichen Anforderungen an die Politik der Partei intern und in der Öffentlichkeit.

Anmerkungen

1   Die Daten von hauptamtlichen Funktionären, Volkspolizisten und Mitarbeitern des MfS, die nicht in den entsprechenden Zentralen tätig waren, waren den jeweiligen Bezirken und Kreisen zugeordnet und damit zugänglich.

2   Der Unterschied zu früheren Angaben resultiert ausschließlich aus Veränderungen der Bezugsbasis (vor einem Jahr Berufstätige + Rentner = 100%), die aus heutigen Analyseerfordernissen notwendig sind. Die hier veröffentlichten 40.4% entsprechen exakt den im Juni 1990 von mir angegebenen 35%.

IV.

Wahlen und politische Einstellungen

Dieter Roth und Thomas Emmert

Wählerentscheidungen und Wählereinstellungen in Ostdeutschland vor und nach der ersten gesamtdeutschen Bundestagswahl

1. Die Wahlen des Jahres 1990 in Ostdeutschland

Nachdem die Auflösungserscheinungen kommunistischer Regime in Osteuropa schließlich im Herbst 1989 auch die DDR erreichten und mit der Öffnung der Berliner Mauer sich eine neue Perspektive für die deutsche Politik eröffnete, war es nur noch ein kurzer Schritt von den Forderungen der Leipziger Montagsdemonstrationen: "Wir sind das Volk" bis zum Signal für die deutsche Einheit: "Wir sind ein Volk". Die sich abzeichnenden Chancen für eine Vereinigung der beiden deutschen Staaten beherrschten die politische Agenda und warfen alle Pläne eines allmählichen Annäherungsprozesses, wie noch im 10-Punkte-Plan der Bundesregierung angedeutet oder auch von der westdeutschen Opposition propagiert, über den Haufen. Die für den Mai geplante Wahl zur Volkskammer in der DDR, ein Jahr nach den das alte Regime besonders schwächenden Wahlfälschungen bei den Kommunalwahlen, mußte vorgezogen werden, weil die Entscheidungen der Übergangsregierung Modrow zusehends von Legitimitätsverlusten gekennzeichnet waren und die Bundesregierung nicht gewillt war, verbindliche Vereinbarungen mit einer Regierung zu treffen, die nach wie vor von den Nachfolgern der SED dominiert war. Als neuer Wahltermin wurde Ende Januar der 18. März 1990 festgelegt.

1.1 Die erste freie Wahl in der DDR am 18. März 1990

Die Wahl zur Volkskammer im März 1990 war für die Bürger der DDR die erste echte Chance, ihr weiteres politisches Schicksal selbst zu bestimmen. Sie entschieden sich mit besonders hoher Wahlbeteiligung (93,4%) zunächst klar für eine politische Ordnung nach westlichem Muster, aber entgegen den Erwartungen in der Öffentlichkeit mehrheitlich für Parteien, die zwei Ziele in den Vordergrund gerückt hatten: eine schnelle Vereinigung beider deutscher Staaten und die Herbeiführung des materiellen Wohlstandes für die Ostdeutschen. Diese Parteien waren die konservative Allianz für Deutschland aus CDU (Christlich-Demokratische Union Deutschlands), DSU (Deutsche Soziale Union) und DA (Demokratischer Aufbruch) sowie der Bund Freier Demokraten.

Tabelle 1: Ergebnis der Volkskammerwahl am 18. März 1990

	absolut	Prozent	Mandate
Wahlberechtigte	12.426.443		
Wähler	11.604.418	93.38	
Ungültige Stimmen	63.263	0.55	
Gültige Stimmen	11.541.155	99.45	400
CDU	4.710.598	40.82	163
DA (Demokratischer Aufbruch)	106.146	0.92	4
DSU (Deutsche Soziale Union)	727.730	6.31	25
ALLIANZ insgesamt	5.544.474	48.04	192
LIBERALE (Bund Freier Demokraten)	608.935	5.28	21
SPD	2.525.534	21.88	88
GRÜNE - UFV (Unabhängiger Frauenverband)	226.932	1.97	8
Bündnis 90	336.074	2.91	12
PDS	1.892.381	16.40	66
DBD (Demokratische Bauernpartei Deutschlands)	251.226	2.18	9
NDPD (National-Demokratische Partei)	44.292	0.38	2
DFD (Demokratischer Frauenbund Deutschlands)	38.192	0.33	1
AVL (Aktionsbündnis Vereinigte Linke)	20.342	0.18	1
AJL (Alternative Jugendliste)	14.616	0.13	-
BSA (Bund Sozialistischer Arbeiter)	386	0.00	-
CHRISTLICHE LIGA	10.691	0.09	-
DBU (Deutsche Biertrinker Union)	2.534	0.02	-
EINHEIT Jetzt	2.396	0.02	-
EFP (Europäische Föderalistische Partei)	3.636	0.03	-
KPD	8.819	0.08	-
SpAD (Spartakist-Arbeiterpartei Deutschlands)	2.417	0.02	-
USPD	3.891	0.03	-
UVP (Unabhängige Volkspartei)	3.007	0.03	-
VAA (Vereinigung der Arbeitskreise für Arbeitnehmerpolitik und Demokratie)	380	0.00	-

Quelle: Statistisches Amt der DDR, Endgültiges Ergebnis.

Aber auch die Zustimmung für die anderen Parteien kann am ehesten mit einer klaren Orientierung der sie unterstützenden Gruppen an ihren wichtigsten Zielsetzungen und einer erwarteten Interessenvertretung durch diese Parteien erklärt werden. Die PDS zog die an, die dem alten Regime eng verbunden waren und die neue Ängste in der Umbruchsituation entwickelten. Ihre Wähler hatten am ehesten eine eigene DDR-Identität entwickelt und konnten deshalb eine Partei wählen, die sich als reformierte sozialistische Partei gab und versprach, DDR-eigene Interessen zu verteidigen. Die SPD hatte in dieser Situation kein klares Parteiprofil entwickelt. Sie stand für Behutsamkeit im Übergang von einem totalitären, abgewirtschafteten System in ein demokratisches System, das sich an die prosperierende Bundesrepublik anschließen wollte. Behutsamkeit, die der Zeit bedarf, war nur für eine kleinere Gruppe von Wählern die Alternative zu einer schnellen Vereinigung und großem Optimismus bei der Bewältigung der riesigen Probleme, insbesondere im wirtschaftlichen Bereich. Die Wahlentscheidungen, die aus der Meinungsstruktur der einzelnen Gruppen sehr deutlich abgeleitet werden konnten, folgen dem Bild des rationalen Wählers, wie wir ihn bei Anthony Downs finden (Downs 1957). Schließlich zeigt sich dies auch in dem Umstand des geringen Zuspruchs zu den Gruppen, die die Demokratiebewegungen in der DDR initiiert haben. Sie wurden nicht gewählt, weil sie keine großen West-Parteien hinter sich hatten, denen vor allem die machtpolitische Durchsetzungsfähigkeit für die vornehmlich ökonomischen Interessen der DDR-Bürger zugeschrieben wurde.

Die Ergebnisse der ersten freien Wahlen in der DDR können nicht mit den im Westen sehr erfolgreichen Ansätzen erklärt werden, die davon ausgehen, daß die individuelle Wahlentscheidung sowohl langfristigen als auch kurzfristigen Einflüssen unterliegt, die sich in Orientierung an Sachproblemen, an Kandidaten und an bestehenden Bindungen an die Parteien äußert (Campbell, Converse und Miller 1960). Die langfristigen Komponenten der Entwicklung fehlen weitgehend. Parteibindungen konnten sich nicht entwickeln, denn sie müssen historisch wachsen. Sie beruhen auf längerfristig wirkenden Faktoren der Sozialstruktur, also Familie, Erziehung, Beruf, Gruppenbindungen und perzipierten Zugehörigkeiten zu sozialen Klassen. Bindungen von Individuen an Parteien entstehen nun dadurch, daß die soziale Gruppe oder Klasse, der sie sich zuordnen, und/oder deren Eliten zu bestimmten Zeiten Koalitionen mit einzelnen Parteien zur Durchsetzung ihrer Gruppeninteressen eingehen. Die Voraussetzungen dafür sind unterschiedliche Parteien, bei denen Wähler ihre unterschiedlichen Interessen vertreten sehen, kurz: ein pluralistisches System. Diese Voraussetzungen waren in der DDR nicht erfüllt.

Auch die zweite Einflußgröße, die Orientierung der Personen an Politikern, die für bestimmte politische Haltungen oder Programminhalte von Parteien standen, fehlte zur Zeit der ersten freien Wahl in der DDR. Den alten Politikern, auch denen der Blockparteien, haftete nach wie vor der Makel des alten Systems an, die neuen Politiker waren weitgehend unbekannt. Sie hatten auch kaum eine

Chance, sich zu profilieren, teils, weil sie als Mitglieder der Übergangsregierung nur unter Vorbehalten akzeptiert waren, teils, weil die Entscheidungen am "runden Tisch" Einzelleistungen nicht sichtbar werden ließen, teils, weil der Wahlkampf, zumindest in der Schlußphase, von Auftritten westdeutscher Politiker dominiert war.

Was also noch übrig blieb von dem genannten Erklärungsansatz waren die kurzfristigen Komponenten der Entscheidung in Form der Orientierung an zu lösenden und gleichzeitig als besonders wichtig angesehenen Aufgaben. Bei den Volkskammerwahlen im März 1990 hatten wir es deshalb mit "issue voting" in fast reiner Form zu tun.

Als ein besonders überraschendes Ergebnis dieser Wahl wurden in der Öffentlichkeit die großen Erfolge der konservativen Parteien der Allianz bei den Arbeitern gewertet. Eine Überraschung war dies nur deshalb, weil die Muster des Wahlverhaltens der Arbeiterschaft in westlichen Demokratien bekannt sind und diese auf die DDR angewandt wurden, ungeachtet der Tatsache, daß es sich hierbei um ein nicht demokratisch vorgeprägtes Land handelte, in dem sich Interessenübereinstimmungen von Arbeitern mit Sozialdemokraten nicht entwickeln konnten, weil es diese politische Kraft gar nicht gab. Daß die SPD bei Arbeitern nur einen etwa durchschnittlichen Erfolg hatte, zeigte, daß die Mehrheit der Arbeiter in der DDR eben ganz aktuelle Ziele und Interessen verfolgte, die aus ihrer Sicht andere Parteien eher zu erfüllen versprachen als die SPD.

Damit ist das Verhalten der Arbeiter nicht mit der berufsspezifischen Interessenvertretung durch eine Partei zu erklären, sondern mit der realen gesellschaftlichen Position dieser Gruppe im alten System, dem ersten deutschen "Arbeiter- und Bauernstaat", und darüber hinaus durch ihre Interessen in der "nachrevolutionären" Situation. Die Arbeiter waren diejenigen, die am meisten unter der Mangelwirtschaft der DDR zu leiden hatten. Die erste Konsequenz daraus war die Abkehr von der SED und ihrer Nachfolgepartei, der PDS. Die zweite Konsequenz war die Wahl der klarsten Alternative zu den bisherigen Verhältnissen, und diese boten die Allianzparteien an. Daß der ökonomische Teil des neuen Modells auch realisierbar erschien, dafür stand der große, mit entsprechender Macht ausgestattete Bruder im Westen, die CDU/CSU.

Das für die Erklärung von Wahlverhalten in Westeuropa so erfolgreiche Konfliktlinienmodell von Lipset und Rokkan (1967) könnte aber zumindest für das Wahlverhalten von Arbeitern bei der ersten freien Wahl in der DDR herangezogen werden. Denn an die Stelle des Konflikts zwischen Arbeitern und Eigentümern in kapitalistischen Gesellschaften trat in der DDR der Gegensatz der Arbeiterschaft, die auch in der sozialistischen DDR keine Verfügungsgewalt über Produktionsmittel besaß, zur diese Produktionsmittel verwaltenden und damit die Unternehmer substituierenden sozialistischen Intelligenz. Die Klassengesellschaft wurde also in der DDR nicht überwunden, die Arbeiterschaft wurde auch im sozialistischen System benachteiligt. Dies mußte dann zur Aufgabe der aus westlichen Demokratien bekannten Präferenz der Arbeiterschaft zugunsten von Parteien des linken Spektrums führen, während die sozialistische Bourgeoisie retten wollte, was noch zu retten war, und deshalb die noch übrig bleibende sozialistische Partei unterstützen mußte.

Ein zweites Ergebnis der ersten freien Wahl in der DDR, die starke Unterstützung der Allianzparteien durch Katholiken und Protestanten, läßt sich sogar viel besser mit dem klassischen Konfliktmodell erklären. Der Konflikt zwischen Staat und Kirche erhielt in der DDR eine neue Qualität, da der Sozialismus atheistisch ausgerichtet war. Die klassische Konfessionskonfliktlinie wurde damit durch eine religiöse Spannungslinie substituiert, die zwischen konfessioneller Bindung und Konfessionslosigkeit differenzierte. Diejenigen Bevölkerungsteile, die in einem solchen Staat trotz Restriktionen und Repressalien an ihrer religiösen Überzeugung festhielten und dies durch eine fortdauernde Konfessionszugehörigkeit auch dokumentierten, mußten die den Staat repräsentierende Partei ablehnen und ihre Werthaltung durch die Wahl wertkonservativer Parteien zum Ausdruck bringen. Der Einfluß gerade dieser Konfliktlinie konnte auch empirisch überprüft und bestätigt werden (Emmert 1991). Insgesamt verbleibt aber ein stärkerer Einfluß der auf der Individualebene wirkenden Einstellungsfaktoren. Mit der immer stärker werdenden Übernahme bundesrepublikanischer gesellschaftlicher Strukturen werden die dort vorherrschenden Konfliktmuster auch durch die Wähler der ehemaligen DDR übernommen werden. In der Phase des Überganges ist aber zu erwarten, daß die Wähler im Osten der Republik ihr Wahlverhalten weiterhin sehr stark an den politischen Sachfragen orientieren. Dies muß zu einer relativen Instabilität des Verhaltens führen, denn politische Issues verändern sich sehr viel schneller als Strukturen.

1.2 Kommunalwahlen in der ehemaligen DDR

Bereits kurz nach der Volkskammerwahl hatte die Diskussion um den Umtausch der DDR-Mark in die D-Mark zu großen Irritationen und Anfang April zu in Umfragen gemessenen Veränderungen in der Wahlabsicht geführt. Es kam zu einem Swing von etwa 20 Prozent zwischen der SPD und den Parteien der Allianz zugunsten der Sozialdemokraten. Kurz vor den Kommunalwahlen in der DDR, Anfang Mai, war die Entscheidung über den Umtauschkurs gefallen. Er lag insgesamt sehr viel näher an einem 1:1 Verhältnis als an einem Verhältnis 1:2, wie Anfang April diskutiert. Das Pendel schlug zurück, die Allianzparteien kamen fast zu so guten Ergebnissen wie im März. Auch ein zweites Ergebnis der Kommunalwahlen unterstreicht die potentiell starken Reaktionen der Wähler der ehemaligen DDR. Kurz vor diesen Wahlen waren große Befürchtungen um die Konkurrenzfähigkeit der Landwirtschaft der DDR auf dem europäischen Markt deutlich geworden. Die Angst vor Arbeitslosigkeit in der Landwirtschaft stieg. In dieser Situation hatte der Bauernverband als neue berufsständische Interessenvertretung, ohne Partei zu sein, große Stimmengewinne in den entsprechenden Ge-

bieten bei den Kommunalwahlen, so zum Beispiel 4,9 Prozent im Bezirk Neubrandenburg oder 4,0 Prozent im Bezirk Schwerin. Die Bauernpartei (DBD) erreichte in Neubrandenburg nochmals 8,2 Prozent, in Schwerin 6,4 Prozent.

Tabelle 2: Ergebnis der Kommunalwahlen am 6. Mai 1990

	absolut	Prozent
Wahlberechtigte	12.412.874	
Wähler	9.304.739	74.96
Ungültige Stimmzettel	599.705	6.45
Gültige Stimmzettel	8.705.034	93.55
Abgegebene Stimmen	25.438.753	
Davon für:		
Bauern	500.667	1.97
BFD (Bund Freier Demokraten)	1.613.286	6.34
CDU	7.727.336	30.38
DBD (Demokratische Bauernpartei Deutschlands)	880.652	3.46
DFD (Demokratischer Frauenbund Deutschlands)	314.418	1.24
DSU (Deutsche Soziale Union)	867.275	3.41
KB (Kulturbund der DDR e.V.)	74.602	0.29
NF (NEUES FORUM)	615.686	2.42
PDS	3.550.203	13.96
SPD	5.344.024	21.01
VS (Volkssolidarität)	148.376	0.58
Andere	3.802.228	14.95

Kreistage und Stadtverordnetenversammlungen der Stadtkreise insgesamt.
Quelle: Statistisches Amt der DDR, Endgültige Ergebnisse.

1.3 Die Landtagswahlen in den neuen Ländern

Seit Juni 1990 hatten sich die Parteistärken, wie aus Umfragen der Forschungsgruppe Wahlen hervorgeht, bis zu den Landtagswahlen nur wenig verändert. Die CDU hatte sich bei etwas mehr als 40 Prozent behauptet, die DSU, die
am 18. März ihre Schwerpunkte in Sachsen und Thüringen hatte, war auf einen
Wert von ca. 2 Prozent zurückgegangen. Die Liberalen hatten sich verbessert und
lagen bei einem Wert um 8 Prozent. Die Grünen und das Bündnis 90 gewannen
an Unterstützung und hatten sich etwa in der Größenordnung von jeweils 5 Prozent eingependelt. Die PDS war nach der März-Wahl stetig gefallen und lag im

Juni in einer Größenordnung von etwas über 5 Prozent. Danach konnte sich die PDS wieder verbessern und erreichte in den letzten Wochen vor der Wahl wieder Werte zwischen 10 Prozent und 11 Prozent. Auffälligste Veränderung in der Präferenzstruktur der Befragten war, daß wenige Wochen vor den Landtagswahlen fast 30 Prozent unsicher waren, ob sie an der Wahl teilnehmen würden bzw. welche Partei sie dann wählen würden. Diese hohe Zahl von unsicheren Wählern hatte es in den vorhergehenden Umfragen nicht gegeben.

Die im Gebiet der ehemaligen DDR durchgeführten Umfragen wiesen die gleichen deutlichen Nord-Süd-Unterschiede auf, wie sie sich auch bei der Wahl am 18. März ergeben hatten. Die CDU war in den nördlichen Bundesländern Mecklenburg-Vorpommern und Brandenburg weniger stark vertreten als in den übrigen neuen Ländern. In Sachsen zeichnete sich eine besonders starke Position der CDU ab. Umgekehrt galt, daß SPD und PDS in den nördlichen Bundesländern stärker repräsentiert waren als in den südlichen. Insgesamt hatte sich, was die gemessenen Parteistärkeverhältnisse angeht, die Situation vom 18. März nicht grundlegend verändert. In Sachsen-Anhalt, Thüringen und vor allem in Sachsen war die CDU so stark, daß ihre Führungsrolle in der Regierung sehr wahrscheinlich war. In den beiden nördlichen Ländern schienen sich größere Veränderungen anzudeuten. Insbesondere in Brandenburg hatte die SPD auf Grund der Umfragen die größere Chance, als stärkste Partei abzuschneiden.

Vier der zehn Spitzenkandidaten der beiden großen Parteien kamen aus dem Westen Deutschlands, sogenannter "Westimport". Die übrigen sechs Kandidaten kamen aus dem Gebiet der ehemaligen DDR und waren sogenannte "Eigengewächse". In Mecklenburg-Vorpommern trat für die CDU Alfred Gomolka als Spitzenkandidat an und für die SPD Klaus Klinger, der Justizminister aus dem benachbarten Schleswig-Holstein. In Brandenburg bewarben sich um das Amt des Ministerpräsidenten Peter-Michael Diestel (CDU), der Innenminister der ersten frei gewählten Regierung der DDR, und Manfred Stolpe (SPD), Sozialrat der evangelischen Kirche. In Sachsen-Anhalt waren Gerhard Gies (CDU) und Reinhard Hübner (SPD) die Bewerber. In Thüringen traten Josef Duchac (CDU) und Friedhelm Farthmann (SPD) aus Nordrhein-Westfalen an. In Sachsen kamen beide Kandidaten um das höchste Regierungsamt aus dem Westen: Kurt Biedenkopf für die CDU und Anke Fuchs für die SPD.

Im Unterschied zur Volkskammerwahl im März 1990 galt bei der Landtagswahl ein Wahlrecht, das analog zum Wahlrecht der Bundestagswahl zwei Stimmen vorsieht. In allen Ländern galt das gleiche Wahlrecht mit einer Fünf-Prozent-Hürde, allerdings mit der Möglichkeit von Listenvereinigungen. Diese Möglichkeit wurde, zum Teil in unterschiedlichen Konstellationen, in den verschiedenen Ländern wahrgenommen. Außer den Listenvereinigungen gab es im Vorfeld der Wahl auch Parteivereinigungen. Das Parteienangebot in den neuen Ländern rechts von der Mitte ähnelte immer mehr dem der alten Bundesrepublik. Der linke Teil des Parteienspektrums stellte sich zu dieser Zeit noch differenzierter zur Wahl.

Tabelle 3: Ergebnis der Landtagswahlen am 14. Oktober 1990 (Zweitstimmen)

	Brandenburg absolut	Mecklenburg-Vorp. absolut	Sachsen absolut	Thüringen absolut	Sachsen-Anhalt absolut
Wahlberechtigte	1.955.403	1.431.020	3.709.210	2.010.395	2.234.994
Wähler	1.312.120	926.220	2.699.724	1.441.170	1.455.634
Ungültige Stimmen	38.214	30.221	66.302	37.816	43.122
Gültige Stimmen	1.273.906	895.999	2.633.422	1.403.354	1.412.512
CDU	374.572	343.447	1.432.226	637.055	550.815
SPD	487.134	242.147	502.722	319.376	367.254
FDP	84.501	49.104	138.376	130.035	190.800
PDS	170.804	140.397	269.420	136.464	169.319
B90/Grüne*	117.963	83.514	147.543	100.428	74.696
DSU	12.552	6.740	94.347	45.979	24.144
REP	14.631	7.640	-	11.712	8.992
Sonstige	11.749	23.010	48.788	22.305	26.492

	Brandenburg Prozent	Mecklenburg-Vorp. Prozent	Sachsen Prozent	Thüringen Prozent	Sachsen-Anhalt Prozent
Wahlbeteiligung	67.1	64.7	72.8	71.1	65.1
Ungültige Stimmen	2.9	3.3	2.5	2.6	3.0
Gültige Stimmen	97.1	96.7	97.5	97.4	97.0
CDU	29.4	38.3	54.4	45.4	39.0
SPD	38.2	27.0	19.1	22.8	26.0
FDP	6.6	5.5	5.3	9.3	13.5
PDS	13.4	15.7	10.2	9.7	12.0
B90/Grüne*	9.3	9.3	5.6	7.2	5.3
DSU	1.0	0.8	3.6	3.3	1.7
REP	1.2	0.9	-	0.8	0.6
Sonstige	0.9	2.5	1.8	1.6	1.9

* GRÜNE in unterschiedlichen Zusammensetzungen, hierzu auch die Stimmen für NF und UFV.
Quelle: Statistisches Bundesamt und Gemeinsames Statistisches Amt in Berlin.

Auch bei den Landtagswahlen in den neuen Ländern orientierten sich die Wähler stark an den Inhalten konkreter Politik bzw. ihren Erwartungen hierzu. Wie aus den Umfragen zu ersehen war, standen die Fragen der ökonomischen Daseins- und Zukunftssicherung eindeutig im Vordergrund. Die Währungsunion am 1. Juli wurde als wichtiger Schritt im Hinblick auf die Einheit gewertet, und auch der 3. Oktober als formaler Abschluß der Einheit der Nation hatte die Ausgangssituation für die regierenden Parteien begünstigt. Die erreichte Einheit wurde in allen neuen Bundesländern mit überwältigenden Mehrheiten begrüßt (zwischen 75% und 90%). Aber in die Freude darüber, daß die Teilung überwunden war, mischte sich die Sorge über die Probleme, die mit der Einheit verbunden sind. Für mehr als die Hälfte überwogen diese Sorgen sogar, in den nördlichen Ländern stärker als im Süden. Es waren die Sorgen um den Arbeitsplatz (über 80%) und über die schlechte wirtschaftliche Lage (zwischen 68% und 76%). Bei dieser Beurteilung gab es kaum Unterschiede zwischen den einzelnen Parteianhängergruppen. Die Kompetenz zur Ankurbelung der Wirtschaft sahen in allen Ländern Mehrheiten (um 60%) bei einer CDU-geführten Regierung, darunter auch viele, die nicht die Absicht hatten, die CDU zu wählen. Auch die Lösung des Problems der Arbeitslosigkeit wurde eher bei einer CDU-geführten Regierung gesehen; beides war wohl von entscheidender Bedeutung für den Ausgang der Wahl. Selbst in Brandenburg bestand ein Kompetenzvorsprung der CDU auf dem Gebiet wirtschaftlicher Lösungen.

Die Tatsache, daß sich in den neuen Ländern Parteibindungen bis zu diesem Zeitpunkt nicht entwickeln konnten, eröffnete den Spitzenkandidaten der Parteien neue Chancen der Beeinflussung. Dies galt vor allem für Brandenburg und Sachsen.

In Brandenburg traten zwei Kandidaten zur Wahl an, die im Gegensatz zu vielen Spitzenpolitikern in den anderen Ländern sehr bekannt waren. Peter-Michael Diestel war als Innenminister der ersten demokratisch legitimierten Regierung der DDR insbesondere im Zusammenhang mit der Lösung des Stasi-Problems in die Schlagzeilen geraten und hatte einen Bekanntheitsgrad wie Lothar de Maizière. Ihm gegenüber stand Manfred Stolpe als ein Mann der Kirche, integer wirkend und frühzeitig im Demokratisierungsprozeß aufgetreten. Er hatte nicht den gleich hohen Bekanntheitsgrad wie Peter-Michael Diestel, aber er hatte die weit bessere Beurteilung. Auf einer Skala von +5 bis -5 erreichte er einen Wert von 1,6 und wurde von der Mehrheit in allen Parteianhängergruppen positiv beurteilt. In der SPD-Wählerschaft erreichte er einen Mittelwert von 2,4. Peter-Michael Diestel wurde von der Mehrheit der Wähler in Brandenburg eher abgelehnt (-0,6), und auch in den Reihen der CDU-Wählerschaft war sein Wert nur leicht über der Nullinie (0,4). Sicherlich nicht schmeichelhaft für den CDU-Kandidaten, aber von einer gewissen Aussagekraft war die Tatsache, daß seine beste Beurteilung aus den Reihen der PDS-Wähler kam (0,9). In der Frage nach dem gewünschten Ministerpräsidenten lag Manfred Stolpe (56%) weit vor Peter-Michael Diestel (29%). Selbst innerhalb der Wählerschaft der CDU entschieden sich 30

Prozent für Manfred Stolpe. Die Kandidatenkonstellation hatte zweifellos in Brandenburg einen entscheidenden Einfluß darauf, daß die SPD besonders unter den evangelischen Wählern dazugewann und im Gegensatz zur März-Wahl als stärkste Partei aus der Landtagswahl hervorgehen konnte.

In Sachsen traten zwei Kandidaten aus dem Westen an: Kurt Biedenkopf für die CDU und Anke Fuchs für die SPD. Rund drei Viertel der wahlberechtigten Bevölkerung kannten beide Bewerber. Kurt Biedenkopf erreichte die bessere Beurteilung im Lande. Auf einer Skala von -5 bis +5 wurde er mit 2,0 von der Gesamtheit der Wähler beurteilt, während Anke Fuchs einen Wert von 1,2 erreichte. Auch in den eigenen Reihen wurde Kurt Biedenkopf etwas besser beurteilt als die SPD-Kandidatin von den Anhängern ihrer Partei. Trotzdem hatte Anke Fuchs eine beachtlich hohe Wertschätzung in der Bevölkerung erreicht und wurde auch von den Wählern der CDU recht positiv beurteilt. In der Frage danach, wen die Wähler lieber als Ministerpräsidenten/-präsidentin in Sachsen hätten, war der Vorsprung von Kurt Biedenkopf mit 56 Prozent vor Anke Fuchs mit 33 Prozent recht groß.

Die Kandidaten um das Amt des Ministerpräsidenten in den anderen Ländern traten mit dem Manko an, bei einem großen Teil der Wähler nicht bekannt zu sein. So sagten zum Beispiel 63 Prozent der Befragten in Sachsen-Anhalt, daß sie den CDU-Kandidaten Gerhard Gies nicht kannten, in Thüringen sagten dies 60 Prozent über Josef Duchac (CDU). Auch den aus Nordrhein-Westfalen kommenden Friedhelm Farthmann (SPD) kannte mehr als die Hälfte der Wähler in Thüringen nicht. Die Chancen, die sich Spitzenkandidaten in der spezifischen Situation der Landtagswahlen in den neuen Ländern prinzipiell eröffneten, konnten deshalb nicht von allen gleichermaßen wahrgenommen werden.

1.4 Die Bundestagswahl am 2. Dezember 1990

Das Ergebnis der ersten gesamtdeutschen Wahl im Osten der Republik brachte im Gegensatz zur Volkskammerwahl am 18. März keine Überraschungen mehr. Die Ergebnisse der Unionsparteien, zumindest wenn man die DSU vernachlässigt, zeigten eine hohe Stabilität über alle vier Wahlen des Jahres 1990. Obwohl deutlich war, daß das Potential wechselnder Parteipräferenzen im östlichen Teil Deutschlands auch zu diesem Zeitpunkt sehr viel höher war als im Westen, hatten sich die Bedingungen für die Entscheidungen der Wähler gegenüber dem Frühjahr 1990 ja keinesfalls grundlegend verändert. Die Dominanz der zu lösenden wirtschaftlichen Probleme beim Zusammenwachsen der beiden Teile Deutschlands war unübersehbar, und nach wie vor wurde den Unionsparteien ein wirtschaftspolitischer Kompetenzvorsprung zugebilligt. Das forcierte Eintreten der Regierung unter Helmut Kohl für die Wirtschaftsunion und für die Einheit trug eher zu einer Verbesserung der Wahlchancen der Regierungsparteien bei, als daß dies Zweifel an der Lösungsfähigkeit genährt hätte. Die Scheinblüte der ersten

Tabelle 4: Ergebnis der Bundestagswahl am 2. Dezember 1990 (Zweitstimmen)

	Brandenburg absolut	Mecklenburg-Vorp. absolut	Sachsen absolut	Thüringen absolut	Sachsen-Anhalt absolut
Wahlberechtigte	1.956.684	1.432.336	3.707.677	2.009.711	2.237.790
Wähler	1.444.148	1.015.043	2.825.162	1.534.654	1.615.723
Ungültige Stimmen	20.708	17.922	44.492	20.382	24.337
Gültige Stimmen	1.423.440	997.121	2.780.670	1.514.272	1.591.386
CDU	516.617	410.940	1.376.055	684.743	613.515
SPD	468.294	264.715	505.176	332.377	393.396
FDP	138.586	91.229	345.471	221.621	314.265
PDS	157.022	141.906	251.217	125.154	149.053
B90/Grüne	94.386	58.792	163.192	92.567	83.976
DSU	6.012	3.003	48.365	20.023	7.138
REP	23.504	14.146	33.605	17.969	15.197
Sonstige	19.019	12.390	57.589	19.818	14.846

	Brandenburg Prozent	Mecklenburg-Vorp. Prozent	Sachsen Prozent	Thüringen Prozent	Sachsen-Anhalt Prozent
Wahlbeteiligung	73.8	70.9	76.2	76.4	72.2
Ungültige Stimmen	1.4	1.8	1.6	1.3	1.5
Gültige Stimmen	98.6	98.2	98.4	98.7	98.5
CDU	36.3	41.2	49.5	45.2	38.6
SPD	32.9	26.5	18.2	21.9	24.7
FDP	9.7	9.1	12.4	14.6	19.7
PDS	11.0	14.2	9.0	8.3	9.4
B90/Grüne	6.6	5.9	5.9	6.1	5.3
DSU	0.4	0.3	1.7	1.3	0.4
REP	1.7	1.4	1.2	1.2	1.0
Sonstige	1.4	1.4	2.1	1.4	0.9

Quelle: Statistisches Bundesamt.

Monate nach dem Geldumtausch und der Wahlkampf taten ein übriges, um die Position der Union zu verbessern.

Die zumindest zum Teil unterschiedlichen Vorstellungen der Parteien über Prioritäten, Lösungsmöglichkeiten und die Finanzierung anstehender Probleme im Zusammenhang mit der Vereinigung Deutschlands wurden durch die Persönlichkeiten der beiden Spitzenkandidaten besonders prägnant repräsentiert. Es standen sich auf der einen Seite die eher zögernde Position Oskar Lafontaines und eines Teils der SPD, auf der anderen Seite Helmut Kohl mit einer sehr optimistischen Haltung auch in bezug auf die Folgeprobleme der Einheit gegenüber. Die SPD hatte wohl auch durch die Betonung der sich abzeichnenden ökonomischen Probleme in den letzten Wochen vor dem Urnengang im Vergleich zur Volkskammerwahl zwar etwas gewinnen können, aber nicht das Ergebnis der Landtagswahlen am 14. Oktober erreicht. Die SPD konnte auch ihre Position in der großen Berufsgruppe der Arbeiter nicht verbessern. Die Arbeiter wählten die Sozialdemokraten sogar unterdurchschnittlich. Die Arbeiter wollten im östlichen Wahlgebiet nach wie vor vordringliche Wünsche und Ziele erfüllt sehen, und diese waren in der Hauptsache ökonomischer Natur. Sie suchten zumindest bei der Bundestagswahl 1990 noch nicht nach mittel- oder langfristigen Interessenvertretungen. Auch die Gewerkschaften, die im Westen als Vorfeldorganisationen der Vermittlung politischer Programme der Sozialdemokraten wirken, waren in Ostdeutschland nicht geeignet, eine solche Funktion zu übernehmen, da sie für diesen Zeitpunkt nach wie vor den Stempel alter Regimetreue trugen.

Die F.D.P. stand im Osten für einen Wirtschaftsliberalismus alter Prägung, der im freien Spiel der Kräfte die Lösung nahezu aller Probleme sah. Diese Haltung war in der Wählerschaft nicht ohne Widerhall, vor allem in der noch nicht sehr großen, aber relativ schnell anwachsenden Gruppe der Selbständigen; dort erreichte die F.D.P. über 20 Prozent, und auch unter den leitenden Angestellten, einer ebenfalls noch relativ kleinen Berufsgruppe, erreichten die Liberalen nahezu 20 Prozent. Die F.D.P. profitierte aber auch von einer Stimmung, die sich nach den für die Unionsparteien sehr erfolgreichen Landtagswahlen am 14. Oktober gebildet hatte und die eine absolute Mehrheit der Unionsparteien durchaus als möglich erscheinen ließ. Da absolute Mehrheiten einer der beiden großen Parteien auch im Osten von mehr als 60 Prozent der Wähler abgelehnt werden, kann die F.D.P. bei solchen Erwartungen durchaus profitieren, ohne dabei besonders treue Wähler gewinnen zu können. Die Überlegung dabei für die Wähler ist, mit dem Wechsel zum Koalitionspartner F.D.P., der die Funktion der Kontrolle der Unionsparteien übernehmen soll, extreme Entscheidungen oder Entwicklungen bei der CDU/CSU zu vermeiden.

Ein drittes Moment, das der F.D.P. half, war am deutlichsten in Sachsen-Anhalt zu bemerken. Dort kam die F.D.P. auf 19,7 Prozent. Aber auch in Thüringen und in Sachsen gab es erhebliche Zuwachsraten, die die Liberalen zu einem nicht unerheblichen Teil Hans-Dietrich Genscher zu verdanken haben, der dort, wie auch schon in den vorhergehenden Wahlkämpfen, besonders aktiv war und seine große Popularität in Ost und West für seine Partei eingesetzt hat.

Wie deutlich zeitgebunden diese positiven Einflüsse für die F.D.P. waren, zeigt die Stimmungsentwicklung für die Liberalen in der Zeit nach den Bundestagswahlen (s. Kap. 2).

Bündnis 90 und Grüne haben als Listenverbindung im östlichen Wahlgebiet 6,1 Prozent der Zweitstimmen erreicht und sind mit acht Abgeordneten die einzige Vertretung der Grünen-Bewegung im Bundestag. Die Vereinigung der beiden Grünen-Parteien in Ost und West war vor der Bundestagswahl am Einspruch der Ost-Grünen gescheitert. Bei vereinigten Parteien galten die Parteilisten beider Wahlgebiete als verbunden, so daß nur in einem Wahlgebiet die Fünf-Prozent-Hürde überwunden werden mußte. Die Grünen waren politisch unfähig, die Einheit der beiden Gruppen herbeizuführen, und scheiterten an einer Hürde, die sie durch ihre erfolgreiche Klage beim Bundesverfassungsgericht selbst herbeigeführt hatten. Wenn dann aus den Ergebnissen West noch hervorgeht, daß die Grünen bei den Erststimmen zum ersten Mal seit ihrer Existenz höhere Anteile erreichen als bei den Zweitstimmen und damit eindeutig über der Fünf-Prozent-Hürde lagen, hat das Scheitern dieser Partei schon fast tragische Züge.

Die PDS erreichte im östlichen Wahlgebiet 11,1 Prozent der Stimmen. Die Nachfolgepartei der SED zog mit 17 Abgeordneten in den Bundestag ein, zwei davon aufgrund der Stimmengewinne, die sie im Westen erreicht hatte. Weil die PDS/Linke Liste als eine Partei im östlichen und westlichen Wahlgebiet antrat, galten ihre Listen als verbunden. Für sie galt, was die Grünen aus Uneinigkeit nicht vermochten. Sie mußte also nur in einem Wahlgebiet die Fünf-Prozent-Hürde überschreiten, um im Bundestag vertreten zu sein. Bei der Sitzberechnung wurden alle Stimmen, die sie in beiden Wahlgebieten erreicht hatte, berücksichtigt.

Die PDS hatte im Osten im Vergleich zur Volkskammerwahl im März 1990 ein Drittel ihres Anteils verloren. Unter Berücksichtigung der deutlich niedrigeren Wahlbeteiligung hatte sie sogar fast die Hälfte ihrer Wähler verloren. Auf längere Sicht wird die PDS allerdings wohl keine Chance haben, im Bundestag vertreten zu sein, denn bereits bei der nächsten Bundestagswahl wird es ein gesamtdeutsches Wahlgebiet mit einer Fünf-Prozent-Klausel geben, die als Hürde für die PDS zu hoch sein dürfte.

Knapp 4 Prozent der Stimmen gingen an kleine Parteien und Splitterparteien, wobei die extreme Rechte den größten Anteil erreichte, nämlich 1,3 Prozent für die Republikaner und 0,3 Prozent für die NPD. Die Unterstützung für die extreme Rechte war ähnlich wie im Westen auf den harten Kern ihrer Anhängerschaft reduziert, weil sie in der Situation kurz nach dem Vollzug der deutschen Einheit keine Proteststimmen bekommen konnte.

2. Zur Entwicklung der politischen Einstellungen in den neuen Bundesländern nach der ersten gesamtdeutschen Bundestagswahl

2.1 Zur Entwicklung der politischen Präferenzen

Das erstaunlich hohe Maß an Kontinuität der Wahlergebnisse des Jahres 1990, das für weite Teile der Bevölkerung bereits fest etablierte Parteibindungen suggerieren könnte, läßt sich für die Entwicklung nach der ersten gesamtdeutschen Bundestagswahl nicht mehr konstatieren. Betrachtet man die in den monatlichen Politbarometer-Befragungen der Forschungsgruppe Wahlen gemessene politische Stimmung, dann fallen vielmehr erhebliche Schwankungen in der Wahlabsicht der Befragten auf. Auch wenn man berücksichtigt, daß die Frage "Welche Partei würden Sie wählen, wenn am nächsten Sonntag Bundestagswahlen wären?" nur aktuelle politische Stimmungen messen kann, die nicht mit einer tatsächlichen Stimmabgabe bei einer Bundestagswahl gleichgesetzt werden können, sondern vielmehr "ein bestimmtes Stimmungsbild für den spezifischen Erhebungszeitraum" (Kühnel und Terwey 1988: 2) skizzieren, ist evident, daß die Bindungen an eine bestimmte Partei in den neuen Ländern nicht so fest verankert und dauerhaft etabliert sind wie in der alten Bundesrepublik und wie dies die Wahlen von 1990 signalisiert haben.

Wie aus dem Schaubild 1 hervorgeht, befindet sich die CDU, die aus jeder der vier Wahlen des Jahres 1990 als stärkste politische Kraft hervorgegangen war, seit der Bundestagswahl praktisch in einem kontinuierlichen Abwärtstrend, der im Juni 1991 einen ersten Tiefstand erreicht. Nur noch 27 Prozent der Ostdeutschen, die zum damaligen Zeitpunkt wählen gehen wollten, hätten sich für die CDU entschieden, das sind etwa zwölf Prozentpunkte weniger, als sie bei der Bundestagswahl in den neuen Ländern erhalten hatte. Danach setzt zwar wieder eine leichte Aufwärtstendenz für die CDU ein, sie bleibt aber immer deutlich unter dem Niveau des Bundestagswahlergebnisses. Im Laufe des Jahres 1992 verliert die CDU dann nochmals weiter an Unterstützung, zur Jahresmitte ist sie auf 22 Prozent der gültigen Stimmen abgesunken und hat damit fast die Hälfte des Stimmenanteils von der Bundestagswahl verloren. Nach einer kurzen Besserung zum Ende des Jahres 1992 fällt die CDU dann im Februar 1993 auf einen neuen Tiefststand ab, nur noch 21 Prozent der Wähler würden sich jetzt für die Christdemokraten entscheiden, im März liegt der entsprechende Wert nahezu unverändert bei 22 Prozent.

Fast spiegelbildlich hierzu verläuft, zumindest in den Monaten direkt nach der Bundestagswahl, die Entwicklung der Stimmungslage für die SPD. Die Sozialdemokraten, die eigentlichen Verlierer der Wahlen von 1990, können zumindest Teile des von der CDU abgewanderten Potentials für sich gewinnen. Seit März 1991 würden sich in jeder Politbarometer-Befragung mehr Befragte für die SPD als für die CDU entscheiden, wobei die Sozialdemokraten analog zu dem ersten Tiefstand der CDU im Juni 1991 mit 46 Prozent der gültigen Stimmen einen er-

Schaubild 1: Entwicklung der politischen Stimmung seit der Bundestagswahl 1990

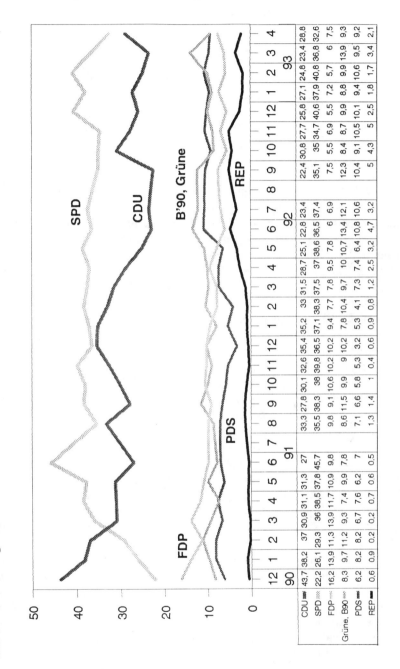

Quelle: Forschungsgruppe Wahlen
Politbarometer Ost

sten Höhepunkt erzielen. Zum Jahresende haben sich dann allerdings die Stimmenanteile der beiden großen Parteien nahezu wieder angeglichen. 1992 kann die SPD weniger als zu Beginn des Jahres 1991 von den neuerlichen Verlusten der CDU profitieren, sie bewegt sich vielmehr relativ konstant um die 40-Prozent-Marke. Mit Beginn des Jahrs 1993 öffnet sich allerdings die Schere zwischen christ- und sozialdemokratischen Stimmenanteilen nochmals, das heißt, die Verluste der CDU wirken sich direkt positiv für die SPD aus; im Februar erhielte die SPD 44 Prozent der gültigen Stimmen in Ostdeutschland und damit mehr als doppelt soviele wie die CDU. Im März verliert die SPD allerdings wieder an Unterstützung, hier äußern 38 Prozent eine Wahlabsicht zugunsten der Sozialdemokraten.

Die Entwicklung für die kleineren Parteien verläuft im Vergleich dazu wesentlich konstanter. Die F.D.P. verliert zwar nach der Bundestagswahl analog zu ihrem Bonner Koalitionspartner an Unterstützung, bleibt dann aber auf diesem niedrigeren Niveau längere Zeit praktisch unverändert bei etwa 10 Prozent. 1992 erfahren die Freien Demokraten allerdings einen weiteren Rückgang ihrer Unterstützung und befinden sich zum Jahresende, ebenso wie zu Beginn des Jahres 1993, nur noch bei 6 Prozent der gültigen Stimmen, im März verbessern sie sich aber wieder auf 8 Prozent. Verbessert hat sich auch die Stimmung für das Bündnis 90/Grüne, die sich mit leichten Schwankungen jeweils über der 10-Prozent-Marke bewegen. Im Dezember 1991 hätten sich 14 Prozent der Wähler für diese Partei entschieden, zur Jahresmitte 1992 sind es 15 Prozent. Auch im März 1993 erreichen sie die Unterstützung von 15 Prozent der potentiellen Wähler. Die PDS verliert nach der ersten gesamtdeutschen Bundestagswahl zuerst kontinuierlich an Unterstützung und konnte zum Jahresende 1991 nur noch 3 Prozent der Wähler an sich binden. Danach verbessert sich die Stimmung für die SED-Nachfolgepartei aber stetig und liegt im März 1993 seit fünf Monaten unverändert bei 9 Prozent. Die Republikaner haben demgegenüber in den neuen Ländern nie die gleichen Ergebnisse erzielen können wie in der alten Bundesrepublik. Im Juni 1992 äußerten allerdings auch in der ehemaligen DDR 5 Prozent der potentiellen Wähler eine Wahlabsicht zugunsten der Partei am rechten Rand des politischen Spektrums. Zum Jahresende, nach den massiven Protesten gegen Ausländerfeindlichkeit in Deutschland, verlieren sie allerdings wie auch in den westlichen Bundesländern wieder stärker an Sympathie, seit Dezember 1992 äußern über einen Drei-Monatszeitraum nur noch 2 Prozent der Ostdeutschen eine Unterstützungsabsicht für die Republikaner, im März 1993 steigt der Wert allerdings wieder auf 4 Prozent.

Zugenommen hat in den vergangenen zwei Jahren dagegen die Gruppe derer, die sich bei der nächsten Bundestagswahl der Wahl enthalten würden. Lag die tatsächliche Wahlbeteiligung bei der ersten gesamtdeutschen Bundestagswahl im Osten bei 74,5 Prozent, so gaben in der Politbarometer-Befragung im Februar 1991 18 Prozent der Befragten an, nicht wählen zu wollen, was angesichts des hohen Aufforderungscharakters, den diese Frage erwiesenermaßen hat, einen vergleichsweise hohen Wert darstellt. Im Westen lag der entsprechende Wert zum gleichen Meßzeitpunkt lediglich bei 7 Prozent. Etwa zwei Jahre später, im März 1993, gibt im Osten bereits mehr als jeder Vierte (26%) an, der nächsten Bundestagswahl fern bleiben zu wollen.

Verändert haben sich seit dem Wahljahr 1990 aber nicht nur die aggregierten Stimmenanteile der verschiedenen Parteien, sondern auch die Zusammensetzung ihrer potentiellen Wählerschaften. Eines der, zumindest im Vergleich mit Westdeutschland, überraschendsten Ergebnisse der Wahlen von 1990 war die überproportionale Präferenz der Arbeiterschaft für konservative bürgerliche Parteien. Denn für die alte Bundesrepublik wird "die langfristige Koalition der Arbeiterschaft mit der SPD ... in der Wahlsoziologie als wichtiges Zeichen des Parteiensystems der Bundesrepublik herausgestellt" (Klingemann 1984: 598). In den neuen Bundesländern erhielt dagegen bei der ersten gesamtdeutschen Bundestagswahl die CDU, die in der Gesamtheit 41,8 Prozent der Stimmen erreichte, jede zweite Stimme der Arbeiterschaft. Auch in der Jahreskumulation des Politbarometers Ost 1991 (n = 11.911) setzt sich dieser Trend fort. Die CDU erhält in der Gesamtheit 33 Prozent, bei den Arbeitern aber immerhin noch 38 Prozent. Diese untypische Affinität der Arbeiterschaft, die vor allem daraus resultierte, daß "die Arbeiter im ehemaligen Arbeiter- und Bauernstaat unter den katastrophalen Produktionsbedingungen am meisten zu leiden hatten" (Jung und Roth 1992: 14), wird nun aber im Zuge des Vereinigungsprozesses aufgeweicht. In der Jahreskumulation von 1992 (n = 11.395) erreichte die CDU insgesamt 26 Prozent, in der Arbeiterschaft liegt die Unterstützung nunmehr bei knapp 29 Prozent, und im März 1993 weisen die Arbeiter nur noch eine ebenso große Präferenz für die CDU auf wie die Gesamtheit. Profitieren von dieser allmählichen Umorientierung der Arbeiterschaft konnte auch die SPD, die bei den Wahlen 1990 nur einen durchschnittlichen Rückhalt in der Arbeiterschaft Ostdeutschlands erfahren hatte. Bereits in der Kumulation 1991 präferieren aber etwas mehr Arbeiter die Sozialdemokraten, als dies in der Gesamtheit der Fall ist. Gleiches gilt für die Kumulation 1992, und im März 1993 hat sich diese Tendenz nochmals verfestigt. Damit ergeben sich in diesem Kontext also Angleichungsprozesse an das Wahlverhalten der Berufsgruppen in Westdeutschland, wo die Anbindung der Arbeiterschaft an die SPD eine lange Tradition besitzt.

Die zweite wichtige sozialstrukturelle Entscheidungskomponente für das Wahlverhalten in Westdeutschland ist die konfessionelle Bindung der Befragten. Katholiken, in jüngster Zeit aber auch verstärkt engagierte Protestanten (Pappi 1985), tendieren in der alten Bundesrepublik überproportional häufig zur Union. Dies war in den neuen Bundesländern nach der Wende zumindest tendenziell ähnlich. Allerdings spielen die Katholiken in der ehemaligen DDR unter rein quantitativen Gesichtspunkten nur eine marginale Rolle, da nur etwa 6 Prozent der Bevölkerung der DDR katholisch waren. Auf Grund der staatlich geförderten Entkonfessionalisierung der Bevölkerung waren zum Zeitpunkt des Niedergangs des SED-Regimes 60 Prozent der DDR-Bürger konfessionslos, 33 Prozent waren

im ehemaligen Stammland der Reformation protestantisch. Die eigentliche, wahl-
soziologisch relevante Trennungslinie verlief deshalb in den neuen Ländern zwischen konfessionell Gebundenen und Konfessionslosen. Diese Tendenz hat sich
in den vergangenen zwei Jahren nur unwesentlich verändert. Die CDU erhält
1991 die Unterstützung von 44 Prozent der konfessionell Gebundenen gegenüber
33 Prozent in der Gesamtheit, 1992 sind dies 40 Prozent gegenüber 26 Prozent.
Die relative Bedeutung der konfessionell Gebundenen für die CDU hat sich also
sogar noch verstärkt, gleichzeitig hat sie bei den Konfessionslosen kontinuierlich
an Unterstützung verloren: Bei der Volkskammerwahl 1990 entschieden sich
noch 30 Prozent der Konfessionslosen für die CDU, in der Kumulation 1991 sind
es 24 Prozent und 1992 sogar nur noch 19 Prozent. War die CDU damit bei der
Volkskammerwahl noch die stärkste politische Kraft auch unter den konfessionell
nicht Gebundenen, so stehen 1992 den 19 Prozent für die Christdemokraten in
dieser quantitativ bedeutungsvollsten Gruppe 42 Prozent für die SPD gegenüber.

2.2 Die Entwicklung der ökonomischen Situation

Diese - vor allem bei den beiden großen Parteien zum Teil drastischen - Stim-
mungsveränderungen sind, zumal in Anbetracht der geschilderten Stabilität bei
den Wahlen 1990, zweifellos erklärungsbedürftig, sie sind aber, unter Berücksichtigung der Affinitäten zu politischen Parteien generierenden Faktoren, auch
durchaus erklärungsfähig. Dazu kann und muß für die neuen Länder auf den Ansatz des rationalen Wählers zurückgegriffen werden, der sich schon für die Erklärung des tatsächlichen Wahlverhaltens bei der Volkskammer- und Bundestagswahl 1990 als aussagefähiges Modell zur Beschreibung der Bestimmungsgründe
ostdeutscher Parteipräferenzen erwiesen hat (Roth 1990) und der für die neuen
Länder einen höheren Erklärungswert besitzt als der sozialstrukturelle Ansatz und
das sozialpsychologische Modell der Michigan School.
      Denn auch für die Zeit nach der Wiedervereinigung stehen in Ostdeutschland,
anders als im Westen, wo größtenteils die Asyl- und Ausländerproblematik das
wichtigste Problem für die Bevölkerung darstellt, ökonomische Schwierigkeiten
an der Spitze der Agenda politischer Probleme. Der Zusammenhang zwischen der
Wahrnehmung der Lösungskompetenzen der verschiedenen Parteien hinsichtlich
dieser Schwierigkeiten durch die Befragten und die daraus resultierende individuelle Parteipräferenz ist für die Jahre nach der Bundestagswahl offensichtlich.
Verändert haben sich aber die Zuschreibungen der Kompetenzen an die großen
Parteien bei einem Großteil der Befragten. War der Grund für die Wahlerfolge
der CDU bei den Wahlen 1990 hauptsächlich darin zu sehen, daß die meisten
Ostdeutschen eine schnelle Wiedervereinigung in Verbindung mit einer raschen
Angleichung des Lebensstandards im Osten an den im Westen als wichtigstes po-
litisches Ziel erachteten und gleichzeitig die CDU als kompetenteste Partei zur
Verwirklichung dieses Ziels betrachteten (vgl. Kap. 1.1), so hat sich diese Ziel-

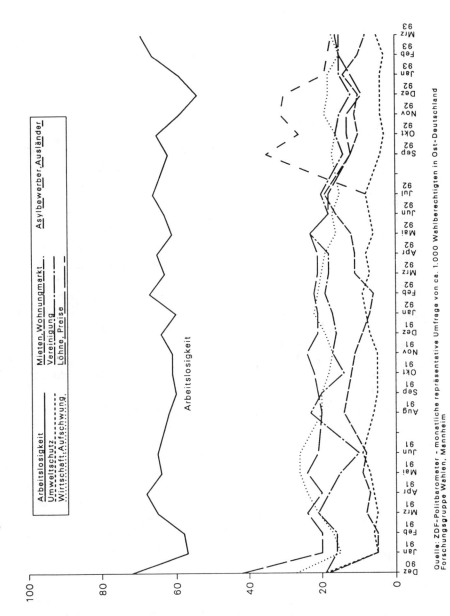

Wichtigste Probleme (nur Befragte aus den neuen Bundesländern)

Arbeitslosigkeit
Umweltschutz
Wirtschaft.Aufschwung.

Mieten,Wohnungmarkt.
Vereinigung
Löhne, Preise

Asylbewerber,Ausländer

Arbeitslosigkeit

Quelle: ZDF-Politbarometer - monatliche repräsentative Umfrage von ca. 1.000 Wahlberechtigten in Ost-Deutschland
Forschungsgruppe Wahlen, Mannheim

priorität angesichts der stagnierenden ökonomischen Situation, vor allem der hohen Arbeitslosigkeit in den neuen Ländern, in der Bevölkerung erhalten, die Zuschreibung der Kompetenz an die amtierende Regierung hat angesichts dieser Stagnation aber stark gelitten. Daraus resultiert, geleitet von der wie bei Downs (1957) beschriebenen Tendenz zur persönlichen Nutzenmaximierung, eine politische Neuorientierung hin zu anderen Parteien, allerdings inklusive der Alternative der Wahlenthaltung bei größeren Bevölkerungsteilen. Dies wird im folgenden näher zu erläutern sein.

Wie aus dem Schaubild 2 hervorgeht, existiert in der Wahrnehmung der Befragten noch immer eine absolute Dominanz ökonomischer Probleme. Von wenigen Ausnahmen abgesehen, stellt seit der Bundestagswahl für mehr als 60 Prozent der Befragten in den neuen Bundesländern die Arbeitslosigkeit eines der zwei wichtigsten politischen Probleme dar, im März 1993 sind dies 69 Prozent. Hier hat sich also zumindest in der Wahrnehmung der Befragten bislang keinerlei Besserung vollzogen. Große Bedeutung kommt außerdem der Sicherstellung des wirtschaftlichen Aufschwungs sowie den aus der Vereinigung der beiden deutschen Staaten resultierenden Problemen inklusive der Angleichung an den Lebensstandard Westdeutschlands zu. Damit wird die Betonung der Bedeutung ökonomischer Probleme in Ostdeutschland also offensichtlich. Die Lösungsdefizite in diesem Bereich werden auch in der Einschätzung der allgemeinen wirtschaftlichen Lage Ostdeutschlands deutlich. Seit nunmehr gut zwei Jahren halten lediglich 2 Prozent bis 3 Prozent der Ostdeutschen die allgemeine Wirtschaftslage für gut, über die Hälfte der Befragten hält sie dagegen für schlecht, im März 1993 sind dies sogar 61 Prozent. Wohl vor allem auf Grund dieser unbefriedigenden Situation, die sich aus der Sicht der Ostdeutschen bisher kaum positiv verändert hat, hat die amtierende Bundesregierung in Ostdeutschland stark an Unterstützung verloren. Denn auf die Frage, wer denn am ehesten geeignet sei, die momentanen wirtschaftlichen Probleme im Osten zu lösen, antworten immer weniger Befragte zugunsten der derzeitigen Bonner Regierungskoalition. Besonders frappierend ist dabei die Übereinstimmung des zeitlichen Kurvenverlaufs bei dieser Frage im Vergleich zu der Wahlabsicht.

So werden der Bonner Regierungskoalition beispielsweise im Oktober 1992 von immerhin 28 Prozent der Befragten die Kompetenzen zur Lösung der wirtschaftlichen Probleme Ostdeutschlands zugeschrieben, gleichzeitig wollten auch 29 Prozent der Wähler die Christdemokraten wählen. Umgekehrt schreiben im Februar 1993, als die Stimmung für die CDU im Osten mit 21 Prozent der gültigen Stimmen einen neuen Tiefstand erreicht, auch nur noch 19 Prozent der Ostdeutschen der amtierenden Bundesregierung einen Kompetenzvorsprung vor einer fiktiven SPD-Regierung zu. Eine analoge Relation zwischen diesen beiden Variablen läßt sich auch für die SPD identifizieren: Im November 1992 erfährt die SPD die geringste Unterstützung (36 Prozent) des Jahres 1992 hinsichtlich der Wahlabsicht, ebenso erreicht hier die Zuschreibung der Lösungskompetenzen zugunsten der SPD den niedrigsten Stand (29%). Demgegenüber ist im Februar

Schaubild 3: Problemlösungskompetenz für die Wirtschaft im Osten im Vergleich zur Wahlabsicht

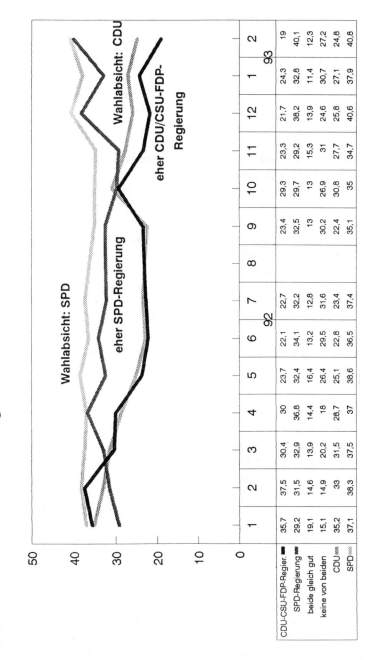

	1	2	3	4	5	6	7	8	9	10	11	12	1	2
CDU-CSU-FDP-Regier.	35,7	37,5	30,4	30	23,7	22,1	22,7		23,4	29,3	23,3	21,7	24,3	19
SPD-Regierung	29,2	31,5	32,9	36,8	32,4	34,1	32,2		32,5	29,7	29,2	38,2	32,8	40,1
beide gleich gut	19,1	14,6	13,9	14,4	16,4	13,2	12,8		13	13	15,3	13,9	11,4	12,3
keine von beiden	15,1	14,9	20,2	18	26,4	29,5	31,6		30,2	26,9	31	24,6	30,7	27,2
CDU	35,2	33	31,5	28,7	25,1	22,8	23,4		22,4	30,8	27,7	25,8	27,1	24,8
SPD	37,1	38,3	37,5	37	38,6	36,5	37,4		35,1	35	34,7	40,6	37,9	40,8

Quelle: Politbarometer (Ost)
Forschungsgruppe Wahlen

1993 mit 44 Prozent der gültigen Stimmen der Anteil für die SPD so hoch wie seit September 1991 nicht mehr, gleichzeitig glauben auch 40 Prozent der Ostdeutschen, daß am ehesten eine fiktive SPD-Regierung die ökonomischen Probleme Ostdeutschlands lösen könnte. Dieser unmittelbare Zusammenhang zwischen der von den Befragten perzipierten Problemlösungskompetenz der Parteien und der individuellen Parteipräferenz wird außerdem auch ganz besonders in der Beurteilung der Regierungsalternativen durch die potentiellen Nichtwähler deutlich. Gehen im Februar 1993 schon in der Gesamtheit der ostdeutschen Befragten 27 Prozent, also mehr als jeder vierte, davon aus, daß weder die amtierende noch eine fiktive SPD-Regierung die wirtschaftlichen Probleme in Ostdeutschland lösen könnte, so vertreten von den Nichtwählern vier von zehn Befragten diese Auffassung. Noch weniger Vertrauen in die ökonomischen Kompetenzen der beiden großen Parteien setzen allerdings die potentiellen Wähler der Parteien an den Rändern des politischen Spektrums: Von den Befragten mit einer Wahlabsicht zugunsten der PDS glauben 46 Prozent nicht mehr daran, daß eine der beiden Regierungsalternativen die wirtschaftlichen Probleme in den neuen Ländern lösen könnte, und bei den Anhängern der Republikaner sind dies sogar 65 Prozent.

Die Enttäuschung über den Verlauf des Angleichungsprozesses, insbesondere auf dem ökonomischen Sektor, läßt sich auch auf der Grundlage weiterer Indikatoren belegen. In den Monaten direkt nach der Bundestagswahl bestand bei jeweils ca. 80 Prozent der befragten Ostdeutschen der Eindruck, daß nicht genügend für die Angleichung der ostdeutschen Lebensverhältnisse an den Lebensstandard Westdeutschlands getan wird. Dieser Wert hat sich auch seither kaum verändert. Noch immer sind über 70 Prozent der Ostdeutschen mit den unternommenen Anstrengungen zur Herbeiführung einheitlicher Lebensverhältnisse unzufrieden. Dabei ist zumindest in der Wahrnehmung der Befragten die Bundesregierung für diese Misere hauptverantwortlich: Seit nunmehr zwei Jahren schreiben die Ostdeutschen der Bonner Regierung mangelndes Engagement in dieser Frage zu, mehrheitlich mehr als 80 Prozent der Befragten sind seit März 1992 der Meinung, die Bundesregierung tue nicht genug für die Angleichung der Lebensverhältnisse. Die Hoffnungen und Erwartungen der Ostdeutschen, möglichst schnell auf ein dem Westen vergleichbares ökonomisches Niveau zu gelangen, was gerade in den Wahlkämpfen 1990 eine herausragende Rolle spielte, finden sich also bislang nicht bestätigt. Der Euphorie ist deshalb größtenteils Ernüchterung gefolgt. Glaubten 1990 noch die meisten Ostdeutschen, daß innerhalb von fünf Jahren eine Angleichung der Lebensverhältnisse erreicht sein würde, so waren ein Jahr später nur noch 39 Prozent davon überzeugt, daß bis zu fünf Jahre für die Erreichung dieses Ziels ausreichen würden, die Mehrheit glaubte nun, daß mehr als fünf Jahre notwendig sein würden. Und 1992 gehen, ungeachtet der Tatsache, daß vom ursprünglichen Meßzeitpunkt aus gesehen bereits zwei Jahre vergangen waren, also bei Beibehaltung der optimistischen Stimmung nun drei Jahre hätten ausreichen müssen, nur noch 20 Prozent davon aus, daß von jetzt an noch fünf Jahre vergehen würden, bis es den Ostdeutschen so gut gehen würde wie den Westdeutschen. Umgekehrt glaubt nun aber bereits jeder vierte daran, daß es länger als zehn Jahre dauern würde, 1990 waren dies nur 5 Prozent. Unter diesen Umständen ist es denn auch nicht mehr verwunderlich, daß seit nunmehr einem Jahr über die Hälfte der Ostdeutschen die ursprünglich in die deutsche Einheit gesetzten Erwartungen nicht erfüllt sieht. Dabei zeigt sich abermals eine nach Parteipräferenz deutlich unterschiedliche Wahrnehmung. Von den Anhängern der CDU sehen im Januar 1993 drei Viertel ihre Erwartungen erfüllt, auch von den Befragten mit einer Nähe zur F.D.P. und zum Bündnis 90/Grüne sind dies noch 60 Prozent. Von den potentiellen Nichtwählern sowie den Anhängern der Republikaner sind dagegen umgekehrt 60 Prozent eher enttäuscht, und von den PDS-Anhängern sind sogar 73 Prozent der Auffassung, daß sich ihre Erwartungen bisher nicht erfüllt haben.

In diesen Zahlen wird der Zusammenhang zwischen der Enttäuschung über die bisherigen Leistungen der Politik und der daraus resultierenden Abwanderung von den großen Parteien, insbesondere von der CDU, also offensichtlich. Die Orientierung der politischen Präferenzen an den ökonomischen Belangen und den hierbei erzielten Leistungen der Parteien im Sinne des rationalen Wählers hat für die neuen Länder also nach wie vor höchste Priorität.

2.3 Einstellungen zum politischen System

Wenn, wie dies für die alte Bundesrepublik über Jahrzehnte hinweg empirisch nachgewiesen werden konnte (Kirchgässner, Norpoth und Goergen 1990), ökonomische Prosperität und wirtschaftliches Wachstum wichtige Garanten für die Stabilität der politischen Ordnung und der Identifikation mit dem gesellschaftlichen System darstellen, dann stellt sich angesichts der, in der Wahrnehmung der Ostdeutschen, ökonomischen Stagnation die Frage, wie sich im Zuge des Vereinigungsprozesses die Integration der ehemaligen DDR-Bürger in das bundesrepublikanische Normen- und Wertesystem vollzieht.

Denn die individuellen Wertorientierungen in Bezug auf Politik und Gesellschaft sind immer auch als Interpretation und Reflektion auf die tatsächlich gegebenen Systemstrukturen und Lebensbedingungen zu interpretieren. Auch wenn man sich nicht der Argumentation Ronald Ingleharts (1979) anschließt, nach der die Herausbildung der individuellen Werte von der unmittelbar gegebenen materiellen Situation des betroffenen Individuums determiniert wird, kann ein Zusammenhang zwischen persönlicher Lebenssituation und individuellen Präferenzen in bezug auf politische Ordnung keineswegs kategorisch ausgeschlossen werden. Unter dieser Prämisse und der weiterhin gegebenen ökonomischen Schlechterstellung Ostdeutschlands ist es deshalb von besonderem Interesse zu analysieren, ob und wie sich die Orientierungen der Ostdeutschen, die zu Zeiten des SED-Regimes völlig andersartigen ökonomischen Strukturen und ideologischen Ordnungsmustern ausgesetzt waren, im Zuge der Wiedervereinigung verändern.

Bei der Beurteilung des demokratischen Systems zeigen sich zwischen West und Ost nach wie vor gravierende Unterschiede. Dabei kommt gerade dieser Frage bei einer aktuellen Bestandsaufnahme der existierenden politischen Einstellungen zentrale Bedeutung zu, repräsentiert die Systemzufriedenheit doch die Akzeptanz oder Ablehnung der verfassungsmäßig festgeschriebenen politischen Strukturen. Insofern stellt die Demokratiezufriedenheit einen relevanten Indikator zur Messung der Systemstabilität und des Integrations- und Identifikationsgrades mit den gegebenen Normen dar. Denn die Überlebensfähigkeit des demokratischen Systems ist auf Dauer nur gewährleistet, wenn sich die Mehrheit der Bürger mit den politischen Ordnungsprinzipien identifiziert und sie auch zu unterstützen bereit ist. Wenn aber gleichzeitig ein Zusammenhang zwischen der ökonomischen Prosperität und der Identifikation mit dem politischen System besteht, kann nicht ausgeschlossen werden, daß wirtschaftliche Deprivation auch zur Systemdistanz führt. Dies ist denn auch in Ostdeutschland nach wie vor zu beobachten: Waren 1991 im Westen mehr als drei Viertel der Befragten mit der Demokratie zufrieden, so ist im Osten nur eine knappe Mehrheit der gleichen Auffassung, und seither ist dieser Wert sogar noch weiter zurückgegangen: Im Februar 1992 waren es nur noch 48 Prozent, im Februar 1993 sogar nur noch 31 Prozent. Dabei wird auch ein Zusammenhang zwischen Parteipräferenz und Demokratiezufriedenheit deutlich: Von den Anhängern der CDU ist nach wie vor eine klare Mehrheit (60%) mit dem demokratischen System zufrieden, von der SPD ist es dagegen nur gut jeder vierte (28%). Noch größere Distanzen weisen die Nichtwähler auf, von ihnen äußern nur noch 22 Prozent eine grundsätzliche Demokratiezufriedenheit. Und von den Anhängern des Bündnis 90/Grüne, der PDS und der Republikaner sind jeweils sogar mehr als 80 Prozent mit der Demokratie in Deutschland unzufrieden. In Zeiten wirtschaftlicher Schwierigkeiten gestaltet sich also offensichtlich die Integration der Bürger der ehemaligen DDR in das bundesrepublikanische Ordnungsprinzip schwierig, bei weiten Teilen der Ostdeutschen existieren erhebliche Vorbehalte gegen die in der alten Bundesrepublik seit Jahrzehnten positiv internalisierten Systemstrukturen.

Dies wird auch bei einer Beurteilung der bundesdeutschen Verfassung deutlich. Diese repräsentiert noch mehr als die aktuelle Demokratiezufriedenheit, die auch von den unmittelbaren politischen Ereignissen und Problemen tangiert wird, die grundsätzliche Beurteilung der Werte und Normen, ohne deren Akzeptanz gesellschaftliche Interaktion und politische Ordnung dauerhaft kaum durchsetzbar ist, wie dies nicht zuletzt auch der Niedergang der DDR drastisch unter Beweis gestellt hat. Die negativen Erfahrungen der Ostdeutschen mit der sozialistisch verfaßten DDR haben aber bislang nicht dazu geführt, daß hieraus automatisch eine Identifikation mit dem bundesdeutschen Grundgesetz entstanden wäre. In den neuen Ländern, wo die Normen der Verfassung nicht über einen langen Zeitraum und begleitet von steigendem materiellen Wohlstand und persönlichen Entfaltungsmöglichkeiten von der Bevölkerung internalisiert werden konnten, fällt die Beurteilung des Grundgesetzes wesentlich schlechter aus als in den alten Bundesländern. Gehen in der alten Bundesrepublik 87 Prozent der Befragten im Mai 1992 davon aus, daß sich das Grundgesetz bisher bewährt hat, so sind dies im Osten nur 57 Prozent, jeder dritte vertritt hier dagegen die Auffassung, daß die Verfassung sich bisher eher noch nicht bewährt hat. Weitere 10 Prozent sehen sich außerdem nicht dazu in der Lage, diese Frage zu beantworten. Dabei zeigen sich auch größere Unterschiede zwischen den Anhängern der verschiedenen Parteien. Während diese Unterscheidung im Westen keine gravierenden Differenzierungen ergibt, also unabhängig von der individuellen Parteipräferenz eine Akzeptanz des Grundgesetzes festgehalten werden kann - so sind im Westen selbst 73 Prozent der Republikaneranhänger der Auffassung, daß sich das Grundgesetz bisher bewährt hat -, wird die Identifikation mit der Verfassung im Osten auch von der persönlichen Parteinähe determiniert. Dabei zeigt sich abermals, daß die Anhänger von Parteien an den Rändern des politischen Spektrums sowie die potentiellen Nichtwähler dem Grundgesetz wesentlich distanzierter gegenüberstehen als der Bevölkerungsdurchschnitt. Bei den Befragten mit einer Nähe zur PDS beurteilen nur 43 Prozent, bei den möglichen Nichtwählern 45 Prozent das Grundgesetz positiv, bei den Anhängern der CDU sind dies dagegen 74 Prozent, bei der F.D.P. 70 Prozent und bei der SPD 64 Prozent.

Diese Identifikationsdefizite mit den politischen Grundwerten führen denn auch dazu, daß sich im Osten eine Mehrheit für eine umfassende Überarbeitung des Grundgesetzes ausspricht. Während im Westen der größte Teil der Bevölkerung die Auffassung vertritt, daß das Grundgesetz nur im Rahmen der im Zuge der deutschen Vereinigung notwendig gewordenen Anpassungen modifiziert werden sollte, sind im Osten 56 Prozent der Meinung, das Grundgesetz sollte generell überarbeitet werden. Auch in diesem Zusammenhang zeigen sich dabei wieder parteipolitisch bedingte Differenzierungen. Von den Anhängern der CDU, der SPD und der F.D.P., die auch häufiger eine positive Beurteilung des bisherigen Erfolgs des Grundgesetzes abgeben, plädiert nur jeweils etwa die Hälfte für eine umfassende Überarbeitung der Verfassung, bei den Nichtwählern sind dies dagegen über 60 Prozent, und von den Befragten mit einer Nähe zur PDS zeigt sich die Systemdistanz auch hier dahingehend, daß fast 80 Prozent eine grundlegende Modifikation befürworten, nur 18 Prozent wollen das Grundgesetz nur im Rahmen der notwendigen Anpassungen verändert sehen.

Ob damit nennenswerte Teile der ostdeutschen Bevölkerung tatsächlich grundsätzliche Aversionen gegen das bestehende System aufweisen, oder ob diese Vorbehalte bei steigender wirtschaftlicher Prosperität und längerfristiger Konfrontation mit den Idealen des Grundgesetzes kompensiert werden können, wird sich allerdings erst in den kommenden Jahren zweifelsfrei beantworten lassen. Gegen die These einer systemgefährdenden Distanz größerer Teile der ostdeutschen Bevölkerung spricht jedenfalls die Tatsache, daß noch im Januar 1993, also fast drei Jahre nach der letzten Volkskammerwahl in der DDR, über 70 Prozent der Ostdeutschen die bei dieser Wahl gefällte Grundsatzentscheidung für eine politische Ordnung nach westlichem Muster nach wie vor für richtig halten, nur 27 Prozent halten dies im nachhinein für falsch. Dabei besteht auch zwischen den verschiedenen Parteianhängergruppen weitestgehend Einigkeit in dieser Frage, und selbst in der Gruppe der potentiellen Nichtwähler vertreten 67 Prozent die Meinung, daß die damals gefällte Entscheidung für eine demokratische Ordnung westlichen Zuschnitts richtig war. Lediglich die Anhänger der PDS weichen abermals deutlich von der Gesamtheit ab, in dieser Gruppe hält die klare Mehrheit (61%) diese Entscheidung für falsch, nur 38 Prozent finden die politische Umorientierung der vormals sozialistischen DDR richtig. Insbesondere in dieser Gruppe, die offensichtlich sowohl eine ideologische Nähe zu sozialistischen Idealen besitzt als auch durch die Wende in der DDR materielle Nachteile in Kauf nehmen mußte, scheint sich also eine Distanz zum System der Bundesrepublik etabliert zu haben. Der größte Teil der Ostdeutschen steht aber trotz einiger Vorbehalte, die zweifellos stärker sind als im Westen, dem politischen System Deutschlands grundsätzlich positiv gegenüber.

Literatur

Downs, A. (1957). An Economic Theory of Democracy. New York.

Campbell, A., Converse, P. E. & Miller, W. E. (1960). The American Voter. New York/London

Emmert, T. (1991). Konfliktlinien, Sozialismus und Wahlverhalten. Ein sozialstruktureller Erklärungsversuch der Volkskammerwahl am 18. März 1990 in der DDR, Magisterarbeit an der Universität Heidelberg, Institut für Soziologie. Heidelberg.

Inglehart, R. (1979). Wertewandel in den westlichen Gesellschaften: Politische Konsequenzen von materialistischen und postmaterialistischen Prioritäten. In H. Klages/P. Kmiecak (Hrsg.): Wertewandel und gesellschaftlicher Wandel (S. 279-316). Frankfurt.

Jung, M. & Roth, D. (1992). Politische Einstellungen in Ost- und Westdeutschland seit der Bundestagswahl 1990. In Aus Politik und Zeitgeschichte, B 19, 3-16.

Kirchgässner, G. (1983). Welche Art der Beziehung herrscht zwischen der objektiven wirtschaftlichen Entwicklung, der Einschätzung der Wirtschaftslage und der Popularität der Parteien: Unabhängigkeit, Scheinunabhängigkeit, Scheinkorrelation oder kausale Beziehung. Eine empirische Untersuchung für die Bundesrepublik Deutschland von 1971 bis 1982. In M. Kaase/H.-D. Klingemann (Hrsg.): Wahlen und politisches System. Analysen aus Anlaß der Bundestagswahl 1980 (S. 222-256). Opladen.

Klingemann, H.-D. (1984). Soziale Lagerung, Schichtbewußtsein und politisches Verhalten. Die Arbeiterschaft der Bundesrepublik im historischen und internationalen Vergleich. In R. Ebbinghausen/F. Tiemann (Hrsg.): Das Ende der Arbeiterbewegung in Deutschland? Ein Diskussionsband zum sechzigsten Geburtstag von Theo Pirker (S. 593-621). Opladen.

Kühnel, S. & Terwey, M. (1988). Einflüsse sozialer Konfliktlinien auf das Wahlverhalten im gegenwärtigen Vierparteiensystem der Bundesrepublik. Unveröff. Ms. Köln.

Lipset, S. M. & Rokkan, S. (1967). Party Systems and Voter Alignments. New York.

Norpoth, H. & Goergen, C. (1990). Regierungspopularität auf Kredit: Wirtschaftsbilanz, Wende und Wählerwille. In M. Kaase/H.-D. Klingemann (Hrsg.): Wahlen und Wähler. Analyse aus Anlaß der Bundestagswahl 1987 (S. 345-375). Opladen.

Pappi, F. U. (1985). Die konfessionell-religiöse Konfliktlinie in der deutschen Wählerschaft - Entstehung, Stabilität und Wandel. In D. Oberndörfer u.a. (Hrsg.): Wirtschaftlicher Wandel, religiöser Wandel und Wertwandel. Folgen für das politische Verhalten in der Bundesrepublik Deutschland (S. 263-290). Berlin.

Roth, D. (1990). Die Wahlen zur Volkskammer in der DDR. Der Versuch einer Erklärung. In Politische Vierteljahresschrift 31, 369-393.

Petra Bauer-Kaase

Die Entwicklung politischer Orientierungen in Ost- und Westdeutschland seit der Deutschen Vereinigung

1. Vorbemerkung

Vierzig Jahre lang war die Politik in der DDR durch das SED-Machtmonopol bestimmt worden, bis im Spätherbst 1989 eine breite und friedfertige Bürgerbewegung den Zusammenbruch des "real existierenden Sozialismus" einleitete. Die Dynamik des Prozesses der politischen Transformation u.a. in Polen, Ungarn und der Tschechoslowakei hatte sich auch auf die DDR übertragen, und der seit den frühen achtziger Jahren hier und da vorsichtig zum Ausdruck gekommene Drang nach demokratischer Selbstbestimmung gewann eine neue Qualität. Es ging nun nicht mehr nur um die reformerische Veränderung eines totalitären Staatssystems in eine mehr oder weniger aufgeklärte Autokratie, wie sie einzelnen sowjetischen Reformern vorschwebte, sondern um den Durchbruch der Demokratie in Osteuropa.

Mit den ersten freien Wahlen zur Volkskammer am 18. März 1990 kam ein Prozeß zu einem ersten institutionellen Abschluß, in dem sich das bahnbrechende Bedürfnis der Bürger nach innergesellschaftlicher Selbstbestimmung, Meinungsfreiheit, Parteienpluralismus und Rechtsstaatlichkeit plötzlich durch den Ruf "Wir sind das Volk" in Richtung der von vielen schon nicht mehr für realisierbar gehaltenen politischen Vereinigung der beiden deutschen Staaten verselbständigt hatte. Das Ergebnis der Volkskammerwahl wurde als eindeutiges Votum für die schnelle Verwirklichung der deutschen Einheit gewertet (Roth 1990). In einer Sondersitzung am 23. August beschloß die Volkskammer den Beitritt der DDR zum Geltungsbereich des Grundgesetzes nach Artikel 23 zum 3. Oktober 1990. Am 31. August wurde der Vertrag, der die rechtlichen Bedingungen der Einigung regelte, von der Bundesrepublik und der DDR in Ost-Berlin unterzeichnet und am 20. September durch die beiden deutschen Parlamente verabschiedet. Am 2. Dezember 1990 erhielt die Bundesrepublik Deutschland das erste aus gesamtdeutschen Wahlen hervorgegangene Parlament. Wählt man die Öffnung der Mauer am 9. November 1989 als Bezugspunkt, so war die politische Transformation der DDR bis zur Aufgabe ihrer eigenen staatlichen Identität in weniger als einem Jahr abgeschlossen worden.

Die ungeheure Schnelligkeit dieser Entwicklung wird überhaupt erst deutlich, wenn man den zeitlichen Verlauf der Einstellungen der westdeutschen Bürgerinnen und Bürger zum Thema der Wiedervereinigung betrachtet. Zwar wurde die Wiedervereinigung beider deutscher Staaten im Westen Deutschlands auch vor den umwälzenden Bewegungen im Jahre 1989 als ein abstraktes Wunschziel angesehen, doch verlor dieses Ziel über die Jahre hinweg zunehmend an Valenz. Dazu hat sicherlich, neben dem generationellen Wechsel, auch beigetragen, daß die Realisierungschancen für eine Wiedervereinigung sowohl von den Eliten als auch den Massenmedien als sehr gering eingeschätzt wurden. Natürlich war die politische und öffentliche Relevanz des Wiedervereinigungsthemas von der Frühzeit der Bundesrepublik an bis zu Beginn der sechziger Jahre noch relativ hoch. In dieser Zeit dominierte das Gefühl der Vorläufigkeit. Erst mit dem Mauerbau am 13. August 1961 begann das "Provisorium Bundesrepublik" definitiv zu werden und eine eigenständige staatliche Identität zu entwickeln. Das Thema Wiedervereinigung verlor auf dem Hintergrund der Bemühungen der DDR, international staatliche Anerkennung zu finden, immer mehr an Gewicht; der Grundlagenvertrag zwischen der Bundesrepublik und der DDR von 1972 ist klarster Ausdruck dieser Tendenzen (Korte 1988: 46). Danach war die Wiedervereinigungsfrage kein manifestes politisches Thema mehr (vgl. hierzu auch Herbert und Wildenmann 1990: 71; Szumni, Lichtleitner und Bauske 1990). Scheuch vertritt allerdings die Meinung, daß die Struktur der Einstellungen dazu eine Thematisierung in Richtung Vereinigung jederzeit ermöglicht habe: "Die deutsche Frage war zwar noch im Januar 1989 nicht aktuell, aber nach wie vor offen nach Meinung der Bevölkerung - und damit konnte sie über Nacht wieder zum Thema werden, wenn denn die Umstände danach waren." (Scheuch 1991: 260).

2. Problemstellung

Vor diesem allgemeinen Hintergrund verfolgt der vorliegende Beitrag zwei Ziele: Zum einen soll untersucht werden, wie sich die politischen und gesellschaftlichen Vorstellungen der neuen Bundesbürger seit der deutschen Wiedervereinigung entwickelt haben. Zum zweiten soll geprüft werden, ob seit der Bundestagswahl 1990 Einstellungs- bzw. Stimmungsänderungen in Ost- und Westdeutschland zu konstatieren sind und inwieweit die in einer früheren Untersuchung der Verfasserin (Bauer 1991) dokumentierten Unterschiede zwischen den "neuen" und den "alten" Bundesländern auch weiterhin bestehen. Hierbei wird im wesentlichen auf eine Folgestudie aus dem Frühsommer 1991 Bezug genommen, die für das Bundesministerium des Inneren (BMI) vom Mannheimer Institut für praxisorientierte Sozialforschung (ipos) zum ersten Mal 1990 auch im Osten Deutschlands durchgeführt worden war. In der Studie von 1990 wurden 799 Bürger im Osten und 2093 Bürger im Westen befragt, 1991 waren es 1084 im Osten bzw. 1571 im Westen. Die Umfrage von 1991 eröffnet zusätzlich die Möglichkeit, Einstellungen zu ausgewählten politischen Partizipationsformen und deren Determinanten zu untersuchen. Gerade vor dem Hintergrund der schwierigen wirtschaftlichen Situation in den neuen Bundesländern und den vielfältigen Problemen des Zusammenwachsens von Ost und West sind Strukturen und Ausmaß politischer Partizipationsbereitschaft in der Bürgerschaft - insbesondere im Sinne von Protestbereitschaft - von großer Bedeutung.

Ergänzend zu den oben erwähnten Erhebungen werden die monatlichen ZDF-Politbarometerbefragungen der Forschungsgruppe Wahlen e.V. sowie Daten aus einer Repräsentativumfrage vom Dezember 1990 verwendet, die im Rahmen des International Social Survey Programme (ISSP-PLUS-Studie) in Zusammenarbeit mit ZUMA in den fünf neuen Bundesländern durchgeführt wurde (n = 1028). Schließlich standen für die Analyse auch der ALLBUS von 1990 (nur Westdeutschland; n = 2983) und die ALLBUS-Basisumfrage[1] zur Verfügung, bei der von Mai bis Juli 1991 1544 Bürger im Osten und 1514 Bürger im Westen befragt wurden[2].

3. Gesellschaftsvorstellungen in Ost- und Westdeutschland

Während die Mehrheit der Bürger der alten Bundesrepublik - an Wohlstand und innere und äußere Sicherheit gewöhnt - ihre Identität in den politischen und kulturellen Werten der westlichen modernen Industriegesellschaften fand, war die Identitätsentwicklung der DDR-Bürger mit ihrem Staat weitaus schwieriger und eher gespalten. Die Gegendemonstrationen zum 40. Jahrestag der DDR zeigten deutlich, daß das offiziöse Bild der "So-soll-es-sein-DDR" (Korte 1988: 49) mit dem alltäglichen Bild der DDR nicht mehr übereinstimmte. War in den siebziger Jahren noch ein gewisser Aufbaustolz der Bevölkerung (Friedrich 1990) zu spüren, deren Lebensstandard, verglichen mit dem in anderen Ostblockstaaten, deutlich höher war, so zeigte sich, daß mit zunehmender Durchlässigkeit in Richtung Westen der Wohlstands- und Modernitätsvorsprung der Bundesrepublik das Selbstbild der DDR von einer "Aufsteigergesellschaft" in das einer "proletarischen Absteigergesellschaft" wandelte (Korte 1988: 49). Die Einheit der Deutschen wurde so zum Codewort der DDR-Bürger für gesellschaftliche, politische und ökonomische Erwartungen.

Mit dem Prozeß des Zusammenwachsens der Bürger in Ost- und Westdeutschland sind grundlegende soziale Erfahrungen und gesellschaftliche Lernprozesse verbunden, die für die Entwicklung der gesamtdeutschen politischen Kultur von großer Bedeutung sind (Thomas 1990). Nach der formalen, nämlich rechtlichen und institutionellen Herstellung eines vereinten Deutschlands muß nun die gesellschaftliche Einheit folgen. Die Schaffung einer "gesamtdeutschen Identität" kann nicht auf dem politischen Reißbrett geschehen,

sondern muß sich im Laufe der Zeit entwickeln. Gefördert werden kann dieser
Prozeß nicht zuletzt durch eine erfolgreiche und schnelle Angleichung insbesondere der wirtschaftlichen Lebensverhältnisse im Osten an die des Westens,
war doch die Verbesserung der wirtschaftlichen Lage einer der Hauptmotoren des
demokratischen Aufbruchs im Osten.

Vor dem Hintergrund der vierzigjährigen Sozialisation in die totalitäre sozialistische Gesellschaftsordnung der ehemaligen DDR war natürlich von besonderem
Interesse, welche "ideellen" Vorstellungen die ehemaligen DDR-Bürger darüber
besaßen, wie eine Gesellschaft aussehen könnte bzw. sollte (Bauer 1991: 438ff.)
und ob diese Vorstellungen auch ein Jahr nach der Wiedervereinigung noch
Bestand haben. Zwar kann man bei den neuen Bundesbürgern vermuten, daß sie
durch ihre friedliche Erkämpfung der Demokratie über ein gewisses
demokratisches Selbstbewußtsein verfügen. Ebenso plausibel ist aber auch, daß
dieses Selbstbewußtsein aus historischen und individuellen Gründen gebrochen
sein muß (Westle 1991). Schließlich wurden die "Neu-Bundesbürger" in ein
funktionierendes etabliertes politisches System "übernommen", in dem sie sich
jetzt ohne Alternativen zurechtfinden müssen. Diese Integration mag durch den
Umstand erleichtert werden, daß die ehemaligen DDR-Bürger die individuellen
Freiheiten in einer Demokratie und die ökonomische Leistungsfähigkeit markt-
wirtschaftlicher Systeme entweder durch persönliche Kontakte zu Verwandten
und Bekannten im Westen oder über das in der ehemaligen DDR fast flächendeckend empfangbare Westfernsehen über Jahre hinweg vermittelt bekamen (Best
1990; Hesse 1988), was zu einer Faszination 'westlicher Lebensweise' führte, die
jedoch nie wirklich 'ganz' erlebt werden konnte (Reißig 1991: 12). So kann man
vermutlich sogar schon zu Zeiten der DDR von einer Art "Bindung" an die
Bundesrepublik als positive Referenzgesellschaft ausgehen. Wie tragfähig jedoch
diese Bindung im Sinne einer positiven Identifikation sein wird, muß vorerst
dahingestellt bleiben, denn es wird maßgeblich davon abhängen, ob der "Import"
westdeutscher Strukturen eigenen Gestaltungswünschen genügend Raum läßt und
ob den neuen Bundesbürgern die Möglichkeit gegeben wird, den Aufbruchstolz
des Frühjahrs 1990 beizuhalten und diesen durch eigene Aufbauleistungen
identitätsstiftend umzusetzen.

3.1 Empirische Befunde über "ideale" Gesellschaftsbilder in Ost- und West-
deutschland

Die Analyse der Vorstellungen der Bürger in beiden Teilen Deutschlands im
Frühjahr 1990, welche Elemente in einer "idealen" Gesellschaft vorhanden sein
sollten, zeigte, daß sich diese Gesellschaftsvorstellungen im Osten und im
Westen, wenn man die unterschiedlichen Systembedingungen in Rechnung stellt,
erstaunlich ähnlich waren (Bauer 1991: 438ff.).

Vergleicht man diese Ergebnisse mit den Daten vom Frühjahr 1991, zeigen sich jedoch in bezug auf die Randverteilungen der Befragtenantworten im Osten Deutschlands einige wichtige Akzentverschiebungen. So machen die Mittelwerte in Tabelle 1 deutlich, daß sich die Unterschiede zwischen Ost und West bemerkenswerterweise nicht verringert, sondern tendenziell sogar vergrößert haben.

Während im Westen nahezu identische Mittelwerte konstatiert werden können, verdienen im Osten zumindest zwei Veränderungen besondere Beachtung. Zum einen fällt auf, daß das Vertrauen in das Leistungsprinzip im Vergleich zum Vorjahr zurückgegangen und gleichzeitig der Bedarf an staatlicher Vor- und Fürsorge gestiegen ist. Die Verunsicherung der Bürger in Ostdeutschland im Hinblick auf ihre sozialen Belange ist, angesichts der objektiven Verhältnisse durchaus verständlich, gewachsen. Zum anderen ist das Bedürfnis nach einer "starken Polizei, die für Ruhe und Ordnung sorgt" dramatisch angestiegen. Schon vor der Wiedervereinigung, im Frühjahr 1990, meinten immerhin 65% der damaligen DDR-Bürger, die Sicherheit auf Straßen und Plätzen würde durch Kriminalität bedroht (56% im Westen). Im Frühjahr 1991 sagten dies sogar 92% der Ostdeutschen (Westdeutschland: 67%; vgl. hierzu auch Noelle-Neumann 1992).

Tabelle 1:   Vorstellungen einer 'idealen Gesellschaft' in Ost- und Westdeutschland 1990 und 1991 (Mittelwerte)

Items	DDR 1990	Ost 1991	BRD 1990	West 1991
Wachstum fördern	6.2	6.1	5.3	5.2
starke Polizei	3.9	5.0	3.7	3.9
für Leistung	5.6	5.0	5.0	4.9
Marktwirtschaft	5.8	5.4	5.5	5.4
Unterschiede belohnen	5.6	5.2	5.2	5.2
Wachstum vor Umwelt	2.8	2.9	2.9	2.9
Gewählte entscheiden	2.4	2.6	3.1	3.1
eigene Vorsorge	2.6	2.2	2.9	3.1
Technikglaube	5.7	5.5	4.4	4.4

Legende:
Je höher die Mittelwerte, desto größer die Zustimmung zu den angegebenen Items.
Quelle: ipos-BMI-Studien 1990 und 1991.

Offenbar vermischen sich im Osten die Unsicherheiten im ökonomischen Bereich zunehmend mit dem Gefühl der unmittelbaren persönlichen Bedrohung durch Kriminalität. Auf dieses Thema wird an späterer Stelle noch einmal zurückgekommen werden.

Festzuhalten bleibt, daß die neuen Bundesbürger durchaus ausgeprägte normative Vorstellungen von einer demokratischen politischen Ordnung haben, die in vielen Bereichen überraschende Parallelen zu denen der Alt-Bundesbürger aufweisen. Doch sollten diese Ähnlichkeiten in ihren längerfristigen Konsequenzen nicht überbewertet werden. Die Veränderungen der Mittelwerte zu den oben dargestellten Zeitpunkten deuten im Vergleich zu den Werten im Westen nach wie vor auf eine relativ instabile Struktur. In bezug auf die demokratische politische Ordnung und die marktwirtschaftlichen Prinzipien einer Gesellschaft zeigen sich noch deutliche Tendenzen sozialistischer Prägung, die sich insbesondere im Bedürfnis nach sozialer Sicherung widerspiegeln und einer möglichen "Mythologisierung des sozialistischen Sozialstaats" (Koch 1991; Mohler 1991) förderlich sein könnten. Das Bedürfnis nach einem starken Staat, das sich neben diesem sozialen Sicherheitsverlangen auch in der Forderung nach mehr "Ruhe und Ordnung" (auch im Sinne von "Geordnetheit") ausdrückt, weist auf noch vorhandene autoritäre Tendenzen hin (Fuchs, Klingemann und Schöbel 1991), die sich nach 40jähriger SED-Herrschaft plausiblerweise auch nicht von heute auf morgen auflösen können.

4. Politische Probleme in Deutschland seit dem Fall der Mauer

Schon im Frühjahr 1990 zeichnete sich im Osten Deutschlands die politische Sprengkraft ökonomischer Probleme ab: 44% der ostdeutschen Befragten nannten damals die Währungs- und Wirtschaftsunion als wichtiges Problem, gefolgt von Arbeitslosigkeit (36%), sozialer Sicherheit (22%) und dem Erreichen einer stabilen Wirtschaftslage (20%). 13% der Befragten bezeichneten das Thema Vereinigung als sehr wichtig bzw. wichtig. Diese Zahlen verdeutlichen, daß in der ehemaligen DDR mit dem Vereinigungsthema die Hoffnung aufs engste verbunden war, die wirtschaftlichen Probleme der DDR, die besonders in den achtziger Jahren die Bürger zunehmend verunsichert hatten, zu lösen.

Die folgenden Zahlen vom Mai 1990 zeigen die Verbindung wirtschaftlicher Erwartungen der ostdeutschen Bevölkerung mit dem Wunsch nach einer deutschen Vereinigung.

Tabelle 2:   Welche Vorteile erwarten die ostdeutschen Bürger von der
             deutschen Vereinigung?
             (Angaben in Prozent; Mehrfachnennungen)

Wirtschaftliche und soziale Vorteile:	
Besserer Lebensstandard	40
Wirtschaftsaufschwung	25
Stabile Währung	11
Höheres Einkommen	11
Soziale Sicherheit	9
Höhere Renten	8
Besseres Wohnen	3
Bessere Infrastruktur	3
Politische Grundrechte:	
Reisefreiheit	19
Mehr Menschenrechte	14
Berufliche Entfaltung	8
Demokratie	3
Umwelt, Ökologie	8
Sonstige Angaben	6
Keine Vorteile	9

Quelle: Forschungsgruppe Wahlen/Politbarometer-Ost, Mai 1990.

Die in der folgenden Tabelle 3 dargestellten Antworten auf die offen, also
ohne Antwortvorgaben gestellte Frage, welche Probleme nach Meinung der
Befragten in Deutschland gegenwärtig am wichtigsten sind, belegen, daß sich die
Sorge über die wirtschaftlichen Schwierigkeitem im Osten im Zeitverlauf in der
Wahrnehmung der Ostdeutschen mit Beginn der Einigung sogar noch verschärft
hat.

Auch die Zahl der Nennungen sozialer Probleme und Themen der inneren
Sicherheit ist leicht angestiegen. Während sich im Westen Deutschlands die
politische Aufmerksamkeit der Bürger immer mehr auf die Asylproblematik
konzentrierte, wurde dieses Thema in den neuen Bundesländern, wenn auch mit
leicht steigender Tendenz, als relativ unbedeutend angesehen (vgl. hierzu auch
Jung 1992).

Tabelle 3:   Politische Probleme in Ost- und Westdeutschland im Zeitverlauf
             (Angaben in Prozent; Mehrfachnennungen)

Themen	Ostdeutschland				
	Nov 90	Feb 91	Mai 91	Feb 92	Apr 92
Probleme d. Einheit	-	6	6	11	13
Wirtschaftsthemen	76	106	123	120	113
soziale Probleme	16	17	22	23	28
Ausländer/Asylanten	1	-	-	8	10
Innere Sicherheit	1	-	7	9	13
Umweltschutz	4	6	7	9	8

Themen	Westdeutschland				
	Nov 90	Feb 91	Mai 91	Feb 92	Apr 92
ehem. DDR/ dt. Einheit*)	55	40	64	33	26
Wirtschaftsthemen	26	31	27	42	28
soziale Probleme	18	11	15	17	25
Aussiedler/ Ausländer/Asylanten	16	5	8	40	64
Innere Sicherheit	2	1	3	-	-
Umweltschutz	28	13	26	20	12

*) Die einzelnen Probleme wurden nach Themengebieten zusammengefaßt.
Quelle: Forschungsgruppe Wahlen/Politbarometer West- und Ostdeutschland.

Differenzierter stellt sich die relative Bedeutung der unterschiedlichen Themen in Ost und West dar, wenn nach konkreten Aufgaben und Zielen in der Gesellschaft gefragt wird, die nach Meinung der Bürger am dringlichsten zu verwirklichen sind. Hierbei bietet wiederum die ipos-BMI-Studie die Möglichkeit zu untersuchen, wie sich diese Prioritäten im Abstand von einem Jahr verändert haben. An dieser Stelle muß jedoch darauf hingewiesen werden, daß aus Gründen der Aktualität die Antwortvorgaben von 1991 gegenüber der ipos-Umfrage vom Frühjahr 1990 verändert wurden. So wurde das Item "die deutsche Einheit verwirklichen" durch das Ziel "eine funktionsfähige Verwaltung in den fünf neuen Ländern aufbauen" ersetzt. Ergänzt wurde die Prioritätenliste 1991 durch folgende politische Ziele: "Aussiedler eingliedern", "Asylrechtsmißbrauch verhindern" (wurde 1990 nur im Westen gefragt) und "gleiche Lebensverhältnisse im vereinigten Deutschland schaffen". Das Item "Bürokratie abbauen" entfiel.

Im Vergleich zum Frühjahr 1990 zeigen die Daten im Westen Deutschlands ein Jahr später keinerlei erwähnenswerten Veränderungen oder gar Prioritätenverschiebungen.

Tabelle 4:   Wichtigkeit von Aufgaben und Zielen in Ost- und Westdeutschland (Zeilenprozente [1])

Items	sehr wichtig		wichtig		nicht so wichtig		ganz unwichtig		Mittelwert[2]	
	Ost	West	Ost	West	Ost	West	Ost	West	Ost	West
Arbeitsplätze	69	63	29	34	2	3	0	0	1.3	1.4
schaffen	91	60	8	38	0	2	0	0	1.1	1.4
Verbrechens-	77	60	22	36	1	3	0	0	1.3	1.4
bekämpfung	85	58	15	37	1	5	0	0	1.2	1.5
Wirtschaft	82	58	18	39	0	3	0	0	1.2	1.5
stabilisieren	80	56	19	41	1	3	0	0	1.2	1.5
Wirksamer	79	74	21	22	1	3	0	0	1.2	1.3
Umweltschutz	75	71	23	26	1	2	0	0	1.3	1.3
Renten sichern	81	68	18	28	1	3	0	0	1.2	1.4
	80	65	19	32	1	3	0	0	1.2	1.4
Kampf gegen	82	69	16	25	1	6	0	0	1.2	1.4
Rauschgift	82	65	16	30	2	4	1	1	1.2	1.4
Bürokratie	54	32	38	46	8	19	1	3	1.6	1.9
abbauen	-	-	-	-	-	-	-	-	-	-
Wohnungsmarkt	59	63	36	33	4	4	1	0	1.5	1.4
verbessern	57	65	37	31	6	4	0	0	1.5	1.4
Mehr für	37	34	46	41	16	21	1	3	1.8	1.9
Frauen tun	38	36	48	41	13	20	1	3	1.8	1.9
Europa vereinen	37	26	42	46	19	22	2	3	1.9	2.0
	23	26	37	44	36	26	5	4	2.2	2.1
Deutsche Einheit	51	28	37	48	11	18	1	2	1.6	2.0
	-	-	-	-	-	-	-	-	-	-
Aussiedler	-	20	-	48	-	29	-	3	-	2.2
eingliedern	8	26	42	46	45	25	6	3	2.5	2.1
Asylrechtsmiß-	-	52	-	36	-	11	-	2	-	1.6
brauch verhind.	41	56	46	35	12	8	2	1	1.8	1.6
Aufbau Verwaltg.	-	-	-	-	-	-	-	-	-	-
in neuen Ländern	64	45	33	48	3	6	0	1	1.4	1.6
Gleiche Lebens-	-	-	-	-	-	-	-	-	-	-
verhältnisse	83	35	16	52	1	12	0	1	1.2	1.8

1) Erste Zeile 1990, zweite Zeile 1991.
2) 1 = sehr wichtig; 2 = wichtig; 3 = nicht so wichtig; 4 = ganz unwichtig.
Quelle: ipos-BMI-Studien 1990 und 1991.

Im Osten Deutschlands fällt dagegen der deutlich gestiegene Problemdruck in den Bereichen "Arbeitsplatzbeschaffung" und "Verbrechensbekämpfung" im Vergleich zum Vorjahr auf. Gegenüber diesen alltäglichen Sorgen tritt 1991 ein "entferntes" Thema, wie das der Vereinigung Europas, wieder deutlich zurück. Erwartungsgemäß spiegelt nach wie vor die unterschiedliche Gewichtung, die den genannten Problemen in Ost- und Westdeutschland zugemessen wird, den unterschiedlichen Entwicklungsstand in wirtschaftlicher, sozialer und gesellschaftspolitischer Hinsicht wider (Bauer 1991: 435ff.).

Beim Vergleich der Rangreihe der Wichtigkeitseinstufungen zeigen sich keine wesentlichen Veränderungen zum Vorjahr. Nach wie vor steht das Ziel, für einen wirksamen Umweltschutz zu sorgen, in Westdeutschland an erster Stelle, während es im Osten Deutschlands - zwar noch im oberen Drittel der Wichtigkeitseinstufungen - erst nach wirtschaftlichen und Sicherheitsproblemen genannt wird. Allerdings wird der Umweltschutz von den Befragten im Osten wie schon 1990 im absoluten Vergleich sogar als wichtiger als im Westen angesehen.

Bei der Diskussion der Einzelitems ist deutlich geworden, daß die Probleme der inneren Sicherheit die Bürger im Osten Deutschlands ganz besonders verunsichern. Die Tabellen 5 und 6 zeigen, daß dieses Unsicherheitsgefühl nicht nur abstrakt wahrgenommen wird, sondern daß auch das persönliche Umfeld der Bürger tangiert scheint.

Tabelle 5: Persönliche Beunruhigung durch Kriminalität in Ost- und Westdeutschland (Auswahl: sehr stark/stark)

Formen der Kriminalität...	Ost %	West %	Differenz Ost-West %Punkte
Wohnungseinbrüche	55	43	+ 12
Raubüberfälle	63	42	+ 21
Körperverletzung	68	46	+ 22
Politische Gewalttaten	38	35	+ 3
Vergewaltigungen	48	41	+ 7
Rauschgiftkriminalität	63	60	+ 3
Umweltkriminalität	72	66	+ 6
Sex. Mißbrauch v. Kindern	61	50	+ 11
KFZ-Aufbrüche	45	40	+ 5
KFZ-Diebstähle	43	35	+ 8
Fahrraddiebstähle	33	40	- 7

Quelle: ipos-BMI-Studie 1991.

Tabelle 6:   Persönliche Bedrohung durch Kriminalität in Ost- und Westdeutschland (Auswahl: sehr stark/stark)

Formen der Kriminalität...	Ost %	West %	Differenz Ost-West %Punkte
Wohnungseinbrüche	43	27	+ 16
Raubüberfälle	39	23	+ 16
Körperverletzung	42	23	+ 19
Politische Gewalttaten	18	12	+ 6
Vergewaltigungen	26	16	+ 10
Rauschgiftkriminalität	25	18	+ 7
Umweltkriminalität	45	41	+ 4

Quelle: ipos-BMI-Studie 1991.

Der Grad dieses Bedrohungsgefühls der Bürger im Osten 1991 ist in allen
Bereichen signifikant höher, in einigen Bereichen sogar dramatisch höher als im
Westen. Allerdings scheint sich diese Angst um die wirtschaftliche, soziale und
innere Sicherheit zunehmend auch auf den Westen auszubreiten (Noelle-Neumann
1992).

5. Politische Prioritäten und Werte - ein Exkurs

War die Unzufriedenheit der ehemaligen DDR-Bürger mit der wirtschaftlichen
Situation in ihrem Land ein Motor, der zum Sturz des DDR-Regimes führte, so
ist als zweiter Faktor für die Unzufriedenheit mit dem autoritären Staat die zunehmende Veränderung der Interessen, Bedürfnisse und Wertorientierungen der
Bürger in Ostdeutschland und den damit verbundenen politischen Widersprüchen
und Konflikten (Reißig 1991: 14; Schmidt 1991: 254ff.) innerhalb dieses System
zu nennen. Der Wunsch nach mehr Selbstbestimmung, Meinungsfreiheit und
Reisefreiheit fand seinen Ausdruck schließlich in den Bürgerprotesten im Herbst
1989.
Die empirische Analyse dieser veränderten gesellschaftlichen Wertvorstellungen in den östlichen Demokratien kann zur Zeit nur ansatzweise geschehen
und muß sich weitgehend auf Plausibilitätserwägungen stützen, da die notwendigen Längsschnittdaten für Kohortenanalysen fehlen (vgl. hierzu auch
Gensicke 1992). Für die demokratisch verfaßten westlichen Demokratien hingegen konnte durch die Institutionalisierung einer Infrastruktur der empirischen
Sozialforschung und der von ihr verwendeten Erhebungs- und Analyseverfahren
seit den fünfziger Jahren eine der für die Sozialwissenschaften wesentlichen
Voraussetzungen geschaffen werden, um nicht nur soziopolitische Strukturen,
sondern auch Prozesse zu untersuchen. Besonderes Interesse hat vor diesem

Hintergrund in der Politischen Soziologie die von Inglehart (erstmals 1971) formulierte "Theorie" des Wertwandels in entwickelten westlichen Industriegesellschaften gefunden.

In den empirischen Analysen in diesem Bereich spielt eine entscheidende Rolle, daß für einen begrenzten Set von Indikatoren inzwischen Daten für eine ganze Reihe von Ländern vorliegen, die eine Zeitspanne von fast zwanzig Jahren umfassen und damit eine Überprüfung vor allem der für Inglehart zentralen Sozialisationshypothese (Inglehart 1989: 92ff.) über Kohortenanalysen zulassen. Diese Hypothese besagt, daß die Wertorientierungen eines Menschen entscheidend in seiner Jugendzeit (den sog. "formative years") geprägt werden. Diese These, zusammen mit der Mangelhypothese (dem aus der Ökonomie seit langem bekannten Grenznutzenkonzept), soll die höchst folgenreichen Veränderungen in den soziopolitischen Orientierungen der Bevölkerung der westlichen Demokratien erklären, die in der Literatur u.a. unter dem Etikett der "neuen Politik" (Miller und Levitin 1976; Baker, Dalton und Hildebrandt 1981) thematisiert worden sind. Für erste Analysen der Einstellungsstruktur der Bevölkerung der ehemaligen DDR sind diese Überlegungen insofern von Interesse, als sich dort zeigte, daß die Orientierungen in vielerlei Hinsicht denen der bundesdeutschen Bevölkerung aus den späten fünfziger und frühen sechziger Jahren zu ähneln scheinen (Korte 1988; Bauer 1991; Feist 1991; Mohler 1991).

Die schnelle Implementierung einer Infrastruktur für die empirische Sozialforschung in der DDR 1990 nach der Öffnung der Mauer hat faszinierende Möglichkeiten für die empirische Untersuchung der soziopolitischen Orientierungen der DDR-Bevölkerung unter den Bedingungen eines rapiden gesellschaftlichen und politischen Wandels eröffnet. Eines der Meßinstrumente, das schon frühzeitig Eingang in die Erhebungen in Ostdeutschland gefunden hat, war der von Inglehart entwickelte Index zur Erfassung von Wertprioritäten in der üblichen Rangordnungsform für die vier folgenden Items (M = materialistisch; P = postmaterialistisch):

(1) Aufrechterhaltung von Ruhe und Ordnung in diesem Land (M)
(2) Kampf gegen die steigenden Preise (M)
(3) Mehr Einfluß der Bürger auf die Entscheidung der Regierung (P)
(4) Schutz des Rechts auf freie Meinungsäußerung (P).

Für totalitär verfaßte politische Systeme liegen angesichts der Herrschaftsrelevanz der empirischen Sozialforschung (Thomas 1990) in keinem Fall formal und/oder inhaltlich vergleichbare bevölkerungsrepräsentative Längsschnittdaten vor. Insofern kann auch nicht überraschen, daß Inglehart selbst bisher, mit der Ausnahme der knappen Erörterung einer 1980 durchgeführten Repräsentativerhebung in Polen (Inglehart 1989: 202ff.), keine ausführlichen Erörterungen zur Übertragung seines Wertwandel-Konzepts auf totalitär verfaßte Gesellschaften vorgelegt hat. Im folgenden soll daher der Versuch unternommen werden, für die neuen Bundesländer auf der Grundlage der vorhandenen Daten erste Überlegungen anzustellen.

Vor der Präsentation der Daten sind einige theoretische und methodische Überlegungen notwendig. Es steht außer Frage, daß der Unterbau, auf dem das Inglehartsche Theoriegebäude ruht, die kontinuierliche und alle Schichten der Bevölkerung mehr oder weniger erfassende Wohlstandsentwicklung in den westlichen Industriegesellschaften ist, die sich ihrerseits der marktwirtschaftlichen und pluralistisch-demokratisch-wohlfahrtsstaatlichen Verfassung dieses Gesellschaftstyps verdankt. In der Verbindung von Mangel- und Sozialisationshypothese macht es Sinn zu vermuten, daß die zunehmende zeitliche Distanz zu den Mangelerfahrungen der Kriegs- und Nachkriegszeit den Grenznutzen weiterer wirtschaftlicher Verbesserungen für einen großen und zunehmenden Teil der Bevölkerung im Aggregat immer mehr sinken läßt. Damit sind, wie Inglehart anmerkt, selbstverständlich kurzfristige ökonomische Schocks im Sinne von Periodeneffekten keinesfalls ausgeschlossen, ja sogar integraler Bestandteil der Theorie (Inglehart 1989: 110f.).

Selbst wenn man berücksichtigt, daß die sozialistischen Länder Osteuropas planwirtschaftlich verfaßt waren und ihre ökonomischen Wachstumsraten nicht mit denen im Westen vergleichbar waren, könnte man die These vertreten, daß die dortige, auch außerhalb dieser Länder wahrgenommene, relative wirtschaftliche Stabilität eine dem Westen vergleichbare Veränderung der Kohortenpräferenzen ermöglicht hat. Dies muß in besonderem Maße für ein Land wie die ehemalige DDR gelten, das innerhalb des Ostblocks als wirtschaftlich sehr gut entwickelt galt. Man kann auch vermuten, daß in den osteuropäischen Ländern, begünstigt durch die KSZE und die zunehmenden kommunikativen Transaktionen zwischen östlichen und westlichen Ländern, durch Diffusionsprozesse Bedürfnisse nach nichtmateriellen Werten zumindest begonnen hatten, Platz zu greifen (Gensicke 1992). Zunehmend beriefen sich die Menschen in der ehemaligen DDR auf die Festlegungen im KSZE-Schlußdokument von Helsinki und klagten Selbstbestimmungsrechte für sich ein. In diesem Sinne diagnostizierte Inglehart für Polen, daß auch dort seine im Westen bekannten zwei Wertepole empirisch aufgefunden werden konnten.

Eine andere Frage ist allerdings, wie gut seine Items geeignet sind, auf dem Hintergrund der völlig unterschiedlichen Wirtschafts- und Staatsverfassung valide und zumindest funktional äquivalente Informationen zu den westlichen Demokratien zu gewinnen. Unter Normalitätsbedingungen, d.h. für die Periode bis in die späten achtziger Jahre, muß das für die osteuropäischen Länder bezweifelt werden. Ein geschütztes Recht auf freie Meinungsäußerung bestand nicht, Inflation gehörte nicht zu den normalen Korrespondenzen eines staatswirtschaftlichen Systems, und die Aufrechterhaltung von Ruhe und Ordnung müßte in einem repressiven System eher eine zynische latente Gegenbedeutung zum gemeinten Sinn erhalten. Insofern bestehen gravierende Zweifel, ob der Inglehart-Vier-Item-Index zur Messung von Wertprioritäten in so anders verfaßten Ländern geeignet ist; dieser Vorbehalt könnte allerdings zumindest teilweise durch die Verwendung des erweiterten Zwölf-Item-Index gemildert werden. Auch zeigt sich an dieser Stelle, daß die häufig geäußerte Kritik gegen das von Inglehart entworfene Meßinstrument, es messe Issue- und nicht Wertprioritäten (Bürklin 1988), im systemaren Vergleich eine zusätzliche Berechtigung erfährt.

5.1 Empirische Befunde

Im folgenden soll nun untersucht werden, wie sich das Inglehartsche Konzept auf eine Situation des rapiden gesellschaftlichen Wandels, wie er für die Sondersituation der ehemaligen DDR charakteristisch ist, anwenden läßt. Bei der Diskussion der folgenden Daten ist zu beachten, daß der erste verfügbare Meßzeitpunkt im Winter 1990 (ISSP-Plus), also schon nach Vollzug der staatlichen Vereinigung, liegt.

Tabelle 7 weist dabei, anders als sonst üblich, zunächst einmal die Verteilung der Befragten über die Ränge der vier Einzelitems für drei Studien im Osten Deutschlands und eine Vergleichsuntersuchung in Westdeutschland aus.

Die Daten in Ostdeutschland zeigen zunächst einmal zumindest im Aggregat eine beachtliche Stabilität über Zeit. Man wird also davon ausgehen können, daß hier wenigstens auf den ersten Blick nicht ausschließlich Nichteinstellungen gemessen worden sind.

Angesichts der großen Wirtschaftsprobleme in Ostdeutschland - davon war weiter vorne schon ausführlich die Rede - und des gesamtwirtschaftlichen Entwicklungsstandes gegenüber Westdeutschland würde man vielleicht erwartet haben, daß das Inflationsitem in einer Art Stellvertreterfunktion gewählt werden würde. Dies ist jedoch nicht der Fall. Vielmehr kristallisieren - das ist nach dem weiter vorne Gesagten auch sinnfällig - alle "materialistischen" Bedürfnisse in einem Wunsch nach Ruhe und Ordnung, der weit über den entsprechenden Anteil in Westdeutschland hinausgeht.

Tabelle 7:   Die Rangfolge der Inglehart-Werteitems in Ost- und Westdeutschland

Werteitems	ISSP- Plus Winter 90 %	Ost ipos- BMI Sommer 91 %	ALLBUS- Basisumfr. Sommer 91 %	West ipos- BMI Sommer 91 %	Differenz ipos- BMI Ost-West %Punkte
Ruhe und Ordnung					
Rang 1	55	58	52	43	+ 15
Rang 2	23	25	24	24	+ 1
Rang 3	15	13	18	15	- 2
Rang 4	8	4	7	18	- 14
Gegen steigende Preise					
Rang 1	10	10	9	14	- 4
Rang 2	26	23	28	27	- 4
Rang 3	26	27	29	31	- 4
Rang 4	38	40	34	28	+ 12
Mehr Einfluß d. Bürger					
Rang 1	27	25	32	21	+ 4
Rang 2	26	29	26	27	+ 2
Rang 3	27	26	24	30	- 4
Rang 4	20	19	17	21	- 2
Meinungsfreiheit					
Rang 1	10	8	8	23	- 15
Rang 2	26	25	23	22	+ 3
Rang 3	32	33	29	23	+ 10
Rang 4	33	35	40	32	+ 3

Bemerkenswerterweise sind die Ost-West-Unterschiede auf der postmaterialistischen Dimension bei dem Item "Schutz der freien Meinungsäußerung" fast
genauso groß. Man hätte ja erwarten können, daß das hohe Maß an politischer
Repression gerade diesem "Wert" ein besonderes Gewicht verleihen würde.
Tatsächlich scheint es aber so zu sein, daß das durch die Vereinigung gewonnene
Maß an Meinungsfreiheit zu diesem Zeitpunkt als so befriedigend betrachtet
wird, daß es als Bedürfnis überhaupt nicht mehr hervortritt. Dieses Argument
würde prinzipiell auch für das zweite postmaterialistische Item "Mehr Einfluß der
Bürger auf die Entscheidung der Regierung" gelten müssen; hier zeigt sich
jedoch, daß ihm die ostdeutsche Bevölkerung tendenziell sogar mehr Gewicht
zumißt als die westdeutsche.

Insgesamt besitzen diese Interpretationsversuche allerdings einen ausgeprägten ad-hoc-Charakter. Man kann, methodisch gesehen, wohl die Schlußfolgerung rechtfertigen, daß unter meßtheoretischen Gesichtspunkten die einfache Übertragung des Instruments auf Gesellschaften im kurzfristigen sozio-politischen Umbruch wegen des Issuecharakters der Items sehr problematisch und im Grunde nicht zu rechtfertigen ist, wenn es um die Analyse des Wertwandels geht. Wenn man allerdings die Betrachtung der Einzelitems verläßt, diese zu dem üblichen Vier-Item-Index zusammenfaßt und einen Ost-West-Vergleich vornimmt (vgl. Tabelle 8), dann ergibt sich das plausible Bild einer (Teil-)Gesellschaft im Wandel hin zu einer Präferenzverteilung, wie sie für die "alte" Bundesrepublik charakteristisch ist.

Tabelle 8:   Wertpräferenzen in Ost- und Westdeutschland
              (Inglehart-Index)

Werteitems	ISSP-Plus Winter 90 %	Ost ipos-BMI Sommer 91 %	ALLBUS-Basisumfr. Sommer 91 %	West ipos-BMI Sommer 91 %	Differenz ipos-BMI Ost-West %Punkte
rein postmaterialist.	15	9	15	19	- 10
tendenziell postmat.	22	23	25	24	- 1
tendenziell material.	37	44	34	30	+ 14
rein materialistisch	27	24	27	27	- 3

Ein wichtiger substantieller Test der Überlegungen von Inglehart besteht nun in der Überprüfung, in welchem Umfang auch in der ehemaligen DDR die vermuteten Sozialisationseffekte, operationalisiert als Altersunterschiede, auftreten. Dabei ist zu beachten, daß wegen des kurzen Beobachtungszeitraums eine Kohortenanalyse nicht möglich ist, Kohorteneffekte, Lebenszykluseffekte und Periodeneffekte somit nicht voneinander getrennt werden können. Tabelle 9 weist für die ipos-BMI-Studie 1991 in Ostdeutschland die Beziehung zwischen dem Inglehart-Index und dem (gruppierten) Lebensalter der Befragten aus.

Wenn man bedenkt, daß in Ostdeutschland - anders als im Westen - ganz allgemein die Altersvariable nur wenige Orientierungsunterschiede nach sich zieht (sie fehlen z.B. weitgehend auch bei der Parteipräferenz), so zeigen diese Daten zumindest eine den Überlegungen von Inglehart entsprechende deutliche Tendenz auf.

Tabelle 9:   Wertpräferenzen und Lebensalter in Ostdeutschland
             (Angaben in Prozent)

Wertpräferenzen	18-29 Jahre	30-39 Jahre	40-49 Jahre	50-59 Jahre	60 Jahre und älter	Alle Befragten
rein postmaterial.	14	10	9	7	4	9
tendenz. postmat.	33	28	23	18	14	23
tendenz. material.	39	42	45	42	51	44
rein materialist.	14	20	23	32	31	24

Quelle: ipos-BMI-Studie/Ost 1991.

Vergleicht man über Korrelationskoeffizienten die statistischen Beziehungen zwischen Alter und dem Inglehart-Index für die hier vorliegenden Studien in Ost- und Westdeutschland (Tabelle 10), dann zeigen sich - sieht man einmal von dem leichten "Ausreißer" ipos-Ost ab - in Ost- und Westdeutschland gleich starke statistische Beziehungen.

Tabelle 10: Korrelationen zwischen Alter und Wertpräferenzen in Ost- und
            Westdeutschland

Korrelationskoeffiz.	Ost			West		
	ISSP-Plus'90	ipos-BMI'91	ALLBUS-Basisum.'91	ALLBUS-Umfrage'90	ipos-BMI'91	ALLBUS-Basisum.'91
tau b	.24	.18	.27	.31	.26	.26
Gamma	.33	.24	.36	.41	.34	.35
N =	972	1055	1536	2983	1536	1515

Mit aller Zurückhaltung angesichts der genannten Validitätsprobleme läßt sich auf dieser Grundlage die Vermutung rechtfertigen, daß auch schon zu Zeiten der DDR Wandlungsprozesse von soziopolitischen Orientierungen, wenn auch auf deutlich niedrigerem absoluten Niveau, ihren Anfang genommen haben, die in den westlichen Ländern unter dem Etikett des Wertewandels bekannt geworden sind (vgl. hierzu die Analysen von Gensicke 1992, der ähnliche Schlußfolgerungen zieht). Wenn sich diese Ergebnisse auch für andere osteuropäische Länder bestätigen ließen, wäre ein Stein des Puzzles identifiziert, der die Transformation dieser Gesellschaften 1989/90 mitbewirkt hat.

6. Politische Partizipationsbereitschaft in Ost- und Westdeutschland

Bis in die späten 60er Jahre konzentrierte sich die empirische Partizipationsforschung weitgehend auf Formen sogenannter verfaßter (konventioneller) Beteiligung, die sich in erster Linie auf die Erklärung von Wahlverhalten und mit der Institution der Wahl verbundener politischer Beteiligung wie z.B. die Unterstützung politischer Parteien bei Wahlen bezog (Milbrath 1965; Verba und Nie 1972, Nie und Verba 1975; Verba, Nie und Kim 1978). Mit der sogenannten "partizipatorischen Revolution" (Kaase 1982), ausgelöst durch die in den 60er Jahren in den USA in Verbindung mit dem Vietnamkrieg und der Bürgerrechtsbewegung sowie in den westeuropäischen Länder zunehmend auftretenden sogenannten unverfaßten (unkonventionellen) Aktionsformen, zeigte sich eine neue Qualität und Quantität politischer Mobilisierung breiter Bevölkerungsgruppen. Das Interesse der Partizipationsforschung galt daher besonders diesen "neuen" Beteiligungsformen, insbesondere dem Vergleich "unkonventioneller" (direkter) mit "konventioneller" politischer Partizipation sowie der Frage nach ihrer demokratietheoretischen Bedeutung. Obgleich sich diese Studien auf verschiedene Länder beziehen (z.B. Milbrath und Goel 1977; Muller 1979; Barnes, Kaase et al. 1979; Jennings, van Deth et al. 1990) und sich verschiedenartiger Methoden der Datenanalyse bedienen, belegen sie jedoch übereinstimmend die These von der Ausweitung des "Aktionsrepertoires" über das Spektrum traditioneller verfaßter politischer Verhaltensformen hinaus (Kaase 1976, 1982).

Diese Entwicklung der graduellen Ausweitung des politischen Aktionsrepertoires in den westlichen Demokratien wurde zum einen durch strukturelle gesellschaftliche Faktoren, darunter die Ausweitung des Bildungssystems, die flächendeckende Versorgung mit elektronischen Massenmedien, insbesondere des Fernsehens, die Tertiarisierung des Beschäftigungswesens ("postindustrielle Gesellschaft"), die Zunahme an Freizeit und die Verbesserung der wirtschaftlichen und finanziellen Ressourcen der Haushalte bestimmt (Dalton 1988). Eine besondere Rolle für die Erklärung der veränderten partizipativen Orientierung der Bürger spielt die von Inglehart diskutierte Wertewandeltheorie (Inglehart 1971,

1977), da die Träger dieser Entwicklung vor allem im Spektrum der jüngeren, postmaterialistisch orientierten Mittelschichten verortet wurden.

Dieser "partizipatorischen Revolution" liegt, wie die Forschung zeigen konnte, keine systemüberwindene bzw. systemfeindliche Grundsatzkritik am politischen System zugrunde, sondern vielmehr ein stärker plebiszitär orientiertes Demokratieverständnis. Dennoch stellt die Erweiterung des Partizipationsrepertoires insofern eine Herausforderung des politischen Systems dar, als die gewachsenen Mitbestimmungs- und Gestaltungswünsche der Bürger die Anpassungsfähigkeit der repräsentativen Demokratie herausfordern (Westle 1992: 136).

Vor dem Hintergrund der friedlichen Revolution in Ostdeutschland, die systemüberwindenden Charakter hatte, ist nun zum einen die Frage interessant, wie ausgeprägt die Partizipationsbereitschaft der Ostdeutschen nach dem Sturz des SED-Regimes heute ist, und zum anderen, welche Aktionsformen von den Bürgern der neuen Bundesländer in Betracht gezogen werden, um politische Ziele durchzusetzen. Schließlich ist die Frage zu untersuchen, inwieweit sich die Befragten in Ost und West hinsichtlich bestimmter Aktionsformen voneinander unterscheiden. Die Frage nach dem Ausmaß der Partizipationsbereitschaft im Osten Deutschlands ist im Hinblick auf die Entwicklung der politischen Kultur im vereinten Deutschland von besonderem Interesse.

Die ISSP-Plus Studie, die im Dezember 1990 im Westen und Osten Deutschlands durchgeführt worden war, zeigt, daß bei der Bewertung verschiedener direkter, unkonventioneller Beteiligungsformen bei den Befragten in Ost- und Westdeutschland große Übereinstimmung besteht (vgl. Tabelle 11).

Tabelle 11: Befürwortung von Möglichkeiten politischen Protestes in Ost- und Westdeutschland 1990 (Angaben in Prozent)

Erlaubte Möglichkeiten politischen Protestes sollten sein....	Ost	West
Öffentliche Veranstaltungen zu organisieren, um gegen die Regierung zu protestieren	88	84
Protestmärsche und Demonstrationen zu organisieren	84	80
Flugblätter gegen die Regierung zu veröffentlichen	62	74
Einen bundesweiten Streik aller Arbeitnehmer gegen die Regierung zu organisieren	59	44
Eine Behörde zu besetzen und deren Arbeit für mehrere Tage lahmzulegen	11	17
Öffentliche Gebäude schwer zu beschädigen	1	3

Quelle: Zusatzstudie Ost 1990; Allbus-ISSP 1990 (Koch 1991:3).

Es zeigt sich auch, daß illegale Formen des Protests wie die 'Besetzung einer Behörde' in beiden Teilen Deutschlands nur von einer Minderheit befürwortet werden (Ost: 11%; West: 17%). Noch deutlich seltener sprechen sich beide Befragtengruppen für die Anwendung von Gewalt aus. Das Recht auf politischen Protest (voice), als zentraler Bestandteil der Demokratie, wird zwar in beiden Teilen Deutschlands weitgehend einhellig akzeptiert, Gewalt dabei jedoch abgelehnt.

Eine positive Einstellung zu bestimmten Formen von politischem Protest impliziert nach Azjen/Fishbein (Fishbein 1967; Ajzen und Fishbein 1980) auch die positive Verhaltensdisposition in bezug auf diese Aktionsformen. Für die Bewertung der folgenden Analyseergebnisse sei noch einmal darauf hingewiesen, daß die Daten Einstellungen zu dem in Frage stehenden Verhalten abbilden und nicht das Verhalten selbst. Diese Einstellungen beeinflussen, unter zusätzlichen Bedingungen die Wahrscheinlichkeit, mit der sich ein Individuum auch selbst an einem bestimmten Verhaltensakt beteiligt. Ob es schließlich aber wirklich zu einer Teilnahme kommt, hängt maßgeblich von situativen Faktoren ab.

Für die vergleichende Untersuchung von Verhaltensabsichten in Ost und West wird im folgenden wieder auf die Daten der ipos-BMI-Untersuchung "Einstellungen zu aktuellen Fragen der Innenpolitik 1991" Bezug genommen. Dort wurde den Befragten eine Reihe von Möglichkeiten genannt, mit denen man gegen etwas protestieren oder die Öffentlichkeit auf sein Anliegen aufmerksam machen kann. Die Befragten sollten angeben, an welchen der folgenden direkten Aktionsformen sie sich 'sicher', 'vielleicht' oder 'bestimmt nicht' beteiligen würden. Die Angaben in den Klammern hinter den jeweiligen Items geben an, ob es sich um legale (L) oder illegale (I) Formen des Protests handelt. Auf die theoretisch fundierte Differenzierung in die beiden Subdimensionen legal und illegal (civil disobedience) wird gleich noch näher eingegangen werden.

Zum Bereich der legalen unverfaßten politischen Beteiligung zählt z.B. die Teilnahme an Bürgerinitiativen, Petitionen und friedlichen Demonstrationen. Der Bereich der illegalen politischen Beteiligung läßt sich noch einmal differenzieren in Aktionsformen, die an sich nicht gewaltsam sind und die, dem amerikanischen Sprachgebrauch folgend, auch als "ziviler Ungehorsam" (civil disobedience) bezeichnet werden können und in vom zivilen Ungehorsam klar abzugrenzende Gewaltaktionen gegenüber Personen und/oder Sachen, wobei unter Gewalt "physische Gewalt" gemeint ist. Zu beachten ist, daß in der folgenden Itemliste explizit Einstellungen gegenüber Gewalt nicht enthalten sind.

A - Beteiligung an einer Unterschriftensammlung (L)

B - Teilnahme an einer genehmigten Demonstration (L)

C - Behinderung von Militärtransporten durch Sitzstreiks (I)

D - Teilnahme an einer Demonstration, auch wenn mit Gewalt
    gerechnet werden muß (I)

E - Beschädigung von militärischen oder anderen öffentlichen Einrichtungen (I)

F - Beteiligung an einer Bürgerinitiative (L)
G - Beteiligung an einem Boykott (L)
H - Verhinderung von Baumaßnahmen durch Besetzung oder Blockade des
    Baugeländes (I)
K - Besprühen von Wänden mit Parolen (I)

Die Beteiligungsbereitschaft der Bürger an unkonventionellen Formen
politischer Partizipation liegt in Ostdeutschland mit Ausnahme von "Parolen an
Wände malen", "Einrichtungen schädigen" und "Boykott" höher als die der
Bürger im Westen Deutschlands (vgl. Tabelle 12).

Tabelle 12: Teilnahmebereitschaft an Formen politischen Protestes in Ost-
und Westdeutschland 1991 (Angaben in Prozent)

	Ost	West
Unterschriftensammlung	55[1]	48
	36[2]	39
Politische Demonstration	35	22
	34	34
Sitzstreik	4	4
	16	14
Demonstration auch wenn Gewalt	4	3
	16	9
Einrichtungen schädigen	-	1
	2	4
Bürgerinitiative	43	35
	45	38
Boykott	10	15
	28	29
Baugelände besetzen	6	4
	18	13
Parolen an Wände sprühen	-	1
	1	5

1) Befragte(r) würde sicher daran teilnehmen.
2) Befragte(r) würde vielleicht daran teilnehmen.
Quelle: ipos-BMI-Studie 1991

Die Affinität zur Ausübung physischer Gewalt ist in beiden Teilen
Deutschlands relativ gering. Hier muß jedoch auf den Tabucharakter dieser
Aktionen hingewiesen werden (Kaase und Neidhardt 1990), der das
Antwortverhalten der Befragten im Interview unter Umständen beeinflußt haben
könnte. Erwähnenswert ist, daß im Osten die Bereitschaft, an Demonstrationen

teilzunehmen, auch wenn mit Gewalt gerechnet werden muß, deutlich größer ist (insgesamt 20%) als im Westen (insgesamt 12%).

Die oben erwähnte theoretische Differenzierung in legale und illegale ("ziviler Ungehorsam") Formen politischer Partizipation (Fuchs 1984; Uehlinger 1988) läßt sich auch empirisch belegen. Sowohl für den Osten als auch für den Westen Deutschlands (ipos-Studie 1991) wurden bei einer Faktorenanalyse zwei Faktoren extrahiert, die in Ostdeutschland 50% und in Westdeutschland 67% der Varianz binden. Die erste Dimension beschreibt jeweils den Bereich der legalen unverfaßten Beteiligung, die zweite Dimension den Bereich der illegalen politischen Partizipation.

Von besonderem Interesse ist im Vergleich zur Forschung in diesem Bereich, daß durch das Fehlen der expliziten, namentlich so bezeichneten Gewaltdimension nun eine klare Zweidimensionalität zum Vorschein kommt. Hingegen war in vergleichbaren Untersuchungen unter Einbeziehung von Items zur politischen Gewalt eine dimensionale Struktur sichtbar geworden, welche zivilen Ungehorsam einerseits der Gewaltdimension zuordnete, andererseits aber auch Bezüge zur legalen direkten Partizipation erkennen läßt (vgl. dazu auch Kaase und Neidhardt 1990; Westle 1992; Kaase 1992).

Während im Westen die Faktorladungen der beiden Dimensionen sehr klar voneinander unterschieden werden können, wird die Struktur im Osten Deutschlands nicht ganz so deutlich abgebildet. Die Items "Teilnahme an Demonstration, auch wenn mit Gewalt gerechnet wird" (Faktor 1: .38/Faktor 2: .59), "Boykott" (Faktor 1: .52/Faktor 2: .32) und die "Besetzung von Baugeländen" Faktor 1: .35/Faktor 2: .56) laden auf beiden Faktoren.

Die Annahme einer "Brückenfunktion" (Uehlinger 1988: 211ff.) zwischen legaler und illegaler politischer Beteiligung wird auch durch die vorliegenden Daten bestätigt. In Tabelle 13 ist die Höhe der durchschnittlichen Korrelation (r = Pearson's Produkt-Moment-Koeffizient) unter den Items innerhalb eines Bereiches und zwischen den beiden Bereichen angegeben.

Tabelle 13 zeigt, daß im Westen Deutschlands die beiden Partizipationsakte innerhalb eines Bereiches miteinander durchschnittlich jeweils in ähnlicher Höhe korrelieren, während im Osten zum einen das Niveau der durchschnittlichen Beziehung innerhalb der Bereiche deutlich geringer ist und zum anderen die Unterschiede der Korrelationskoeffizienten größer sind als im Westen.

Tabelle 13: Durchschnittliche Korrelationen zwischen und innerhalb der Bereiche
politischer Partizipation

Bereiche	Zahl[1] der Korrelationen	Korrelations-koeffizienten	
		Ost	West
Innerhalb der Bereiche: legale unverfaßte politische Partizipation	(6)	.36	.52
Illegale unverfaßte politische Partizipation	(10)	.29	.49
Zwischen den Bereichen: legale und illegale politische Partizipation	(36)	.18	.28

1) In Klammern wird jeweils die Zahl der Korrelationen angegeben, die der Berechnung
zugrunde liegen. Die Zahl ergibt sich aus n (Zahl der items) x (n-1/2) (Kaase und
Neidhardt 1990).
Quelle: ipos-BMI-Studie 1991.

Aus diesen Ergebnissen erschließt sich, daß einerseits die theoretisch
gewonnene Unterscheidung zwischen legalen und illegalen direkten Partizipationsformen empirisch gerechtfertigt ist, andererseits jedoch auch eine
gemeinsame Handlungsdimension existiert, die - als unverfaßte politische
Beteiligung - eine der beiden Hauptdimensionen des politischen Aktionsrepertoires darstellt, wie dies von Barnes, Kaase et al. (1979) postuliert worden
war (vgl. dazu auch Allerbeck 1980). Wer sich vorstellen kann, sich an legalen
Akten unverfaßter politischer Partizipation zu beteiligen, für den existiert eine
deutlich höhere Chance, sich auch für illegale Akte dieser Art zu erwärmen.
Diese strukturelle "Brückenfunktion" ist jedoch im Westen Deutschlands deutlich
klarer ausgeprägt als im Osten. Hier bestätigt sich erneut, wie schon an anderer
Stelle gezeigt werden konnte, sowohl innerhalb wie zwischen den Dimensionen
die insgesamt diffusere Beziehungsstruktur von politischen Einstellungen in den
neuen Bundesländern.

6.1 Bestimmungsfaktoren politischer Partizipation

In der Partizipationsforschung werden als mögliche Einflußgrößen auf die
politische Beteiligung neben persönlichkeitsbezogenen Merkmalen des Individuums soziodemografische Charakteristika sowie soziale Umfeldfaktoren

gesehen (Milbrath und Goel 1977). Innerhalb der sozialstrukturellen Bestimmungsgründe politischer Beteiligung hat sich in der Forschung schon früh ein Standardmodell herauskristallisiert, das empirisch immer wieder bestätigt werden konnte. So gilt als wesentlicher Bestimmungsfaktor politischer Partizipation der sozioökonomische Status, der üblicherweise über die Schulbildung, den Beruf und das Einkommen operationalisiert wird. Der Befund, daß eine hohe sozioökonomische Ressourcenausstattung zur Ausbildung positiver Orientierungen gegenüber dem politischen System und zu realem politischen Engagement führe, wurde sowohl für die konventionellen Beteiligungsformen (Milbrath 1965; Verba und Nie 1972; Nie und Verba 1975) als auch für die legalen Formen unkonventioneller Beteiligung und den zivilen Ungehorsam bestätigt (Barnes, Kaase et al. 1979; Jennings, van Deth et al. 1990).

Weitere wichtige sozialstrukturelle Variablen sind Alter und Geschlecht, für die allerdings unterschiedliche Effekte auf die unterschiedlichen Dimensionen politischer Beteiligung nachgewiesen wurden (Barnes, Kaase et al. 1979; Kaase 1990; Westle 1991; Bauer 1993). So zeigte sich, daß der Unterschied zwischen Männern und Frauen in bezug auf die unkonventionelle Partizipation (auch nach einer Kontrolle von Alter und Schulbildung) eine deutlich geringere Rolle spielt, als bei der konventionellen Partizipation, bei der Frauen nach wie vor weniger aktiv sind als Männer. Hier wurden insbesondere auf Probleme der zeitlichen Verfügbarkeit sowie auf die von den Frauen wahrgenommenen hierarchischen und von Männern dominierten Strukturen der verfaßten Partizipation verwiesen (Barnes, Kaase et al. 1979; Kaase 1990; Westle 1991, 1992).

Das Merkmal "Jugendlichkeit" spielt für die positive Orientierung gegenüber unkonventionellen Beteiligungsformen eine deutlich größere Rolle als bei der konventionellen Beteiligung, bei der eher ein kurvilinearer Verlauf der Verteilungen konstatiert werden konnte. Für die tatsächliche Beteiligung geht der Einfluß von Lebensalter jedoch zurück (Bauer 1993), was die Bedeutung situativer Momente als eventuelle Mobilisierungsfaktoren hervorhebt.

Untersucht man die Partizipationsbereitschaft in West und Ost vor dem Hintergrund dieser "klassischen" soziodemographischen Variablen, so stellt man für den Westen Deutschlands die oben schon skizzierte bekannte Struktur fest. Das Ausmaß an Protestbereitschaft wird in Übereinstimmung mit allen bisher bekannten Literaturbefunden (Barnes, Kaase et al. 1979; Kaase und Neidhardt 1990) sowohl vom Lebensalter als auch von der formalen Schulbildung positiv beeinflußt. Junge Befragte mit höherem Schulabschluß neigen häufiger zu unkonventionellen Beteiligungsformen als ältere Befragte mit formal niedrigem Abschluß. Dies gilt tendenziell auch für die Befragten im Osten Deutschlands, wobei sich hier allerdings deutlich schwächere Beziehungen zwischen den unabhängigen Variablen und der Partizipationsbereitschaft zeigen.

In den folgenden multiplen Klassifikationsanalysen sollen nun sowohl die Stärke des Einflusses der unterschiedlichen unabhängigen Variablen auf die Partizipationsbereitschaft als auch der Gesamtbeitrag zur Varianzaufklärung untersucht werden. Neben den oben erwähnten Variablen der Sozialstruktur, d.h. Alter, Geschlecht und formale Bildung, die dem "sozioökonomischen Standardmodell" Rechnung tragen sollen, werden zusätzlich noch zwei Einstellungsvariablen in die Analyse miteinbezogen, von denen theoretisch ein Einfluß auf Partizipation erwartet wird: die ideologische Einstellung, gemessen auf einer Links-Rechts-Skala und die Wertorientierung der Befragten operationalisiert nach dem oben beschriebenen Inglehart-Index.

Ein Indikator, der das statistische Modell in bezug auf den Grad kognitiver Mobilisierung ergänzen könnte, wie z. B. das Ausmaß an politischem Interesse (Inglehart 1977: Kap. 10-12; Dalton 1988: 18ff.), wurde in der ipos-BMI-Studie 1991 bedauerlicherweise nicht erhoben.

Als abhängige Variablen wurden für die multiple Klassifikationsanalyse die folgenden vier Partizipationsindizes (additive Indizes) gebildet:

Index I und Index II:
bilden die Dimension der legalen Partizipation ab (Items A,B,F,G) und beinhalten jeweils diejenigen Befragten, die angaben, 'sicher' (I) bzw 'sicher oder vielleicht' (II) an diesen Aktionsformen teilzunehmen (0 = niedrige Bereitschaft bis 4 = hohe Bereitschaft).
Index III und Index IV:
bilden die Dimension der illegalen Partizipation ab (Items C,D,E,H,K) und beinhalten ebenfalls jeweils die Befragten, die angaben, an diesen Aktionsformen 'sicher' (III) bzw. 'sicher oder vielleicht' (IV) teilzunehmen (0 = niedrige Bereitschaft bis 5 = hohe Bereitschaft).

Die folgenden Tabellen 14 und 15 zeigen die Abweichungen vom Mittelwert der unterschiedlichen Indizes für die einzelnen Kategorien der unabhängigen Variablen sowie die Stärke ihres Einflusses (Beta-Koeffizienten) auf die abhängige Variable und das Ausmaß der Gesamtvarianz, die diese Variablen in bezug auf die verschiedenen Partizipationsindizes erklären (R bzw. R^2).

Betrachtet man zunächst Tabelle 14 mit den Indizes der legalen Partizipationsbereitschaft, zeigt sich für den Westen Deutschlands ein deutlich linearer Verlauf im Sinne der oben erwähnten bekannten Befunde.

Während das Geschlecht der Befragten sowohl für den 'harten' als auch für den 'weichen' Index nur eine geringe Erklärungskraft besitzt, was an den Beta-Koeffizienten von .06 bzw. .07 verdeutlicht wird, sind - wenn man die Mittelwertabweichungen betrachtet - die Faktoren hohe formale Schulbildung, Jugendlichkeit, eine linksgerichtete ideologische Orientierung sowie eine postmaterialistische Wertorientierung deutlich positiv mit den jeweiligen Aktionsniveaus korreliert. Beim Index I weisen dabei die Wertorientierung (.22) sowie die ideologische Selbsteinstufung auf der Links-Rechts-Skala (.20) die größte Erklärungskraft auf. In bezug auf den 'weicheren' Index II besitzt der Faktor 'Jugendlichkeit' die mit Abstand größte Erklärungskraft.

Tabelle 14: Determinanten politischer Partizipationsbereitschaft in Ost-
und Westdeutschland 1991

| | Legale Partizipationsformen | | | |
| | Index I | | Index II | |
Unabhängige Variablen	Ost	West	Ost	West
Geschlecht:				
(1) Männer	.09 [1]	.08	.12	.09
(2) Frauen	-.09	-.07	-.12	-.09
Alter:				
(1) 18-24 Jahre	-.04	.21	.27	.33
(2) 25-29 Jahre	-.00	.22	.07	.31
(3) 30-39 Jahre	.07	.19	.14	.17
(4) 40-49 Jahre	-.13	.12	.02	.23
(5) 50-59 Jahre	.16	-.18	-.01	-.05
(6) 60 Jahre u. älter	-.11	-.23	-.33	-.40
Schulbildung				
(1) niedrig	-.06	-.13	-.17	-.12
(2) mittel	.01	.11	.07	.02
(3) hoch	.10	.23	.23	.30
Links-Rechts-Einstufung:				
(1) sehr links	.48	.56	.05	.25
(2) eher links	.24	.40	.21	.36
(3) Mitte	-.18	-.20	-.13	-.16
(4) eher rechts	-.24	-.13	-.11	-.12
(5) sehr rechts	-.12	-.33	-.18	-.22
Wertorientierung:				
(1) materialistisch	-.24	-.24	-.18	-.26
(2) gemischt materialist.	-.03	-.10	-.01	-.06
(3) gemischt postmaterial.	.11	-.11	.11	.07
(4) postmaterialistisch	.50	.61	.26	.37
	beta-Koeffizienten (MCA)			
Geschlecht	.07 *	.06	.11	.07
Alter	.09 *	.15	.17	.22
Schulbildung	.04 *	.11	.14	.12
Links-Rechts-Einstufung	.19	.20	.15	.17
Wertorientierung	.16	.22	.12	.16
Multiples R	.29	.46	.38	.46
Multiples R[2]	.09	.21	.14	.21

1) Mittelwertabweichungen.
* Nicht signifikant auf dem 1-Prozent-Niveau.
Quelle: ipos-BMI-Studie 1991.

Tabelle 15: Determinanten politischer Partizipationsbereitschaft in Ost-
und Westdeutschland 1991

| | Illegale Partizipationsformen | | | |
| | Index III | | Index IV | |
Unabhängige Variablen	Ost	West	Ost	West
Geschlecht:				
(1) Männer	.00 1)	-.01	.03	.01
(2) Frauen	-.00	.01	.03	-.01
Alter:				
(1) 18-24 Jahre	.15	.29	.41	.64
(2) 25-29 Jahre	.11	-.02	.38	.21
(3) 30-39 Jahre	.03	.04	.08	.17
(4) 40-49 Jahre	-.05	-.05	-.06	-.05
(5) 50-59 Jahre	-.04	-.06	-.15	-.11
(6) 60 Jahre u. älter	-.04	-.06	-.22	-.32
Schulbildung:				
(1) niedrig	.02	-.01	-.00	.03
(2) mittel	-.00	-.05	-.01	-.14
(3) hoch	-.06	.10	.05	.13
Links-Rechts-Einstufung:				
(1) sehr links	.25	.89	.34	.25
(2) eher links	-.00	.02	.06	.22
(3) Mitte	-.04	-.06	-.09	-.16
(4) eher rechts	-.03	-.04	-.09	-.14
(5) sehr rechts	.29	.04	.57	.17
Wertorientierung:				
(1) materialistisch	-.05	-.05	-.11	-.15
(2) gemischt materialist.	-.04	.01	-.09	-.02
(3) gemischt postmaterial.	.05	-.04	.10	.02
(4) postmaterialistisch	.18	.10	.46	.27
	beta-Koeffizienten(MCA)			
Geschlecht	.01 *	.01 *	.03 *	.00 *
Alter	.12	.19	.20	.25
Schulbildung.	05 *	.09	.02 *	.08
Links-Rechts-Einstufung	.16	.25	.14	.22
Wertorientierung	.13	.09	.16	.12
Multiples R	.25	.38	.33	.42
Multiples R²	.06	.15	.11	.18

1) Mittelwertabweichungen.
* Nicht signifikant auf dem 1-Prozent-Niveau
Quelle: ipos-BMI-Studie 1991

Für den Osten Deutschlands haben die soziodemografischen Variablen Geschlecht, Alter und Bildung auf Index I keinen signifikanten Effekt. Dies ändert sich bei der weicheren Fassung. Bei Index II zeigt sich auch hier - wie im Westen - Alter (.17) als stärkster Einflußfaktor. In Übereinstimmung mit der schon mehrfach angesprochenen diffuseren Struktur des politischen Überzeugungssystems in Ostdeutschland ist für Index I die erklärte Gesamtvarianz der ausgewählten unabhängigen Variablen (R^2) im Osten deutlich niedriger (.09) als im Westen Deutschlands (.21), wo immerhin fast gut ein Fünftel der Varianz durch die fünf Indikatoren erklärt wird.

Betrachtet man nun die Dimension der illegalen Partizipationsbereitschaft (Tabelle 15), zeigt sich folgendes Bild: Auch hier hat sowohl im Westen als auch im Osten Deutschlands das Geschlecht der Befragten keinen signifikanten Erklärungswert für die Bereitschaft zur Teilnahme an illegalen Aktionsformen. Für diejenigen Befragten, die 'sicher' an den vorgegebenen illegalen Partizipationsformen teilnehmen würden (Index III), besitzt in beiden Teilen Deutschlands die ideologische Selbsteinstufung die größte Erklärungskraft. Beim weicheren Index IV bleibt der Effekt dieser Variablen im Westen erhalten (.22), wobei dort nun der Faktor 'Jugendlichkeit' noch eine etwas größere Rolle spielt (.25).

Im Osten verliert die Stärke des Ideologie-Faktors an Gewicht zugunsten von Alter und Wertorientierung. Auch bei illegaler Partizipation ist das Ausmaß der erklärten Gesamtvarianz für den Westen Deutschlands größer (.18) als im Osten (.11).

Diese Ergebnisse zeigen zum einen, daß für den Westen Deutschlands insbesondere für die legale Partizipationsbereitschaft nach wie vor die klassischen Strukturvariablen Alter, Geschlecht und Bildung sowie die beiden Einstellungsindikatoren ideologische Selbsteinstufung und Wertorientierung für die Vorhersage von Partizipationspotentialen als valide angesehen werden können, während im Osten Deutschlands eine solche relativ klar konturierte Struktur nicht besteht. Dies bedeutet für den Osten noch mehr als für den Westen Deutschlands, daß dort der Einfluß situativer Faktoren bei der Umsetzung der Bereitschaft an unkonventionellen politischen Aktionen teilzunehmen, eine große Rolle spielt, wenn man unterstellt, daß die diesbezüglichen Einstellungen der Bürger in Ostdeutschland überhaupt valide gemessen worden sind.

7. Ausblick

Die Situation im vereinigten Deutschland wird zur Zeit durch die Frage bestimmt, wie die wirtschaftlichen und gesellschaftlichen Anpassungsprobleme zwischen alten und neuen Bundesbürgern zu bewältigen sind. Unbestritten ist heute, daß die Größe der Aufgabe, das marode Wirtschaftssystem der ehemaligen DDR umzustellen, von den politischen Eliten weit unterschätzt worden ist. Diese Fehleinschätzung führte dazu, daß vor der Bundestagswahl 1990 Hoffnungen geweckt wurden, die nicht eingehalten werden konnten. Ob diese Enttäuschungen unvermeidlich waren, ist zu bezweifeln, denn ein Großteil der Ost- und Westbürger hatte vor der Vereinigung beider Staaten die Schwierigkeiten des Anpassungsprozesses sehr realistisch eingeschätzt und besaß keineswegs zu große Erwartungen.

Die folgenden Tabellen 16 und 17 belegen, daß in bezug auf die Vor- und Nachteile des Vereinigungsprozesses zwischen kurzfristigen und langfristigen Gesichtspunkten sehr genau unterschieden worden war. Dabei wurden von Anfang an die Vorteile der deutschen Vereinigung eher mit einer langfristigen Perspektive verbunden, während man kurzfristig durchaus negative Folgen vermutete.

Tabelle 16: Unmittelbare Vor- und Nachteile der deutschen Vereinigung im zeitlichen Verlauf
(Vergleich Ost/West; Angaben in Prozent)

| | 2/90 | | 3/90 | | 4/90 | | 5/90 | | 6/90 | |
	Ost	West	Ost	West	Ost	West	Ost	West	Ost	West
Eher Vorteile	-	10	21	12	14	14	17	12	23*	12
Vor- und Nachteile	-	33	46	34	43	36	37	30	45	38
Eher Nachteile	-	55	27	52	35	49	41	56	30	48
Keine Angabe	-	2	6	2	8	1	4	2	2	2

* Der Fragestimulus lag hier im Osten auf Währungs- und Wirtschaftsunion.
Quelle: Forschungsgruppe Wahlen/Politbarometer West- und Ostdeutschland.

Tabelle 17: Längerfristige Vor- und Nachteile der deutschen Vereinigung im zeitlichen Verlauf
(Vergleich West/Ost; Angaben in Prozent)

| | 2/90 | | 3/90 | | 4/90 | | 5/90 | | 6/90 | |
	Ost	West	Ost	West	Ost	West	Ost	West	Ost	West
Eher Vorteile	-	44	58	47	56	46	56	48	62*	46
Vor- und Nachteile	-	43	38	40	38	41	38	39	29	38
Eher Nachteile	-	7	4	9	5	8	5	7	9	11
Keine Angabe	-	6	-	4	1	5	1	6	1	5

* Der Fragestimulus lag hier im Osten auf Währungs- und Wirtschaftsunion.
Quelle: Forschungsgruppe Wahlen/Politbarometer West- und Ostdeutschland.

Dieses Phänomen erklären sich Herbert und Wildenmann (1991: 77) damit, daß die Bürger zwischen der grundlegend positiven Einstellung zur Wiedervereinigungsthematik, welche den langfristigen Optimismus prägte, und einer in konkreten Einzelfragen abwägenden Haltung unterscheiden, die Skeptizismus und Optimismus breitgefächert mischen. Die Tabellen zeigen auch, daß die Befragten im Westen über alle Meßzeitpunkte hinweg eher skeptisch eingestellt waren.

In bezug auf die wirtschaftliche Entwicklung in Ostdeutschland bestehen dort erhebliche Einschätzungsambivalenzen. Einerseits werden die wirtschaftlichen Bedingungen sehr schlecht beurteilt. Andererseits überwiegt noch immer die Hoffnung, es würde demnächst mit der Wirtschaft in den neuen Bundesländern bergauf gehen.

Hinsichtlich der eigenen wirtschaftlichen Lage, die ohnehin stets wesentlich besser als die allgemeine wirtschaftliche Situation eingeschätzt wird, ist der Optimismus eher gebremst. Im November 1992 glauben nur noch 24% der Befragten im Osten, daß ihre eigene wirtschaftliche Lage in einem Jahr besser sein wird. Im Dezember 1991 hatten diese Hoffnung noch immerhin 42% der Ostdeutschen.

Es ist nicht auszuschließen, daß die zur Zeit dominante Krisensicht diese noch tendenziell positive Stimmung weiter drücken kann. Die mangelnde Planbarkeit und damit auch Kontrollierbarkeit der Ergebnisse eines Systemwechsels kollidiert massiv mit dem verständlichen Sicherheitstreben vieler Bürger. "Wohlstand für alle" mit Hilfe einer marktwirtschaftlichen Ordnungspolitik zu schaffen, fand zunächst breite Unterstützung, die sich nun beginnt aufzulösen. Hinzu kommt, daß eine negativere Grundstimmung in Ostdeutschland den dortigen Bürgern wichtige Anreize nehmen könnte, eigene Aktionen zur Verbesserung ihrer Lage zu ergreifen und sich somit Gefühle des Ausgeliefertseins, der Machtlosigkeit noch verstärken könnten.

Literatur

Ajzen, I. & Fishbein, M. (1980). Understanding Attitudes and Predicting of Social Behavior. Englewood Cliffs.
Allerbeck, K. (1980). Politische Ungleichheit. Ein Acht-Nationen-Vergleich. Opladen.
Baker, K. L., Dalton, R. J. & Hildebrandt, K. (1981). Germany Transformed. Political Culture and the New Politics. Cambridge.
Barnes, S. H. & Kaase, M. et al. (1979). Political Action (Mass Participation in Five Western Democracies). Beverly Hills.
Bauer, P. (1991). Politische Orientierungen im Übergang. Eine Analyse politischer Einstellungen der Bürger in West- und Ostdeutschland 1990/91. Kölner Zeitschrift für Soziologie und Sozialpsychologie, 43, 433-453.
Bauer, P. (1993). Ideologie und politische Beteiligung in der Bundesrepublik Deutschland. Eine empirische Untersuchung politischer Überzeugungssysteme. Opladen.
Best, N. (1990). Nationale Verbundenheit und Entfremdung im zweistaatlichen Deutschland. Theoretische Überlegungen und empirische Befunde. Kölner Zeitschrift für Soziologie und Sozialpsychologie, 42, 1-19.

Bürklin, W. P. (1988). Wertwandel oder zyklische Wertaktualisierung? In H. Meulemann & H. O. Luthe (Hrsg.), Wertwandel - Faktum oder Fiktion? Bestandsaufnahmen und Diagnosen aus kultursoziologischer Sicht (S. 193-216). Frankfurt, New York.

Dalton, R. J. (1988). Citizen Politics in Western Democracies. Chatham, New Jersey.

Feist, U. (1991). Zur politischen Akkulturation der vereinten Deutschen. Aus Politik und Zeitgeschichte (Beilage zur Wochenzeitschrift Das Parlament), B11-12, 21-32.

Fishbein, M. (1967). Attitude and Prediction of Behavior. In M. Fishbein (Hrsg.), Readings in Attitude Theory and Measurement (S. 477-492). New York.

Friedrich, W. (1990). Mentalitätswandlungen der Jugend in der DDR. Aus Politik und Zeitgeschichte (Beilage zur Wochenzeitschrift Das Parlament), B16-17, 25-37.

Fuchs, D. (1984). Die Aktionsformen der neuen sozialen Bewegungen. In J. W. Falter, C. Fenner & M. Th. Greven (Hrsg.), Politische Willensbildung (S. 621-634). Opladen.

Fuchs, D., Klingemann, H. D. & Schöbel, C. (1991). Perspektiven der politischen Kultur im vereinigten Deutschland. Eine empirische Studie. Aus Politik und Zeitgeschichte (Beilage zur Wochenzeitschrift Das Parlament), B32, 35-46.

Gensicke, T. (1992). Mentalitätsentwicklungen im Osten Deutschlands seit den 70er Jahren. Vorstellung und Erläuterung einiger empirischer Untersuchungen in der DDR und in den neuen Bundesländern von 1977 bis 1991. Speyerer Forschungsberichte, Nr. 109, Hochschule für Verwaltungswissenschaften, Speyer.

Herbert, W. & Wildenmann, R. (1991). Deutsche Identität. Die subjektive Verfassung der Deutschen vor der Vereinigung. In R. Wildenmann (Hrsg.), Nation und Demokratie. Politisch-strukturelle Gestaltungsprobleme im neuen Deutschland (S. 71-98). Baden-Baden.

Hesse, K. R. (1988). Westmedien in der DDR. Nutzung, Image und Auswirkungen bundesrepublikanischen Hörfunks und Fernsehens. Köln.

Hildebrandt, K. & Dalton, R. J. (1977). Die neue Politik. In M. Kaase (Hrsg.), Wahlsoziologie heute (S. 230-256). Opladen. (Heft 2/3 1977 der PVS)

Inglehart, R. (1971). The Silent Revolution in Europe. Intergenerational Change in Post-Industrial Societies. American Political Science Review, 65, 990-1017.

Inglehart, R. (1977). The Silent Revolution. Changing Values and Political Styles Among Western Publics. Princeton.

Inglehart, R. (1989). Kultureller Umbruch. Wertwandel in der westlichen Welt. Frankfurt und New York.

Jennings, M. K. & Deth, J. v. et al. (Hrsg.) (1990). Continuities in Political Action. A Longitudinal Study of Political Orientations in Three Western Democracies. Berlin.

Jung, H. (1992). Neue Märkte im Osten. Sozialer und politischer Wandel und neue Konsumgewohnheiten in den neuen Bundesländern. Frankfurt/Dresden: Basisresearch.

Kaase, M. (1976). Bedingungen unkonventionellen Verhaltens in der Bundesrepublik Deutschland. In P. G. Kielmansegg (Hrsg.), Legitimationsprobleme politischer Systeme (S. 179-216). (Sonderheft der PVS). Opladen.

Kaase, M. (1982). Partizipatorische Revolution - Ende der Parteien? In J. Raschke (Hrsg.), Bürger und Parteien (S. 173-189). Opladen.

Kaase, M. (1990). Mass Participation. In M. K. Jennings & J. v. Deth et al. (Hrsg.), Continuities in Political Action. A Longitudinal Study of Political Orientations in Three Western Democracies (S. 23-64). Berlin.

Kaase, M. (1992). Direct Political Participation in the Late Eighties in the EC Countries. In P. Gundelach & K. Siune (Hrsg.), From Voters to Participants (S. 75-90). Aarhus.

Kaase, M. & Neidhardt, F. (1990). Politische Gewalt und Repression. Ergebnisse von Bevölkerungsumfragen. In H. D. Schwind & J. Baumann et al. (Hrsg.), Ursachen, Prävention und Kontrolle von Gewalt. Analysen und Vorschläge der Unabhängigen Regierungskommission zur Verhinderung und Bekämpfung von Gewalt (Gewaltkommission), Band 4. Berlin.

Koch, A. (1991). Staatliche Eingriffe in die Wirtschaft im Osten hoch im Kurs. Unterschiede und Gemeinsamkeiten in den politischen Einstellungen "neuer" und "alter" Bundesbürger. Informationsdienst Soziale Indikatoren (ISI) (ZUMA-Publikationen), Nr. 6, 1-5.

Köcher, R. (1992). Opfern fällt den Westdeutschen schwer. Frankfurter Allgemeine Zeitung, Nr. 156, 5.

Korte, K. R. (1988). Deutschlandbilder. Akzentverlagerungen der deutschen Frage seit den 70er Jahren. Aus Politik und Zeitgeschichte (Beilage zur Wochenzeitschrift Das Parlament), B3, 45-53.

Milbrath, L. W. (1965). Political Participation. Chicago.

Milbrath, L. W. & Goel, M. L. (1977). Political Participation. How and Why Do People Get Involved in Politics. Chicago.

Miller, W. E. & Levitin, T. (1976). Leadership and Change. The New Politics and the American Electorate. Cambridge.

Mohler, P. P. (1991). Die Bundesrepublik: eine Nation und zwei politische Kulturen? Pressemitteilung ZUMA (Mannheim).

Muller, E. N. (1979). Aggressive Political Participation. Princeton.

Nie, N. H. & Verba, S. (1975). Political Participation. In F. I. Greenstein & N. W. Polsby (Hrsg.), Handbook of Political Science (Band 4, S. 1-73). Reading.

Noelle-Neumann, E. (1992). Die großen Volksparteien verlieren in der Gunst der Bürger. Frankfurter Allgemeine Zeitung, Nr. 107, 5.

Reißig, R. (1991). Der Umbruch in der DDR und das Scheitern des "realen Sozialismus". In R. Reißig & G. J. Glaeßner (Hrsg.), Das Ende eines Experiments (S. 12-60). Berlin.

Roth, D. (1990). Die Wahlen zur Volkskammer in der DDR. Der Versuch einer Erklärung. PVS, 31, 369-393.

Scheuch, E. K. (1991). Wie deutsch sind die Deutschen? Eine Nation wandelt ihr Gesicht. Bergisch Gladbach.

Schmidt, H. (1991). Wertwandel in einheimischen und westlichen Lebenswelten. In R. Reißig & G. J. Glaeßner (Hrsg.), Das Ende eines Experiments (S. 243-267). Berlin.

Szumni, B., Lichtleitner, I. & Bauske, F. (1990). Datenreport: Die Vereinigung der beiden deutschen Staaten. ZA-Information (Zentralarchiv für empirische Sozialforschung Köln), Nr. 26, 62-71.

Thomas, R. (1990). Zur Geschichte soziologischer Forschung in der DDR. In H. Timmermann (Hrsg.), Lebenslagen. Sozialindikatorenforschung in beiden Teilen Deutschlands (S. 9-35). Saarbrücken.

Uehlinger, H. M. (1988). Politische Partizipation in der Bundesrepublik. Opladen.

Verba, S. & Nie, N. H. (1972). Participation in America. New York.

Verba, S., Nie, N. H. & Kim, J. O. (1978). Participation and Political Equality. A Seven-Nation Comparison. Cambridge.

Westle, B. (1991). Strukturen nationaler Identität in der DDR und der BRD. Eine Spurensuche kollektiver Orientierungen im Übergang. Tagung des Arbeitskreises Politische Kulturforschung der DVPW, Tutzing.

Westle, B. (1992). Politische Partizipation. In O. W. Gabriel (Hrsg.), Die EG-Staaten im Vergleich. Strukturen, Prozesse, Politikinhalte (S. 135-169). Opladen.

Anmerkungen

1 Die "Basisumfrage 1991" ist eine von der DFG finanzierte Sondererhebung im Programm der "Allgemeinen Bevölkerungsumfrage der Sozialwissenschaften" (ALLBUS). Der ALLBUS ist ein Projekt, das bei ZUMA (Zentrum für Umfragen, Methoden und Analysen e.V., Mannheim) und beim ZA (Zentralinstitut für empirische Sozialforschung, Köln) realisiert wird. DFG-Antragsteller für die Basisumfrage waren P. Ph. Mohler, M. Braun, E. K. Scheuch und M. Häder.

2 Die Daten, die in diesem Beitrag benutzt werden, wurden zum Teil vom ZA (Zentralarchiv für empirische Sozialforschung) zugänglich gemacht. Sie wurden vom ZA für die Analyse aufbereitet und dokumentiert. Weder die vorgenannten Personen und Institute noch das Zentralarchiv tragen irgendeine Verantwortung für die Analyse oder Interpretation der Daten in diesem Beitrag.

Henry Kreikenbom und Carsten Bluck

Das Wahlverhalten von ostdeutschen Bürgern am Beispiel der Jenaer Wahlbefragungen 1990

1. Zum Untersuchungsfeld

Jena 1990 - ein Zentrum des gesellschaftlichen Umbruchs im Raum Thüringen. Auf dem größten öffentlichen Platz im Stadtzentrum, wo sich einst die "SED-Provinzfürsten" vom Volk feiern ließen und noch lange bevor ihn die zahlreichen ambulanten Kleinhändler vor allem aus Hessen und Bayern okkupierten, rechneten die Jenaer im Herbst 1989 ab mit der Stadtverwaltung und der SED-Alleinherrschaft. Nicht nur der Wahlbetrug vom Mai '89 kam da zur Sprache. Demonstrationen und Streiks gegen SED-Herrschaft und Stasi-Willkür, Bürgerwachen vor der Kreisdienststelle für Staatssicherheit und von Menschenmengen überflutete Sonntagsveranstaltungen in den Räumen der Friedrich-Schiller-Universität, bei denen der Dialog zwischen gesprächsbereiten etablierten politischen Kräften und der jungen Opposition geübt wurde, und die, weil man nie zu einem Ende fand, schließlich auf Montag und Mittwoch ausgedehnt wurden sowie die Gründung von Parteien und Bürgerorganisationen prägten diese Zeit. Es schien, daß die sanierungsbedürftigen Mauern der Stadt nur noch von politischen Plakaten und Aufschriften gegen das marode SED-Regime und für eine bessere Zukunft mit neuen politischen Kräften zusammengehalten wurden. Ihre 100 000 Bürger waren im politischen Aufbruch und von Enttäuschung, Hoffnung und Zukunftsängsten erfüllt. Nicht nur die, die weggingen sondern auch die, die hier blieben, hatten eine Fahrkarte ohne Rückfahrt gelöst. Was hinter ihnen lag, war bekannt, was kommen würde, noch ungewiß. In einem waren sich aber alle einig: So wie es war, durfte es nicht bleiben und sollte es nie wieder werden. Dieser stillschweigende Konsens ließ die Bürger zu einer geballten Kraft im Herbst '89 werden, im Wahljahr '90 jedoch, als es um die Alternativen ging, wieder in Gruppen- und Einzelinteressen und politische Strömungen zerfallen. Die Sorge um den Arbeitsplatz, der für fast die Hälfte der Jenenser mit dem Namen "Carl Zeiss" verknüpft war, und die Freude über die gewonnene Reisefreiheit und das schnelle "Westauto" koexistierten. Das Schlangestehen vor Geschäften, die gerade Warenlieferung hatten, tauschten die Menschen gegen Warteschlangen in Sparkassenschalterhallen, auf Liegenschaftsämtern, Sozialversicherungen, Finanz- und Arbeitsämtern.

In dieser Umbruchsituation, die ständig Neuheiten parat hielt, auf die man sich einzustellen hatte, in der aber die großen Themen "deutsche Einheit" und

"Einführung der Marktwirtschaft" ständig präsent waren, fanden in Jena vier Bevölkerungsumfragen zu den Wahlen des Jahres 1990 statt.

Die vier Wahlbefragungen wurden von der Anfang 1990 an der Friedrich-Schiller-Universität gegründeten Forschungsgruppe Wahlen durchgeführt, an der vorwiegend junge Wissenschaftler beteiligt waren.

Da die Forschungsgruppe ständig unter einem Mangel an finanziellen Mitteln und technischer Ausrüstung litt, konnten nur postalische Befragungen realisiert werden. Es wurden standardisierte Fragebögen eingesetzt, die, bis auf wenige Ausnahmen, nur geschlossene Fragen beinhalteten. Nur etwa 25% der in den vier Erhebungen gestellten Fragen waren sowohl von der Formulierung her als auch in bezug auf die Skalierung identisch. Dies stellte sich im Nachhinein als ein erheblicher methodischer Mangel dar, der aus der Unerfahrenheit der Gruppenmitglieder in der empirischen Forschungsarbeit herrührte. Als Grundgesamtheit galt die Jenaer Wahlbevölkerung. Die Erhebungsauswahl wurde nach Wahlbezirken vorgenommen, die jeweils einen bestimmten Typ der Wohn- und Siedlungsstruktur der Stadt repräsentierten. Auf diese so ausgesuchten Wahlbezirke wurden, proportional dem Wähleranteil, die Fragebögen als Postwurfsendungen verteilt. Die folgende Tabelle verdeutlicht die Gesamtstichprobengröße, den Rücklauf und die Rücklaufquote.

Tabelle 1: Jenaer Wahlbefragungen

	verteilte Fragebögen	Rücklauf	Rücklauf in Prozent
Volkskammerwahl	2 000	851	43
Kommunalwahl	1 000	251	25
Landtagswahl	1 000	247	25
Bundestagswahl	2 000	517	26

Die Befragung wurde jeweils 14 Tage vor der Volkskammer-, der Kommunal-, der Landtags- und der Bundestagswahl durchgeführt. Ein Panel, d. h. die Befragung der selben Personen über alle vier Wahlen hinweg, konnte aus vielerlei Gründen nicht durchgeführt werden.

2. Die Konkurrenz um das dominierende Issue

Nach der Volkskammerwahl vom 18. März 1990 wurde häufig die Frage diskutiert, warum die Wahlprognosen zu Beginn des Jahres das Wahlergebnis so gründlich verfehlt haben. Die Hauptdenkrichtung bestand damals darin, ungenügend nach westlichen Standards ausgeprägte empirische Forschungsstrukturen in der ehemaligen DDR dafür verantwortlich zu machen (Roth 1990). Wolfgang G. Gibowski suchte damals Ursachen für den gründlichen Irrtum der Wahlforscher und der Insider der DDR-Gesellschaft im Verlauf des Politikprozesses. Er beschränkt sich aber dabei zunächst vorwiegend auf parteiorganisatorische Entwicklungsprozesse (Gibowski 1990). Die eingehende Betrachtung der Ereignisse des Zeitraums vom 19. 12. 1989 bis zum 18. 03. 1990 verdeutlicht aber, daß es eine weitere Ursache gibt, die mindestens ebenso gewichtig ist: die Orientierung an politischen Problembereichen und deren Veränderung, insbesondere die Karriere des Themas Wiedervereinigung (Jung 1990). Es darf nicht vergessen werden, daß es sich um einen Zeitraum handelt, in dem die Bürger politisch hoch sensibilisiert waren. Zwischen aufkommenden und bis dahin nicht gekannten sozialen Existenzängsten aber auch Zukunftsaussichten und, spätestens seit den Kurzbesuchen in der Bundesrepublik im Herbst und Winter 1989 und der Entgegennahme des Begrüßungsgeldes, massenweise entfesselten sozialen Bedürfnissen, hatten sich die Bürger für einen der verschiedenen politischen Wege in die Zukunft zu entscheiden.

Wir beginnen unsere streiflichtartige Betrachtung deshalb mit dem 19. 12. 1989, weil an diesem Tag der Besuch Helmut Kohls in Dresden auf dem Neumarkt stattfand. An diesem Tag wird die Losung des Herbstes '89 "Wir sind das Volk" zur Losung "Wir sind ein Volk". Die Entwicklung in der DDR erfährt eine Wendung, die das Verhältnis der Politiker in Ost- und Westdeutschland und wenige Wochen später auch die Wahlkampfparteien prägen wird. Diese Losung und andere, wie z.B. "Deutschland einig Vaterland" oder "Lieber Helmut, nimm uns an die Hand und führe uns in das Wirtschaftswunderland", treten im Januar 1990 in vielen Städten Sachsens und Thüringens auf Demonstrationen - z.B. auf den Montagsdemonstrationen in Leipzig aber auch in Chemnitz (Karl-Marx-Stadt) - massiv auf. Die Konkurrenz durch DDR-orientierte Losungen ist hier, im Gegensatz zu Demonstrationen, die zum gleichen Zeitpunkt im Norden der DDR stattfinden, relativ gering.

Der in Dresden noch gezeigte Wille zur Gemeinsamkeit bei der Lösung der deutschen Probleme - es war von einer Vertragsgemeinschaft und von einem Solidarbeitrag der Bundesrepublik für die DDR die Rede - endet in einer Konkurrenz um die Führung im Einigungsprozeß. Sie wird zunächst auf der höchsten Ebene der politischen Eliten ausgetragen.

Die DDR scheint Ende Januar kaum noch regierbar. Die Produktion befindet sich weiterhin auf einer rasanten Talfahrt. Die Beseitigung der alten Machtstrukturen, vor allem die Entflechtung der Stasi-Strukturen, steht im Mittelpunkt des öffentlichen Interesses. Damit wird die Herausbildung eines Vertrauensverhältnisses zwischen der Regierung, in der noch Kräfte mitwirken, die schon in das alte SED-Regime integriert waren, und den Bürgern erschwert. Seit dem Herbst 1989 anhaltende Enthüllungen von kriminellen Verstrickungen und der

Bereicherung der politischen Eliten des alten Regimes sowie der Stasi-Machenschaften schüren Enttäuschung und Zorn in der Bevölkerung. Sie gipfeln am 15. 01. 1990 in den Sturm der ehemaligen Stasi-Zentrale in der Berliner Normannenstraße durch aufgebrachte Bürger. Die Abwanderung von DDR-Bürgern in das Bundesgebiet hält nach wie vor an (ca. 55 000 allein im Januar). Die Bildung einer Regierung der nationalen Verantwortung, die in der letzten Januarwoche und der ersten Februarwoche zwischen Regierungsparteien und Oppositionskräften ausgehandelt wird, soll einen möglichst breiten politischen Konsens erwirken. Die Volkskammerwahlen werden vom 6. Mai auf den 18. März vorverlegt. Hans Modrow geht mit seinem Plan zur Vereinigung beider deutscher Staaten "Für Deutschland, einig Vaterland" am 1. Februar an die Öffentlichkeit. Er greift damit eine Losung der Januardemonstrationen auf und stellt einen Stufenplan zur Vereinigung vor. Einen Handlungsvorsprung vor Helmut Kohl erlangt er damit aber nicht. Der Modrow-Plan führt zu einer kurzzeitigen Übereinstimmung der Regierungspolitik mit dem Interesse vieler Bürger an der Vereinigung. Diese ist nun Hauptthema der Montagsdemonstrationen in Leipzig. In einer repräsentativen Bevölkerungsumfrage unter den Leipziger Bürgern stellt das Zentralinstitut für Jugendforschung den wachsenden Vereinigungswillen zwischen November 1989 und März 1990 empirisch fest[1]. Solche alltäglichen Redewendungen werden geboren wie: "Es wird Zeit, daß die Aluchips gegen richtiges Geld eingetauscht werden" oder "schlechter als es uns bis jetzt ging, kann es uns nicht mehr gehen, es kann nun nur noch besser werden." Der Vorschlag der Bundesregierung vom 7. Februar, sofort über eine Währungsunion zu verhandeln, wird von der ostdeutschen Bevölkerung so umstritten wie erwartungsgeladen aufgenommen, daß er den Modrow-Plan im alltäglichen politischen Gespräch verblassen läßt. Ein konkretes, kurzfristig erreichbares Ziel auf dem Weg zur Vereinigung ist damit durch die Bundesregierung gesteckt, das auch nur von ihr realisiert werden kann, da ihr die maßgebliche Verantwortung über die Verfügung der "starken D-Mark" obliegt. Die Erwartungen vieler DDR-Bürger werden an die Bundesregierung geknüpft. Auch in der Diskussion der deutschen Frage auf internationalem Terrain scheint Helmut Kohl nun die Führung zu haben. Im Gegensatz zu Modrow, dessen Ideen zu Wegen und Etappen der Vereinigung von Gorbatschow am 30. Januar nur mit Aufmerksamkeit aufgenommen werden, wird über das Gespräch Kohl - Gorbatschow vom 10. Februar berichtet, reale Zeiträume für die Annäherung seien erörtert worden und der Kanzler nennt auch einen Zeitrahmen: Noch vor Beginn des Jahres 1992 könne er sich eine Einigung der Deutschen vorstellen[2]. Kohls Politik ist für viele Ostdeutsche in den Wirren dieser Tage wahrscheinlich kalkulierbarer als die Modrows oder anderer politischer Akteure.

Die Bonner Regierungsparteien rücken ins Blickfeld der Wähler, denn seit Bekanntgabe des Wahltermins für die Volkskammer ist der hier grob umschriebene Prozeß für den DDR-Bürger auch ein entscheidungsprägender Prozeß im Hinblick auf seine Funktion als Wähler.

Die Gespräche zwischen Kohl und Modrow in Bonn am 14. und 15. Februar führen zur Vereinbarung einer Expertenkommission, die zu Fragen einer Wirtschaftsgemeinschaft und einer Währungsunion konferieren soll. Damit ist der Modrow-Plan vom Tisch und der Fahrplan in die deutsche Einheit wird durch die wirtschaftliche und politische Kompetenz der Bundesregierung bestimmt.

Die von der West-CDU maßgeblich mit ins Leben gerufene "Allianz für Deutschland" knüpft mit ihren Wahlkampfthemen unmittelbar an den Enttäuschungen der DDR-Bürger und ihren Hoffnungen an. "Nie wieder Sozialismus - Freiheit und Wohlstand" ist für die einen ein klares Programm zur Beseitigung des zentralistisch gelenkten Sozialismus und des Übergangs in wirtschaftliche und politische Verhältnisse analog der Bundesrepublik, für andere bedeutet dies eine Umorientierung der persönlichen Erwartungen auf neue politische Eliten und Parteien und für wieder andere nur eine auszuprobierende Alternative zur enttäuschenden Vergangenheit in der DDR.

Der Vorsprung der West-CDU bei der Kompetenzzuweisung in ökonomischen Fragen durch die Bevölkerung und die auf die konkrete Interessenlage der DDR-Wähler zugeschnittenen Issues sowie insbesondere der erzeugte Eindruck, daß die CDU dem Vereinigungswillen der ostdeutschen Bürger am ehesten zur Realität verhelfen könnte, führten zum Wahlerfolg, der im wesentlichen in den nach dem 18. März 1990 folgenden drei Wahlen wiederholt wird: "Das Wahlergebnis in der DDR (zur Volkskammer - die Autoren) war ein Referendum für den von Bundeskanzler Helmut Kohl und den Unionsparteien der Bundesrepublik vorgegebenen Weg zur Vereinigung der beiden deutschen Staaten" (Gibowski 1990: 21). Ähnlich den Ergebnissen der Umfrage der Forschungsgruppe Wahlen e.V. vom März 1990 ist auch in der Jenaer Wahlbefragung vom gleichen Zeitraum die deutliche Präferenz für das Vereinigungsthema (vgl. Tabelle 2) und die Verbindung mit der von der West-CDU unterstützten Allianz für Deutschland erkennbar[3].

Tabelle 2: Haltung zur Vereinigung beider deutscher Staaten
            (Volkskammerwahlbefragung; Angaben in Prozent)

sehr dafür	48
eher dafür	35
eher dagegen	13
sehr dagegen	4

Die befragten Jenenser, die sich mit Nachdruck für die Vereinigung beider deutscher Staaten ausgesprochen haben, wollten zur Volkskammerwahl auch am häufigsten Allianz wählen, wie die folgende Tabelle zeigt.

Tabelle 3:   Wahlabsicht nach Haltung zur Vereinigung
             (Volkskammerwahlbefragung; Angaben in Prozent)

Wahlabsicht	Haltung zur Vereinigung			
	sehr dafür	eher dafür	eher dagegen	sehr dagegen
Allianz	60	14	1	6
BFD	7	6	3	-
SPD	20	24	7	-
B 90/Grüne	2	10	12	3
PDS	3	30	57	75
Sonstige	3	7	9	13
weiß nicht / keine Angabe	4	8	11	3

Auch der Grad der Enttäuschung über die DDR-Vergangenheit spielt eine
Rolle bei der Determination des Wahlverhaltens. Wir fragten die Jenaer Bürger
danach, ob die Enttäuschung über die politischen Kräfte der Vergangenheit,
besonders die SED, ihre Wahlentscheidung beeinflußte. Sehr starken Einfluß
übte dieser Faktor auf die Wahlentscheidung von 50 % der Befragten aus, immer
noch starken Einfluß auf 11%, indifferent waren 13% und eher keinen oder
überhaupt keinen Einfluß übte dieser Faktor bei 26% der Befragten aus.
    Die enttäuschten Jenaer Befragten orientierten sich in ihrer Wahlabsicht häu-
figer auf die Allianz, wie in der folgenden Tabelle deutlich wird.

Tabelle 4:   Wahlabsicht nach Beeinflussung der Wahlentscheidung durch die
             Enttäuschung über die DDR-Vergangenheit
             (Volkskammerbefragung; Angaben in Prozent)

Wahlabsicht	Beeinflussung der Wahlentscheidung durch die Enttäuschung über die DDR-Vergangenheit		
	sehr stark/ stark	indifferent	nicht/überhaupt nicht
Allianz	48	14	15
BFD	7	8	4
SPD	21	17	15
B 90/Grüne	6	18	15
PDS	11	33	45
Sonstige	1	2	3
weiß nicht / keine Angabe	6	8	3

Die West-SPD wurde auch im "Ost-Wahlkampf" ihr Image der Oppositionspartei nicht los. Ihre Themen beinhalteten hauptsächlich Fragen und Kritiken an
der CDU-Position. Die Vereinigung wurde zwar befürwortet, aber in einem längeren zeitlichen Rahmen gesehen und mehr unter dem Aspekt der damit
zusammenhängenden Probleme und Folgen für die Bürger in Ost- und in Westdeutschland betrachtet. Dies kollidierte mit den momentanen Hoffnungen und
Wünschen der meisten DDR-Bürger, die sich in ihrer Mehrheit nach einer einfachen und klaren Perspektive sehnten.

Die PDS, ständig durch ihre Vergangenheit wieder eingeholt und durch die
Verdrängung des Vereinigungsplanes eines ihrer in der Bevölkerung beliebtesten
Politiker sowie die damals offizielle politische Isolation durch fast alle Parteien
und Vereinigungen von der Politikteilhabe am Vereinigungsprozeß weitestgehend
ausgeschlossen, konzentrierte sich auf den Schutz von DDR-Identität im Einigungsprozeß. Sie verstand sich von vornherein als Oppositionspartei.

Die beschriebene politische Situation weist zwei wesentliche Brüche auf: den
Bruch mit dem SED-Staats- und Parteiregime und dem zentralistischen Sozialismus der DDR-Gesellschaft und den Bruch mit der Zielvorstellung von einem
reformierten Sozialismus. Beide Brüche münden ein in die Zielvorstellung vom
Leben in einem vereinten Deutschland auf dem wirtschaftlichen, sozialen und
politischen Niveau der Bundesrepublik. Mit diesen Brüchen war Mitte Februar
1990 ein Stimmungswandel in der DDR vollzogen, der zu einer zweckrationalen
Zuwendung vieler Wähler zur Allianz für Deutschland führte. Es liegt auf der
Hand, daß alle Bevölkerungsumfragen, die vor März 1990 in der DDR stattfanden, diesen nach dem 15. Februar für des Wahlverhalten relevant werdenden
Stimmungswandel nicht erfassen konnten.

Diese Darstellung stützt zunächst die Auffassung vom stark issue-geleiteten,
rationalen Wahlverhalten der Wähler in der damaligen DDR. Geht man aber von
einem Modell der Erklärung des Wahlverhaltens aus, in dem nicht nur
kurzfristige (Issues und Kandidaten), sondern auch langfristige (Parteibindungen)
Einflußfaktoren das Wahlverhalten bestimmen, dann ist die Frage berechtigt, ob
die genannten Brüche und die momentanen dadurch erzeugten Issue-Effekte
eventuell vorhandene politische Prädispositionen - etwa längerfristig existierende
Orientierungen oder Bindungen an altbundesdeutsche Parteien - nur kurzzeitig in
ihrer Wirkung abschwächten oder gar fundamental beeinflußten. Anhand der
Jenaer Wahlbefragungen sollen daher die Determinanten des Wahlverhaltens im
folgenden etwas näher betrachtet werden.

3. Zum Ursachengeflecht des Wahlverhaltens Jenaer Bürger

Wir gehen bei der Erklärung des Wahlverhaltens der Jenaer Bürger von einem
mehrdimensionalen Ursachengeflecht aus, das wir im folgenden etwas entflechten
wollen.

(1) Es liegt die Vermutung nahe, daß der Wahlentscheidung zugunsten der CDU und der Liberalen 1990 ein traditionelles Verhaltensmuster von DDR-Bürgern zugrunde liegt. Die stark sozial geprägte Erwartungshaltung der DDR-Bürger gegenüber der DDR-Staatsführung und der SED als Regierungsverantwortung tragende Partei wurde von den Bürgern auf die, durch die westdeutschen Medien bekannten, Regierungsparteien CDU und FDP übertragen. Dieses in 40 Jahren DDR-Entwicklung sozialisierte Verhalten konnten diese Parteien durch ihre Konzentration im Wahlkampf auf die Themen "sozialer Wohlstand", "Freiheit" und "Vereinigung" geradewegs für sich aktivieren. Die von der SED enttäuschten DDR-Bürger wechselten "nur" die politische Kraft, von der man etwas erwartete (Feist und Hoffmann 1991: 11).

(2) Obwohl die Kandidaten in der Volkskammerwahl 1990 kaum von Bedeutung für die Wahlentscheidung gewesen sind (Roth 1990:382), wächst nachweislich die Bedeutung dieses Einflußfaktors für die Wahlentscheidung der ostdeutschen Bürger (Gibowski und Kaase 1991: 12ff.). Es ist eine Sympathieverschiebung von März bis Dezember zwischen SPD-Kandidaten (Brandt, Lafontaine, Vogel) und Kohl zu erkennen. Während sich im März noch die SPD-Kandidaten einer größeren Beliebtheit erfreuen, hat Helmut Kohl im Dezember, über das Jahr stetig steigend, die Zuneigung für sich und seine Politik gewonnen[4]. Vergleicht man in unserer Oktoberumfrage die beiden Gruppen der mit der West-CDU Verbundenen und der mit der SPD Verbundenen (siehe dazu auch Punkt 4) bezogen darauf, welche politische Persönlichkeit sie als kompetent ansehen, die anstehenden Probleme in Deutschland zu lösen, dann wird deutlich, daß nur 39% der mit der SPD Verbundenen im SPD-Kanzlerkandidaten diese deutsche Führungspersönlichkeit sehen. Aber 78% der mit der West-CDU Verbundenen sprechen dies Helmut Kohl zu.

(3) In unseren Wahlbefragungen wird deutlich, daß bei den älteren Wählern zwei dem Anschein nach stabile Wählerlager existieren. Einerseits ein etwas größeres SPD-Wählerpotential und andererseits ein etwas kleineres der CDU (Allianz). Die Altersgruppe ab 60 Jahre scheint weitestgehend festgelegt und nur wenig bereit zum Wechselwahlverhalten, wie eine Frage aus unserer Bundestagswahlbefragung zur Stimmabgabe in den vorhergehenden Wahlen zeigt.

(4) Es ist zu vermuten, daß es eine politische Vorprägung eines großen Teils der DDR-Bürger schon weit vor der Wende, vor allem durch die westdeutschen Massenmedien ermöglicht, gegeben hat. Dies um so mehr, je größer der Vertrauensbruch zwischen dem Volk und der SED wurde, aber auch zwischen Führung und Parteimitgliedern, und dieser Bruch zur Abkehr großer Teile der Bevölkerung von der Politik der SED, ihrer Problemsicht, ihren Lösungsstrategien, dem propagierten Sozialismusbild und der herrschenden Parteiideologie führte. In dieser politischen Vorprägung war eine geistige Identifikation mit dem politischen System und den Parteien der damaligen Bundesrepublik impliziert. Die so entstandene Parteibindung, eine Quasiparteibindung, wurde erst nach dem "Herbst 1989" zur realen politischen Größe und beeinflußte die Wahl-

entscheidung eines Teils der Jenaer Bürger im Jahr 1990. Zu dieser Hypothese
findet sich in unserer Landtagswahlbefragung ein interessantes Indiz.

Tabelle 5:   Wechselwahlverhalten
             (Bundestagswahlbefragung; Angaben in Prozent)

	Alter			
	18-29	30-44	45-59	60-
ich wähle wie stets zuvor	51	56	64	84
erstmals wähle ich anders	18	17	15	7
2. bzw. 3. Mal wähle ich anders	10	11	11	5
bisher gewählt, nun nicht mehr	4	4	1	1
bisher nicht gewählt, nun ja	2	1	2	1
möchte ich nicht beantworten	9	9	6	2
keine Angabe	6	2	1	-

4. Zur Quasiparteibindung

Da man in der bisherigen Wahlforschung der Bundesrepublik davon ausgeht,
daß bundespolitische Angelegenheiten die Landtagswahlen sehr stark beeinflussen
und zumal die DDR-Bevölkerung - wie oben dargestellt - im höchsten Maße für
das Thema Deutschland sensibilisiert war, erscheint es uns auch in dieser besonderen Situation gerechtfertigt, in der Analyse des Wahlverhaltens ostdeutscher
Bürger auf zwei Indikatoren aus unserer Landtagswahlbefragung zurückzu-
greifen:
    (1) "Welche bundesdeutsche Partei war schon vor der Wende für Ihre persön-
liche politische Orientierung bedeutsam? Nennen Sie diese bitte."
    (2) "Wenn heute in Thüringen der Landtag gewählt würde, welcher Par-
tei/Bewegung würden Sie Ihre Stimme geben?"
    In der Tat ist der 1. Indikator zum Nachweis von Parteibindung nicht typisch
für die westdeutsche Wahlforschung. Wir sehen jedoch den Einsatz von in der
früheren Bundesrepublik üblichen Fragen zur Messung von Parteibindungen als
problematisch an. So verwenden z. B. Feist und Hoffmann (1991: 13) die Formulierung des "überzeugten Parteianhängers". Die Aversion nach der 40 jährigen
Abforderung von Treue und Ergebenheit zur Partei gegen den Begriff des
"überzeugten Parteianhängers" wird damit von den Autoren völlig unterschätzt.
Das Ergebnis fällt auch dementsprechend aus.
    Wir vertreten die Auffassung, daß unser Indikator unter den konkreten ost-
deutschen Bedingungen 1990 seine Berechtigung hatte: (1) Die DDR-Gesellschaft

war ständig aufgefordert, sich an der SED zu orientieren, eine Parteifixierung schien daher gegeben. Dennoch spürte man besonders in den letzten Jahren, daß sich die Menschen über vielfältige Varianten auf andere Parteien, Persönlichkeiten und politische Auffassungen umorientierten (Friedrich 1990). Insofern besitzt der Begriff "Orientierung" - noch verstärkt durch den Zusatz "bedeutsam" - durchaus eine positive Semantik. (2) Die offene Gestaltung dieses Indikators forderte größere geistige Arbeit, provozierte das "Sich-Selbst-Hinterfragen" der Befragten und gewinnt dadurch an empirischem Wert. (3) Obgleich wir uns der Gefahr der Verzerrung der Meßwerte durch mögliche kognitive Konsistenzbestrebungen der Befragten, die ja bei jeder Rückerinnerungsfrage bestehen können, bewußt sind, meinen wir, daß die Ergebnisse für die wissenschaftliche Diskussion geeignet sind, da wesentlich mehr Befragte noch im Oktober 1990 (mit 14-Prozentpunkten mehr) angaben, vor der Wende auf die SPD orientiert gewesen zu sein, als dies Befragte für die CDU äußerten. Das geschah zu einer Zeit, als die CDU in der Gunst der Bürger ganz oben an stand. Kognitive Konsistenzbestrebungen lassen sich damit unseren Befragten kaum nachweisen.

Das Gros unserer Befragten bekannte bereits vor der Wende, eine bundesdeutsche Partei als für sich persönlich bedeutsam in der politischen Orientierung anzusehen. Obwohl der Indikator keine Aussage darüber zuläßt, wie fest diese Bindung war, steht erst einmal diese Aussage gegen die Meinung eines reinen issue-orientierten, rationalen Votums des DDR-Wählers, der keine längerfristigen Bindungen oder Orientierungen auf BRD-Parteien hatte (Roth 1990).

Tabelle 6: Quasiparteibindung der Jenaer Bürger
            (Landtagswahlbefragung; Angaben in Prozent)

CDU	24
FDP	9
Die Grünen	4
SPD	38
Sonstige	3
Keine	22

Die DDR existierte nicht im luftleeren Raum und jeder ihrer Schritte wurde mit Aussagen durch die stets gesamtdeutsch, auf Erhöhung der Lebensqualität der DDR-Bürger auftretenden bundesdeutschen Parteien kommentiert. Der Zwang zum Vergleich mit dem politischen und ökonomischen System der Bundesrepublik war ihnen quasi schon in die Wiege der gleichsprachigen Zweistaatlichkeit gelegt worden. Der Drang, sich beidseitig zu informieren, wohnt dem nur zu inne und ist nicht nur eine Frage der Möglichkeiten, um so mehr, wenn der eine der beiden schwächer, nicht so attraktiv ist.

Dieses Informationsbedürfnis der DDR-Bürger wurde über vielfältige Wege unter den Bedingungen der staatlichen "Eingeschlossenheit" befriedigt. Hier spielten persönliche Kontakte mit Besuchsreisenden aus der Bundesrepublik sowie in den letzten Jahren der DDR häufiger gewordene Kurzzeitaufenthalte von DDR-Bürgern vor allem im damaligen deutschen Nachbarstaat eine Rolle. Wir meinen aber, daß eine maßgebliche Bedeutung hierbei unter den Gesichtspunkten der Erreichbarkeit und der Nutzungsfrequenz den westdeutschen elektronischen Massenmedien zukommt. Da persönliche Erfahrungsgewinnung über die Bundesrepublik für den DDR-Bürger nur begrenzt möglich war, wurden die "Westmedien" zu einer alltäglich genutzen Informationsquelle, mit deren Hilfe man sich Informationen einerseits über die Bundesrepublik und das internationale Geschehen, aber auch andererseits zunehmend über das eigene Land besorgte. Gepaart mit alltäglichen persönlichen Erfahrungen im interindividuellen Diskurs und der Interaktion der Individuen, wurden Attitüden herausgebildet, die im allgemeinen Orientierungen auf das westdeutsche wirtschaftliche, soziale und politische System zuließen und im besonderen spezielle Parteibindungen an westdeutsche Parteien denkbar machten.

Die Beantwortung der Frage nach der Westmediennutzung von DDR-Bürgern ist empirisch gestützt kaum möglich. In der DDR durften solche Daten nicht erhoben werden. Als wir im März 1990 die Frage stellten: "Durch welche Rundfunk- und Fernsehsender informierten Sie sich über das politische Geschehen?", ergab sich folgendes Bild:

Tabelle 7: Nutzung elektronischer Massenmedien
(Volkskammerwahlbefragung; Angaben in Prozent)

vorwiegend DDR-Sender	8
vorwiegend BRD-Sender	13
beides gleichermaßen	77
so gut wie gar keine	2

Es ist augenscheinlich und nach den vorhergehenden Erläuterungen auch plausibel, daß die Mehrzahl der DDR-Bürger die westdeutschen Medien sehr intensiv für die Befriedigung ihrer täglichen Informations- und Zerstreuungsbedürfnisse nutzte. Die Untersuchungen von Kurt R. Hesse (1988) von DDR-Zuwanderern in die Bundesrepublik von 1985 ergeben ein noch differenzierteres Bild. Nach diesen Untersuchungen gehörten politische Informationssendungen zu den am häufigsten täglich konsumierten Sendungen der Befragten. Der Eindruck eines breit ausgeprägten Informationsbedürfnisses der DDR-Bürger, den die Ergebnisse Hesses vermitteln, deckt sich nicht nur mit unseren Erhebungen, er entspricht auch unseren Erfahrungen. Es war eine weitverbreitete Auffassung unter der

DDR-Bevölkerung, wollte man gut informiert sein, so sollte man sich "beidseitig" informieren. Mit der Zunahme der zensierten Gleichförmigkeit in der DDR-Berichterstattung, der Austauschbarkeit von Formulierungen in den Mitteilungen sowie der immer offensichtlicher werdenden Vertuschung von Miß-ständen der inneren Entwicklung mit Hilfe einer an Sophisterei und Betrug gren-zenden "Erfolgspropaganda" war aber auch eine zunehmende Orientierung auf die "Westmedien" zu verspüren.

Trotz mangelnder weiterer Indikatoren und der methodologischen Probleme erscheint uns die Annahme einer West-Parteibindung bei einem derart mehrheit-lichen Bekenntnis von 78% der Befragten als gerechtfertigt. Da diese Anbindung an die bundesdeutschen Parteien durch die DDR-Bürger nicht in der gleichen Art und Weise erfolgte wie in der Bundesrepublik und unsere Messungen auch nicht von der gleichen Art waren, ist es sicher sinnvoll, weiterhin von einer Quasi-parteibindung zu sprechen.

Wenn sich mehr Jenenser vor der Wende zur Sozialdemokratie (38%) hinge-zogen fühlten als zu den Christdemokraten und Liberalen (33%), so ist das sicher ein Ausdruck der "Nähe" zum kommunistischen und sozialdemokratischen Gedankengut. Der hohe Intellektuellenanteil unter unseren Befragten verschiebt obige Werte vielleicht etwas zugunsten von Links, scheint uns aber nicht generell dieses Ergebnis hervorbringen zu können. Dafür sind eher die sozialistischen Verhältnisse in der DDR verantwortlich.

Die Kreuzung von Wahlabsicht und Parteiorientierung ermöglicht Über-legungen, die das Verhältnis von Quasibindungen und Issueorientierung auf-decken.

Tabelle 8: Wahlabsicht nach der Parteiorientierung vor der Wende
(Landtagswahlbefragung; Angaben in Prozent)

Wahlabsicht	CDU-orientiert	SPD-orientiert	FDP-orientiert	keine Orien-tierung
CDU	75	6	13	11
FDP	12	4	56	6
SPD	-	37	4	4
PDS	-	17	-	31
NF/DJ/Grüne	2	26	17	20
Sonstige	5	-	6	6
weiß nicht/ wähle nicht	5	10	4	22

Die durch die Vorprägung bei den Jenaer Bürgern erzeugte längerfristige Identifikation mit westdeutschen Parteien, die Quasiparteibindung, wurde überlagert durch den Einflußfaktor der subjektiven Situationsdeutung, Der SPD-Quasiparteibindung wurde mit der aktuellen Politik der Sozialdemokratie nicht entsprochen. Für viele der SPD-orientierten Bürger hielt die SPD nicht, was sie von ihr erhofften, wurde die ohnehin schon nur durch die Medien gezeugte Quasibindung aufgehoben. Die Anhänger der Sozialdemokraten wollten nur zu 37% ihre Bindungspartei wählen. Die restlichen 63% verteilen ihre Stimmen breit auf andere Parteien.

Ganz anders stellt sich die Quasibindung bei denen dar, für die vor der Wende eine christdemokratische bzw. liberale bundesdeutsche Partei in der persönlichen politischen Orientierung bedeutsam war. Drei Viertel derjenigen, die sich vor der Wende mit der CDU verbunden fühlten, wollten diese auch wählen. Die Quasibindung wurde in diesem Fall bestätigt. Issues und Quasibindung standen nicht im Widerspruch zueinander und verstärkten sich folglich gegenseitig. Die Nähe der CDU- und FDP-Issues zueinander versetzt die sich mit der FDP schon vor der Wende Identifizierenden häufiger in die Lage, die "eigene" Partei oder die CDU zu wählen und weniger die Regierungsopposition.

Natürlich ist die ostdeutsche Quasiparteibindung verschieden von der Parteiidentifikation   westdeutscher Bürger, die über 40 Jahre in der bundesrepublikanischen Demokratie wachsen konnte: (1) Die Parteibindung der Ex-DDR-Bürger ist bis zur Wende rezeptiv; eine durch die westlichen Massenmedien wesentlich vermittelte geistige Möglichkeit. Sie besitzt bis zur Wende nur potentiellen Charakter. (2) Diese geistige Mitgliedschaft mußte vor der Wende in einem von der Bundesrepublik grundsätzlich unterschiedenen politischen Alltag existieren. Diese Bindung erfolgte auf der Grundlage und als Wirkungsresultat sozialisierter Werte des DDR-Alltags, die durch die Wirkung der westdeutschen Massenmedien abgeschwächt oder verstärkt wurden. Den Einstellungen gegenüber westdeutschen Parteien, die so erzeugt wurden, lagen kaum tradierte Parteineigungen zugrunde. Es fehlte den Menschen auch an praktischen politischen Erfahrungen, die nur im Umgang mit diesen Parteien in einem demokratischen politischen System gesammelt werden können. Diese Art der Parteibindung war deshalb eher eine schlummernde als eine reale politische Kraft. Die ersten Erfahrungen mit "ihren" Parteien machen die ostdeutschen Bürger erst jetzt. Es muß weiteren wissenschaftlichen Untersuchungen überlassen bleiben, der Frage nachzugehen, wie diese Erfahrungen durch die Menschen umgesetzt werden, sich Attitüden wandeln und sich nicht zuletzt in zukünftigem Wahlverhalten ausdrücken.

Diese Überlegungen legen aber den Schluß nahe, daß die Parteibindung der ostdeutschen Bürger leichter zu erschüttern ist als die der Bürger aus den alten Bundesländern. Diese vermutete Instabilität der Parteibindung erhärtet die Annahme von einer wahrscheinlichen Wechselhaftigkeit des Wahlverhaltens in Ostdeutschland (Gibowski 1990; Gibowski und Kaase 1991; Roth 1990; vgl. auch den Beitrag von Roth in diesem Band).

Wir hoffen, mit diesem Beitrag plausibel gemacht zu haben, daß die politischen Prädispositionen der ostdeutschen Bürger sowohl bei der Erklärung des Wahlverhaltens im Jahr 1990 als auch bei der Prognose zukünftigen Wahlverhaltens nicht einfach ausgeblendet werden dürfen. Es scheint uns von wissenschaftsstrategischer Bedeutung in der Wahlforschung, die unter den Bedingungen der DDR-Gesellschaft sozialisierten Wertorientierungen, Gewohnheiten, Attitüden, Denk- und Verhaltensweisen und Handlungsmuster ostdeutscher Bürger weiter zu erforschen, ihren Transformationsprozeß aufzudecken und ihre Wechselwirkung mit momentanen Einflußfaktoren des Wahlverhaltens zu untersuchen. Folgende Fragen bezüglich der Erforschung von Parteibindungen halten wir dabei für bedeutsam: (1) Welche Sozialisationsmomente der DDR-Gesellschaft ermöglichten die Entstehung von Orientierungen und Quasiparteibindungen in bezug auf Parteien der früheren Budesrepublik? (2) Gab es Attitüden und Attitüdenentwicklungen in der Bevölkerung der DDR, die solche Bindungen und Orientierungen verstärkten? (3) Welche Politikoutputreflexionen der DDR-Bürger - sowohl der Politik der DDR-Staats- und Parteiführung als auch der Politik von Regierungs- und Oppositionsparteien in der Bundesrepublik - stützten Orientierungen und Quasibindungen an bundesdeutsche Parteien? (4) Welche Vermittlungsformen für die genannten Orientierungen und Bindungen sind vor der Wende wirksam gewesen (Massenmedien, Besucherkontakte mit Bundesbürgern in der DDR, Kurzreisen von DDR-Bürgern in der alten Bundesrepublik, Briefkontakte)?

Literatur

Bluck, C. & Kreikenbom, H. (1991). Die Jenaer Wahlbefragungen 1990. Tabellenband. Universität Jena.

Feist, U. & Hoffmann, H. J. (1991). Die Landtagswahlen in der ehemaligen DDR am 14. Oktober 1990: Föderalismus im wiedervereinten Deutschland - Tradition und neue Konturen. Zeitschrift für Parlamentsfragen, 22, 5-34.

Friedrich, W. (1990). Mentalitätswandlungen der Jugend in der DDR. Aus Politik und Zeitgeschichte (Beilage zur Wochenzeitschrift Das Parlament), B16-17, 25-37.

Gibowski, W. G. (1990). Demokratischer (Neu-)Beginn in der DDR. Dokumentation und Analyse der Wahl vom 18. März 1990. Zeitschrift für Parlamentsfragen, 21, 5-22.

Gibowski, W. G. & Kaase, M. (1991). Auf dem Weg zum politischen Alltag. Eine Analyse der ersten gesamtdeutschen Bundestagswahl vom 2. Dezember 1990. Aus Politik und Zeitgeschichte (Beilage zur Wochenzeitschrift Das Parlament), B11-12, 3-20.

Hesse, K. R. (1988). Westmedien in der DDR. Köln.

Jung, M. (1990). Parteiensystem und Wahlen in der DDR. Aus Politik und Zeitgeschichte (Beilage zur Wochenzeitschrift Das Parlament), B27, 3-15.

Roth, D. (1990). Die Wahlen zur Volkskammer in der DDR. Der Versuch einer Erklärung. Politische Vierteljahresschrift, 31, 369-393.

Anmerkungen

1 Der Spiegel, H. 11, 1990, S. 40.
2 Neues Deutschland, A-Ausgabe v. 12. 02. 1990, S. 1, 5.
3 Zu den Ergebnissen der Jenaer Wahlbefragungen im Detail vgl. Bluck und Kreikenbom 1991. Aus dieser Quelle stammen alle hier berichteten Befragungsergebnisse.
4 Vgl. hierzu die Ergebnisse der (Ost-)Politbarometerbefragungen der Forschungsgruppe Wahlen vom Dezember 1989, April 1990 und Oktober/November 1990.

V.

Rechtsextremismus

Richard Stöss

Latenter und manifester Rechtsextremismus in beiden Teilen Berlins

1. Problemstellung

Im Jahr der Vereinigung der beiden deutschen Staaten bot der Rechtsextremismus ein überraschendes Bild: Über das Gebiet der DDR, wo Antifaschismus Staatsdoktrin war und die sozialökonomischen Grundlagen des Faschismus als ein für allemal beseitigt galten (Wrona 1980: 355 ff.), schwappte eine Aufsehen erregende Welle des Rechtsextremismus. Und im Westen, wo die Republikaner (REP) noch ein Jahr zuvor bei den Berliner Wahlen 7,5 Prozent der Stimmen (11 Mandate) und bei der Europawahl 7,1 Prozent (6 Mandate) erhalten hatten und folglich mit ihrem Einzug in den nächsten Bundestag gerechnet wurde (Stöss 1989: 225 ff.), erlebte der Rechtsextremismus einen unerwarteten Niedergang.

Und noch eine weitere Beobachtung ist in Erinnerung zu rufen: Während der Rechtsextremismus im Westen durch Organisationen (vor allem Parteien, Verbände, Jugendorganisationen) geprägt war und auch sonst stark institutionalisiert in Erscheinung trat (Presse, Verlage, Kongresse etc.) (Stöss 1989), herrschte im Osten der eher spontane, schwach organisierte und ideologisch gering fundierte, freilich in erheblichem Umfang gewaltförmige Protest vor. Der Rechtsextremismus war hier in erster Linie von subkultureller Natur, stark bewegungsorientiert (Skinheads, Hooligans, "Faschos", Jugendcliquen) und schlug sich bei der ersten gesamtdeutschen Bundestagswahl noch weniger als im Westen in den Wahlergebnissen nieder (Farin und Seidel-Pielen 1991, 1992; Schröder 1992; Schumann 1990; Stock und Mühlberg 1990).

In den vergangenen zwei Jahren hat sich das Bild teilweise verändert: Protest und Gewalt haben auch im Westen zugenommen, und rechtsextreme Parteien konnten 1991/92 in Bremen, Schleswig-Holstein und Baden-Württemberg wieder parlamentarische Mandate erringen. Zudem deutet das Wahlergebnis der Republikaner bei der Berliner Bezirkswahl 1992 (5,4 Prozent im Ostteil der Stadt) an, daß die Resonanz rechtsextremer Parteien auch im Osten wächst, wenngleich auch nicht so stark wie im Westen. Nach wie vor gilt allerdings, daß der Rechtsextremismus in den fünf neuen Ländern und in Ostberlin kaum institutionalisiert ist, während in den alten Bundesländern die Parteien das Geschehen beherrschen. Aber die Szene ist in Bewegung, im Westen wie im Osten. Die endgültige Gestalt des Rechtsextremismus ist noch nicht erkennbar.

Die folgende Untersuchung konzentriert sich auf Berlin, auf das einzige Bundesland also, in dem sich der deutsche Einigungsprozeß unmittelbar vollzieht.

Berlin ist gewiß nicht repräsentativ für die Bundesrepublik, aber ein gutes Objekt, um die Probleme der Vereinigung zu studieren. Dabei ist zu berücksichtigen, daß sich beide Teile Deutschlands in einer Umbruchsituation befinden. Die im Osten scheint fundamentaler zu sein, weil es sich dabei um einen - zwar gewünschten und bewußt herbeigeführten, hinsichtlich seiner konkreten sozialen und psychischen Auswirkungen auf das Individuum aber von vorne herein nicht absehbaren - abrupten Systemwandel vom Sozialismus zum Kapitalismus, vom Stalinismus zur Demokratie handelt, der überdies mit unerwartet hoher Arbeitslosigkeit und sozialer Not verbunden ist. Aber auch die Bürger der alten Bundesrepublik leiden unter den finanziellen Belastungen des Einigungsprozesses, der auch noch in einer wirtschaftlichen Rezession stattfindet. Hinzu kommt, daß auch der Osten mit jenen quasi-revolutionären Veränderungen konfrontiert ist, die die westliche Welt prägen (sozialer Wandel, technologische Modernisierung, supranationale Integration, Multikulturalität) und allenthalben einem neuen Rechtsextremismus Auftrieb verschaffen. Zwar prägten derartige Tendenzen auch die DDR-Gesellschaft der achtziger Jahre (Glaeßner 1988; Lötsch 1988; Timmermann 1988), aber doch nur teilweise und rudimentär. Mit der Vereinigung geriet sie mithin unter die Last einer doppelten Krise, was nicht ohne Auswirkungen auf Form, Inhalt und Ausmaß des Rechtsextremismus bleiben dürfte.

Gegenstand der vorliegenden Betrachtung ist also der Rechtsextremismus in beiden Teilen Berlins. Im Mittelpunkt der Analyse stehen die unterschiedlichen Erscheinungsformen in West und Ost. Dabei unterscheide ich zwischen manifestem und latentem Rechtsextremismus, zwischen konkreten Aktivitäten (Protestverhalten[1], institutionalisierte Praxis, Wahlverhalten) einerseits und Einstellungen bzw. Verhaltensdispositionen andererseits. Zumeist wird der Rechtsextremismus nur in seinen manifesten Erscheinungsformen wahrgenommen. Sie sind Gegenstand permanenter kritischer Beobachtung durch Medien, staatliche Behörden und Wissenschaft, woraus zahlreiche Artikel, Berichte, Dokumentationen und Bücher resultieren. Und der manifeste Rechtsextremismus ist es auch, dem Empörung und Betroffenheit im In- und Ausland gelten. Die Frage nach den Ursachen für die plötzliche Eruption der gewalttätigen Fremdenfeindlichkeit wird jedoch kaum systematisch untersucht, sondern vorschnell und oberflächlich mit dem Hinweis auf die bedrückenden psychologischen, sozialen und wirtschaftlichen Probleme beim Zusammenwachsen der beiden Teile Deutschlands beantwortet. Und weil Desorientierung und Perspektivlosigkeit im Osten ungleich größer scheinen als im Westen, gilt es als plausibel, daß dort der Rechtsextremismus besonders gewalttätig in Erscheinung tritt. Unterstellt wird damit implizit, daß große Unzufriedenheit zu Rechtsextremismus führt, und daß dieser sich umso rabiater gebärdet, desto schlimmer die Not ist. Auch diese These soll später überprüft werden.

2. Zur Datenbasis der Untersuchung

Bei der (auf das Wesentliche beschränkten) Darstellung des manifesten Rechtsextremismus stütze ich mich hauptsächlich auf die Ergebnisse des von mir geleiteten und gerade abgeschlossenen Forschungsprojekts "Rechtsextremismus in beiden Teilen Berlins. Aktuelle Erscheinungsformen - Ursachen - Gegenmaßnahmen" (Holthusen und Jänecke 1993). Breiten Raum wird dagegen die Analyse des latenten Rechtsextremismus einnehmen, der bislang für Berlin nicht untersucht wurde und auch mit Blick auf die Bundesrepublik insgesamt ein gravierendes Forschungsdefizit darstellt. Wir verfügen nur über eine Untersuchung aus dem Jahr 1980 (SINUS 1981), die für die Bevölkerung der alten Bundesrepublik repräsentativ ist. Die hier analysierten Einstellungsdaten wurden im Rahmen einer Bevölkerungsumfrage erhoben, die zwischen April und Juli 1990 jeweils repräsentativ für die wahlberechtigte Bevölkerung in Berlin West und Berlin Ost durchgeführt wurde, wobei der Rechtsextremismus nur einen Schwerpunkt neben anderen bildete (Wahlverhalten, intermediäre Institutionen, Partizipation, Massenkommunikation, Vereinigung, soziale Netzwerke)[2]. Der Datensatz (N = 2686) umfaßt neben den beiden repräsentativen Stichproben in Berlin West (N = 1378) und Ost (N = 868) zwei Zusatzstichproben in Berlin West in Gebieten mit hohen Anteilen von Wählern der Republikaner (N = 227) und der Alternativen Liste (N = 213) (Details bei Stöss 1993a).

Gelegentlich werde ich auf eine Repräsentativbefragung aus dem Jahr 1992 zurückgreifen, die ausschließlich dem Rechtsextremismus in Berlin gewidmet war, allerdings nur auf einer kleinen Stichprobe (N = 449) basiert[3].

3. Manifester Rechtsextremismus

Offizielle Angaben über die Anzahl der organisierten Rechtsextremisten in den neuen Bundesländern liegen für 1989/90 nicht vor. Sie dürfte 1991 bei maximal 5.000 gelegen haben. Im bevölkerungsmäßig viermal größeren Westen wurden 1989 rund 36.000 und 1990 rund 33.000 organisierte Rechtsextremisten gezählt (Bundesminister des Innern 1990: 109; Bundesminister des Innern 1991: 88), wobei die damals etwa 17.000 (Juni 1989) bzw. 20.000 (1990) Mitglieder der Republikaner noch gar nicht berücksichtigt waren. Während das Lager im Westen von der eher legalistisch auftretenden, deutschnational bzw. nationalkonservativ geprägten "Alten Rechten" beherrscht wurde, dominierten im Osten offenbar militante Neonazis, deren Stärke die Behörden mit 2.000 angaben (für den Westen wurde die Gruppe der Neonazis 1990 mit rund 1.500 Personen beziffert). Ende 1991 zählte das Bundesinnenministerium etwa 40.000 organisierte Rechtsextremisten, darunter 4.200 Skinheads (3.000 in den alten und 1.200 in den neuen Ländern). Der Zuwachs erklärt sich daraus, daß in dieser

Angabe erstmalig auch der Osten berücksichtigt ist (Bundesminister des Innern 1992: 72).

Die bundesweit mitgliederstärkste Organisation war 1991 die DVU mit 24.000 Mitgliedern, davon 2.500 in den neuen Ländern. Es folgten die Republikaner mit ca. 20.000 Mitgliedern (2.000 im Osten), die vom Bundesamt für Verfassungsschutz damals jedoch nicht als rechtsextrem angesehen wurden. Die drittstärkste Formation bildete die NPD mit 6.100 Mitgliedern (davon etwa 1.000 im Osten), gefolgt von der Deutschen Liga (DL), einer REP-NPD-Sezession, mit 800 Mitgliedern überwiegend in den alten Ländern. Allen altrechten Parteien ist gemeinsam, daß sie erhebliche organisatorische Anstrengungen unternehmen, um im Beitrittsgebiet Fuß zu fassen, allerdings ohne nennenswerte Erfolge. Die relativ hohen Angaben für die DVU sind überdies mit Vorsicht zu interpretieren: Die Partei des Münchener Verlegers Dr. Gerhard Frey ("Deutsche Nationalzeitung") führt kaum ein kontinuierliches Organisationsleben auf Kreisverbandsebene. Ihre Mitglieder bilden eher eine Lesergemeinde denn eine aktive Partei. Generell sind in den neuen Bundesländern erhebliche Vorbehalte gegenüber rechtsextremen Funktionären aus dem Westen zu beobachten, wie überhaupt eine geringe Bereitschaft, sich parteipolitisch zu engagieren. Dies gilt insbesondere für junge Leute, die sich häufig abfällig über die rechtsextreme "Vereinsmeierei" äußern und andere Handlungsformen präferieren.

Im neonazistischen Lager verfügt die Anhängerschaft des 1991 verstorbenen Michael Kühnen (Gesinnungsgemeinschaft der Neuen Front, GdNF) über großen Einfluß. 1989 entstand die (gerade erst vom Bundesinnenminister verbotene) Deutsche Alternative (DA), die vor allem in Brandenburg aktiv ist und ihre Mitgliederzahl zwischen 1990 und 1991 auf 300 verdoppeln konnte. In Sachsen haben sich Kühnen-Anhänger 1991 in der Sächsischen Nationalen Liste (SNL) zusammengefunden. Die in den achtziger Jahren sehr aktive Freiheitliche Deutsche Arbeiterpartei (FAP) befindet sich mit gerade noch 150 Anhängern in der Auflösung und ist in den neuen Bundesländern ohne Bedeutung. Charakteristisch für die neonazistischen Organisationen ist das Bestreben, Skinheads, Hooligans und sonstige gewaltbereite Jugendliche für ihre Zwecke zu mobilisieren. Auch dies gelingt nur teilweise. Jedenfalls ist die vielfach geäußerte Vermutung, die fremdenfeindlichen Aktionen im Osten seien von Organisationen "gesteuert", unzutreffend.

Maßgeblich für das hohe Aktivitätspotential im ostdeutschen Rechtsextremismus ist das leicht organisierte, heterogene und ausdifferenzierte Cliquen- bzw. Bandenwesen, das allenfalls im Umfeld von Parteien agiert, feste Bindungen an die bekannten, zumeist aus dem Westen oder aus Österreich gesteuerten Organisationen ablehnt und sich immer wieder gegen Versuche der Bevormundung durch auswärtige "Führer" zur Wehr setzt. Madloch (1990: 3) schätzte die Gruppe der Skins und Hooligans im Osten für 1990 auf 10.000 bis 12.000 Personen. Amtlicherseits wurde die Größe des gewaltbereiten rechtsextremen Potentials damals mit rund 15.000 Sympathisanten angegeben. Sozialwissenschaftler sprachen von weiteren 50.000 anfälligen Jugendlichen[4]. Entsprechende Daten für den Westen liegen für 1990 nicht vor. Daß das Gewaltpotential hier wesentlich niedriger war als im Osten, signalisierte nicht nur die vergleichsweise geringe Anzahl von organisierten Neonazis, sondern auch die Tatsache, daß von den damals rund 2.500 westdeutschen Skinheads nur etwa 10 Prozent zum rechtsextremen Gewaltpotential gerechnet wurden (Bundesminister des Innern 1990: 133).

Ein Indikator für rechtsextreme Gewaltbereitschaft bilden die bekannt gewordenen Gesetzesverletzungen mit erkennbarem oder vermutetem rechtsextremem Hintergrund, die vom Bundesinnenministerium erfaßt werden. Die Gesamtzahl stieg von 1.850 (1990) auf 3.880 (1991), wobei rund zwei Drittel fremdenfeindliche Bezüge aufwiesen. Die Gewalttaten darunter verfünffachten sich in diesem Zeitraum von 270 auf 1.480 und wuchsen bis 1992 um weitere rund 50 Prozent auf 2.285 an. Von den 1.480 Gewalttaten des Jahres 1991 wurden 490 in den neuen und 990 in den alten Bundesländern begangen. Bezieht man die registrierten Vorkommnisse, die vermutlich nur die Spitze des Eisbergs darstellen, auf die Einwohnerzahl der Länder, dann liegen Mecklenburg-Vorpommern und Brandenburg an der Spitze. Die alten Länder erreichen einen Durchschnittswert von 2,4 Gewalttaten pro 100.000 Einwohner, die neuen Länder kommen auf 5,7.

Daß der Rechtsextremismus im Osten eher protest- und bewegungsorientiert und im Westen eher organisationsfixiert ist, spiegelt sich auch im Wahlverhalten wider: Rechtsextreme Parteien erzielen im Westen bessere Resultate als im Osten (Tabelle 2). Während die DDR-Gesellschaft das westdeutsche Volksparteiensystem in allerkürzester Zeit adaptierte, bestanden offenbar erhebliche Vorbehalte gegenüber den importierten rechtsextremen Parteien. Es muß vorerst offen bleiben, ob es sich dabei um eine generelle Parteifeindlichkeit des östlichen Rechtsextremismus handelt, oder ob das bestehende Parteienangebot wegen seiner Westfärbung als nicht attraktiv betrachtet wird. Jedenfalls waren auch die Führer des westdeutschen Rechtsextremismus sofort nach der Grenzöffnung bemüht, im Osten Parallelorganisationen oder Filialen der Westorganisationen zu gründen. Die spektakulären und medienwirksam geplanten Auftritte westdeutscher Parteivorsitzender führten allerdings weder zu dem erhofften Mitgliederzulauf noch zu nennenswerten Wahlergebnissen (siehe auch Tabelle 1), obwohl die Umbruchsituation in der DDR und die ökonomisch-soziale Krise weithin als optimale Erfolgsbedingungen für den organisierten Rechtsextremismus angesehen wurden.

Richten wir nun den Blick auf die Situation in Berlin. Der Westteil der Stadt bildete früher wegen des "Widerstandskonsenses" (Hurwitz) und der alliierten Vorbehaltsrechte keinen fruchtbaren Boden für Rechtsextremismus. 1989 wurden rund 1.200 organisierte Mitglieder gezählt, davon allein 800 in der DVU. Hinzu kamen noch 700 REP-Mitglieder, die nicht in der amtlichen Statistik berücksichtigt sind. Bis Ende 1991 wuchs das organisierte Potential für Gesamtberlin auf rund 2.800 Personen, darunter 1.300 REP-Mitglieder. Die Republikaner stellen damit die größte rechtsextreme Organisation der Hauptstadt dar.

Tabelle 1:   Wahlergebnisse rechtsextremer Parteien bei den Landtagswahlen
              in der DDR 1990 (Zweitstimmen)

Länder	NPD		REP	
	Stimmen	%	Stimmen	%
Mecklenburg-Vorpommern	1.499	0,17	7.640	0,85
Brandenburg	1.666	0,13	14.631	1,15
Sachsen-Anhalt	1.924	0,14	8.992	0,64
Thüringen	3.096	0,22	11.712	0,83
Sachsen	17.727	0,67	-[1]	-
Insgesamt	25.912	0,33	42.975	0,56

NPD = Nationaldemokratische Partei Deutschlands
REP = Die Republikaner
1 Keine Zulassung zur Wahl wegen verspäteter Einreichung der Landesliste.

Tabelle 2:   Wahlergebnisse rechtsextremer Parteien bei der ersten gesamt-
              deutschen Bundestagswahl 1990 (Zweitstimmen)

Partei	Wahlgebiet West[1]		Wahlgebiet Ost[2]		BRD insgesamt	
	Stimmen	%	Stimmen	%	Stimmen	%
DDD	672	0,0	337	0,0	1.009	0,0
REP	871.773	2,3	115.496	1,3	987.269	2,1
NPD	122.564	0,3	23.212	0,3	145.776	0,3
Insges.	995.009	2,6	139.045	1,6	1.134.054	2,4

DDD = Bund der Deutschen Demokraten, REP-Abspaltung in Berlin
REP = Die Republikaner
NPD = Nationaldemokratische Partei Deutschlands
1 Gültige Zweitstimmen insgesamt: 37.426.103.
2 Gültige Zweitstimmen insgesamt: 9.029.669.

Drei Viertel ihrer Mitglieder leben im Westteil Berlins, der Rest im Osten. Mit nach wie vor 800 Anhängern rangiert die DVU an zweiter Stelle. Ihre Aktivitäten beschränkten sich 1991 freilich auf ganze vier Veranstaltungen mit jeweils rund 40 Teilnehmern (Landesamt für Verfassungsschutz 1992: 68 ff.). Die bundesweit durch die Abspaltung der DL stark geschwächte NPD zählt in ihrem Landesverband Berlin-Brandenburg 200 Mitglieder. Durch besondere Aktivität zeichnen sich allerdings die etwa 500 Anhänger des neonazistischen Spektrums aus. Maßgeblich war zunächst auch in Berlin die Kühnen-Anhängerschaft (GdNF), die 1990 bei der Gründung der Nationalen Alternative (NA) Pate stand. Bis Ende 1991 halbierte sich deren Mitgliederzahl jedoch auf 20 Personen, womit sie noch hinter die FAP (30 Mitglieder) zurückfiel. Die Berliner Ortsgruppe der kürzlich verbotenen Nationalistischen Front (NF) zählt ebenfalls nur 20 Aktivisten.

Zwischen 1989 und 1992 beteiligten sich in Berlin 12 rechtsextreme Parteien oder Wählergemeinschaften an Bezirks-, Landes- und Bundeswahlen, wobei allein die Republikaner nennenswerte Erfolge verbuchen konnten. Denn sie stellten ihrer organisatorischen Herkunft nach kein genuines Produkt des Berliner Rechtsextremismus dar, sondern eine Abspaltung von ultrarechten CDU-Kreisen, die allerdings eine gewisse Sogwirkung auf das rechtsextreme Lager ausübte. Nach ihrem überraschenden Höhenflug bei den Wahlen im Januar 1989 in Westberlin verspielten sie den größten Teil ihrer Wählergunst durch Skandale, innere Konflikte und politische Untätigkeit. Erst bei der BVV-Wahl 1992 gelang es ihnen wieder, spektakuläre Ergebnisse (bis zu 14,4% auf Bezirksebene) zu erzielen. Diese wurden ausschließlich im Westen erreicht, wo die Partei auch organisatorisch verankert ist. Der parteiförmig organisierte Rechtsextremismus ist mithin auch in Berlin ein Kind des Westens.

Tabelle 3:   (Zweit-)Stimmenergebnisse der Republikaner in Berlin

Jahr	Wahl	Berlin	West	Ost
1989	Abgeordnetenhaus	-	7,5	-
	Bezirksverordnetenversammlungen	-	7,5	-
1990	Abgeordnetenhaus	3,1	3,7	1,9
	Bundestag	2,5	3,0	1,5
1992	Bezirksverordnetenversammlungen	8,3	9,9	5,4

Die bekannt gewordenen Gesetzesverletzungen mit erkennbarem oder vermutetem rechtsextremem Hintergrund erreichten 1989 mit 604 Taten (1988: 456) einen Höhepunkt. 1990 fiel der Wert auf 285 zurück, stieg aber 1991 wieder auf 389. Von 1990 auf 1991 haben sich die Gewalttaten allerdings auf 57 verdreifacht. Davon wurden 70 Prozent im Osten Berlins registriert. Eine Erfassung aller rechtsextremen Ereignisse in Berlin für den Zeitraum 1990/91 ergab, daß in beiden Jahren jeweils nahezu dreimal so viele Ereignisse im Osten stattfanden wie im bevölkerungsmäßig doppelt so großen Westen (Holthusen und Jänecke 1993).

Die vorliegenden Daten über den manifesten Rechtsextremismus bestätigen, daß im Osten eher geringe Institutionalisierung und Gewalt vorherrschen, während der Westteil Berlins eher durch Organisationen und Wahlverhalten geprägt ist. Im folgenden Abschnitt soll untersucht werden, ob dieser Befund mit den Erhebungen zum latenten Rechtsextremismus korrespondiert: Handelt es sich bei der konkreten rechtsextremen Praxis um eine Folgewirkung rechtsextremer Einstellungen, und worauf gründen sich die unterschiedlichen Erscheinungsformen in Ost und West?

4. Latenter Rechtsextremismus

Rechtsextremismus wird gemeinhin nur dann wahrgenommen, wenn er manifest in Erscheinung tritt, z.B. bei Wahlen, Schmierereien oder Gewalttaten. Diese manifeste Seite prägt das Bild des Rechtsextremismus in der Öffentlichkeit, und viele Aussagen in Wissenschaft und Publizistik beziehen sich ausschließlich darauf. Auch der amtliche Extremismusbegriff, wie er beispielsweise vom Verfassungsschutz gebraucht wird, erstreckt sich nur auf konkrete Bestrebungen bzw. Handlungen, die sich gegen die freiheitliche demokratische Grundordnung richten, nicht aber auf antidemokratische Einstellungen. Die Frage, wie gefährlich der Rechtsextremismus für die Demokratie ist, wird in der Regel ebenfalls nur mit Blick auf den manifesten Rechtsextremismus beantwortet.

Die Ereignisse von Hoyerswerda und Rostock-Lichtenhagen zeigen jedoch, daß sich rechtsextreme Aktivitäten in einem spezifischen Meinungsklima vollziehen, das derartige Handlungen begünstigen, aber auch - wie die Reaktionen der Bevölkerung auf den Anschlag in Mölln zeigen - erschweren kann. Ich gehe daher davon aus, daß es sich beim Rechtsextremismus primär um ein Einstellungsmuster handelt. Selbstverständlich ist dieses, wie alle anderen Einstellungsmuster, verhaltensrelevant. Gleichwohl (oder gerade deshalb) ist Verhalten hier kein Bestandteil der Definition von Rechtsextremismus. Versteht man unter Einstellungen die im Verlauf der Persönlichkeitsentwicklung erlernten Prädispositionen (z.B. Gefühle, Wahrnehmungen, Verhaltensweisen) gegenüber Objekten der Umwelt (Gegenstände, Personen, Institutionen, Normen, Werte, Situationen etc.), dann stellt politisches Verhalten oder politische Partizipation nur eine von vielen Reaktionsmöglichkeiten des Individuums dar. Die Frage, unter welchen Bedingungen sich politische Einstellungen in politisches Verhalten (und vor allem: in welche Verhaltensweisen) umsetzen, kann nicht vorab entschieden werden, sie muß Gegenstand der Untersuchung sein[5].

4.1 Zur Messung von rechtsextremen Einstellungen

Rechtsextremismus ist ein inkonsistentes, mehrdimensionales Einstellungsmuster, das entscheidend durch persönliche Angst und Unsicherheit geprägt ist. Rechtsextrem eingestellte Personen neigen zu zwanghafter Unterordnung unter Personen und Normen der eigenen Gruppe, zur dogmatischen Identifikation mit der eigenen Nation bzw. dem eigenen Volk und zur Ablehnung bzw. Ausgrenzung von Fremdgruppen. Angst und Unsicherheit werden durch das Bedürfnis nach Autorität, Stärke und Überlegenheit kompensiert.

Bei der Repräsentativerhebung 1990 wurden den Befragten jeweils mehrere Statements zu den Komplexen Entfremdung (Anomie), Autoritarismus, Nationalismus, Ethnozentrismus (Fremdenfeindlichkeit) und Wohlstandschauvinismus (primär sozial motivierte Fremdenfeindlichkeit, nur im Westen erhoben) vorgelegt. Die Antwortvorgaben bestanden in einem siebenstufigen Skalometer, das von "stimmt völlig" bis "stimmt überhaupt nicht" reichte. Nach eingehender statistischer Analyse der Verteilungen erfolgte zunächst die Bildung von Indizes für die genannten[6] Komplexe, und zwar additiv und ohne Gewichtung. Aus teils inhaltlichen, teils statistischen Gründen konnte nicht jedes Statement in den entsprechenden Index aufgenommen werden. Die Analyse der Statements zum Nationalismus ergab zudem, daß zwischen Nationalbewußtsein und Expansionismus (Ablehnung der Oder-Neiße-Linie als deutsche Ostgrenze, Rückforderung der ehemaligen deutschen Ostgebiete) unterschieden werden muß. Zur übersichtlichen Darstellung der Indizes wurden Tabellenversionen mit wiederum sieben Ausprägungen hergestellt, die von "niedrig" bis "hoch" reichen. Das bedeutet, daß derselbe Indexwert beispielsweise von Personen erreicht werden konnte, die entweder alle Items leicht zustimmend oder einen Teil stark zustimmend und den anderen leicht ablehnend beantwortet hatten. Die Reduktion der Antwortvorgaben auf die Alternative "Zustimmung" - "Ablehnung" wurde als zu undifferenziert verworfen, weil die Stärke der Entscheidung unberücksichtigt bleibt.

In einem zweiten Schritt wurde nach hier nicht zu erörternden Gesichtspunkten (ausführlich Stöss 1993a) aus jeweils 3 Statements der Indizes Entfremdung, Autoritarismus, Nationalbewußtsein und Ethnozentrismus eine Skala gebildet, die ich mit Blick auf die Formulierung der Statements "extrem rechte Einstellungen" (ERE) nenne. Aus inhaltlichen Gründen sollten die beiden Expansionismus-Items ursprünglich mit einbezogen werden. Ausführliche Tests haben allerdings ergeben, daß das so erweiterte Meßinstrument dramatisch an Zuverlässigkeit verliert und damit unbrauchbar wird. Offenbar zählte der (quantitativ übrigens bedeutungslose) Expansionismus damals nicht zum Einstellungsrepertoire des Rechtsextremismus in Berlin, weder im Westen noch im Osten. Vermutlich ist im Bewußtsein der Bevölkerung mit der Vereinigung der beiden deutschen Staaten (wenigstens zunächst) auch die territoriale Frage geklärt worden, zumal darüber seinerzeit auch unter den tragenden politischen Kräften ein fester Konsens herrschte. Allein die rechtsextremen Parteien und Teile der Vertriebenenverbände weiger(te)n sich, die ehemaligen deutschen Ostgebiete aufzugeben und die bestehenden Grenzen anzuerkennen.

Tabelle 4:   Die Skala "extrem rechte Einstellungen" (ERE):
Prozentsätze und Mittelwerte für Berlin 1990

		West	Ost
niedrig	1	2,5	0,5
	2	20,2	7,3
	3	27,6	18,6
	4	23,9	27,1
	5	17,4	29,2
	6	7,4	14,5
hoch	7	0,9	2,7
Mittelwert		3,6	4,3

Statistische Angaben:
Wertebereich: 12 - 84 (für Tabellenversion auf 7 Werte recodiert)
Skalenmittelwert: 49,9
Standardabweichung: 15,6
Item Mittelwert: 4,2; min: 3,8; max: 5,5
Alpha: .82

Bei der ERE-Skala und den 7er-Indizes wurden jeweils die Werte 6 und 7 addiert und als hohe Einstellungspotentiale definiert. Wenn hier also vom Autoritarismuspotential oder auch nur von Autoritarismus die Rede ist, dann handelt es sich dabei um Befragte, die stark autoritär eingestellt sind. Dies gilt entsprechend für das extrem rechte Einstellungspotential (EREPOT), das gelegentlich auch nur als Rechtsextremismus bezeichnet wird.

Das rechtsextreme Einstellungspotential war 1990 im Osten doppelt so stark wie im Westen (17:8). Dies galt jedoch nicht generell für alle Bestandteile der Skala: Das Entfremdungspotential erwies sich im Osten als nahezu dreimal so groß wie im Westen (29:10). Für die DDR wurden insgesamt sogar 37 Prozent gemessen. Und der Autoritarismus im Osten Berlins übertraf den im Westen um das Zweieinhalbfache (37:14). Sogar rund jeder zweite DDR-Bürger war damals diesem Potential zuzurechnen. Nur beim Expansionismus hatten die Westberliner die Nase klar vorn. Allerdings waren die Potentiale sehr gering. Die Vermutung, daß Nationalismus und Ausländerfeindlichkeit im Osten besonders verbreitet waren, wird durch die Berliner Daten nicht gedeckt. Auch beim Ethnozentrismus lag übrigens das Potential in der DDR insgesamt deutlich höher als in Ostberlin.

Tabelle 5: Hohe rechtsgerichtete Einstellungspotentiale[1] in Berlin 1990
(mit einigen Vergleichsdaten für die DDR[2]; Angaben in Prozent)

Indizes	Berlin West	Ost	DDR
Entfremdung	10	29	37
Autoritarismus	14	37	49
Nationalbewußtsein	47	48	
Expansionismus	5	2	
Ethnozentrismus	7	12	17
Wohlstandschauvinismus	14		
ERE	8	17	

Fehlende Angaben: nicht erhoben bzw. nicht verfügbar.
1 Index-Werte 6 + 7.
2 Erhebung im November 1990 im Gebiet der DDR.
Quelle: WZB-Mitteilungen 51, März 1991, S. 27 (Klingemann u.a.).

Als wichtige Unterscheidungskriterien für Rechtsextremismus in Ost und West halten wir daher zunächst Entfremdung und Autoritarismus fest. Dieser Befund ist durchaus plausibel:

- Die DDR wird generell als ein autoritärer, streng hierarchischer und militaristischer Polizeistaat beschrieben (Stadelmaier 1990: 584), in dem alle Lebensbereiche einer starken Ideologisierung unterlagen. Das Bildungssystem war auf Unterordnung, Anpassung, Disziplinierung und bedingungslose Identifikation mit dem System ausgerichtet (Lange 1990: 432 f.). Parteigehorsam und bürokratischer Zentralismus prägten auch die Betriebe, die gesellschaftlichen Massenorganisationen und die staatliche Sphäre. Das System produzierte ein enormes Maß an Autoritarismus und Untertanengeist, wodurch die Entstehung und Ausbreitung von Rechtsextremismus begünstigt wurde.
- Die Verhältnisse in der DDR wurden bekanntlich nicht in jedem Falle widerspruchslos hingenommen. Es gab Unzufriedenheit, Kritik, Protest und Opposition. Die vom Zentralinstitut für Jugendforschung in Leipzig seit 1966 durchgeführten Untersuchungen haben eine Fülle von Daten über den Verfall des sozialistischen Bewußtseins, über den Abbau von politisch-sozialen Bindungen und den Vertrauensverlust in Institutionen bei Jugendlichen in den achtziger Jahren zutage gefördert (Förster und Roski 1990: 31 ff., Friedrich 1990). Seit Mitte der achtziger Jahre versagte die Jugend ihrem Staat "geistig und praktisch die Gefolgschaft" (Förster und Roski 1990: 48) und orientierte sich zunehmend an der BRD. Die damit verbundene politisch-weltanschauliche Identifikations- und Orientierungskrise äußerte sich in unterschiedlichen Formen des gesellschaftlichen Aussteigens: von politischer Apathie bis Ex-

tremismus, von "Null-Bock" bis zur Ausreise (Lange 1990: 435 f.). Mit dem gesellschaftlich-politischen Umbruch 1989/90 verschärfte sich diese Orientierungs- und Perspektivlosigkeit. Der entfesselte Prozeß der Entkollektivierung und der Privatisierung sozialer Risiken produzierte verstärkt Gewalt als subjektiv erfolgreicher Versuch der Selbsthilfe in einer "zerstörten Gesellschaft" (Grill 1991).

Im Osten liegen die Ursachen des Rechtsextremismus also einerseits in der Erbschaft des Stalinismus und andererseits in den Folgen des gesellschaftlich-politischen Umbruchs. Wir haben es mit langfristig wirksamen und situationsbedingten Faktoren zu tun. Für Ost und West gilt, daß sich letztere jedoch nicht auf konkrete Unzufriedenheit mit einzelnen wirtschaftlichen, sozialen oder politischen Sachfragen beziehen (z.B. Arbeitslosigkeit, pessimistische Zukunftserwartungen, Parteiverdrossenheit). Derartige Variablen korrelieren generell schwach mit rechtsextremen Einstellungen. Maßgeblich sind offenbar allgemeine Unsicherheit und Unzufriedenheit.

Die gesellschaftlich-politischen Rahmenbedingungen liefern also vielerlei Erklärungen dafür, daß der Rechtsextremismus im Osten größer (und möglicherweise sogar gewalttätiger) als im Westen ist. Die Befragungsergebnisse von 1992 korrigieren dieses Bild jedoch erheblich. Offenbar hat sich die Situation seit 1990 gründlich verändert.

Da beide Untersuchungen mit unterschiedlichen Skalen arbeiten, können hier nur Verhältniszahlen verglichen werden: Der ehemalige Vorsprung des Ostens bei allen Dimensionen der ERE-Skala (bis auf Nationalbewußtsein) und beim extrem rechten Einstellungspotential insgesamt ist einem generellen Westvorsprung gewichen. Wir haben es mit einer Trendwende zu tun. Gleichartige Verhältnisse herrschen nur bei der Fremdenfeindlichkeit. Autoritarismus, Entfremdung und Nationalismus sind jetzt im Westen der Stadt stärker verbreitet. Das rechtsex-

Tabelle 6:   Einstellungspotentiale im Vergleich:
               West-Ost-Relationen Berlin 1990 und 1992

	1990	1992
Entfremdung	0,3	1,3
Nationalismus	1,0	1,4
Autoritarismus	0,4	1,3
Ethnozentrismus	0,6	1,1
Rechtsextremismus	0,5	1,5

Jeweils West-Anteile/Ost-Anteile.
Lesebeispiel: 1990 war der Anteil stark entfremdeter Personen im Osten rund dreimal so hoch wie im Westen. 1992 übertraf das Entfremdungspotential im Westen das im Osten jedoch um das 1,3fache.

treme Einstellungspotential im Westen übertrifft das im Osten um das Eineinhalb-
fache).

Auch bei der Befragung von 1992 ergab sich, daß nur geringe statistische Zusammenhänge zwischen Rechtsextremismus und Variablen wie Beurteilung der
wirtschaftlichen Lage, Einkommen, Parteiverdrossenheit usw. bestehen. Entscheidend sind nicht die alltäglichen Begleiterscheinungen und Folgen des gesellschaftlich-politischen Umbruchs. Rechtsextremismus wächst nicht mit wirtschaftlicher und sozialer Not!

Wenn Angst und Unsicherheit maßgeblich für die Entwicklung von rechtsextremen Einstellungen sind, dann sind es heute nicht mehr nur die "Ossis", sondern gerade auch die "Wessis", die sich besonders bedroht fühlen und ihre Unzufriedenheit mit antidemokratischen Dispositionen kompensieren. Diese Trendwende ließe sich als Ergebnis eines Stimmungsumschwungs allein im Westen (bei
gleichbleibendem Rechtsextremismus im Osten) erklären. Wenn nämlich im Westen der anfängliche Stolz auf die Vereinigung und die Zufriedenheit mit der
Lage der Nation angesichts der unerwartet hohen Kosten der Einheit einer Kater-
stimmung gewichen sind, dann dürfte sich auch das rechtsextreme Einstellungspotential erheblich vergrößert haben. Die Daten deuten allerdings eher darauf
hin, daß sich das rechtsextreme Einstellungspotential im Osten (erheblich) ver-
mindert hat. Möglicherweise haben die Ostberliner den durch den Zusammenbruch des Sozialismus bewirkten kollektiven Identitätsverlust mittlerweile überwunden und sich mit und in der neuen Ordnung arrangiert. Aber dies sind Spe-
kulationen, die weiterer empirischer Überprüfung bedürfen.

Nun soll der Frage nachgegangen werden, welche Dispositionen sich hinsichtlich des politischen Verhaltens aus den rechtsextremen Einstellungen in West und
Ost ergeben und welche Bedeutung der Gewalt dabei zukommt.

4.2 Verhaltensdispositionen des Rechtsextremismus

Die Statements zur politischen Partizipation und die Häufigkeitsverteilungen
der Antworten von 1990 sind in den Tabellen 7 und 8 berichtet. Danach war die
Partizipationsbereitschaft[7] bei der Bevölkerung in Ost und West nicht grundsätzlich verschieden. Allerdings fällt auf, daß die Statements zur konventionellen
Partizipation zumeist bei den Ostberlinern stärkere Zustimmung fanden, während
unkonventionelle Partizipation eher von den Westberlinern befürwortet wurde[8].
Der Rechtsextremismus war hier wie dort jeweils unterdurchschnittlich vertreten:
Seine Partizipationsbereitschaft erwies sich über fast alle Statements hinweg als
(teilweise deutlich) geringer, jedenfalls niemals größer als die der Gesamtbevölkerung.
Der Vergleich für das rechtsextreme Einstellungspotential ergibt, daß die Be-
teiligungsbereitschaft in Ostberlin grosso modo größer war als in Westberlin.
Dies gilt auch für unkonventionelle Aktivitäten, insbesondere für die Teilnahme

an Demonstrationen aller Art, was jedoch nicht unbedingt als Beleg dafür gelten kann, daß der Ost-Rechtsextremismus 1990 besonders gewaltbereit war. Denn das Gewaltpotential erwies sich bei der Bevölkerung insgesamt im Westen größer als im Osten. Dies gilt allerdings mit dem Vorbehalt, daß hierfür nur kleine Fallzahlen vorliegen, die schon gar keine Aussagen über die Gewaltbereitschaft des Rechtsextremismus zulassen. Ein Hinweis mag allerdings die Ablehnung von Gewalt liefern. Sie lag im Westen insgesamt bei 90 Prozent und im Osten sogar bei insgesamt 95 Prozent. Für das extrem rechte Einstellungspotential betrugen die entsprechenden Werte 95 bzw. 96 Prozent. Gewalt wurde mithin generell abgelehnt, im Osten noch stärker als im Westen und vom Rechtsextremismus noch etwas mehr als von der Gesamtbevölkerung. Abgesehen von Beteiligungsformen im Zusammenhang mit der "Staatsbürgerrolle" (sich an Wahlen beteiligen, seine Meinung sagen), war der überwiegende Teil des Rechtsextremismus in West und Ost politisch inaktiv. Konventionelle und unkonventionelle Partizipation korrelie-

Tabelle 7:   Das extrem rechte Einstellungspotential (EREPOT) und konventionelle politische Partizipation in Berlin 1990. (Angaben in Prozent)[1]

Frage: Wenn Sie politisch in einer Sache, die Ihnen wichtig ist, Einfluß nehmen, Ihren Standpunkt zur Geltung bringen wollen, welche der Möglichkeiten auf dieser Liste würden Sie dann nutzen, was kommt für Sie in Frage? Bitte sagen Sie mir jeweils, ob Sie das selbst schon gemacht haben (1), bei wichtiger Sache tun würden (2), in außergewöhnlicher Situation tun würden (3) oder unter keinen Umständen tun würden (4). [Zusätzlich: Weiß nicht (8), Keine Antwort (9).]

		West		Ost	
Items		Alle	ERE POT	Alle	ERE POT
(1)	Sich an Wahlen beteiligen	97	96	98	95
(2)	Seine Meinung sagen im Bekanntenkreis und am Arbeitsplatz	98	93	97	93
(3)	Versuchen, Freunde für die eigenen politischen Ansichten zu gewinnen	57	33	61	46
(4)	Sich in Versammlungen an öffentlichen Diskussionen beteiligen	52	36	69	58
(5)	In einer Partei aktiv mitarbeiten	20	13	28	16
(6)	In einer politischen Bewegung aktiv mitarbeiten	34	13	41	18
(7)	Als Wahlhelfer Kandidaten unterstützen	21	21	31	21
(8)	Politische Verantwortung übernehmen	21	10	23	8

1 Nur "schon gemacht" oder "bei wichtiger Sache tun".

Tabelle 8: Das extrem rechte Einstellungspotential (EREPOT),
unkonventionelle politische Partizipation und Gewalttätigkeit
in Berlin 1990 (Angaben in Prozent)[1]

Frage: Hier sind [11] Kärtchen. Auf jedem dieser Kärtchen finden Sie eine bestimmte Art von Verhalten beschrieben. Ein solches Verhalten haben verschiedene Leute manchmal gewählt, um gegen etwas zu protestieren oder um die Öffentlichkeit auf ihr Anliegen aufmerksam zu machen. Bitte sehen Sie sich diese Verhaltensweisen an, ob Sie sich daran bereits beteiligt haben (1), sich bei wichtiger Sache beteiligen würden (2), sich in einer außergewöhnlichen Situation beteiligen würden (3) oder sich unter keinen Umständen beteiligen würden (4). [Zusätzlich: Kenne ich nicht (5), Weiß nicht (8), Keine Antwort (9).]

Items	West		Ost	
	Alle	ERE POT	Alle	ERE POT
Unkonventionelle politische Partizipation:				
(1) Beteiligung an einer Unterschriftensammlung	89	71	87	76
(2) Beteiligung an Bürgerinitiativen	72	53	69	59
(3) Teilnahme an einer genehmigten politischen Demonstration	63	30	77	58
(4) Beteiligung an einem Boykott (Waren-, Kaufboykott)	60	28	38	22
(5) Teilnahme an einer nicht genehmigten Demonstration	31	6	31	18
(6) Zahlungsverweigerung von Mieten, Raten oder Steuern	27	9	11	11
(7) Beteiligung an einem wilden Streik	20	5	11	8
(8) Besetzung von Fabriken, Ämtern und anderen Gebäuden	16	4	9	6
(9) Aufhalten des Verkehrs mit einer Demonstration	31	5	19	15
Gewalt:				
(10) Beschädigung fremden Eigentums, z.B. Fenster einschlagen, Straßenschilder abmontieren o.ä.	3	*	0	*
(11) Anwendung von Gewalt gegen Personen, z.B. Schlägereien mit Polizisten oder mit anderen Demonstranten von der Gegenseite	2	*	1	*

* Geringe Fallzahlen.   1 Nur "bereits beteiligt" oder "bei wichtiger Sache beteiligen".

ren negativ mit ERE: Je ausgeprägter also rechtsextreme Einstellungen, desto geringer die Partizipationsbereitschaft. Auch Gewalt variiert negativ mit ERE, im Westen sogar noch deutlicher als im Osten.

Der Berliner Rechtsextremismus war 1990 mithin in erster Linie durch politische Inaktivität geprägt. Zur genaueren Bestimmung dieses Tatbestandes wurde die Variable politische Apathie (POLAPA) gebildet. Sie erfaßt kumulativ alle Befragten, die folgende 11 Aktivitäten "unter keinen Umständen" ausüben wollten: Wahlbeteiligung, eigene Meinung sagen, Freunde für eigene Ansichten gewinnen, Beteiligung an einer öffentlichen Diskussion, Mitarbeit in einer Partei, Mitarbeit in einer politischen Bewegung, Arbeit als Wahlhelfer, politische Verantwortung übernehmen, Beteiligung an einer Unterschriftensammlung, Beteiligung an Bürgerinitiativen, Teilnahme an einer genehmigten Demonstration[9]. Die Variable hat 12 Werte: 0 = keine Nennung bis 11 = 11 Nennungen. Sie wurden für die Tabellenversion auf 4 Werte zusammengefaßt:

Tabelle 9:   Politische Apathie (POLAPA) und extrem rechtes Einstellungspotential (EREPOT) in Berlin 1990 (Angaben in Prozent)

	West		Ost	
POLAPA	Alle	EREPOT	Alle	EREPOT
keine	20	11	25	4
niedrig	37	11	40	32
mittel	32	42	26	44
hoch	11	36	9	20

Politische Apathie war unter der West-Bevölkerung weiter verbreitet als im Osten. Die Rechtsextremisten in West und Ost zeigten sich im Schnitt nahezu doppelt so apathisch wie die jeweilige Bevölkerung insgesamt. Jedoch war der Rechtsextremismus in Westberlin deutlich apathischer als in Ostberlin. ERE korreliert in beiden Stadthälften gleichermaßen deutlich mit POLAPA. Bei politischer Apathie handelt es sich offenbar um einen besonders wichtigen Faktor zur Erklärung von Rechtsextremismus, der mit korrespondierenden Variablen in Ost und West mehr oder weniger gleichermaßen systematisch variiert und mithin in beiden Gebieten gleichermaßen zur Erklärung von Rechtsextremismus beiträgt.

Zusammenfassend kann ohne Einschränkung festgestellt werden, daß sich die Trennung von Einstellungen und Verhaltensweisen im Untersuchungskonzept als absolut richtig erwiesen hat. Hervorstechendes Merkmal des Rechtsextremismus ist nämlich nicht Aktivität (in welcher Variante auch immer) und auch nicht Gewalt gegen Personen oder Sachen im traditionellen Verständnis der Partizipationsforschung, sondern politische Abständigkeit. Politische Apathie (mittel/hoch) zeigte sich bei 60 bis 80 Prozent der Berliner Rechtsextremisten. Dies korrespondiert mit anderen Befunden der Untersuchung (die hier nur mitgeteilt werden können), daß nämlich Rechtsextremismus kaum durch konkrete Unzufriedenheit mit einzelnen Erscheinungsformen des politischen Systems oder in bezug auf politische Sachfragen geprägt war, sondern durch allgemeines politisches Desinteresse. Hervorstechend war der unpolitische Charakter der rechtsextremen Persönlichkeit (vgl. auch Freyhold 1971). Die Untersuchung für 1992 bestätigt dies.

Tabelle 10:   Das extrem rechte Einstellungspotential (EREPOT) und Repressionshaltung in Berlin 1990 (Angaben in Prozent)

Frage: Was halten Sie von folgenden Verhaltensweisen? Statements: wenn Polizisten mit Schlagstöcken gegen Demonstranten vorgehen; wenn Gerichte harte Strafen über solche Protestierer verhängen, die sich gegen Anweisungen der Polizei zur Wehr setzen; wenn die Regierung zur Aufrechterhaltung von Sicherheit und Ordnung jede öffentliche Demonstration gesetzlich verbietet; wenn die (Bundes)Regierung den Bundesgrenzschutz (die Bereitschaftspolizei) oder die Bundeswehr (die Armee) einsetzt, um einen Streik zu beenden."

	West		OST	
	Alle	EREPOT	Alle	EREPOT
(Zustimmung)				
sehr schwach	34	3	26	20
schwach	48	38	63	58
stark	15	42	10	17
sehr stark	3	17	1	5

Wenn sich der Rechtsextremismus nicht durch Aktivität sondern durch Passivität auszeichnet, dann bedeutet dies jedoch keinesfalls, daß die Ziele des Rechtsextremismus oder die Mentalität der Rechtsextremisten frei von Gewalt wären. Latente Gewaltbereitschaft ist vorhanden und auch meßbar. Dabei handelt es sich sowohl um die "klammheimliche Freude" über die Gewalttaten anderer gegen vermeintliche Feinde oder Störenfriede als auch um staatliche Gewalt. Letztere wurde mit dem Index "Repressionshaltung" gemessen (Tabelle 10). Der West-Rechtsextremismus erwies sich als besonders repressiv, und Repressionshaltung ist auch die Variable, die im Westen von allen in der Umfrage zur Verfügung stehenden Variablen am stärksten mit ERE korreliert (r = .66). Im Osten war der Zusammenhang vermutlich nur deshalb nicht so stark (r = .26), weil das staatliche Institutionensystem zum Befragungszeitpunkt nur bedingt akzeptiert bzw. legitimiert war. Dies dürfte sich im Lauf der Zeit ändern, und dann wird auch der Ost-Rechtsextremismus so etatistisch sein wie der im Westen (Werte für 1992: West r = .74; Ost r = .49). Übrigens korreliert Repressionshaltung nicht mit Gewalt. Dies entspricht auch den empirischen Befunden von Kaase und Neidhardt für die "Gewaltkommission" (in: Schwind und Baumann 1990, Bd. 4, 56 ff., 63 ff., Zit. 64): "Das Charakteristikum der Repressiven besteht (nicht in jedem Fall, wohl aber in der gegenwärtigen Situation in unserem Lande) nicht darin, daß sie dazu tendieren, selber gewalttätig zu werden, sondern darin, daß sie eine strenger, z.T. auch rabiater durchgreifende Staatsgewalt fordern, und dafür auch bereit sind, Gesetzesverletzungen der Polizei in Kauf zu nehmen."

Bereitschaft zur Hinnahme von fremdenfeindlichen Aktivitäten durch Mitbürger signalisieren die Statements in Tabelle 11. Die Aussage A zielt mit der Formulierung "handgreiflich" unmittelbar auf Toleranz gegenüber Gewalt, die in Ost und West mit jeweils 8 Prozent gleich stark verbreitet ist. Im Statement B ist der Widerstand gegen die Einquartierung von Asylbewerbern nicht mit Gewalt gekoppelt. Daher liegen die Zustimmungswerte höher, unterscheiden sich im Niveau aber ebenfalls kaum zwischen Ost und West. Das dritte Statement fragt nach der Toleranz gegenüber Rechtsextremismus. Dabei übertrifft der Westen den Osten allerdings (wie schon beim rechtsextremen Einstellungspotential) um das Anderthalbfache.

Tabelle 11: Toleranz gegenüber fremdenfeindlichen Tendenzen
in Berlin 1992 (Angaben in Prozent)

Statements		West	Ost
A.	Es ist gut, daß es wenigstens einige Leute gibt, die den Ausländern handgreiflich klarmachen, daß sie hier nicht erwünscht sind	8	8
B.	Wenn mitten in ein Wohnviertel Asylbewerber einquartiert werden, ist es nur richtig, wenn sich die Bürger dagegen wehren	23	26
C.	Für rechtsradikale Tendenzen wegen des Ausländerproblems muß man Verständnis haben	13	9
Korrelationen (r x100) mit einer Rechtsextremismus-Skala:	A:	51	60
	B:	54	59
	C:	40	33

Werte: 5 + 6 + 7 von 7-stufigen Skalometern.

Auf der Einstellungsebene kann für 1992 also nicht die Rede davon sein, daß die Ostberliner besonders dazu neigen, (gewalttätige) Aktivitäten gegen Ausländer hinzunehmen. Vielmehr lehnen über 90 Prozent der Bevölkerung in Ost und West "handgreifliche" Maßnahmen gegen Ausländer ab. Charakteristisch für die überwiegende Mehrheit des Rechtsextremismus in Berlin ist vor allem die unpolitische Persönlichkeit, die selbst nicht gewaltbereit ist, sondern dazu neigt, Gewalt zu delegieren, und zwar an den Staat und an Mitbürger. Diese Delegationsbereitschaft korreliert zwar stark mit rechtsextremen Einstellungen, aber der prozentuale Anteil derjenigen, die Gewalt durch externe Instanzen befürworten, ist sehr gering. Die Aktivisten des manifesten Rechtsextremismus sind mithin nicht typisch und nicht repräsentativ für den latenten Rechtsextremismus (auch die Befragung von 1990 liefert dafür keine Anhaltspunkte). Sie stellen eine winzige Minderheit dar, deren spezifische Handlungsmotive gesondert untersucht werden müßten. Scheuch (1993) hat das Problem mit Blick auf die Bundesrepublik insgesamt so beschrieben: Die Gewalt sei nicht "die Folge einer verbreiteten Feindschaft gegen Ausländer, sondern die Folge der Gewaltbereitschaft bei weniger als 7000 Jugendlichen". Rechtsextreme Einstellungen münden nicht automatisch - jedenfalls gegenwärtig nicht - in Gewalt. Für die These, daß große Unzufriedenheit zu Rechtsextremismus führt und daß dessen Gewaltförmigkeit mit den wirtschaftlichen und sozialen Nöten wächst, liefern beide Untersuchungen keine empirischen Belege.

Gewalt speist sich offenbar aus verschiedenen Quellen. Wenn die Statements A und B aus Tabelle 11 zu einem Index "Toleranz gegenüber fremdenfeindlichen Aktivitäten" zusammengefaßt werden, dann ergibt sich aus der Kreuzung dieses Index mit Rechtsextremismus, daß nur 60 Prozent der besonders Toleranten zum rechtsextremen Einstellungspotential zählen. Es sind also nicht nur die Rechtsextremisten, die "klammheimliche Freude" empfinden, wenn andere gegen Ausländer aktiv werden. Nahezu die Hälfte der Randständigen ist dem demokratischen Spektrum zuzurechnen. Anders formuliert: Gewalt(bereitschaft) geht nicht nur vom Rechtsextremismus aus, und daher sind Gewaltakte gegen Ausländer auch kein zuverlässiger Indikator für das Ausmaß an Rechtsextremismus in der Gesellschaft.

4.3 Wahlverhalten und Parteisympathie

Die Analyse von Wahlverhalten bzw. Parteisympathie des rechtsextremen Lagers gilt letztendlich der Frage, warum die rechtsextremen Parteien im Osten vergleichsweise mitgliederschwach und von geringer Wählerresonanz sind. Zum besseren Verständnis der Unterschiede zwischen West und Ost erscheinen mir zuvor einige Untersuchungen zu den Parteipräferenzen des rechtsextremen Einstellungspotentials und zu den Anhängern rechtsextremer Parteien angebracht.

Was oben über das Verhältnis von Einstellungen und Verhalten beim Rechtsextremismus gesagt wurde, gilt analog für das Wahlverhalten: Nicht jede rechtsextrem eingestellte Person wählt zwangsläufig eine rechtsextreme Partei[10], und
rechtsextreme Parteien werden nicht nur von Rechtsextremisten gewählt. Daher
wäre es auch falsch, die Wähler rechtsextremer Parteien als Maßzahl für die
Stärke des Rechtsextremismus zu benutzen oder aus der Zusammensetzung der
Wählerschaft rechtsextremer Parteien Schlußfolgerungen auf das rechtsextreme
Einstellungspotential zu ziehen. Wir haben es daher mit zwei Fragen zu tun: Was
wählt der Rechtsextremist? Und: Wer wählt rechtsextreme Parteien?

Hinsichtlich der Motive für die Wahlentscheidung zugunsten von rechtsextremen Parteien[11] in den achtziger Jahren verfügen wir über viele interessante Thesen, aber wenige empirisch gesicherte Informationen. Von Bedeutung ist dabei
neben der "Modernisierungsverlierer"-These (Klönne 1989; kritisch: Rommelspacher 1991) vor allem die kontroverse Beurteilung der Republikaner als "Protestpartei" oder "Weltanschauungspartei". Diese Alternative bedarf einer genaueren Betrachtung. Zunächst sei jedoch klargestellt, daß es nicht um Programm
und Praxis oder um die politische Herkunft von Funktionären, sondern um die
Wähler und deren Motive geht. Veen u.a. (1992: 7 f.) weisen mit Blick auf die
Republikaner zu Recht auf die Notwendigkeit der Unterscheidung zwischen
"Programm- und Funktionärspartei" einerseits und "Wählerpartei" andererseits
hin.

Was also ist eine "Protestpartei", was eine "Weltanschauungspartei"? Veen
u.a. (1992: 4) charakterisieren die Republikaner als ein "Sammelbecken
unterschiedlich motivierten Protests verschiedener gesellschaftlicher Gruppen und
unterschiedlicher politisch-ideologischer Herkunft. Sie sind alles andere als eine
politisch-ideologisch, gesinnungsmäßig, soziodemographisch oder wirtschaftsinteressenmäßig einigermaßen klar konturierte Gruppe."

Auch Roth (1990: 39) spricht von dem "Protestcharakter eines großen Teils
der Wahlentscheidungen für die Republikaner". Und Pappi (1990: 38) glaubt,
daß die Wahlentscheidung für die Republikaner durch "rationales Protestwählen"
geprägt sei: "Rationales Protestwählen liegt vor, wenn Wähler sich für eine neue
Partei entscheiden, weil die etablierten Parteien sich zu weit von dem entfernt
haben, was die Wähler durch eine Regierung verwirklicht sehen wollen. (...) Ziel
kann es zunächst sein, durch Wahl einer neuen Partei die Politik einer bestehenden Partei zu beeinflussen...". Im "zweidimensionalen Raum der Parteienkonkurrenz" nähmen die Republikaner, so Pappi, einen Platz ein, der etwa gleich weit
von den Unionsparteien und der SPD entfernt sei. Auf der wirtschaftspolitischen
Links-Rechts-Achse lägen sie ebenfalls im mittleren Bereich. Und auch bei der
Innen- und Rechtspolitik befänden sie sich nicht rechts von der CSU. Bei anderen
Politikbereichen (Wirtschaftshilfe, Aus- und Übersiedler, Asylpolitik etc.) lasse
sich jedoch eine spezifische Position der Republikaner erkennen. Insgesamt habe
die Partei freilich "keinen klaren Standpunkt", die ideologische Einordnung bereite daher Schwierigkeiten.

Neben politisch-ideologischer und sozialstruktureller Heterogenität wird als Merkmal von Protestpartei auch immer wieder angeführt, daß die Republikaner ihre durch geringe Parteiidentifikation charakterisierten Wähler aus den Lagern beider Volksparteien bezögen, wobei die Bindungen der REP-Wähler an ihre alten Parteien immer noch vorhanden seien und ständig Fluktuation stattfinde.

Das entscheidende Argument scheint mir die (vermeintliche) politisch-ideologische Heterogenität zu sein. Daß sich die REP-Wählerschaft überwiegend aus dem Lager anderer Parteien rekrutiert, ist ebenso selbstverständlich und sagt allein überhaupt nichts über den Protestcharakter einer Partei aus, wie der Umstand, daß Kleinparteien, zumal neue, kaum über Stammwähler verfügen. Wenn Rechtsextremisten tatsächlich überwiegend etablierte Parteien wählen, dann wäre es doch gut möglich, daß es gerade sie sind, die zu den Republikanern überwechseln (und gegebenenfalls auch wieder zu ihren Stammparteien zurückkehren). Die Verfechter der Protestpartei-These müssen sich den Vorwurf gefallen lassen, daß sie die REP-Wähler nicht danach analysiert haben, ob und inwieweit sie rechtsextrem eingestellt sind. EMNID ist dieser Frage im Auftrag des "Spiegel" nachgegangen und kam zu folgendem Resultat: "Zugespitzt gesagt: Die Republikaner sind weniger eine Protestpartei, die Unzufriedene aller Art anzieht, als vielmehr eine Weltanschauungs-Partei" (EMNID 1989: 45).

Damit stellt sich die Frage, inwieweit die REP-Wähler bzw. -Sympathisanten (hinfort: Anhänger[12]) durch eine gemeinsame Weltsicht, eben den Rechtsextremismus, verbunden sind. Ob sie dabei in dieser oder jener Sachfrage unterschiedliche Auffassungen vertreten, scheint mir demgegenüber belanglos zu sein. Bevor ich mit der Datenanalyse fortfahre, ist noch folgender Hinweis zur Datenlage notwendig: Zum Zeitpunkt der Ausarbeitung des Fragebogens für die Untersuchung im Jahr 1990 waren rechtsextreme Parteien nach dem Parteiengesetz der DDR verboten. Daher liegen für 1990 keine Daten über die Republikaner im Ostteil der Stadt vor.

Übersicht 1:	Parteien in Berlin
AL	Alternative Liste
B90	Bündnis 90
CDU	Christlich Demokratische Union Deutschlands
DA	Demokratischer Aufbruch
DSU	Deutsch-Soziale Union
FDP	Freie Demokratische Partei
PDS	Partei des Demokratischen Sozialismus
REP	Die Republikaner
SPD	Sozialdemokratische Partei Deutschlands

Was also wählt der Rechtsextremist? An der Spitze der Hitliste des Rechtsextremismus (Grafik 1) stand 1990 im Westen die CDU mit 58 Prozent, gefolgt von der SPD mit 25 Prozent. Die Republikaner kamen erst an dritter Stelle (6%), knapp vor der FDP (4%). Der AL oder sonstigen Parteien mochte niemand die Stimme geben, allerdings nannten 7 Prozent des ERE-Potentials keine Partei. Im Osten ergab sich ein völlig anderes Bild: 41 Prozent nannten die SPD, die CDU folgte mit 25 Prozent, die PDS mit 12 Prozent, das Bündnis 90 mit immerhin 8 Prozent und schließlich die FDP mit einem einzigen Prozent. Sonstige Parteien wurden von 4 Prozent der Rechtsextremisten genannt, und 9 Prozent waren ohne Präferenz. Dieses erstaunliche Ergebnis im Osten wird man nicht darauf zurückführen können, daß dort keine explizit rechtsextreme Partei zur Wahl stand. Denn deren Zuspruch (auch zur DSU) hielt sich bei den folgenden Wahlen des Jahres 1990 generell in engen Grenzen (Tabelle 2). Die Republikaner bekamen erst zwei Jahre später Aufwind, erzielten aber auch bei den Bezirkswahlen 1992 im Westen weitaus bessere Ergebnisse als im Osten (Tabelle 3). In der Umfrage von 1992 (Grafik 2) beträgt das Verhältnis von REP-Anhängern in West und Ost 3:1. Bemerkenswert ist vor allem, daß sich die Gewichte innerhalb des rechtsextremen Lagers insgesamt verschoben haben, und zwar von den beiden Volksparteien weg, hin zu den Unentschiedenen (ohne Nennung einer Parteipräferenz) und Republikanern (das West-Ost-Verhältnis beträgt bei den Personen ohne Präferenz 23:39).

Was SINUS für die (alte) Bundesrepublik ermittelte, trifft also auch für Berlin (mit für den Westteil der Stadt 1990 sehr ähnlichen Ergebnissen) zu: Das rechtsextreme Einstellungspotential orientiert sich überwiegend an den beiden großen Volksparteien (die allerdings an Integrationskraft hinsichtlich des Rechtsextremismus verlieren). Ein Ost-West-Unterschied tritt nur dann hervor, wenn ausschließlich die Anhänger rechtsextremer Parteien betrachtet werden, die jedoch nicht typisch für das Wahlverhalten des rechtsextremen Einstellungspotentials sind.

Die Aufschlüsselung der Parteianhänger nach rechtsextremen Einstellungen ergibt folgendes Bild für 1990 (Grafik 3): Im Westen standen die Republikaner mit 40 Prozent an der Spitze, CDU und FDP lagen mit 16 bzw. 10 Prozent deutlich darunter, bei der SPD fanden sich sogar nur 6 Prozent Rechtsextremisten, und weitere 11 Prozent der Befragten ohne Präferenz waren dem rechtsextremen Potential zuzurechnen. Im Osten gehörten rund ein Drittel der CDU-Wähler und ein Fünftel der SPD-Wähler dem rechtsextremen Lager an. Sehr hohe Anteile an Rechtsextremismus wiesen die Anhänger sonstiger Parteien und der Personenkreis ohne Präferenz auf. Damit deutete sich 1990 an, daß eine rechtsextreme Partei im Osten Berlins auf die Dauer nicht völlig chancenlos sein würde. Allerdings suchten damals gut 60 Prozent des dortigen Rechtsextremismus ihre parteipolitische Heimat bei eher linken Parteien (SPD, PDS, B90). Dies korrespondiert mit dem Befund, daß sich der Ost-Rechtsextremismus auf der Links-Rechts-Skala deutlich weiter links einstufte als das im Westen der Fall war.

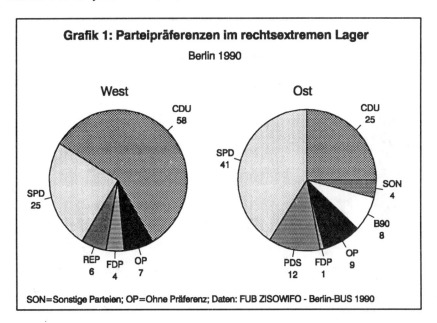

Grafik 1: Parteipräferenzen im rechtsextremen Lager

Berlin 1990

West — Ost

West: CDU 58, SPD 25, REP 6, FDP 4, OP 7

Ost: CDU 25, SPD 41, SON 4, B90 8, OP 9, FDP 1, PDS 12

SON=Sonstige Parteien; OP=Ohne Präferenz; Daten: FUB ZISOWIFO - Berlin-BUS 1990

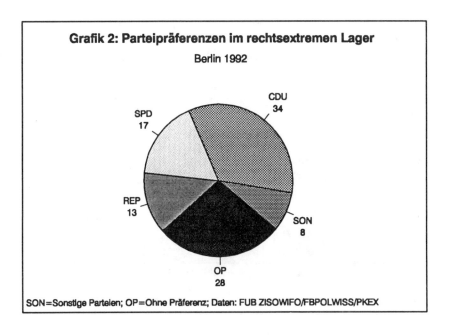

Grafik 2: Parteipräferenzen im rechtsextremen Lager

Berlin 1992

CDU 34, SPD 17, REP 13, SON 8, OP 28

SON=Sonstige Parteien; OP=Ohne Präferenz; Daten: FUB ZISOWIFO/FBPOLWISS/PKEX

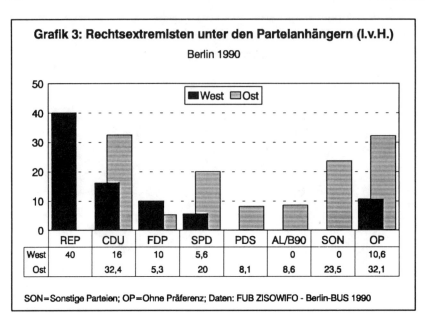

Grafik 3: Rechtsextremisten unter den Parteianhängern (l.v.H.)
Berlin 1990

	REP	CDU	FDP	SPD	PDS	AL/B90	SON	OP
West	40	16	10	5,6		0	0	10,6
Ost		32,4	5,3	20	8,1	8,6	23,5	32,1

SON=Sonstige Parteien; OP=Ohne Präferenz; Daten: FUB ZISOWIFO - Berlin-BUS 1990

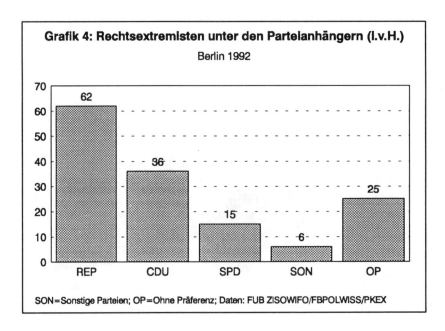

Grafik 4: Rechtsextremisten unter den Parteianhängern (l.v.H.)
Berlin 1992

SON=Sonstige Parteien; OP=Ohne Präferenz; Daten: FUB ZISOWIFO/FBPOLWISS/PKEX

Daß der Rechtsextremismus bei den Anhängern der Republikaner die größte Dichte erreichen würde, war zu vermuten. Da aber 1990 "nur" 40 Prozent der REP-Anhänger dem ERE-Potential zuzurechnen waren, rekrutierte die Partei über die Hälfte ihres Elektorats nicht aus dem rechtsextremen Lager.

Tabelle 12: Kumulierte hohe Einstellungspotentiale[1] von Autoritarismus, Nationalbewußtsein, Ethnozentrismus und Wohlstandschauvinismus bei den Sympathisanten der CDU und der Republikaner im Vergleich zur Bevölkerung in Berlin West 1990 (Angaben in Prozent)

Wert	Alle	CDU	REP
0	54	25	9
1	29	44	28
2	10	18	21
3	6	10	25
4	1	3	17

1 Index-Werte 6 + 7.
Lesebeispiel: Unter den REP-Anhängern zeigten 9 Prozent keines der vier Merkmale, 28 Prozent wiesen eines von vier Merkmalen auf, 21 Prozent zwei von vier, 25 Prozent drei von vier und 17 Prozent alle vier Merkmale.

Mit Blick auf ihre Anhänger verdienten die REP in Westberlin also nur mit Einschränkungen die Bezeichnung rechtsextrem. Allerdings darf auch nicht übersehen werden, daß sich rechtsextreme Einstellungen bei den Anhängern dieser Partei wie bei keiner anderen konzentrierten. Wenn nämlich die Dimensionen der ERE-Skala gesondert betrachtet werden, dann ergibt sich folgendes Bild: 52 Prozent der REP-Anhänger (CDU 24%) waren stark autoritär eingestellt, 76 (73) Prozent stark nationalbewußt, 20 (8) Prozent stark expansionistisch, 46 (12) Prozent stark ethnozentristisch und 56 (22) Prozent stark wohlstandschauvinistisch. Überdies kumulierten Autoritarismus, Nationalbewußtsein und Fremdenfeindlichkeit bei den Anhängern der Republikaner wie sonst nirgendwo (Tabelle 12).

Auch wenn die Republikaner in einem zweidimensionalen Modell (Links-Rechts-Selbsteinstufung gegen extrem rechte Einstellungen[13]) verortet werden, zeigt sich, daß die Republikaner keineswegs "etwa gleich weit von den Unionsparteien und der SPD" entfernt sind, wie Pappi glaubt. Sie nehmen vielmehr eine extrem rechte Position im Berliner Parteienspektrum ein (Skizze 1).

Es sprechen also viele Argumente dafür, die Republikaner auch mit Blick auf ihre Anhängerschaft als überwiegend rechtsextrem einzustufen. Die Daten für 1992 (Grafik 4) zeigen, daß der Rechtsextremismusanteil bei den Republikanern weiter zugenommmen hat, während er bei der CDU gesunken ist. Viele andere Daten, die hier nicht im einzelnen aufgeführt werden können, belegen: Die Re-

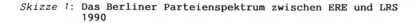

Skizze 1: Das Berliner Parteienspektrum zwischen ERE und LRS
          1990

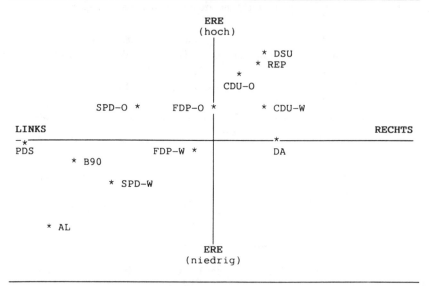

Vertikale: Mittelwerte der Anhänger auf der ERE-Skala (1 bis 7).
Horizontale: Mittelwerte der Anhänger bei der Links-Rechts-Selbsteinstufung
             (1 bis 10).

publikaner sind vorwiegend eine Weltanschauungspartei, die sich hinsichtlich der
Mentalität ihrer Anhänger in unmittelbarer Nachbarschaft zur CDU befindet (vgl.
auch die Daten in den Tabellen 13 u. 14). Was aber macht den Unterschied aus,
wer wählt eher CDU, wer eher Republikaner?

Die summarische Interpretation der Tabellen 13 und 14 (und weiterer Daten,
die hier nicht berichtet werden) ergibt folgendes Bild: Der Westberliner Rechtsextremismus fühlte sich 1990 nicht nur quantitativ, sondern auch qualitativ besonders der CDU verbunden, weitaus mehr als den Republikanern. Die Union,
nicht die Republikaner, bildeten den "parlamentarischen Arm" des Rechtsextremismus. ERE hing stärker mit Sympathien für die Union als für die Republikaner
zusammen. Wer besonders zu Autoritarismus, Nationalbewußtsein, Ethnozentrismus, Wohlstandschauvinismus, politischer Apathie und zu Institutionenver-
trauen neigte, präferierte mit hoher Wahrscheinlichkeit die CDU. Wer hingegen
eher zu Entfremdung und Expansionismus tendierte und wer rechtsextreme Gewalt billigte, bevorzugte die Republikaner. Grob gesagt, verkörperte die CDU
Stolz und Zufriedenheit mit dem Nationalstaat, während die Republikaner für
Entfremdung und nationalistische Kritik am deutschen Status quo standen. So wie
die Republikaner in organisatorischer, programmatischer und politischer Hinsicht

auf die Unionsparteien bezogen waren, so stellten sie auch auf der Wählerebene (jedenfalls in Berlin) ein Korrelat[14] der CDU dar. Nicht nur den REP-Funktionären, sondern auch den REP-Anhängern galt die CDU bei der Durchsetzung nationaler Belange ("Ausländerbegrenzung", "Schutz vor Verbrechen") als zu wenig konsequent. Insofern mag durchaus etwas Rationales (im Sinne von Pappi) im Wahlverhalten der REP-Anhänger angelegt sein. Ich möchte sie jedoch nicht als Protestwähler bezeichnen. Denn sie sind eindeutig ideologisch geprägt und verkörpern eine politische Botschaft. Die Republikaner stellen daher in Wahlverhalten und Parteisympathie eine weithin rechtsextreme politische Opposition dar.

Das Ostberliner Parteiensystem unterschied sich 1990 im Hinblick auf die hier behandelte Thematik deutlich von dem im Westen. Damit ist nicht etwa gemeint, daß im Ostteil der Stadt zum Zeitpunkt der Datenerhebung kein Pendant zu den Republikanern existierte (möglicherweise war das ja die DSU). Entscheidend ist vielmehr, daß damals die strukturellen Erfolgsbedingungen für rechtsextreme Parteien im Osten Berlins wie überhaupt in den neuen Bundesländern außerordentlich ungünstig waren. Der Ostberliner Rechtsextremismus orientierte sich parteipolitisch zu 60 Prozent links oder war ohne Präferenz. Eine mit dem We-

Tabelle 13: Korrelationen von Parteisympathie mit Einstellungsindizes in Berlin 1990 (r x100)

West	CDU	REP	SPD	AL
Entfremdung	15	24	-12	-11
Autoritarismus	50	32	-26	-48
Nationalbewußtsein	59	26	-18	-48
Expansionismus	20	32	-20	-18
Ethnozentrismus	48	43	-30	-52
Wohlstandschauvinismus	43	35	-23	-42
Repressionshaltung	54	35	-28	-50
ERE	56	42	-29	-51

Ost	CDU	DSU	DA	SPD	PDS	B90
Entfremdung	.	12	.	.	.	-13
Autoritarismus	18	26	23	13	-14	-24
Nationalbewußtsein	35	36	34	14	-37	-28
Expansionismus	.	.	.	.	.	-12
Ethnozentrismus	27	34	26	.	-31	-24
Repressionshaltung	15	16	.	.	.	-24
ERE	32	40	33	16	-30	-32

Paarweiser Ausschluß von fehlenden Werten;   . = geringes Signifikanzniveau.

Tabelle 14:   Korrelationen von Parteisympathie mit ausgewählten
              Variablen in Berlin 1990 (r x100)

West	CDU	REP	SPD	AL
Mat-Postmat-Index	-43	-23	21	40
Politisches Interesse	-15	-14	.	10
Institutionenvertrauen	50	.	.	-31
Politische Apathie	30	12	-11	-27
Rechtsextreme Aktivitäten	12	24	-17	-19
Alter	29	.	.	-29
Bildung	-35	-23	12	27

Ost	CDU	DSU	DA	SPD	PDS	B90
Mat-Postmat-Index	-13	-21	.	-13	.	31
Politisches Interesse	-23	-24	-17	.	28	17
Institutionenvertrauen	22	20	21	.	.	.
Politische Apathie	20	18	17	11	-32	-24
Alter	11	.	16	14	.	-11
Bildung	-25	-28	-21	-15	31	22

Paarweiser Ausschluß von fehlenden Werten;   . = geringes Signifikanzniveau.

sten (CDU - AL) vergleichbare Polarisierung des Parteiensystems fehlte ebenso
wie eine bürgerlich-konservative Partei, die die Mehrheit des rechtsextremen
Einstellungspotentials hätte binden und eine Minderheit enttäuschen können.
Kritik am nationalen Status quo fand sich in unterschiedlichem Ausmaß bei den
Anhängern aller Parteien, aber diese Kritik war eher sozial motiviert und mithin
kaum durch einen chauvinistischen Nationalismus à la Republikaner zu befriedigen, zumal revisionistische Forderungen im Osten Deutschlands auf noch weniger Zustimmung stießen als im Westen. Überdies war die Bereitschaft zu demokratischer (insbesondere parteiorientierter und problemorientierter) Partizipation
im Osten noch stärker ausgeprägt als im Westen. Im Osten war auch das politische Desinteresse und mehr noch das Mißtrauen in politische Parteien geringer
als im Westen. Was also hätte dafür sprechen können, daß sich die Rechtsextremisten von SPD, CDU und PDS trennen und sich der Schönhuber-Partei, der
NPD oder gar der neonazistischen FAP anschließen? Dies geschah auch dann
nicht oder doch nur in geringem Ausmaß, als rechtsextreme Parteien im Laufe
des Jahres 1990 im Osten aktiv werden konnten[15]. Im Westen verfügten die
rechtsextremen Parteien dagegen seit Mitte der achtziger Jahre über gewisse
Wahlchancen, die nur vorübergehend durch den Einigungsprozeß (und interne
Fraktionskämpfe) überlagert wurden. Was den Rechtsextremismus im Osten im

Vergleich zum Westen ausmachte (mehr Entfremdung, Autoritarismus und Ethnozentrismus) war offenbar, wenn auch ungleichmäßig, auf alle politischen Lager verteilt und konzentrierte sich nicht auf eine politische Kraft oder auf ein spezifisches, von einer Partei besetztes Thema. Es läßt sich auch kein systematischer Zusammenhang mit einzelnen Wählergruppen herstellen.

So liegt es nahe, den Rechtsextremismus im Osten mit Blick auf Wahlverhalten und Parteisympathie im Sinne von Veen u.a. als diffuses Protestphänomen zu bezeichnen, womit sich auch sein geringer Institutionalisierungsgrad erklärt. Einen aktuellen Beleg dafür bietet das Ergebnis der Berliner Bezirkswahlen 1992. In den 11 Ostberliner Bezirken schwankte das Wahlergebnis der Republikaner um den Durchschnittswert von 5,4 Prozent mit einem Maximalwert von 6,2 Prozent (Hellersdorf) und einem Minimalwert von 4,9 Prozent (Treptow). Ein Zusammenhang mit sozialstrukturellen Merkmalen war nicht festzustellen. In den 12 Westberliner Bezirken erreichten die Republikaner durchschnittlich 9,9 Prozent. Die Bezirksergebnisse schwankten zwischen 4,8 Prozent (Zehlendorf) und 14,4 Prozent (Wedding), wobei sich eindeutige Zusammenhänge mit der Sozialstruktur der Wählerschaft ergaben: Erfolgreich waren die Republikaner dort, wo sie auch bei den Vorwahlen 1989 gut abgeschnitten hatten. Überdurchschnittliche Gewinne konnten sie in Bezirken mit hoher Arbeitslosigkeit, hohem Arbeiteranteil an den Erwerbstätigen, hohem Ausländeranteil und niedrigem Bildungsniveau verbuchen.

Tabelle 15: Korrelationen von Parteipräferenz[1] mit Einstellungsindizes und zwei Rechtsextremismus-Skalen (ERE, REX) in Berlin 1992 (tau b x100)[16]

	West		Ost	
	CDU	REP	CDU	REP
Entfremdung	5	10	4	1
Autoritarismus	24	15	16	-5
Nationalismus	15	10	13	1
Ethnozentrismus	29	21	17	7
Antisemitismus	9	14	14	14
ERE	28	20	19	1
REX	23	21	21	2
Politische Entfremdung	3	7	-6	-3
Parteiverdrossenheit	-28	10	-23	4
Toleranz gegenüber fremden-feindlichen Aktivitäten	15	21	17	1

1 Dummy-Variablen der "Sonntagsfrage" für die CDU und die Republikaner

Die Befragungsergebnisse vom Spätsommer/Herbst 1992 deuten zweierlei an: Zum einen hat sich die mentalitätsmäßige Distanz zwischen den CDU- und den REP-Anhängern im Westen offenbar vergrößert. Jedenfalls sind letztere besonders entfremdet, antisemitisch (rassistisch) eingestellt und tolerant gegenüber fremdenfeindlichen (Gewalt-)Handlungen. Zum anderen hat sich die Lage im Osten "normalisiert". Die CDU repräsentiert mittlerweile das rechtsextreme Einstellungspotential, während die REP-Anhänger bis auf ihre antisemitischen und ethnozentristischen Orientierungen ein diffuses Bild bieten.

Fazit: Der Rechtsextremismus wählt in beiden Stadthälften in seiner überwiegenden Mehrheit etablierte Parteien (zumeist die CDU) und nur zu einem geringen Teil die Republikaner, die auch hinsichtlich ihrer Anhänger eine weithin rechtsextreme Partei in unmittelbarer weltanschaulicher Nachbarschaft der CDU darstellen. Sie repräsentieren die "nationale Opposition" im Parteiensystem, die sich vor allem aus der verbreiteten Entfremdung, aus politischer Unzufriedenheit und latenter Gewaltbereitschaft gegenüber Ausländern speist. Allerdings sinkt die Integrationskapazität von CDU und SPD gegenüber dem Rechtsextremismus, wovon die Republikaner (im Westen weitaus mehr als im Osten), aber stärker noch das wachsende Segment der Unentschlossenen profitieren. Im Osten bilden die Unentschlossenen mittlerweile die größte Gruppe innerhalb des rechtsextremen Einstellungspotentials.

5. Ausblick

Die Untersuchung hat wiederum bestätigt, daß Rechtsextremismus ein vielschichtiges Phänomen darstellt, dem mit plausiblen Formeln und schlichten Analysemodellen nicht beizukommen ist. Was uns an manifestem Rechtsextremismus tagtäglich in den Medien vorgeführt wird, bildet nur einen kleinen, nicht einmal typischen Ausschnitt. Denn Gewalt gegen Ausländer geht nur zum Teil von Rechtsextremisten aus, und nicht jeder Wähler einer rechtsextremen Partei darf umstandslos dem rechtsextremen Einstellungspotential zugeschlagen werden. Daher vermitteln die eingangs mitgeteilten Beobachtungen über den schwach institutionalisierten, eher subkulturell und bewegungsförmig strukturierten Rechtsextremismus im Osten und den eher institutionalisierten, an Parteien orientierten Rechtsextremismus im Westen nur ein oberflächliches Bild. Auch die Vermutung, daß Rechtsextremismus mit sozialer Not wächst und an Militanz gewinnt, trifft nicht (wenigstens nicht in dieser Pauschalität) zu. Schließlich mußte auch die Behauptung relativiert werden, daß dort, wo besonders viel rechtsextreme Gewalt anzutreffen ist (also im Osten), auch der Rechtsextremismus besonders weit verbreitet ist.

Es ist gegenwärtig (Februar 1993) außerordentlich schwierig, eine Lagebeurteilung abzugeben, da auch der Rechtsextremismus einem raschen Wandel unterliegt, und zwar in West und in Ost. In Ostberlin scheint das anfänglich vergleichsweise große Einstellungspotential zu schrumpfen und sich parteipolitisch auf die CDU zu konzentrieren. Die Republikaner finden hier deutlich weniger Zuspruch als im Westen, allerdings ist der Anteil der Rechtsextremisten, die in ihrer Parteipräferenz noch nicht festgelegt sind, wesentlich höher als im Westen. Rechtsextreme Parteien haben also durchaus eine Erfolgschance im Ostteil der Stadt. Charakteristisch für den Westen ist, daß die Integrationskapazität der beiden Volksparteien hinsichtlich des Rechtsextremismus sinkt, während gleichzeitig das rechtsextreme Einstellungspotential expandiert. Schon deshalb sind die Erfolgsaussichten der Republikaner im Westen besser als im Osten. Hinzu kommt, daß der Rechtsextremismus im Westen ideologisch radikaler, homogener und antidemokratischer ist als im Osten.

Die Zukunft der Gewalt hängt nicht unmittelbar von der Entwicklung des Rechtsextremismus, sondern vom gesellschaftlichen Klima und der staatlichen Politik ab, wobei das Spektrum von Repression bis zur Wohnungspolitik reicht. Die massenhaften Demonstrationen für Toleranz und gegen Gewalt bleiben längerfristig folgenlos, wenn sie nicht durch staatliche Maßnahmen flankiert und ergänzt werden. Dann würde sich auch die Integrationskraft der etablierten Parteien gegenüber dem Rechtsextremismus wieder verbessern.

Literatur

Bundesminister des Innern (Hrsg.) (1990). Verfassungsschutzbericht 1989. Bonn.
Bundesminister des Innern (Hrsg.) (1991). Verfassungsschutzbericht 1990. Bonn.
Bundesminister des Innern (Hrsg.) (1992). Verfassungsschutzbericht 1991. Bonn.
Butterwegge, C. (1990). Gesellschaftliche Ursachen,Erscheinungsformen und Entwicklungstendenzen desRechtsradikalismus. In C. Butterwegge & H. Isola (Hrsg.), Rechtsextremismus im vereinten Deutschland (S. 14-35). Berlin.
Butterwegge, C. & Isola, H. (Hrsg.) (1990). Rechtsextremismus im vereinten Deutschland. Berlin.
EMNID (1989). Dem Tod oder dem Triumph entgegen. Wer wählt rechtsradikal? Die Republikaner und die anderen Bundesbürger - Ergebnisse dreier Spiegel-Umfragen. DER SPIEGEL, Nr. 21, 36 ff.
Engelstädter, H. (1991). Der Aufbruch neofaschistischer Gruppenin der früheren DDR. 1999, 6, 88-103.
Engelstädter, H. & Seiffert, O. (1990). Die schleichende Gefahr. Europa, die Deutschen, Nationalismus und Neofaschismus. Berlin.
Farin, K. & Seidel-Pielen, E. (1991). Krieg in den Städten. Berlin.
Farin, K. & Seidel-Pielen, E. (1992). Rechtsruck. Rassismus im neuen Deutschland. Berlin.
Förster, P. & Roski, G. (1990). DDR zwischen Wende und Wahl. Meinungsforscher analysieren den Umbruch. Berlin.
Freyhold, M. v. (1971). Autoritarismus und politische Apathie. Analyse einer Skala zur Ermittlung autoritätsgebundener Verhaltensweisen. Frankfurt/Main.
Friedrich, W. (1990). Mentalitätswandlungen der Jugend in der DDR. Aus Politik und Zeitgeschichte, B 16-17, 25-37.
Glaeßner, G.-J. (1988). Am Ende der Klassengesellschaft? Sozialstruktur und Sozialstrukturforschung in der DDR. Aus Politik und Zeitgeschichte, B 32, 3-12.

Grill, B. (1991). Auferstanden aus Ruinen. Der Rechtsradikalismus in Ostdeutschland ist der extreme Ausdruck einer zerstörten Gesellschaft. Die Zeit, Nr. 25, 3.

Heinemann, K.-H. & Schubarth, W. (Hrsg.) (1992). Der antifaschistische Staat entläßt seine Kinder. Jugend und Rechtsextremismus in Ostdeutschland. Köln.

Hinrichs, W. (1991). Warum Skins im Osten so sind, wie sie sind. Sozialmagazin, 16, 23-25.

Holthusen, B. & Jänecke, M. (1992). Erscheinungsformen und Ursachen des Rechtsextremismus in Berlin. In R. Busch (Hrsg.), "Streetwork im Bermuda-Dreieck". Rechtsextremismus in Berlin: Gegenstrategien (S. 27-39). Berlin.

Holthusen, B. & Jänecke, M. (1993). Rechtsextremismus in beiden Teilen Berlins. Aktuelle Erscheinungsformen - Ursachen - Gegenmaßnahmen. Abschlußbericht des Forschungsprojekts. Berlin.

Infratest Wirtschaftsforschung GmbH (1978). Politischer Protest in der sozialwissenschaftlichen Literatur. Stuttgart.

Institut für Sozialforschung und Gesellschaftspolitik (1991). Ausländerfeindlichkeit auf dem Gebiet der ehemaligen DDR. Zusammenfassung der Ergebnisse. TOP - Berlin International, 5, 53-61.

Klönne, A. (1989). Aufstand der Modernisierungsopfer. Blätter für deutsche und internationale Politik, 34, 545-548.

Ködderitzsch, P. & Müller, L. A. (1990). Rechtsextremismus in der DDR. Göttingen.

Krahulec, P. (1990). Dilemmata des "verordneten Antifaschismus". In C. Butterwegge & H. Isola (Hrsg.), Rechtsxtrtemismus im vereinten Deutschland (S. 97-107). Berlin.

Landesamt für Verfassungsschutz (Hrsg.) (1991). Verfassungsschutzbericht Berlin 1990. Berlin.

Landesamt für Verfassungsschutz (Hrsg.) (1992). Verfassungsschutzbericht Berlin 1991. Berlin.

Lange, G. (1990). DDR-Jugendliche. Bedingungen des Aufwachsens in den 80er Jahren. Deutsche Jugend, 38, 430-436.

Langer, H. (1991). Rechtsextremismus von Jugendlichen in der DDR. 1999, 6, 89-99.

Lederer, G., Nerger, J., Rippl, S., Schmidt, P. & Seipel, C. (1991). Autoritarismus unter Jugendlichen in der ehemaligen DDR. Deutschland Archiv, 24, 587-596.

Lötsch, M. (1988). Sozialstruktur in der DDR - Kontinuität und Wandel. Aus Politik und Zeitgeschichte, B 32, 13-19.

Madloch, N. (1990). Rechtsextremismus in der Endphase der DDR und nach der Vereinigung von BRD und DDR - Eine Chronologie. Unveröff. Ms., Berlin.

Madloch, N. (o.J.). Rechtsextremismus in der Endphase der DDR und nach dem Zusammenschluß von BRD und DDR - Fakten und ihre Ursachen. Unveröff. Ms., Berlin.

Pappi, F. U. (1990). Die Republikaner im Parteiensystem der Bundesrepublik. Protesterscheinung oder politische Alternative? Aus Politik und Zeitgeschichte, B 21, 37-44.

Pfahl-Traughber, A. (1991). Rechtsextreme Tendenzen in der ehemaligen DDR. Liberal, 1, 71-79.

Rommelspacher, B. (1991). Rechtsextreme als Opfer der Risikogesellschaft. Zur Täterentlastung in den Sozialwissenschaften. 1999, 6, 75-87.

Roth, D. (1990). Die Republikaner. Schneller Aufstieg und tiefer Fall einer Protestpartei am rechten Rand. Aus Politik und Zeitgeschichte, B 37-38, 27-39.

Runge, I. (1990). Ausland DDR. Fremdenhaß. Berlin.

Scheuch, E. K. (1993). Niemand will gern zur Minderheit gehören. Rechtsradikalismus und Fremdenhaß, zwei deutsche Chimären. Frankfurter Allgemeine Zeitung, Nr. 34, 29.

Schröder, B. (1992). Rechte Kerle. Skinheads, Faschos, Hooligans. Reinbek.

Schumann, F. (1990). Glatzen am Alex. Rechtsextremismus in der DDR. Berlin.

Schwind, H.-D. & Baumann, J. u.a. (Hrsg.) (1990). Ursachen, Prävention und Kontrolle von Gewalt. Analysen und Vorschläge der Unabhängigen Regierungskommission zur Verhinderung und Bekämpfung von Gewalt (Gewaltkommission), 4 Bde. Berlin.

Siegler, B. (1991). Auferstanden aus Ruinen... Rechtsextremismus in der DDR. Berlin.

SINUS (1981). 5 Millionen Deutsche: "Wir sollten wieder einen Führer haben..." Die SINUS-Studie über rechtsextremistische Einstellungen bei den Deutschen. Reinbek.

Soremsky, H. (1991). Vom solidarischen Internationalismus zum Rassismus? Ausländerfeindlichkeit in der DDR. Vorgänge 30, 81-87.

Spiegel-Spezial (1991). Das Profil der Deutschen: Was sie vereint, was sie trennt. Hamburg.

Stadelmaier, M. (1990). Hoffen auf Mitteldeutschland. Die Perspektiven der extremen Rechten in Deutschland. Gewerkschaftliche Monatshefte, 41, 579-588.

Stock, M. & Mühlberg, P. (1990). Die Szene von Innen. Skinheads, Grufties, Heavy Metals, Punks. Berlin.

Stöss, R. (1986). Pronazistisches Protestverhalten unter Jugendlichen. In A. Silbermann & H. J. Schoeps (Hrsg.), Antisemitismus nach dem Holocaust (S. 163-193). Köln.

Stöss, R. (1988). The Problem of Right-Wing Extremism in West Germany. In K. v. Beyme (Hrsg.), Right-Wing Extremism in Western Europe (S. 34-46). London (Special Issue: West European Politics).

Stöss, R. (1989). Die extreme Rechte in der Bundesrepublik. Opladen.

Stöss, R. (1990). Die Republikaner, (2. Aufl.). Köln.

Stöss, R. (1991). Politics Against Democracy. New York, Oxford.

Stöss, R. (1993). Rechtsextremismus in Berlin 1990. Berliner Arbeitshefte und Berichte zur sozialwissenschaftlichen Forschung, Nr. 80. Berlin.

Stöss, R. (1993). Determinanten des Rechtsextremismus. In H.-D. Klingemann, L. Erbring & N. Diederich (Hrsg.), Zwischen Wende und Wiedervereinigung. Vergleichende Analysen zur politischen Kultur in West- und Ost-Berlin 1990. Opladen (i.E.).

Timmermann, H. (Hrsg.) (1988). Sozialstruktur und sozialer Wandel in der DDR. Saarbrücken-Scheidt.

Veen, H.-J., Lepszy, N. & Mnich, P. (1992). Die Republikaner-Partei zu Beginn der 90er Jahre - Programm, Propaganda, Organisation, Wähler- und Sympathisantenstrukturen. Interne Studien, Nr. 14. St. Augustin.

Wielgohs, J. & Schulz, M. (1990). Reformbewegung und Volksbewegung. Politische und soziale Aspekte im Umbruch der DDR-Gesellschaft. Aus Politik und Zeitgeschichte, B 16-17, 15-24.

Wittenberg, R., Prosch, B. & Abraham, M. (1991). Antisemitismus in der ehemaligen DDR. Tribüne, 30, 102-119.

Wolf, S. (1990). Antifaschismus in der DDR - Versuch einer Bilanz. In C. Butterwegge & H. Isola (Hrsg.), Rechtsextremismus im vereinten Deutschland (S. 108-115). Berlin.

Wrona, V. (1980). Marxistisch-leninistische Faschismuskritik - unabdingbarer Bestandteil der antifaschistisch-demokratischen Umwälzung. In D. Eichholtz & K. Gossweiler (Hrsg.), Faschismusforschung (2. Aufl.), (S. 355-373). Berlin (DDR).

Anmerkungen

1 Zum Unterschied zwischen Protestverhalten und zielgerichtetem politischen Verhalten im bundesdeutschen Rechtsextremismus vgl. Stöss 1986 u. Stöss 1991: 188 ff.

2 An der Studie waren Wissenschaftler der Freien Universität Berlin (u.a. der Verfasser dieses Beitrags), des Wissenschaftszentrums Berlin und der ehemaligen Akademie der Wissenschaften der DDR beteiligt. Sie wurde von Nils Diederich, Lutz Erbring und Hans-Dieter Klingemann geleitet und von der Deutschen Forschungsgemeinschaft gefördert.

3 Die Befragung erfolgte im Spätsommer/Herbst 1992 Rahmen eines von Jürgen W. Falter, Jürgen Winkler und dem Verfasser geleiteten einjährigen Projektkurses mit Studentinnen und Studenten des Fachbereichs Politische Wissenschaft an der Freien Universität Berlin. Die geringe Anzahl von befragten Personen hat keine Auswirkun-

gen auf die Repräsentativität der Ergebnisse. Sie erlaubt jedoch keine detaillierten Analysen auf der Grundlage von spezifischen Subgruppen (z.B. Arbeiterwähler der Republikaner in Ostberlin), die im Sample nur mit wenigen Fällen vertreten sind.

4 Grill (1991); Interview mit dem Leiter der Staatsschutzabteilung im Gemeinsamen Landeskriminalamt der fünf neuen Länder, Bernd Wagner, in: der Tagesspiegel v. 16.7.1991, S. 4.

5 Das Verhältnis von Einstellungen und Aktivitäten im Bereich des linken und rechten Protestpotentials wird ausführlich in der zwar nicht mehr ganz neuen aber immer noch sehr informativen Literaturübersicht von Infratest (1978) behandelt.

6 Analog wurde bei der Bildung weiterer Indizes verfahren, die als unabhängige Variablen in die Analyse eingingen.

7 Die Partizipationspotentiale wurden bei den einzelnen Statements definiert als die Summe der Antwortvorgaben "schon gemacht" bzw. "bereits beteiligt" und "bei wichtiger Sache" tun.

8 Dies ließe sich dadurch erklären, daß die Ostberliner noch unter dem Eindruck der "friedlichen Revolution" standen und zivilen Ungehorsam keineswegs als unkonventionell im westlichen Sinne bewerteten.

9 Die übrigen Statements aus Tabelle 8 wurden nicht einbezogen, weil deren Zurückweisung nicht als Ausdruck von politischer Apathie gewertet werden kann.

10 Das rechtsextreme Einstellungspotential der SINUS-Studie (13% der wahlberechtigten Bevölkerung) war durch folgende Parteipräferenzen gekennzeichnet: CDU/CSU 54,5; SPD 20; FDP 4; NPD 1; DKP 0; Grüne 1; andere Parteien 1,5; Nichtwähler 4; noch unsicher 8; keine Antwort 7 (SINUS 1981: 129).

11 Die Republikaner gelten hier hinsichtlich ihrer Ideologie und Programmatik als rechtsextreme Partei. Zur Begründung vgl. z.B. Stöss 1990: 81 ff.

12 Zur Analyse des Wahlverhaltens stehen in dieser Umfrage die Wahlsonntagsfrage und eine Rückerinnerungsfrage bezüglich der Abgeordnetenhauswahl 1989 bzw. der Volkskammerwahl 1990 zur Verfügung. Parteisympathie wurde mittels eines 11-stufigen Skalometers (-5 bis +5) gemessen.

13 Dieses Modell vermittelt einen optischen Eindruck davon, daß ERE und LRS nicht dasselbe messen. Das gewohnte Links-Rechts-Schema, das sich auf grundlegende Konfliktstrukturen, vor allem auf das Klassen- und Religionscleavage, bezieht, reagiert offenbar nicht sonderlich sensibel auf spezifische Einstellungen, die den Rechtsextremismus ausmachen und "quer" zum Links-Rechts-Schema liegen. Die Links-Rechts-Selbsteinstufung sollte daher nicht Ersatzinstrument für die Messung von rechtsextremen Einstellungen verwandt werden.

14 Die Korrelationskoeffizienten (r x100) für Parteisympathie betragen: REP/CDU 31, REP/FDP 17, REP/SPD -22, REP/AL -23, CDU/FDP 54, CDU/SPD -21, CDU/AL -45.

15 Schließlich hat die Analyse ergeben, daß zum Befragungszeitpunkt zumindest ein funktionales Äquivalent für die Republikaner zur Wahl stand: die DSU. Ihre Sympathisanten standen den REP-Anhängern hinsichtlich der Affinität zu ERE kaum nach, aber nur 2,2 Prozent der Bevölkerung entschied sich bei der Volkskammerwahl in Berlin im März 1990 und ganze 1,0 Prozent bei der Berliner Stadtverordnetenwahl im Mai 1990 für diese immerhin der CSU und damit der Regierungskoalition in Bonn nahestehende Partei.

16 Die in dieser Tabelle angeführten Zahlen sind nicht mit denen in den Tabellen 13 und 14 vergleichbar, weil es sich jeweils um einen anderen Korrelationskoeffizienten handelt. Der hier angemessene Rangkorrelationskoeffizient (Kendall's tau b) berücksichtigt die "ties" (verbundene Fälle). Er liegt im Niveau sehr niedrig, weil bei der Art der hier durchgeführten Berechnungen zwangsläufig viele ties entstehen.

Die Autoren

BAUER-KAASE, PETRA, geb. 1958, Dr. phil. Wissenschaftliche Angestellte am Zentrum für Europäische Umfrageanalysen und Studien (ZEUS), danach Forschungsgruppe Wahlen e.V., z.Zt. freie Mitarbeiterin beim Zentrum für Umfragen, Methoden und Analysen (ZUMA). Forschungsschwerpunkte: Politische Soziologie (Wahlsoziologie, politische Partizipation, politische Orientierungen in Ost- und Westdeutschland) und Europapolitik. Veröffentlichungen u.a.: Freiheit und Demokratie in der Wahrnehmung der Bürger in der Bundesrepublik und der ehemaligen DDR, in Wildenmann (Hrsg.), Nation und Demokratie (1991); Eine Analyse politischer Einstellungen in West- und Ostdeutschland 1990/91, in: KZfSS, 3/1991; Ideologie und politische Partizipation in der Bundesrepublik Deutschland. Eine empirische Untersuchung politischer Überzeugungssysteme (1993); Germany in Transition: The Challenge of Coping with Unification, in: Hancock/Welsh (Hrsg.), German Unification: Process and Outcomes (1994).

BLUCK, CARSTEN, geb. 1955, Dipl.-Physiker u. Dipl.-Gesellschaftswissenschaftler, Industriekaufmann u. Betriebswirt. 1988-91 Wissenschaftler an der Friedrich-Schiller-Universität Jena, zuletzt im Rahmen des Projekts Wahlforschung. Nach 22-monatiger Umschulung arbeitslos. Veröffentlichungen: Wertprioritäten und Wahlverhalten Jenaer Bürger - Langfristige und situative Einflußfaktoren des politischen Verhaltens ostdeutscher Bürger, in: Meyer/Riege/Strützel, Lebensweise und gesellschaftlicher Umbruch in Ostdeutschland, Jenaer Reden und Schriften, NF, Bd. 3 (Mitverf.); Die Jenaer Wahlbefragung 1990, Tabellenband (Mitverf.); Quasiparteibindung und Issues, in: Gabriel/Troitzsch (Hrsg.), Wahlen in Zeiten des Umbruchs (Mitverf.); Die Wähler in der DDR: Nur issue-orientiert oder auch parteigebunden?, in: ZParl, 3/1991 (Mitverf.).

EMMERT, THOMAS, geb. 1963, M.A. Studium der Soziologie und der Politischen Wissenschaft in Heidelberg. Wissenschaftlicher Mitarbeiter der Forschungsgruppe Wahlen e.V., Mannheim. Veröffentlichungen über Sozialstruktur und Wahlverhalten, Erfolge rechter Parteien, Wahlverhalten von Senioren sowie Wahlverhalten in Ostdeutschland.

HÖHNE, ROLAND, geb. 1936, Dr. phil., Professor für romanische Landeswissenschaften (Geschichte und Politik der romanischen Länder) an der Universität Kassel. Arbeitsschwerpunkte sind die Vergleichende Lehre, Frankreichforschung sowie Theorie und Praxis der Landeswissenschaften. Veröffentlichungen zur Geschichte und Politik Frankreichs, Spaniens und Deutschlands sowie zur Theorie und Praxis der Landeswissenschaften.

KREIKENBOM, HENRY, geb. 1958, Dr. phil. Studium der Philosophie in Leipzig. Seit 1982 Wissenschaftlicher Assistent an der Friedrich-Schiller-Universität Jena. Arbeitsschwerpunkte sind die empirische Wahl- und Einstellungsforschung, die politische Partizipation, das intermediäre System sowie die Transformation der ostdeutschen Gesellschaft, die Kommunalpolitik und die Methoden empirischer Sozialforschung. Veröffentlichungen u.a.: Die Wähler in der DDR: Nur issue-orientiert oder auch Parteigebunden?, ZParl, 22, 3 (Mitverf.); Die Bürger zwischen Enttäuschung, Sorge und Hoffnung: Der Umbruch 1989/90 im Spiegel des Wahlverhaltens in Jena, in: J. John, Stadtgeschichtliche Beiträge, Jena 1993; Soziopolitische Interessenvermittlungsstrukturen im Transformationsprozeß in den regionalen Zentren Frankfurt (Oder) und Jena, in: H. Naßmacher u.a., Politische Strukturen im Umbruch (Mitverf., im Druck).

MÖLLER, BÄRBEL, geb. 1950, Dr. phil. habil. Sozialwissenschaftliches Studium in Leipzig und Berlin. Wissenschaftliche Mitarbeiterin am Berliner Institut für Sozialwissenschaftliche Studien (BISS). Forschungen zum Institutionenumbau im ostdeutschen Transformationsprozeß, insbesondere Parteien und kommunale Verwaltung; Untersuchungen im Rahmen der lokalen Politikforschung zur Zusammenarbeit von intermediären Organisationen und kommunaler Verwaltung auf dem Gebiet der Wirtschaftsförderung. Veröffentlichungen u.a.: Soziologisch-politologische Parteienentwicklung in der DDR, in: Tsatsos, Auf dem Weg zu einem gesamtdeutschen Parteienrecht (1991); Umbruch zur Demokratie - Kontinuität im politischen Verhalten?, in: Reißig (Hrsg.), Rückweg in die Zukunft (1993, Mitverf.); Parteien im lokalen Raum - empirische Befunde aus Jena und Frankfurt (Oder), in: Naßmacher u.a. (Hrsg.), Politische Strukturen im Umbruch (1994).

NEUGEBAUER, GERO, geb. 1941, Dr. rer. pol., Wissenschaftlicher Angestellter am Zentralinstitut für sozialwissenschaftliche Forschung der Freien Universität Berlin. Arbeitsschwerpunkt war das Parteiensystem der ehemaligen DDR unter besonderer Berücksichtigung der SED und ist gegenwärtig die Entwicklung und Situation der Parteien in den ostdeutschen Ländern, insbesondere die SPD. Buchveröffentlichungen: Partei und Staatsapparat in der DDR (1978); Die SDP/SPD in der DDR 1989-1990 (1992, Mitverf.); mehrere

Beiträge zu politischen und ökonomischen Aspekten der Wende in der DDR und des Einigungsprozesses.

NIEDERMAYER, OSKAR, geb. 1952, Dr., Professor für Politische Wissenschaft an der Freien Universität Berlin. Arbeitsschwerpunkte sind die Politische Soziologie, die Vergleichende Regierungslehre, die international vergleichende empirische Sozialforschung, die Europaforschung und die Methoden der Politischen Wissenschaft. Neuere Buchveröffentlichungen: Innerparteiliche Partizipation (1989), Stand und Perspektiven der Parteienforschung in Deutschland (1993, Mithrsg.), Wahlen und europäische Einigung (1994, Mithrsg.), Politische Kultur in Ost- und Westdeutschland (1994, Mithrsg.), European Publics and Internationalized Governance (1994, Mithrsg.).

PFAU, THOMAS, Dr. sc., geb. 1952, Politik- und Wirtschaftsberater für mittel- und osteuropäische Staaten. Wissenschaftliche Interessen: Politische und wirtschaftliche Transformation in Osteuropa, Parteienentwicklung, vergleichende Entwicklung der politischen Systeme in Europa. Veröffentlichungen über politische Parteien, das politische System in Deutschland und politische Systeme in Osteuropa sowie über Wertvorstellungen in der Politik.

ROTH, DIETER K., geb. 1938. Dipl.-Volkswirt, Dr. phil. Berufsausbildung: Bankkaufmann; Studium: Volkswirtschaftslehre, Soziologie, Politikwissenschaft an den Universitäten Heidelberg, Frankfurt/Main, Mannheim sowie Cornell und Ann Arbor. Vorstandsmitglied der Forschungsgruppe Wahlen e.V., Mannheim, Lehrbeauftragter an der Universität Heidelberg. Zahlreiche Veröffentlichungen im Bereich Wahlverhalten zu allen Wahlen seit 1972; spezielle Themen: Ökonomie und Wahlverhalten, Erfolg rechter Parteien, Nichtwähler, Jungwählerverhalten, Wahlverhalten von Senioren, Wahlverhalten in Ostdeutschland. Co-Autor von 69 "Berichten der Forschungsgruppe Wahlen e.V.", Mannheim, 1974-1992; Co-Autor von über 300 politischen Untersuchungen, 1974-1993; zahlreiche Veröffentlichungen in führenden Tages- und Wochenzeitungen.

SCHMIDT, UTE, geb. 1943, Dr. rer. pol., Wissenschaftliche Mitarbeiterin am Zentralinstitut für sozialwissenschaftliche Forschung der Freien Universität Berlin. Forschungsschwerpunkte: Parteiensoziologie, christliche Parteien, Integrations- und Migrationsforschung. Veröffentlichungen zur Frühgeschichte der Bundesrepublik, zur Geschichte, Organisation und Politik christlicher Parteien und zur katholischen Arbeiterbewegung, u.a.: Die Christlich Demokratische Union Deutschlands, in: Stöss (Hrsg.), Parteien-Handbuch (1983); Katholische Arbeiterbewegung zwischen Integralismus und Interkonfessionalismus, in: Ebbighausen/Tiemann (Hrsg.), Das Ende der Arbeiterbewegung in Deutschland? (1984); Zentrum oder CDU? Politischer Katholizismus zwischen Tradition und Anpassung (1987); Die Parteienlandschaft in Deutschland nach der Vereinigung, in: Gegenwartskunde, 4/1991.

STARITZ, DIETRICH, geb. 1934, Prof. Dr. rer. pol., Geschäftsführender Leiter des Arbeitsbereichs "Geschichte der DDR" am Mannheimer Zentrum für Europäische Sozialforschung der Universität Mannheim. Arbeitsschwerpunkte: Geschichte der DDR, Deutsches Parteiensystem. Buchveröffentlichungen u.a.: Sozialismus in einem halben Lande (1976), Das Parteisystem der Bundesrepublik Deutschland (1980[2], Hrsg.), Geschichte der DDR 1949-1985 (1990[3]), Einheitsfront - Einheitspartei. Kommunisten und Sozialdemokraten in Ost- und Westeuropa 1944-1948 (1989, Mithrsg.), Jahrbuch für historische Kommunismusforschung (1993).

STÖSS, RICHARD, geb. 1944, Dr. phil., Wissenschaftlicher Angestellter am Zentralinstitut für sozialwissenschaftliche Forschung und Privatdozent am Fachbereich Politische Wissenschaft der Freien Universität Berlin. Arbeitsschwerpunkte sind die politischen Parteien und der Rechtsextremismus in der Bundesrepublik Deutschland. Neuere Buchveröffentlichungen: Sozialer Wandel und Einheitsgewerkschaft (1989, Mitverf.), Die extreme Rechte in der Bundesrepublik (1989), Die Republikaner (1990), Politics Against Democracy: Right-wing Extremism in West Germany (1991), Politische Klasse und politische Institutionen. Probleme und Perspektiven der Elitenforschung (1991, Mithrsg.), Stand und Perspektiven der Parteienforschung in Deutschland (1993, Mithrsg.).

SUCKUT, SIEGFRIED, geb. 1945, Dr. rer. pol. Fachbereichsleiter und stv. Leiter der Abteilung Bildung und Forschung beim Bundesbeauftragten für die Unterlagen des Staatssicherheitsdienstes der ehemaligen Deutschen Demokratischen Republik. Forschungs- und Veröffentlichungsschwerpunkte: Geschichte der DDR 1949-1954, Entwicklung der Parteien und des Parteiensystems in der DDR. Veröffentlichungen u.a.: Die Betriebsrätebewegung in der Sowjetisch Besetzten Zone Deutschlands 1945-1948 (1982); Blockpolitik in der SBZ/DDR 1945-1949 (1986); In Erwartung besserer Zeiten. DDR-CDU und LDPD zwischen Halbstaats-Raison und gesamtdeutschen Hoffnungen (1949-1961), in: Schönhoven/Staritz (Hrsg.), Sozialismus und Kommunismus im Wandel (1993).

WIELGOHS, JAN, geb. 1957, Dr. phil., Soziologe. Wissenschaftlicher Mitarbeiter der Max-Planck-Gesellschaft, Arbeitsgruppe "Transformationsprozesse", Berlin; Redaktionsmitglied der "Berliner Debatte INITIAL. Zeitschrift für sozialwissenschaftlichen Diskurs". Arbeitsschwerpunkt: Kollektive Akteure in ostdeutschen und osteuropäischen Transformationsprozessen. Buchveröffentlichungen: Von der Illegalität ins Parlament. Werdegang und Konzepte der neuen Bürgerbewegungen (1991, Mithrsg.), Bündnis 90: Entstehung, Entwicklung, Perspektiven (1992, Mitverf.).

WITTICH, DIETMAR, geb. 1943, Dr., Soziologe, Geschäftsführer des Instituts für Sozialdatenanalyse e.V. Berlin (isda), Lehrbeauftragter für Geschichte des soziologischen Denkens an der Universität Potsdam. Arbeitsschwerpunkte: Sozialstruktur- und Lebensniveauforschung, Wahlforschung. Buchveröffentlichungen: Soziologie im Sozialismus (1970, Mithrsg.), Lebensweise und Sozialstruktur (1981, Mithrsg.), Über soziale Erfahrung (1983), Konservative Gesellschaftsstrategie - soziologisch begründet (1985, Hrsg.), Soziale Triebkräfte ökonomischen Wachstums (1986, Mithrsg.), Automation and Industrial Worker (1986, Mitverf.), Max Weber - Dialog und Auseinandersetzung (1989, Hrsg.), Momente des Umbruchs (ersch. 1994, Hrsg.), Stabilität und Veränderung sozialer Strukturen (ersch. 1994, Hrsg.).

Aus dem Programm
Politikwissenschaft

Oskar Niedermayer /
Richard Stöss (Hrsg.)

**Stand
und Perspektiven
der Parteienforschung
in Deutschland**

1993. 347 S. (Schriften des Zentralinstituts für sozialwiss. Forschung
der FU Berlin, Bd. 71) Kart.
ISBN 3-531-12354-8

Eine aktuelle Bestandsaufnahme der
deutschen Parteienforschung ist seit
langem überfällig. Dieser Band informiert über Leistungen, Defizite
und Zukunftsaufgaben dieses For-
schungsfeldes. Behandelt werden
sowohl die westdeutschen Bundes-
tagsparteien als auch der Strukturwandel des DDR-Parteiensystems.
Einige übergreifende Beiträge beschäftigen sich mit der Gesamtent-
wicklung in historischer Perspektive, mit der Rolle der Parteien im
politischen System und mit Fragen
der innerparteilichen Demokratie.

Oskar Niedermayer /
Hermann Schmitt (Hrsg.)

**Wahlen und
europäische Einigung**

1994. 229 S. Kart.
ISBN 3-531-12353-X

Wahlen zum Europäischen Parlament nehmen in vielerlei Hinsicht
eine Sonderstellung in der Reihe
der allgemeinen Wahlen ein, zu
der die Bürger der Mitgliedsländer
der Europäischen Gemeinschaft
regelmäßig aufgerufen werden.
Dies liegt grundsätzlich an der spezifischen Rolle des Europäischen
Parlaments im Institutionen-Gefüge
der Gemeinschaft. Hieraus ergibt
sich, daß das Europa-Wahlverhal-
ten der Europäer anderen Regeln
folgt als deren Wahlverhalten in
‚nationalen Hauptwahlen' (z. B.

Bundestagswahlen). Die hier versammelten Studien beleuchten diese Sonderstellung der Europawahlen aus verschiedenen Perspektiven: In einem engeren Sinne wahl-
soziologische Beiträge werden ergänzt durch Betrachtungen der inte-
grationspolitischen Rolle und Entwicklung des Europäischen Parlaments; und Analysen der 1989er
Europawahl in der Bundesrepublik
werden relativiert durch internatio-
nal-vergleichende Studien.

Oskar Niedermayer

**Innerparteiliche
Partizipation**

1989. XIV, 285 S. (Beiträge zur
sozialwissenschaftlichen Forschung,
Bd. 116) Kart.
ISBN 3-531-12092-1

Die Analyse der Beteiligung von
Parteimitgliedern am innerparteilichen Willensbildungsprozeß gehört
seit jeher zum Kernbestand der Bin-
nenanalyse politischer Parteien. Das
Buch gibt einen Überblick über die
Entwicklung und den gegenwärtigen Stand der Forschung zu diesem Thema, zeigt die bestehenden
Forschungsdefizite auf und liefert
einen Ansatz zur Überwindung dieser Defizite, indem ein theoretisches
Modell zur Analyse individueller
innerparteilicher Partizipation und
ihrer Bestimmungsfaktoren entwik-
kelt und anhand einer Parteimitglie-
derbefragung empirisch überprüft
wird.

WESTDEUTSCHER
VERLAG
OPLADEN · WIESBADEN